女光明年育信氣 生

男明誼年芬信詳氣

男思社年育信詳氣 白丁

男明華年育信詳氣 白丁

敦煌社會歷史文獻釋録第一編

主編：郝春文、副主編：游自勇

英藏敦煌社會歷史文獻釋録

第十九卷

郝春文、游自勇、王義康、武紹衛、宋雪春　編著
聶志軍、劉夏欣、李　博、管俊瑋　助編

SSAP
社會科學文獻出版社
SOCIAL SCIENCES ACADEMIC PRESS (CHINA)

本書第十九卷　係

國家社會科學基金重大項目（10&ZD080）

國家古籍整理出版資助項目

敦煌社會歷史文獻釋録

凡例

一　本書係大型文獻圖集《英藏敦煌文獻》的文字釋録本。其收録範圍、選擇内容均與上書相同，但增收該書漏收的部分佛教典籍以外文獻；對於該書未收的佛經題記，因其具有世俗文書性質，亦予增收；對於該書所收的部分佛經，本書則予以剔除。凡屬增收、剔除之文書，均作説明。

二　本書的編排順序係依收藏單位的館藏編號順序排列。每號文書按正背次序排列，背面以『背』（V）表示。文書正背之區分均依文書原編號。發現原來正背標錯的情況，亦不改動，但在『説明』中加以提示。

三　凡一號中有多件文書者，即以件爲單位依次進行録校。在每件文書標題前標明其出處和原編號碼。

四　每件文書均包括標題、釋文兩項基本内容；如有必要和可能，在釋文後加説明、校記和有關研究文獻等内容。

五　文書的擬題以向讀者提供盡量多的學術信息爲原則，凡原題和前人的擬題符合以上原則者，即行採用；不符者則重新擬題。

六　凡確知爲同一文書而斷裂爲兩件以上者，在『説明』中加以提示；若能直接綴合，釋文部分將逕録綴合後的釋文。

七　本書之敦煌文獻釋文一律使用通行繁體字釋録。釋文的格式採用兩種辦法，對有必要保存原格式的文書，以忠實原件、反映文書的原貌爲原則，按原件格式釋録；没有必要保存原格式的文獻，則採用自然行釋録。原件中之逆書（自左向右書寫），亦不改動；一件文書寫於另一件文書行間者，分别釋録，但加以説明。保存原格式的文書，原文一行排不下時，移行時比文書原格式低二格，以示區别。

八　釋文的文字均以原件爲據，適當吸收前人的研究成果。如已發表的釋文有誤，則逕行改正，並酌情出校。

九　同一文書有兩種以上寫本者，釋録到哪一號，即以該號中之文書爲底本，以其他寫本爲參校本；有傳世本者，則以寫本爲底本，以傳世本爲參校本。

一〇　底本與參校本内容有出入，凡底本中文字文義可通者，均以底本爲準，而將參校本中之異文附於校記，以備參考。若底本有誤，則保留原文，在錯誤文字下用（　）注出正字；如底本有脱文，可據他本和上下文義補足，但需將所補之字置於〔　〕内；改、補理由均見校記。

一一　原件殘缺，依殘缺位置用（前缺）（中缺）（後缺）表示。因殘缺造成缺字者，用

□表示，不能確知缺幾箇字的，上缺用□表示，中缺用□表示，下缺用□表示，一般佔三格，但有時爲了保持原文格式，可適當延長，視具體情況而定。

一二　凡缺字可據别本或上下文義補足時，將所補之字置於□內，並在校記中説明理由；原文殘損，但據殘筆劃和上下文可推知爲某字者，逕補；無法擬補者，從缺字例；字跡清晰，但不識者照描，在該字下注以『（？）』，以示存疑；字跡模糊，無法辨識者，亦用□表示。

一三　原書寫者未書完或未書全者，用『（以下原缺文）』表示。

一四　原件中的俗體、異體字，凡可確定者，一律改爲通行繁體字；有些因特殊情況需要保留者，用（ ）將正字注於該字之下。

一五　原件中的筆誤和筆劃增減，逕行改正；出入較大的保留，用（ ）在該字之下注出正字，並在校記中説明理由。

一六　原件中的同音假借字照録，必要時用（ ）在該字之下注出本字，或出校説明。

一七　原件有倒字符號者，逕改；有廢字符號者，不録；有重疊符號者，直接補足重疊文字；均不出校。有塗改、修改符號者，只録修改後的文字；不能確定哪幾箇字是修改後應保留的，兩存之。有塗抹符號者，能確定確爲作廢者，不録；不能確定已塗抹的文字，則照録。原寫於行外的補字，逕行補入行內；不能確定補於何處者，仍照原樣録於夾行中。

一八　原件中的衍文，均保留原狀，但在校記中注明某字或某字至某字衍，並説明理由。

一九　文書中的朱書和印跡，均在説明中注明。

二〇　本書收録與涉及的敦煌文獻，在標明其出處時，使用學界通用的略寫中文詞和縮寫英文詞，即：

『斯』：倫敦英國國家圖書館藏敦煌文獻斯坦因（Stein）編號

『北敦』（BD）：北京中國國家圖書館藏敦煌文獻編號

『Ch BM』：倫敦英國國家博物館藏敦煌絹紙畫編號

『Ch IOL』：倫敦英國印度事務部圖書館藏敦煌文獻編號

『S. P』：倫敦英國國家圖書館藏敦煌文獻木刻本斯坦因（Stein）編號

『伯』：巴黎法國國家圖書館藏敦煌文獻伯希和（Pelliot）編號

『Дх.』：聖彼得堡俄羅斯聯邦科學院東方文獻研究所藏敦煌文獻編號

『Ф.』：聖彼得堡俄羅斯聯邦科學院東方文獻研究所藏敦煌文獻弗魯格（Флуг）編號

目録

斯四一九九+伯三五九八　丁卯年後報恩寺常住什物交割點檢歷

釋文

（前缺）

□案肆。小榁帳叁，内壹借在張衍鷄，又貳在小□正〔一〕、李僧正。沈法律〔二〕。大牀叁張，内壹在大和尚，又壹在李□〔三〕，壹在保定。靈轝骨及牀具全。

器〔四〕：　大銅鑊壹。柒斗釜壹，破，在庫。陸斗方耳鐺□〔五〕。破鏉鐵，不堪所用，在庫。大鑄鏉壹面，無底。方耳銅鍋壹〔六〕，底上有列〔七〕，不漏。羊印壹。熟薄□壹面〔八〕，重肆斤。柒斗方耳鐺壹口，腳斷，底有列。陸□檵壹〔九〕，在官馬院擎鍇〔一〇〕。銅灌（罐）壹〔一一〕，售（受）壹斗〔一二〕。鎖□并鑰匙〔一三〕，在庫門。新大鑄鏉貳，各壹尺捌寸，底上有破碎烈（裂）子〔一四〕，各叁腳全〔一五〕。王慶住入債叁□壹口〔一六〕，有古（軲）路（轆）〔一七〕。張江子入債柒升鍋子壹口，底上有烈（裂）〔一八〕。

□大木爐貳。聖僧盤貳，內壹新。賽天王椀子　壹破〔一九〕，在寺主保惠。座車羊門壹，上有鐵花子壹□古破大木盆壹。壹碩杅物椷壹〔二〇〕。六腳大□在庫〔二一〕。又古破大牀廳貳，在麻庫。徐〔二二〕。新畫大櫝壹口〔二三〕，鎖□全〔二四〕。小櫝子，在大和尚。又櫝壹口，王宅官借將，在南宅。□壹口〔二五〕，在功德司。大櫝柒口。小櫝子貳。肆石櫝子壹□車腳壹具。案架肆量，內壹在王上座，壹願長，架卻入庫，壹保□在庫。革子壹，在大和尚。骨如意杖壹。黃絹□無腰帶，在角。踏牀兩張，內壹在大和尚。槍□在東街張孔目〔二六〕。棑拾面〔二七〕，內伍面社家園落陳用□肅州陳財納入〔二八〕，官中支与小城百姓，叁面見在，□門户並令具全〔二九〕。又退下大偏門壹合，內欠門避□在寺主保惠。袋子替木盆壹，在保藏。

□〔三〇〕五色新花氍柒領〔三一〕，內壹領在大和尚，生破用〔三二〕。舊花氍，□內壹領〔三三〕。除〔三四〕。在大和尚，其氊除〔三五〕。漢擀白方氍拾領，內欠壹領，在□。舊白方氍柒領，內欠叁領，在保惠。又欠氊壹領，欠在寺主延戒。古破黑方氍□。青圓黑氍貳。故白繡氍壹領。紅繡持氍□氍毹褥貳。白繡氍條壹。聖僧座花氍子壹□白氍條陸。內欠條氍壹，在延戒〔三六〕，丁卯年。又漢擀白方氈玖領，條氈壹，已上拾領[ ]和尚〔三七〕，□在延俊、教真、明信三人身上〔三八〕。褐袋壹口，在庫，除破〔三九〕。已上見在。又于闐褥條壹[ ]褥貳〔四〇〕。又過外欠物色人名目〔四一〕：白方氈兩領，欠在慶祥。白[氈]新舊陸領〔四二〕，欠在保端〔四三〕。入了〔四四〕。新舊白方氈柒領，欠[ ]藏〔四五〕。白方氈壹，條氈貳，欠在保力。

[ ][年]正月廿七日〔四六〕，徒衆齊座，不關舊數，見新白氈柒領，條[領]〔四七〕，內破三條〔四八〕，內壹黑羖羊。毛氈壹條。又小和尚亡，入花氈壹領；又入鐺壹[ ]斗，內有列；又入大牀壹張〔四九〕，在沈法律〔五〇〕。小和尚又入團盤兩面，在庫〔五一〕。[ ]壹椽〔五二〕，在沈法律〔五三〕。小和尚入櫃一口〔五四〕，又新花氊叁領〔五五〕，在大和尚。[ ]端欠氊柒領〔五六〕。劫得鐺壹口〔五七〕，付寺主保真。[ ]入花氊壹領〔五八〕。鑄鏉子壹面，寬壹尺肆寸，底上有烈（裂）〔五九〕。擎盤壹面[ ][香]奩壹〔六〇〕。經案壹。樻壹口〔六一〕。踏牀兩張，內壹在沈[ ]字子延〔六二〕，鏊壹片〔六三〕。

（後缺）

斯四一九九+伯三五九八

説明

此件由斯四一九九和伯三五九八綴合而成，綴合後的文本仍是首尾均缺，上沿整體被剪裁過，其内容是寺院常住什物交割點檢記録。文書中的大部分物品名稱旁邊都有一至三箇朱點，濃淡不一，又有朱筆勾勒、圈畫、添寫等，應當是不同人清點核對時所加。文書的中間部位有一條墨筆橫綫，表明此文書已經作廢。

唐耕耦考定此件爲丁卯年（公元九六七年或公元九〇七年）後報恩寺的常住什物交割點檢歷（參看《敦煌寺院會計文書研究》，三〇三至三〇四頁）。

校記

〔一〕『正』前《敦煌寺院會計文書研究》校補『索僧』二字。

〔二〕『沈法律』，原係朱筆書於李僧正右側，《敦煌社會經濟文獻真蹟釋録》《敦煌寺院會計文書研究》均漏録。

〔三〕『李』後《敦煌寺院會計文書研究》校補『僧正』二字。

〔四〕『器』，《敦煌寺院會計文書研究》據殘筆劃及文義校補。『器』前《敦煌寺院會計文書研究》校補『銅鐵』二字。

〔五〕『鐺』，《敦煌寺院會計文書研究》釋作『鐺壹』，按底本實無『壹』字。此句後《敦煌寺院會計文書研究》校補『在庫』。

〔六〕『方』，據殘筆劃及文義補。

〔七〕『列』爲『裂』之本字。以下同，不另出校。

〔八〕『薄』後《敦煌寺院會計文書研究》校補『鐵鏉』。

〔九〕『陸』後《敦煌寺院會計文書研究》校補『斗銅』；『梲』，《敦煌寺院會計文書研究》釋作『枕』，校改作『盆』，誤。

〔一〇〕『馬』，《敦煌寺院會計文書研究》漏録。

〔一一〕『灌』，當作『鑵』，據文義改，『灌』爲『鑵』之借字。

〔一二〕『售』，當作『受』，據文義改，『售』爲『受』之借字。

〔一三〕『鎖』後《敦煌寺院會計文書研究》校補『壹副』。

〔一四〕『碎』，《敦煌寺院會計文書研究》漏録；『烈』，當作『裂』，據文義改，『烈』爲『裂』之借字。

〔一五〕此句後《敦煌社會經濟文獻真蹟釋録》《敦煌寺院會計文書研究》釋録『肆斗』二字，按此二字底本已朱筆圈去。

〔一六〕『叁』後《敦煌寺院會計文書研究》校補『斗鐺』兩字。

〔一七〕『古』，當作『軲』，據文義改，『古』爲『軲』之借字；『路』，當作『轆』，據文義改，『路』爲『轆』之借字。

〔一八〕『烈』，當作『裂』，據文義改，『烈』爲『裂』之借字；『烈』後《敦煌寺院會計文書研究》校補『子』，不必。

〔一九〕『子』後《敦煌寺院會計文書研究》校補『肆枚，内』。

〔二〇〕『杅』，《敦煌社會經濟文獻真蹟釋録》《敦煌寺院會計文書研究》均釋作『打』；『棫』，《敦煌寺院會計文書研究》釋作『極』。

〔二一〕『在』，據文義補，《敦煌寺院會計文書研究》逕釋作『在』。『在』前《敦煌寺院會計文書研究》校補『牀壹』二字。

〔二二〕『徐』，《敦煌社會經濟文獻真蹟釋録》《敦煌寺院會計文書研究》均漏録。

〔二三〕『樻』，《敦煌社會經濟文獻真蹟釋録》《敦煌寺院會計文書研究》均釋作『櫃』，雖義可通而字誤。以下同，不另出校。

〔二四〕『鎖』後《敦煌寺院會計文書研究》校補『匙具』二字。

〔二五〕『壹』前《敦煌寺院會計文書研究》校補『又櫃』二字。

〔二六〕『槍』，《敦煌社會經濟文獻真蹟釋録》《敦煌寺院會計文書研究》均釋作『櫃』，誤。斯四一九九止於『槍』，伯三五九八始於『在東街張孔目』。

〔二七〕『棑』，《敦煌社會經濟文獻真蹟釋録》《敦煌寺院會計文書研究》均釋作『排』。

〔二八〕『用』，《敦煌社會經濟文獻真蹟釋録》《敦煌寺院會計文書研究》均未能釋讀；『肅』，《敦煌社會經濟文獻真蹟釋録》《敦煌寺院會計文書研究》均未能釋讀；『州』，《敦煌社會經濟文獻真蹟釋録》《敦煌寺院會計文書研究》均釋作『卅』，誤。

〔二九〕『户』，《敦煌社會經濟文獻真蹟釋録》《敦煌寺院會計文書研究》均釋作『尸』，誤。

〔三〇〕此處《敦煌寺院會計文書研究》校補『氈褥』二字。

〔三一〕『五』，《敦煌寺院會計文書研究》據文義校補，按底本此字清晰。

〔三二〕『生』，《敦煌社會經濟文獻真蹟釋録》《敦煌寺院會計文書研究》均未能釋讀。

〔三三〕『内』，《敦煌社會經濟文獻真蹟釋録》《敦煌寺院會計文書研究》均漏録。

〔三四〕『除』，《敦煌社會經濟文獻真蹟釋録》《敦煌寺院會計文書研究》均漏録。

〔三五〕『除』，《敦煌社會經濟文獻真蹟釋録》《敦煌寺院會計文書研究》均釋作『一領欠』，誤。

〔三六〕此句《敦煌社會經濟文獻真蹟釋録》《敦煌寺院會計文書研究》均釋作『重在□』，誤。

〔三七〕『和尚』，《敦煌社會經濟文獻真蹟釋録》未能釋讀，《敦煌寺院會計文書研究》漏録。

〔三八〕『延俊、教真、明信三人身上』，《敦煌社會經濟文獻真蹟釋録》《敦煌寺院會計文書研究》均未能釋讀。

〔三九〕『除破』，《敦煌社會經濟文獻真蹟釋録》《敦煌寺院會計文書研究》均漏録。

〔四〇〕第二箇「褥」，《敦煌社會經濟文獻真蹟釋録》《敦煌寺院會計文書研究》均未能釋讀。

〔四一〕「又過外欠物色」，《敦煌寺院會計文書研究》釋作「□月□日欠氈」，誤。

〔四二〕「氈」，據殘筆劃及文義補。

〔四三〕「欠」，《敦煌寺院會計文書研究》釋作「久」，誤。

〔四四〕「入了」係朱筆書於「保端」右下角，《敦煌社會經濟文獻真蹟釋録》《敦煌會計文書研究》均漏録。

〔四五〕「藏」，《敦煌社會經濟文獻真蹟釋録》《敦煌寺院會計文書研究》均漏録。

〔四六〕「年」，據殘筆劃及文義補。

〔四七〕「領」，據殘筆劃及文義補。

〔四八〕「破三條」，《敦煌社會經濟文獻真蹟釋録》《敦煌寺院會計文書研究》未能釋讀。

〔四九〕「牀」，《敦煌社會經濟文獻真蹟釋録》未能釋讀，《敦煌寺院會計文書研究》漏録；「張」，《敦煌社會經濟文獻真蹟釋録》未能釋讀，《敦煌寺院會計文書研究》漏録。

〔五〇〕「沈」，《敦煌社會經濟文獻真蹟釋録》釋作「龍」，《敦煌寺院會計文書研究》釋作「沈」，均誤。

〔五一〕「庫」，《敦煌社會經濟文獻真蹟釋録》《敦煌寺院會計文書研究》均未能釋讀。

〔五二〕「樑」，《敦煌社會經濟文獻真蹟釋録》《敦煌寺院會計文書研究》均釋作「棵」，誤。

〔五三〕「沈法律」，《敦煌社會經濟文獻真蹟釋録》《敦煌寺院會計文書研究》均未能釋讀。

〔五四〕「櫃」，《敦煌社會經濟文獻真蹟釋録》《敦煌寺院會計文書研究》均釋作「鐺」，誤。

〔五五〕「叁」，《敦煌社會經濟文獻真蹟釋録》《敦煌寺院會計文書研究》均未能釋讀。

〔五六〕「端」，《敦煌社會經濟文獻真蹟釋録》《敦煌寺院會計文書研究》均漏録；「欠」，《敦煌社會經濟文獻真蹟釋録》《敦煌寺院會計文書研究》均釋作「又」，誤。

〔五七〕此句《敦煌社會經濟文獻真蹟釋録》《敦煌寺院會計文書研究》均未能釋讀。
〔五八〕『入』，《敦煌社會經濟文獻真蹟釋録》《敦煌寺院會計文書研究》均未能釋讀。
〔五九〕『烈』，當作『裂』，據文義改，『烈』爲『裂』之借字。
〔六〇〕『香』，據殘筆劃及文義補。
〔六一〕此句後《敦煌社會經濟文獻真蹟釋録》《敦煌寺院會計文書研究》均釋録『並鎖鑰』三字，按此三字底本已朱筆圈去。
〔六二〕『沈』，《敦煌社會經濟文獻真蹟釋録》《敦煌寺院會計文書研究》均未能釋讀；『字子延』，《敦煌社會經濟文獻真蹟釋録》《敦煌寺院會計文書研究》均未能釋讀。
〔六三〕『鏊』，《敦煌社會經濟文獻真蹟釋録》《敦煌寺院會計文書研究》均未能釋讀。

參考文獻

《敦煌寶藏》三四册，臺北：新文豐出版公司，一九八二年，四二六頁（圖）；《敦煌寶藏》一二九册，臺北：新文豐出版公司，一九八五年，二三一頁（圖）；《敦煌社會經濟文獻真蹟釋録》三輯，北京：全國圖書館文獻縮微複製中心，一九九〇年，二八至三一頁（圖）（録）；《英藏敦煌文獻》五卷，成都：四川人民出版社，一九九二年，二六八頁（圖）；《敦煌學輯刊》一九九七年一期，一七頁；《敦煌寺院會計文書研究》，臺北：新文豐出版公司，一九九七年，三〇〇至三〇四頁（録）；《法藏敦煌西域文獻》二六册，上海古籍出版社，二〇〇二年，五三頁（圖）。

斯四二〇一　大乘無量壽經題記

釋文

裴文達。

説明

以上題名寫於《大乘無量壽經》尾題之後，《英藏敦煌文獻》未收，現予增收。背面有『金』字，應爲敦煌金光明寺之簡稱，表明此件是金光明寺的藏經。

參考文獻

Descriptive Catalogue of the Chinese Manuscripts from Tunhuang in the British Museum, London: The Trustees of the British Museum, 1957, p. 147（録）；《敦煌寶藏》三四册，臺北：新文豐出版公司，一九八二年，四三九頁（圖）；《中國古代寫本識語集録》，東京大學東洋文化研究所，一九九〇年，三九一頁（録）；《敦煌遺書總目索引新編》，北京：中華書局，二〇〇〇年，一二八頁（録）。

斯四二〇八　大乘無量壽經題記

釋文

索慎言。

説明

以上題名寫於《大乘無量壽經》尾題之後，《英藏敦煌文獻》未收，現予增收。

參考文獻

Descriptive Catalogue of the Chinese Manuscripts from Tunhuang in the British Museum, London：The Trustees of the British Museum, 1957, p. 147（録）；《敦煌寶藏》三四册，臺北：新文豐出版公司，一九八二年，四七三頁（圖）；《中國古代寫本識語集録》，東京大學東洋文化研究所，一九九〇年，三九〇頁（録）；《敦煌遺書總目索引新編》，北京：中華書局，二〇〇〇年，一二九頁（録）。

斯四二〇九　妙法蓮華經卷第三題記

釋文

咸亨三年四月十五日門下省群書手　趙文審　寫。
用　小麻紙　一　十　九　張。
裝　潢　手　解善集。
初校　書　手　趙文審。
再校　福林寺　僧　智藏。
三校　福林寺　僧　智興。
詳閲　太原寺大德　神符。
詳閲　太原寺大德　嘉尚。
詳閲　太原寺　主　慧立。
詳閲　太原寺上座　道成。
判官　少府監掌冶署令　向義感。

使太中大夫守工部侍郎永興縣開國公虞昶　監〔一〕。

説明

以上題名寫於《妙法蓮華經》卷第三尾題之後，《英藏敦煌文獻》未收，現予增收。咸亨三年即公元六七二年。

校記

〔一〕『太』，《敦煌遺書總目索引新編》釋作『大』，誤。

參考文獻

Descriptive Catalogue of the Chinese Manuscripts from Tunhuang in the British Museum, London: The Trustees of the British Museum, 1957, p. 71（録）；《敦煌寶藏》三四册，臺北：新文豐出版公司，一九八二年，四八四頁（圖）；《敦煌遺書總目索引》，北京：中華書局，一九八三年，一九五頁（録）；《中國古代寫本識語集録》，東京大學東洋文化研究所，一九九〇年，二一四至二一五頁（録）；《敦煌遺書總目索引新編》，北京：中華書局，二〇〇〇年，一二九頁（録）。

斯四二一一　壬辰年四月十一日支付寫經人物色名目

釋文

壬辰年四月十一日支付寫經人物色名目，分訴（？）如後：
鄧僧正：緑文鞋壹兩，銅鑑壹柄，器懈（械）壹副〔一〕。
定千闍梨：緑文鞋壹兩，銅鑑壹柄，器懈（械）壹副。
吴法律：緑文鞋壹兩，銅鑑壹柄，器懈（械）壹副。
徐法律：緑文鞋壹兩，銅鑑壹柄，器懈（械）壹副。
索法律：緑文鞋壹兩，銅鑑壹柄，器懈（械）壹副。
金法律：緑文鞋壹兩，銅鑑壹柄，器懈（械）壹副。
水家曹押牙：緑文鞋壹兩，銅鑑壹柄，器懈（械）壹副。
氾押牙：緑文鞋壹兩，銅鑑壹柄，器懈（械）壹副。
龍三山：緑文鞋壹兩，銅鑑壹柄，器懈（械）壹副。
陰押牙：緑文鞋壹兩，銅鑑壹柄，器懈（械）壹副。

寫佛名楊通：緑文鞋壹兩，銅鑑壹柄，器懈（械）壹副。
索萬場：緑文鞋壹兩，銅鑑壹柄〔二〕，器懈（械）壹副。
坎（勘）經僧善員〔三〕：緑文鞋[　　　]壹柄〔四〕，帔氈壹領，紅褐壹段。
僧順通：緑文鞋壹兩，銅鑑壹柄，帔氈壹領，紅褐壹段。
攔懈（械）人龍法律等〔五〕：緑文鞋壹兩，白鞋叁兩。

說明

此件首題『壬辰年四月十一日支付寫經人物色名目』，正面寫十三行，背面接寫四行，中間略有殘缺，卷背四行之後尚有約十行空白。

校記

〔一〕『懈』，當作『械』，《敦煌社會經濟文獻詞語論考》據文義校改，『懈』爲『械』之借字。以下同，不另出校。
〔二〕『銅』，據殘筆劃及文義補；『鑑壹』，據文義補。
〔三〕『坎』，當作『勘』，據文義改，『坎』爲『勘』之借字。
〔四〕『壹』，據殘筆劃及文義補。

〔五〕『攔』，底本原寫作『欄』，係涉下文『懈』而成之類化俗字。

參考文獻

《敦煌寶藏》三四册，臺北：新文豐出版公司，一九八二年，四九一至四九二頁（圖）；《英藏敦煌文獻》五卷，成都：四川人民出版社，一九九二年，二六九頁（圖）；《敦煌研究》二〇〇一年一期，九九頁；《中國文字研究》二〇一三年一輯，九二頁（録）；《敦煌社會經濟文獻詞語論考》，上海人民出版社，二〇一三年，二四二頁（録）。

斯四二一三　摩訶般若波羅蜜經卷第六題記

釋文

菩薩戒弟子張洪元敬造，流通供養。

説明

此件寫於《摩訶般若波羅蜜經》卷第六（小品）尾題之後，《英藏敦煌文獻》未收，現予增收。池田温認爲此寫本的年代大約在六世紀末期（《中國古代寫本識語集録》，一五六頁）。

參考文獻

Descriptive Catalogue of the Chinese Manuscripts from Tunhuang in the British Museum, London: The Trustees of the British Museum, 1957, p. 20（録）；《敦煌寶藏》三四册，臺北：新文豐出版公司，一九八二年，五一九頁（圖）；《敦煌遺書總目索引》，北京：中華書局，一九八三年，一九五頁（録）；《中國古代寫本識語集録》，東京大學東洋文化研究所，一九九〇年，一五六頁（録）；《敦煌遺書總目索引新編》，北京：中華書局，二〇〇〇年，一二九頁（録）。

斯四二一五　庚子年報恩寺常住什物交割點檢歷

釋文

（前缺）

白繡氈壹領〔一〕。古紅繡氈壹領〔二〕，内有鹿肆箇。聖僧座花氈子壹領〔三〕。漢擀白方氈伍
領〔四〕，内壹領，欠在寺主明藏；又兩領，欠在寺主法興；又内壹領〔五〕，從拽磑來，張法
律將去〔六〕。于闐毛褥壹條〔七〕。方漢褥貳。氍毹褥貳。又氾鐵奴折債新花氈壹領。又娘子于
闐花氈壹領。又白方氈兩領〔八〕。又李都頭施入聖僧小胡錦褥子壹〔九〕。白方氈肆領，欠在寺
主保惠。又白方氈壹〔一〇〕，欠在寺主員會〔一一〕。又白氈壹條〔一二〕，欠在明信〔一三〕、教真二
人〔一四〕。白方氈伍領〔一五〕，欠在寺主保藏。又新白氈壹條，欠在惠索僧正。又氈壹條，欠在
寺主明信。又新白方氈叁領。又新白氈條貳拾壹條，内壹欠在寺主法清〔一六〕，内壹欠在寺主
法林〔一七〕。又白銀椀壹枚〔一八〕，重捌兩半。苻僧正鎖壹副并鑰匙具全〔一九〕，在般若藏。又侯
（後）槽都頭大鎖壹副并鑰匙全〔二〇〕，在雜藏。又鄧縣令鎖壹副并鑰匙全〔二一〕，在華嚴

藏〔二二〕。鎖壹副并鑰匙〔二三〕，在藏門。又伍尺大鋸壹梁。内有枼〔二四〕，又叁尺鋸壹梁，在庫。又叁尺伍寸鋸壹梁。鋸錯壹，重壹兩。大斧壹柄，重拾伍兩。又大斧壹柄，重拾兩。打磑鎚伍〔二五〕

（後缺）

説明

此件首尾均缺，首部略殘，其内容是寺院常住什物交割點檢記録，尾部有一方朱色陽文印，内容俟考。原第六行下半行粘貼有經袟條，倒書『禅秘要經等袟　定』，遮蓋住了半行文字。此經袟條在IDP圖版已被揭開。

此件與伯四〇〇四+伯三〇六七+斯四七〇六+伯四九〇八筆跡相同，係同一人所抄。唐耕耦考證兩件都是庚子年（公元一〇〇〇年或公元九四〇年）以後報恩寺常住什物交割歷，可能一爲底本，一爲清本（參看《敦煌寺院會計文書研究》，二九九頁）。此件前十五行與伯四九〇八基本相同，最後三行爲伯四九〇八所缺。

以上釋文以斯四二一五爲底本，用伯四九〇八（稱其爲甲本）參校。

校記

〔一〕『白繡氈』，據甲本補；『壹領』，據殘筆劃及甲本補。

〔二〕『古』，甲本無。

〔三〕『座』，甲本同，《敦煌社會經濟文獻真蹟釋録》釋作『坐』，誤；『花氈』，據殘筆劃及甲本補；『子壹領』，據甲本補。

〔四〕『漢』，據甲本補；『擀白』，據殘筆劃及甲本補。

〔五〕『內』，甲本無。

〔六〕『張』，甲本作『故張』。

〔七〕『毛』，甲本作『氈』。

〔八〕『又』，甲本作『又錦褥僦』。

〔九〕『又李都頭施入聖僧』，底本原被經袟條遮蓋，《敦煌社會經濟文獻真蹟釋録》未能釋録，據甲本校補，現IDP彩圖已揭開遮蓋其上文字的經袟條。

〔一〇〕『壹』，甲本作『壹領』。

〔一一〕甲本此句右側補小字『庚子年入氈』。

〔一二〕『又』，甲本無。

〔一三〕『明』，甲本作『寺主明』。

〔一四〕『真』，甲本作『珍』。

〔一五〕此句甲本右側有小字『入白方氈一領』。

〔一六〕『壹』，甲本作『壹條』。

〔一七〕『壹』，甲本作『壹條』。

〔一八〕『又』，甲本無。

〔一九〕『并』，《敦煌社會經濟文獻詞語論考》漏録。

〔二〇〕『侯』，甲本作『候』，當作『後』，《敦煌社會經濟文獻詞語論考》據文義校改，『侯』『候』均爲『後』之借字；『都』，甲本無；『全』，甲本作『具全』。

〔二一〕『全』，甲本作『具全』。

〔二二〕『華』，甲本作『花』，均可通。

〔二三〕甲本止於『并』字。

〔二四〕此句《敦煌社會經濟文獻真蹟釋録》漏録。

〔二五〕『鎚伍』，《敦煌社會經濟文獻真蹟釋録》未能釋讀。

參考文獻

《敦煌寶藏》三四册，臺北：新文豐出版公司，一九八二年，五二九頁（圖）；《敦煌社會經濟文獻真蹟釋録》三輯，北京：全國圖書館文獻縮微複製中心，一九九〇年，三七至三八頁（圖）（録）；《英藏敦煌文獻》五卷，成都：四川人民出版社，一九九二年，二七〇頁（圖）；《敦煌吐魯番文書與絲綢之路》，北京：文物出版社，一九九四年，二〇六頁；《敦煌寺院會計文書研究》，臺北：新文豐出版公司，一九九七年，二九七至三〇〇頁；《法藏敦煌西域文獻》三三册，上海古籍出版社，二〇〇五年，二五九頁（圖）；《敦煌社會經濟文獻詞語論考》，上海人民出版社，二〇一三年，一七九頁。

斯四二一八　一　菩薩布薩文抄

釋文

受觸水〔一〕

八功德水淨諸塵〔二〕，灌掌去垢心無染〔三〕。堅持禁戒無決（缺）犯〔四〕，一切衆生亦如是〔五〕。

受淨水〔六〕

香湯沐浴澡諸垢〔七〕，法身具足五分充〔八〕。般若圓照解脱門（滿）〔九〕，群生同共（會）法界融〔一〇〕。

受籌云〔一一〕

金剛無礙解脱籌〔一二〕，難逢難遇如金（今）果〔一三〕。我今歡喜頂戴受〔一四〕，一切衆生亦如是〔一五〕。

還籌云〔一六〕

具足清淨受此籌〔一七〕，具足清淨還此籌〔一八〕。堅持禁戒無決（缺）犯〔一九〕，一切衆生亦如是〔二〇〕。

説明

此件首缺尾全，起『受觸水』，訖『一切衆生亦如是』，其内容是『菩薩布薩文』。完整的『菩薩布薩文』包括『入布薩堂説偈文』『受水偈文』『浴籌説偈文』『受香湯説偈文』『唱行香説偈文』『受籌説偈文』『還籌偈文』『清淨妙偈文』『布薩竟説偈文』共九首，此件只抄寫了其中的四首。《英藏敦煌文獻》未收，因其屬於佛教行事文，現予增收。

現知敦煌文獻中保存的『菩薩布薩文』還有八件，包括：斯四四〇、斯二五八〇、伯三二二一、伯二八八五、BD〇六四一七，均首尾完整，起『入布薩堂説偈文』，訖『衆生離苦安樂快』；斯五九一八，首全尾缺，下半部有殘損，起『入布薩堂説偈文』，訖『衆生離苦安』；伯四五九七，首尾均缺，起『持戒清淨如滿月』，訖『爾乃同布薩』；BD〇六三一八，首尾完整，起『入堂偈』，訖『大衆合和寂滅快』。

以上釋文以斯四二一八爲底本，用斯四四〇（稱其爲甲本）、斯二五八〇（稱其爲乙本）、斯五九一八（稱其爲丙本）、伯三二二一（稱其爲丁本）、伯四五九七（稱其爲戊本）、BD〇六四一七（稱其爲己本）、BD〇三六一八（稱其爲庚本）、伯二八八五（稱其爲辛本）參校。

校記

〔一〕『受』，甲、乙、丙、丁、戊、辛本同，庚本作『行』；『觸』，甲、乙、丙、丁、戊、庚、辛本作『水』；『水』，甲、丙、戊本作『説偈文』，乙本作『偈文』，丁、庚本作『偈』，己本作『□文』，辛本作『水偈文』。

〔二〕『淨』，甲、乙、丁、戊、己、庚、辛本同，丙本作『去』。

〔三〕『掌』，甲、乙、丙、丁、戊、己、庚本同，辛本作『頂』。

〔四〕『決』，當作『缺』，據甲、乙、丁、戊、己、庚、辛本改，『決』爲『缺』之借字。

〔五〕『亦』，甲、戊、庚、辛本同，乙、丁、己本作『悉』。

〔六〕『受』，甲、乙、丙、丁、戊、辛本同，庚本作『行』；『淨』，甲、乙、丙、丁、戊、己、庚、辛本作『香』；『水』，甲、乙、丙、丁、戊、己本作『湯説偈文』，庚本作『偈』，辛本作『水偈』。

〔七〕『湯』，甲本同，乙、丙、丁、戊、辛、己、庚本作『水』；『沐』，甲、戊、己、庚、辛本作『薰』，乙、丙、丁本作『勳』，『勳』爲『薰』之借字；『浴』，甲、乙、丙、丁、戊本同，己、庚、辛本作『沐』。

〔八〕『充』，乙、丁、戊、己、庚、辛本同，甲本作『衝』，『衝』爲『充』之借字。

〔九〕『圓照』，甲、乙、丁、戊、辛、己本同，庚本作『真如』；『門』，當作『滿』，據甲、乙、丙、丁、戊、己、庚、辛本改。

〔一〇〕『共』，當作『會』，據甲、乙、丁、戊、己、庚、辛本改；『界』，甲、乙、丁、戊、己、辛本同，庚本作『戒』，『戒』爲『界』之借字。

〔一一〕『云』，甲、乙、丙、丁、戊、己、辛本作『説偈文』，庚本作『偈』。

〔一二〕『礙』，甲、乙、丁、己、庚、辛本同，丙本作『畏』，戊本作『癡』，誤。

〔一三〕『逢』，甲、丁、戊、庚、辛本同，丙、己本作『得』；『金』，丙、戊、己、庚本同，當作『今』，據甲、丁、辛本改，『金』爲『今』之借字；『果』，乙、丙、丁、戊、己、庚、辛本同，甲本作『過』，『過』爲『果』之借字。

〔一四〕『今』，甲、乙、丁、戊、己、辛本同，庚本作『金』，『金』爲『今』之借字；『歡』，甲、乙、丁、戊、庚、辛本同，己本作『頂』；『喜』，甲、乙、丁、戊、庚、辛本同，己本作『戴』；『頂』，甲、乙、丁、戊、庚、辛本同，己本作『歡』；『戴』，甲、乙、丁、戊、庚、辛本同，己本作『喜』。

〔一五〕『亦』，甲、戊、庚、辛本同，乙、丁、己本作『悉』。

〔一六〕『云』，甲、丙、丁、戊、辛本作『説偈文』，乙本作『偈文』，庚本作『偈』。

〔一七〕『清淨』，甲、乙、丙、丁、戊、庚本同，辛本脱。

〔一八〕此句甲、乙、丙、丁、戊、辛本同，庚本脱。

〔一九〕『持』，甲、乙、丁、戊、庚、辛本同，丙本作『固』；『決』，當作『缺』，據甲、乙、丁、戊、庚、辛本改，『決』爲『缺』之借字。

〔二〇〕『亦』，甲、丁、戊、庚、辛本同，乙本作『悉』。

參考文獻

《敦煌學海探珠》，臺北：臺灣商務印書館，一九七九年，一四七至一四八頁；《敦煌寶藏》三册，臺北：新文豐出版公司，一九八一年，五六六至五六七頁（圖）；《敦煌寶藏》三四册，臺北：新文豐出版公司，一九八二年，五三一頁（圖）；《英藏敦煌文獻》四卷，成都：四川人民出版社，一九九一年，一〇四頁（圖）；《英藏敦煌文獻》九卷，成都：四川人民出版社，一九九四年，二〇八頁（圖）；《法藏敦煌西域文獻》一九册，上海古籍出版社，二〇〇一年，二七七至二七八頁（圖）；《法藏敦煌西域文獻》二二册，上海古籍出版社，二〇〇二年，一九八頁（圖）；《法藏敦煌西域文獻》三二册，上海古籍出版社，二〇〇五年，一三六頁（圖）；《全敦煌詩》一四册，北京：作家出版社，二〇〇六年，六五四六至六五五八頁；《國家圖書館藏敦煌遺書》八四册，北京圖書館出版社，二〇〇八年，一六一頁（圖）；《國家圖書館藏敦煌遺書》八六册，北京圖書館出版社，二〇〇八年，三一二至三一三頁（圖）。

斯四二一八　二　五戒教受儀

釋文

次下五戒教受儀、請懺悔与僧同：

請受五戒云：

大德一心念，我弟子某甲等，今請大德爲受戒阿闍梨，願大德爲我作受戒阿闍梨，我依大德故，得受戒，慈愍故。三牒〔一〕。

説明

此件寫於『菩薩布薩文抄』之後，似未抄完。《英藏敦煌文獻》未收，現予增收。

校記

〔一〕『牒』，通『疊』。

參考文獻

《敦煌寶藏》三四册，臺北：新文豐出版公司，一九八二年，五三一頁（圖）。

斯四二二〇　願學啓

釋文

願學啓：孟春猶寒，伏惟

司徒、娘子、小娘子尊體起居萬福。即日蒙

恩〔一〕，不審近日

尊體何似？伏惟以時倍加

□護，下情懇〔望〕〔二〕。伏從拜別，已換□□

□望之心〔三〕，片時無□〔四〕。荆都頭手（？）□

（後缺）

說明

此件首全尾缺，上下沿以相對斜綫裁剪成梯形，似被用作書卷拖尾，其内容是願學給『司徒、娘子、小娘子』的書信。

校記

〔一〕『蒙』，據其他書啓例補，《敦煌社會經濟文獻真蹟釋録》逕釋作『蒙』。

〔二〕『望』，據其他書啓例補。

〔三〕『望』，據文義及殘筆劃補，《敦煌所出唐宋書牘整理與研究》釋作『生』。

〔四〕『片』，《敦煌所出唐宋書牘整理與研究》釋作『行』，誤。

參考文獻

《敦煌寶藏》三四册，臺北：新文豐出版公司，一九八二年，五三三頁（圖）；《敦煌遺書總目索引》，北京：中華書局，一九八三年，一九五頁（録）；《敦煌學園零拾》，臺北：臺灣商務印書館，一九八六年，二二一頁；《敦煌社會經濟文獻真蹟釋録》五輯，北京：全國圖書館文獻縮微複製中心，一九九〇年，三一頁（圖）（録）；《英藏敦煌文獻》五卷，成都：四川人民出版社，一九九二年，二七〇頁（圖）；《敦煌遺書總目索引新編》，北京：中華書局，二〇〇〇年，一二九頁（録）；《敦煌所出唐宋書牘整理與研究》，成都：西南交通大學出版社，二〇一六年，二六五頁（録）。

斯四二二六　太平部卷第二

釋文

（前缺）

□神苦痛眇眇〔一〕，□出經，救弊勸學，精□昇三天，永離煩惱，□此經文者六方真人，□寧家，長居慶泰〔二〕。丁□其真与不〔三〕，今疾上案用之〔四〕，立与天地迺□其大明效〔五〕。□甲第一云〔六〕：誦讀吾書，精之，災害不得復起，此上古聖賢所以候得失之文也。書有三等：一曰神道書，二曰核事文，三曰浮華記。神道書者，不離實，守本根，與陰陽合，與神同門。核事文者，考核異同，疑誤不失。浮華記者，離本已遠，錯亂不可常用，時時可記，故名浮華記。然則精學之士，務存神道，習用其書，守得其根。根之本宗，三一爲主，一化以三，左無上，右玄老，中太上。太上統和，無上攝陽，玄老摠陰，陰合地，陽合天，和均人。人天及地，號爲三才，各有五德，五德倫分，脩事畢，三才後（復）一〔七〕。得一者生，失一者死。能遵上古之道，則到太平之辰，故曰：三老相應，三五炁和，和生生炁，炁行無死名也。和則温清調適，適則日月光明，人功既建，天地順之，故曰：先安中五，乃選仙士，賢者心賢，必到聖治。甲第二云：天四五九之道，不可失也。天地失之，萬事亂常；五行失之，更相賊傷；四時失之，炁不行人至不〔八〕；行人失之，身被疾病。守之則吉，失之則傷。三皇常善者，能深用之，審得其意，可誠。是其人開，非其人閉，審得其人，可以致壽，可以致樂，可以除邪疾，德薄得之遲，德厚得之速。君子至信〔九〕，乃傳道，慎勿付小人。得人則授，不言信誓正當重，不能數遇。遇此經者，皆爲真人，所師玄師，無極之神，應感而現，事已即藏。流布叔（殊）方〔一〇〕，澄清大亂，功高德正，故號太平。聖主善治，謹用兹文，凡昔（君）在位〔一一〕，輕忽斯典。羲軒之始〔一二〕，莫不奉遵；周漢之終，必也屏棄。《百八十戒》序云：赳（赧）王之時〔一三〕，出太平之道。老子至垠（瑯）琊（琊）〔一四〕，授与干君。干君得道，拜爲真人，作《太平經》。聖人應感出文，述而不作。凡夫棄故，不復識知，緣見維親，順情言作耳。帛君篤病，從干君受道，拜爲神人。干君諱室，涉亂遷移，易名爲吉，寓居東方，往來吴會，周歷蹐（崤）函〔一五〕，出入伊洛，教訓後生，救厄治疾。順帝之時，弟子宫崇詣闕上書言〔一六〕，言師干吉所得神經於曲陽泉上，朱界青首，百有餘卷。謂爲妖訛〔一七〕，遂不信用。帝君不脩太平，其自下潛習，以待後會。賢才君子，密以相傳，而世僞人邪，多生因假，矯詭肆愚，疵妨正典。《相（想）爾》云〔一八〕：世多邪巧，託稱道云，千端萬伎，朱紫磐（班）磷（璘）〔一九〕，故記三合以別真，上下二篇法陰陽。復出青領太平文，雜説衆要，解童蒙心。復出五斗米，道備三合，道成契畢，數備三道。雖萬惡猶紛猗（綺）〔二〇〕，公行和（私）竊〔二一〕，號之正目，事乖真實，師之所除。《玄妙内篇》云：吾布炁罷廢上清、二（清）約〔二二〕、佛三道，下及干吉太平支散之炁百官之神，天地水月三官不正之炁，貪濁受錢飲食之鬼，營傳符廟，一切駱驛分罷。夫假稱上清，受及佛干支離，偏見執著，自是華炫之邪，皆應擺棄，況號俗神者乎？拾（捨）俗及諸詐文〔二三〕，求真宜尋本旨。案上清、清約、無爲佛道，衆聖大師，各有本經。干氏本部，自甲之癸，分爲十袠，百七十卷，玄文宕博，妙旨深長，品次源流，條諸如左：

太平經部袠第一　甲部十七卷

太平經卷第一　自古盛衰法第一

太平經卷第二　却不祥法第二

太平經卷第三　盛身却災法第三

太平經卷第四　思本正行法第四

太平經卷第五　道神度厄法第五

太平經卷第六　賢不有（肖）自知法第六〔二四〕

太平經卷第七　利尊上延命法第七

太平經卷第八　脩古文法第八

太平經卷第九　王者無憂法第九

太平經卷第十　還神邪自消法第十

太平經卷第十一　和合陰陽法第十一

太平經卷第十二　令人壽法（治）平法第十二〔二五〕

太平經卷第十三　七事解送（迷）法第十三〔二六〕

太平經卷第十四　救四海知優劣法第十四

太平經卷第十五　清身守一法第十五

太平經卷第十六　時神效道法第十六

太平經卷第十七　救迷輔帝王法第十七

太平經部袠第二　乙部十七卷

太平經卷第十八　順道還年法第十八

太平經卷第十九　録身正神法第十九

太平經卷第廿　師策文第廿

太平經卷第廿一　脩一却邪〔法〕第廿一〔二七〕

太平經卷第廿二　以樂却災法第廿二〔二八〕

太平經卷第廿三　實核人情法第廿三

太平經卷第廿四　分別人善惡法第廿四

太平經卷第廿五　神真行寬乘法第廿五

太平經卷第廿六　聖真食神法第廿六

太平經卷第廿七　守一明之法第廿七

太平經卷第廿八　習善行得福法第廿八

太平經卷第廿九　行道有優劣法第廿九

太平經卷第卅　行神決書法第卅

太平經卷第卅一　和三五（氣）與（興）帝王法第卅一〔二九〕

太平經卷第卅二　安樂王者法第卅二

太平經卷第卅三　縣象〔還〕神〔法〕第卅三〔三〇〕
數憶萬世道三出決第卅四

太平經卷第卅四　占上古流災法第卅五　占中古流家（災）法第卅六〔三一〕　占下古流宋（災）〔法〕
第卅七〔三二〕　救承負法第卅八　造作經書法第卅九　解承負法第卌〔三三〕

太平經部袠第三　丙部十七卷

太平經卷第卅五　分別貧富法第卌一　一男二女法第卌
二　興善心（止）惡法第卌三〔三四〕

斯四二二六

太平經卷第卅六

守別三寶（實）法第卌四〔三五〕　三急吉凶法第卌五　事死不得過生法第卌六

太平經卷第卅七

誡（試）文書大信法第卌七〔三六〕

立（五）事解承負法第卌八〔三七〕

太平經卷第卅八

守一法第卌九

太平經卷第卅九

解師英（策）書決第五十〔三八〕

真劣（券）決第五十一〔三九〕

太平經卷第卌

怒力爲善法第五十二〔四〇〕　〔分〕〔解〕〔本〕〔末〕〔法〕〔第〕〔五〕〔十〕〔三〕〔四一〕　衆（樂）生得天心法第五十三（四）〔四二〕

救（校）古文名書決第五十五〔四三〕

太平經卷第卌一

九天消先王〔災〕法〔第〕五十六〔四四〕　驗道〔真〕僞決第五十七〔四五〕　四行本末赤決第五十八〔四六〕

太平經卷第卌二

大小諫正法第五十九

太平經卷第卌三

案書明刑德法第六十〔四七〕

太平經卷第卌四

起土出書決第六十一

太平經卷第卌五

道無價却夷拱（狄）治（法）第六十二〔四八〕

太平經卷第卌六

上善臣子弟子爲君父師得仙方決第六十三

服人以道不以成（威）決第六十四〔四九〕

太平經卷第卌七

三合相通決第六十五

太平經卷第卌八

急學真法第六十六

太平經卷第卌九

去邪文蜚明占決第六十七　移行誡（試）驗類相應占決第六十八〔五〇〕

太平經卷第五十

丹明雖（耀）圖（御）取（邪）第六十九〔五一〕　草木方決第七十　生物方決第七十一　去浮華決第七十二
天文記訖（決）第七十三〔五二〕　刻（灸）刺決第七十四〔五三〕　神咒決第七十五　葬宅決第七十六
諸藥（樂）石（古）文是非決第七十七〔五四〕

太平經卷第五十一　校文邪正法第七十八

太平〔經〕部袠第四〔五五〕丁部十七卷

太平經卷第五十二　胞胎陰陽圖決第七十九

太平經卷第五十三　分別四治〔法〕第八十〔五六〕

太平經卷第五十四　使能無爭訟法第八十一

太平經卷第五十五　力行博學決第八十二　知盛衰還年法第八十三

太平經卷第五十六　与神約束（東）決第八十四〔五七〕　忠孝益年決第八十五　思善改惡法第八十六　善人作神法第八十七

太平經卷第五十七　曆術分別吉凶決第八十八〔五八〕　禁酒法第八十九

太平經卷第五十八　上下失治法第九十

太平經卷第五十九　陰陽施法第九十一

太平經卷第六十　觀物知道德決第九十三〔五九〕　天地誡第九十二　書用丹青決第九十四

太平經卷第六十一　天子皇后政決第九十五

斯四二二六

太平經卷第六十二　解天竈九人決第九十六

太平經卷第六十三　分別九人決第九十七

太平經卷第六十四　求壽除災決第九十八

太平經卷第六十五　斷金兵法第九十九　王者賜下法第一百　興衰由人決第百一

太平經卷第六十六　三五優劣決第百二

太平經卷第六十七　六罪十治決第百三

太平經卷第六十八　戒六〔子〕決第百四〔六〇〕

太平經部袠第五　戊部十七卷

太平經卷第六十九　天識（讖）支干相配決第百五〔六一〕

太平經卷第七十　學者是非決第百六

太平經卷第七十一　九道得失決百七　度世明誡百八

太平經卷第七十二　齋戒思神救死決百九　不用大言無效決百十　五神所持決百十一

太平經卷第七十三　入室證決百十二　齋辭設五儀法百十三　塗室成神仙法百十四

太平經卷第七十四　善惡間圖決百十五

太平經卷第七十五　圖畫正根決百十六

太平經卷第七十六　證上書徵驗決百十七

太平經卷第七十七　使四時神吏注法百十八

太平經卷第七十八　入室存思圖決百十九

太平經卷第七十九　神吏尊卑決百廿

太平經卷第八十　占中不中決百廿一

太平經卷第八十一　得道長存篇百廿二

太平經卷第八十二　自知得失決百廿三

太平經卷第八十三　經學本末決百廿四

太平經卷第八十四　大人存思六甲圖百廿五

太平經卷第八十五　明師經圖傳集百廿六〔六二〕

太平經部袠第六　己部十七卷

太平經卷第八十六　來善集三道文書決百廿七〔六三〕

太平經卷第八十七　長存符圖百廿八

太平經卷第八十八　作來善宅法百廿九

太平經卷第八十九　八卦還精念文百卅

太平經卷第九十　冤流災花（求）愔（奇）〔方〕決百卅一〔六四〕

太平經卷第九十一

太平經卷第九十二

太平經卷第九十三

太平經卷第九十四

太平經卷第九十五

太平經卷第九十六

太平經卷第九十七

太平經卷第九十八

拘校三古文法百卌二

二（三）光食決百卅三〔六五〕

萬二千國始火決百卅四

火炁正神道決百卅五　洞極上平炁無蟲

僮（重）複家（字）決百卅六〔六六〕

方樂（藥）廢（厭）同（固）相治決百卅七〔六七〕　陽尊

陰卑決百卅八　效言不效行國不可勝數決百卅九〔六八〕

敬事神五（十）十（五）年太〔平〕決百卌〔六九〕

〔效〕〔言〕〔不〕〔效〕〔行〕致災決百卌一〔七〇〕

司行不司言決百卌二　五壽以下被承賓（負）災決百

卌三〔七一〕　壽命奇不望報陰祐人〔決〕百卌四〔七二〕

自受自奴決百卌五　腸決百卌六

各用單言孤辭決百卌七

歎上禁三道文致亂決百卌八

上書十歸之神真命所屬決百卌九　善惡

人受真人（文）爲賢士決百五十〔七三〕

大（六）極六竟孝順思（忠）決百五十

一〔七四〕　守一人室知神戒百五十二

忍辱象天地至誠与神相應戒百五十三

知道不傳處士助他決百五十四

事法（師）如父言當成法決百五十五〔七五〕

神司又（人）守本陰祐決百五十六〔七六〕

爲道敗成戒百五十七

依（核）文壽長決百五十八〔七七〕

男女及（反）形決百五十九〔七八〕

太平經卷第九十九　乘雲駕龍圖百六十二

太平經卷第一百　東壁圖百六十三

太平經卷第一百一　西壁圖百六十四

太平經卷第百二　神人自序出書圖服色決百六十五　經文都數所位次傳文閉絶即病決百六十六〔七九〕　〔經〕〔文〕〔部〕〔數〕〔所〕應決百六十七〔八〇〕

太平經部袠第七　庚部十七卷

太平經卷第百三　虚天（無）天（無）夕（爲）自然圖道畢戊（成）〔誡〕百六十八〔八一〕

太平經卷第百四　興上除害複文百六十九

太平經卷第百五　令尊者無憂複文百七十

太平經卷第百六　德行吉昌複文百七十一

太平經卷第百七　神祐複文百七十二

太平經卷第百八　要決十八（九）〔條〕百七十三〔八二〕　部（瑞）誡（議）訓決百七十四〔八三〕

太平經卷第百九　忠孝上異聞決百七十五　災病證書欲藏決百七十六　兩手英（策）字要記百七十七〔八四〕　四吉凶決百七十八〔八五〕

太平經卷第百十　大功益年書出歲月戒百七十九　有心之人積行輔真決百八十

太平經卷第百十一　大聖上章決百八十一　有德人保命決百八十二

斯四二二六

善仁人自貴年在壽曹決百八十三　有知愈（人）〔思〕
藥（慕）与大神相見〔決〕百八十四〔八六〕

太平經卷第百十二

貪財色災及胎中戒百八十五　七十
二包（色）死尸戒百八十六〔八七〕
寫書不〔用〕徒自苦戒百八十七〔八八〕　有過
死誦（謫）作〔河〕梁戒百八十八〔八九〕
衣履欲好戒百八十九
不忘戒長得福決百九十

太平經卷第百十三

樂怒吉凶決百九十一

太平經卷第百十四

孝行神所敬決百九十二
九君太上親決百九十三
不孝不可之（久）生戒百九十四〔九〇〕
見戒不觸惡決百九十五
不可〔不〕祠決百九十六〔九一〕　王（天）報信威（成）神
決百九十七〔九二〕　有功天若（君）勑進決百九十八〔九三〕
不用書言命不全決百九十九　大
壽戒二百　病歸天有費決二百一
不承天書言病當〔解〕謫（謫）戒二百二〔九四〕
爲父母不易改（決）二百三〔九五〕

太平經卷第百十五

神書青下丹目決二百四
苦樂斷刑罰決二百五

太平經卷第百十六

音聲舞曲吉凶〔決〕二百六〔九六〕

太平經卷第百十七

天樂淳（得）善人文付火君決二百七〔九七〕

太平經卷第百十八

禁燒山林決二百八　燒下田草決二百九　天神〔考〕
過物（拘）授（校）三合決二百十〔九八〕

太平經卷第〔百〕十九〔九九〕

三者爲一家決二百十一
陽火數五決二百十二　首宥亡人決二百十三

太平〔經〕部袠第八〔一〇〇〕辛部十七卷

不食長生法二百十四

太平經卷第百廿

占相乃不能救決二百十五

太平經卷第百廿一

閉藏出用文決二百十六

太平經卷第百廿二

三道集炁出文男女誦行決二百十七

太平經卷第百廿三

人腹各有天子文歸赤漢決二百十八

太平經卷第百廿四

圖畫多夷狄却名神文決二百十九

太平經卷第百廿五

九事親屬兄弟決二百廿

太平經卷第百廿六

不效言成功〔決〕二百廿一〔一〇一〕
上士善言教人增筭決二百廿二

太平經卷第百廿七

易命增筭符決二百廿三　生
不盡力養父母戒二百廿四

太平經卷第百廿八

隨俗接（授）文決二百廿五〔一〇二〕　天
多災變人過不政（改）二百廿六〔一〇三〕

太平經卷第百廿九

天地復命順事法二百廿七

太平經卷第百卅

弱形强神決二百廿八　同師行異
決二百廿九　欺有善惡決二百卅

斯四二二六

太平經卷第百卅一

象文行增筭決二百卅一〔一〇四〕　强上斯兵詐害決二百卅二〔一〇五〕　化人所不能化決二百卅三

陽盛兵刃消決二百卅四　靈圖止桓（短）命以長年決二百卅五〔一〇六〕　生言決二百卅六

效成事不效空言決二百卅七　延命符孤男孤女能調陰陽決二百卅八

太平經卷第百卅二

見神戒二百卅九　平等度世戒二百卌　乃明除邪害決二百卌一〔一〇七〕

立成仲（神）到（祠）圖決二百卌二〔一〇八〕　厭服決二百卌三　行正（止）〔決〕二百卌四〔一〇九〕

太平經卷第百卅三

賜貴（遺）決二百卌五〔一一〇〕　太平炁至大效決二百卌六　選舉近曆文二百卌七

簡真僞文二百卌八　知之不行罪重決二百卌九〔一一一〕　上書空半實決二百五十

太平經卷第百卅四

官舍衣食千決二百五十一

太平經卷第百卅五

思神若響隨人決二百五十二　斗前後六辰生死決二百五十三　不死禄厚見吾文二百五十四

畫作圖象決二百五十五　治陰姦食邪功之神二百五十六〔一一二〕

太平經卷第百卅六

力學反自然之炁決二百五十七　時形中精神決二百五十八〔一一三〕　才（千）倍相治決二百五十九〔一一四〕

得道留年化歲決二百六十　十賤傳文如郵（?）平付詔書決二百六十一

太平〔經〕部袠第九〔一一五〕　壬部十七卷

太平經卷第百卅七

相容止凶法二百六十二〔一一六〕

閉姦不並責平炁象決二百六十三

太平經卷第百卅八

玉人處空決二百六十四〔一一七〕
真文除穢決二百六十五
禁邪文戒決二百六十六　用文如射決二百六十七　誡效稱洞平法二百六十八

太平經卷第百卅九

一日三思無陰惡意法二百六十九
明師證文延帝命法二百七十

太平經卷第百卌

疾傳文續命不傳被天滅二百七十一
常念相成黄帝議訓決二百七十二
道士外惡内善上學内外具通決二百七十三　陰念爲善得善爲惡戒二百七十四
安危貧富能順文言和天立得決二百七十五

太平經卷第百卌一

天道助窮太平君臣不得相無（兼）決二百七十六〔一一八〕　效請雨止決二百七十七〔一一九〕

太平經卷第百卌二

五德神人兵馬圖決二百七十八　靈祇鬼精決二百七十九
符刺及呪法二百八十

太平經卷第百卌三

天知人過長生戒二百八十一　上繞不宜有刑決二百八十二〔一二〇〕　力學問得封不敢失三事決二百八十三

太平經卷第百卌四

樂天憂人卷不記字決二百八十四　使夫妻同居決二百八十五
文字大急十事不得汙辱決二百八十六
賜善罰惡十五年平決二百八十七

太平經卷第百卌五

八人能受三道服食決二百八十八　遊玄食振陰滅死無人之野決二百八十九〔一二一〕

太平經卷第百卌六

委炁大神聖上明堂文書決二百九十　天君教有仙相不須邪鬼誡難二百九十一〔一二二〕

斯四二二六

變易形容醮符九化上昇勑二百九十二
朝天詣見勑二百九十三〔一二三〕
摩（群）僚正儀勑二百九十四〔一二四〕
有惡於人上其姓名勑二百九十五
明堂務平書上勿恐
迷決二百九十六

太平經卷第百卌七

明古今文決二百九十七　古者天卷文
未出出文大炁甲子有徵決二百九十八

太平經卷第百卌八

治天爲三時念道德決二百九十九
与天有人王相日不恐決三百
道人爲師天決三百一

太平經卷第〔百〕卌九〔一二五〕

事關天上三萬六千天戒決三百二　見天
舒（書）精籍寫書不敢擅空決三百三〔一二六〕

太平經卷第百五十

兩生（半）成一決三百四〔一二七〕　思道得
惡意不邪下人決三百五　六百中法三百六
致王相神戒三百七　辟發開
明〔決〕三百八〔一二八〕

太平經卷第〔百〕五十一〔一二九〕

思及草木無用他邪法三百九〔一三〇〕
分身懷形不樂仕決三百十
乂鄱蓊方口正文決三百十一〔一三一〕
盧宅宜正決三百十二〔一三二〕

太平經卷第百五十二

策文訓決三百十三
學無棄畢決三百十四

太平經卷第百五十三

守一長存決三百十五
禽狩有一決三百十六
山木有知決三百十七　不
窮星雲惡道決三百十八

太平〔經〕部袠第十〔一三三〕

癸部十
七卷

太平經卷第百五十四

禁犯土決第三百十九　壅防決
三百廿　取土三尺決三百廿一
治土病人〔決〕三百廿二〔一三四〕
土不可復犯決三百廿三

太平經卷第百五十五

冒萬受千增筭決三百廿四〔一三五〕
不冒不求爲一分決三百廿五〔一三六〕
稱天子決三百廿六
人君急記三百廿七

太平經卷第百五十六

習善復凶〔決〕三百廿八〔一三七〕　帝王恩流羽（弱）
小決三百廿九〔一三八〕　記事人數日月法三百卅
上車（章）不實決三百卅一〔一三九〕
素官玄宫決三百〔卅〕三〔一四〇〕
汙辱文六事決三百卅四

太平經卷第百五十七

學知興衰決三百卅五
事佐治象道少食決三百卅六〔一四一〕

太平經卷第百五十八

斗極明天受（象）決三百卅七〔一四二〕
食炁神來男女皆學決三百卅八

太平經卷第百五十九

多言少決三百卅九　雲
霧不絶災起決三百卌
不自責鬼所各（名）決三百卌一〔一四三〕

太平經卷第百六十

藥不能治禍出決三百卌二
見利不動長生決三百卌三
知報恩相諫決三百卌四

太平經卷第百六十一

勿受私財風折水決三百卌五　衆官皆
精光所生〔決〕三百卌六〔一四四〕

斯四二二六

太平經卷第百六十二

支干度數星宿内外決三百卌七
夭犯天地神靈決三百卌八
貧富行所致決三百卌九　中孝信順神生光輝得太上君腹心決三百五十〔一四五〕
〔忠〕〔孝〕〔信〕〔順〕〔神〕〔生〕〔光〕〔輝〕決三百五十一〔一四六〕
支干數百廿筭爲百廿歲決三百五十二
所欺非一禱祭無福決三百五十三
作惡日間簿書連決三百五十四〔一四七〕
勿欺殆病自責決三百五十五
作善增壽通逋亡之炁決三百五十六

太平經卷第百六十三

太平炁到凶害先甚悉消決三百五十七〔一四八〕　道德決三百五十八
財色召食神決三百五十九

太平經卷第百六十四

洞極綱紀目富天使好〔三〕〔百〕〔六〕〔十〕〔一四九〕

太平經卷第百六十五

明堂爲文府悔過不死決三百六十一

太平經卷第百六十六

祖曆三統六炁治決三百六十二

太平經卷第百六十七

通天極而有男三人助治決三百六十三

太平經卷第百六十八

十八字爲行應不應法汙辱則病戒三百六十四

太平經卷第百六十九

師教即天教先受養身決三百六十五

太平經卷第百七十　煞邪精一日三明決三百六十六

右十部一百七十卷，三百六十六篇。乙第二云：人三百六十脈，脈一精，精一神，思神至，成道人。

經曰：上清金闕後聖元（九）玄帝君〔一五〇〕，姓李，諱弘元曜靈，一諱玄水俄景，字光明，一字日淵，太一之胄，玄帝時人。上和元年歲在庚寅九月三日甲子卯時，始育北玄玉國天罡靈鏡（境）〔一五一〕，人鳥闍（？）萊山中李谷之間，母夢玄雲日月纏其〔形〕〔一五二〕，乃感而懷胎。厥年三歲，言成金章，行年二生（七）〔一五三〕，棄俗離親，三元下教，施行廿四事，受書爲上清金闕後聖帝君。上昇上清，中遊太極宮，下治十天，封掌兆民，及諸天河海神仙地源，陰察洞天。承唐之年，積數卌六，丁亥前後，中間卒獸之世〔一五四〕，國祚再竭，東西稱霸，以扶弱主，有縱横九一之名，號興泰無延。昌元之後，有甲申歲，種善人除殘民，疫水交其上〔一五五〕，延火繞其下，惡惡並滅，凶凶皆没。好道陸隱，道人登山，流濁奔蕩，御之鯨淵，死行生施，都分别也。到壬辰之年二月六日，聖君光臨，發自始青之城，西摐（縱）東山〔一五六〕，磐節南雲，北察龍燭，上憩九流之關，左湯津晨林，右迴米山，仰步霄中〔一五七〕，垂（乘）三素景與（輿）〔一五八〕，從飛軿萬龍。天光揔經文之道，不真照神監三辰於焉〔一五九〕，滅惡人已於水火，存慈善已爲種民。學始者爲仙使〔一六〇〕，得道者爲仙官。又云：諸見太平者，或是慈心仁人，守善詣老；或是内學信仙，可愍之士；或有靈人授書，固精寶胎；或得道志仙，精誠之失（至）〔一六一〕；或金簡録名，七世有德；或精讀洞經，〔慶〕上七世〔一六二〕；或先人大福〔一六三〕，祚及子孫，當爲仙者，以到不死；或住（生）而青骨〔一六四〕，通神接真；或才性情（清）寂〔一六五〕，天分淑密。致仙之品，高下數百，道君隨才類分，爲此大小，皆各有秩，以和萬物。諸侯一年朝聖君、應聖君，聖君五年一下遊，幸諸侯、察種民。

緯曰：太一分應，二儀開張，三光四海，山林飛沉，人神鬼魆〔一六六〕，各有尊卑，設官建位，部界羅陳，摠歸乎道〔一六七〕，道常有君。金闕聖帝，普統陰陽，人神鬼魆〔一六八〕，一切仰宗，向之則吉，背之則凶。前聖居乎太玄，後聖順運補處，補處示以應務，居玄明，住寂源。源不離應，應不累源，前聖後聖，其神腦同〔一六九〕。李氏風悟，由藉先因〔一七〇〕，受記登極，心邇所崇，傳法甚多，其要廿有四，能行之〔一七一〕，便致太平。功超唯人，期無定數。此人雖希，代代其有。有之既少，無如衆何，不能用大運甲申。甲申之間，自有得道，脩行不均，不能使無此大運。大運滅惡，不傷於善人。善人遇大運之周，皆騰三天之上，後爲種民。民來有後，後來衆生，根龘無極，必須三寶。道以正科宣理，勤者進品上源，懈怠放逸，退還下流。《上宮律文》云：上清大真玉謂之〔一七二〕，不得皇帝有犯明科之目。〔犯〕〔者〕退編皇之録〔一七三〕，降遊散真皇治大清中宮七百年，隨格進號。自此以下，各有條制，雖不復爲凡夫，而接事於一切，或爲陰職，或處陽官，練神立功，積勤進德。是以諸侯朝聖君，聖君幸諸侯，察種民，料善惡，明賞罰，辯正邪〔一七四〕，邪魔風息，太平道興。志士高才，務遵之矣〔一七五〕。

太平部卷第二

説明

此件首缺尾全，卷軸裝，有烏絲欄，起『苦痛眇眇』，訖尾題『太平部卷第二』，存三四八行。其主要内容爲《太平經》目録，分《太平經》爲一〇部，每部一七卷，共一七〇卷三六六篇，實列三百六十一篇篇名，目録前後有序、跋，概述《太平經》傳世始末、經文要旨及傳授修行科儀。

《太平經》爲後漢太平道的主要經典，散佚頗多，現存明正統《道藏》收録殘存五十七卷。此外，又有《道藏》保存《太平經鈔》一〇卷，可略補《太平經》的缺失，但《道藏》本《太平經》與《太平經鈔》皆無總目録，此件雖間有錯漏，却比較完整地保存了該經目録。《道藏》殘存《太平經》雖無經目部分，但各篇篇首之篇目仍與此件目録部分有校勘價值；《太平經鈔》癸部與此件甲部内容相當，也可相互比勘。

校記

〔一〕『神』，據殘筆劃及文義補，《中華道藏》逕釋作『神』。
〔二〕『長』，《中華道藏》釋作『常』，雖義可通而字誤。
〔三〕『丁』，《中華道藏》釋作『可』，誤。
〔四〕『案』，據殘筆劃及文義補，《中華道藏》逕釋作『案』。
〔五〕『其』，據殘筆劃及文義補，《中華道藏》逕釋作『其』。
〔六〕『甲』字前，《中華道藏》釋有『太平經』，按上句『效』字後有殘筆劃，絶非『太』，似『就』。
〔七〕『後』，當作『復』，據文義改，《中華道藏》逕釋作『復』。
〔八〕此句不通，當有衍誤。
〔九〕『君』，底本原寫作『居』，按寫本中『君』『居』形近易混，故可據文義逕釋作『君』。
〔一〇〕『叔』，當作『殊』，據文義改，『叔』爲『殊』之借字。
〔一一〕『昔』，當作『君』，據文義改，《中華道藏》逕釋作『君』。
〔一二〕『軒』，《中華道藏》釋作『農』，誤。
〔一三〕『逑』，當作『赧』，據文義改，《中華道藏》逕釋作『赧』。
〔一四〕『埌』，當作『瑯』，據文義改，『埌』爲『瑯』之借字，《中華道藏》逕釋作『瑯』；『琊』，當作『琊』，據文義改，《中華道藏》逕釋作『琊』。
〔一五〕『蹐』，當作『嵴』，據文義改，《中華道藏》釋作『齊』，誤；『函』，《中華道藏》釋作『幽』，誤。
〔一六〕『言』，《中華道藏》漏録。
〔一七〕『謂』前，《中華道藏》校補有『有司』二字。

〔一八〕『相』，當作『想』，據文義改，『相』爲『想』之借字。
〔一九〕『磐』，當作『班』，據文義改；『磷』，當作『璘』，據文義改，『磷』爲『璘』之借字。
〔二〇〕『猗』，當作『綺』，據文義改。
〔二一〕『和』，當作『私』，據文義改。
〔二二〕『二』，當作『清』，《中華道藏》據文義校改。
〔二三〕『拾』，當作『捨』，《中華道藏》據文義校改。
〔二四〕『有』，當作『肖』，據《道藏》改。
〔二五〕『法』，當作『治』，據《道藏》改。
〔二六〕『送』，當作『迷』，據《道藏》改，《中華道藏》逕釋作『迷』；『第』，底本原寫作『弟』，按寫本中『第』『弟』形近易混，故可據文義逕釋作『第』。
〔二七〕『法』，據《道藏》補。
〔二八〕第二箇『災』字，據文義係衍文，當删。
〔二九〕『五』，當作『氣』，據《道藏》改；『與』，當作『興』，據《道藏》改，《中華道藏》逕釋作『興』。
〔三〇〕『還』，據《道藏》補；『法』，據《道藏》補。
〔三一〕『家』，當作『災』，據《道藏》改。
〔三二〕『宋』，當作『災』，據文義改，《中華道藏》逕釋作『災』；『法』，據文義補，《中華道藏》逕釋作『法』。
〔三三〕『卌』，《中華道藏》釋作『四十』，雖義可通而字誤。以下同，不另出校。
〔三四〕『心』，當作『止』，據《道藏》改，《中華道藏》逕釋作『止』。
〔三五〕『寶』，當作『實』，據《道藏》改。

〔三六〕「誡」，當作「試」，據《道藏》改。
〔三七〕「立」，當作「五」，據《道藏》改。
〔三八〕「英」，當作「策」，據《道藏》改，《中華道藏》逕釋作「策」。
〔三九〕「劣」，當作「券」，據《道藏》改，《中華道藏》逕釋作「券」。
〔四〇〕「怒」，《中華道藏》校改作「努」，按「怒」通「努」，不煩校改。
〔四一〕「分解本末法第五十三」，據《道藏》補。
〔四二〕「衆」，當作「樂」，據《道藏》改；「三」，當作「四」，據《道藏》改。
〔四三〕「救」，當作「校」，《中華道藏》據文義校改。
〔四四〕「災」，《中華道藏》據《太平經合校》校補，按「災」下有一字空格；「第」，據《道藏》補。
〔四五〕「真」，據《道藏》補。
〔四六〕「赤」，《中華道藏》釋作「未」。
〔四七〕「刑」，底本作「形」，《中華道藏》釋作「形」，校改作「刑」，按寫本中「刑」「形」形近易混，故可據文義逕釋作「刑」。
〔四八〕「抶」，當作「狄」，據《道藏》改；「治」，當作「法」，《中華道藏》據《太平經合校》校改。
〔四九〕「成」，當作「威」，據《道藏》改，《中華道藏》逕釋作「威」。
〔五〇〕「誡」，當作「試」，據《道藏》改，《中華道藏》逕釋作「試」。
〔五一〕「雖」，當作「耀」，據《道藏》改；「圖」，當作「御」，據《道藏》改；「取」，當作「邪」，據《道藏》改。
〔五二〕「訖」，當作「決」，據《道藏》改。
〔五三〕「刻」，當作「炙」，據《道藏》改；「剌」，《中華道藏》釋作「剌」，校改作「刺」。

〔五四〕『藥』，當作『樂』，據《道藏》改；『石』，當作『古』，據《道藏》改。

〔五五〕『經』，據文義補，《中華道藏》逕釋作『經』。

〔五六〕『法』，據《道藏》補。

〔五七〕『東』，當作『束』，據文義改，《中華道藏》逕釋作『束』。

〔五八〕『曆』，《中華道藏》釋作『歷』。

〔五九〕此句與下句位置顛倒。

〔六〇〕『子』，據《道藏》補。

〔六一〕『識』，當作『識』，據《道藏》改。

〔六二〕『明師』，《中華道藏》釋作『師明』，按底本『師明』右側有倒乙符號。

〔六三〕『七』，《中華道藏》釋作『九』，誤。

〔六四〕『花』，當作『求』，據《道藏》改；『倚』，當作『奇』，據《道藏》改；『方』，據《道藏》補。

〔六五〕『二』，當作『三』，據《道藏》改，《中華道藏》釋作『一』，校改作『三』；『食』，《中華道藏》校改作『蝕』。

〔六六〕『僮』，當作『重』，據《道藏》改；『家』，當作『字』，據《道藏》改。

〔六七〕『樂』，當作『藥』，據《道藏》改，《中華道藏》逕釋作『藥』；『廢』，當作『厭』，據《道藏》改；『同』，當作『固』，據《道藏》改。

〔六八〕『效言不效行』，《中華道藏》認爲以上文字當移至第百卌一處；『數』，《中華道藏》釋作『驗』，誤。

〔六九〕『五十』，當作『十五』，據《道藏》改；『平』，據《道藏》補。

〔七〇〕『效言不效行』，《中華道藏》認爲以上文字當從第一百卅九移至此處。

〔七一〕『賓』，當作『負』，據文義改，《中華道藏》逕釋作『負』。

〔七二〕『決』，《中華道藏》據文義校補。

〔七三〕『人』，當作『文』，據《道藏》改；『士』，《中華道藏》釋作『才』，誤。

〔七四〕『大』，當作『六』，據《道藏》改；『思』，當作『忠』，據《道藏》改。

〔七五〕『法』，當作『師』，據《道藏》改。

〔七六〕『又』，當作『人』，據《道藏》改，《中華道藏》釋作『文』，校改作『人』。

〔七七〕『依』，當作『核』，據《道藏》改。

〔七八〕『及』，當作『反』，據《道藏》改。《中華道藏》指出此句後脱『包天裹守氣不絶決百六十』和『署置官得失決百六十一』兩句。

〔七九〕『經文』，據《道藏》係衍文，當删；『都』，據《道藏》係衍文，當删，《中華道藏》釋作『部』，誤；『數所』，據《道藏》係衍文，當删。

〔八〇〕『經文部數所』，據《道藏》補。

〔八一〕『虚』，《中華道藏》釋作『君』，校改作『虚』，不必；『天天夕』，當作『無無爲』，據《道藏》改；『戊』，當作『成』，據《道藏》改；『誠』，據《道藏》補。

〔八二〕『八』，當作『九』，據《道藏》改；『條』，據《道藏》補。

〔八三〕『部誠』，當作『瑞議』，據《道藏》改。

〔八四〕『英』，當作『策』，據《道藏》改，《中華道藏》逕釋作『策』。

〔八五〕『凶』字前，《中華道藏》據《太平經合校》校補有『四』，不必。

〔八六〕『愈』，當作『人』，據《道藏》改；『思』，據《道藏》補；『藥』，當作『慕』，據《道藏》改；『決』，《中華道藏》據文義校補。

〔八七〕『包』，當作『色』，據《道藏》改。

〔八八〕『用』，據《道藏》補。

〔八九〕『誦』，當作『謫』，據《道藏》改；『河』，據《道藏》補。

〔九〇〕『之』，當作『久』，據《道藏》改，《中華道藏》逕釋作『久』。

〔九一〕第二箇『不』，據《道藏》補。

〔九二〕『王』，當作『天』，據《道藏》改，《中華道藏》逕釋作『天』；『威』，當作『成』，據《道藏》改。

〔九三〕『若』，當作『君』，據《道藏》改，《中華道藏》逕釋作『君』。

〔九四〕『解』，據《道藏》補；『謞』，當作『謫』，據《道藏》改，《中華道藏》逕釋作『謫』。

〔九五〕『改』，當作『決』，據《道藏》改。

〔九六〕『決』，《中華道藏》據文義校補。

〔九七〕『淳』，當作『得』，據《道藏》改，《中華道藏》逕釋作『得』。

〔九八〕『考』，據《道藏》補；『物』，當作『拘』，據《道藏》改，《中華道藏》逕釋作『拘』；『授』，當作『校』，據《道藏》改，《中華道藏》逕釋作『校』。

〔九九〕『百』，據文義補，《中華道藏》逕釋作『百』。

〔一〇〇〕『經』，據文義補，《中華道藏》逕釋作『經』。

〔一〇一〕『決』，《中華道藏》據文義校補。

〔一〇二〕『接』，當作『授』，據文義改，《中華道藏》逕釋作『授』。

〔一〇三〕『政』，當作『改』，據文義改，《中華道藏》逕釋作『改』。

〔一〇四〕『象』，《中華道藏》釋作『策』，誤。

〔一〇五〕『斯』，《中華道藏》釋作『斷』，誤。
〔一〇六〕『桓』，當作『短』，據文義改，《中華道藏》逕釋作『短』。
〔一〇七〕『乃』，《中華道藏》釋作『以』，誤。
〔一〇八〕『仲』，當作『神』，據文義改，《中華道藏》逕釋作『神』；『到』，當作『祠』，據文義改，《中華道藏》逕釋作『祠』。
〔一〇九〕『正』，當作『止』，據文義改，《中華道藏》逕釋作『止』；『決』，《中華道藏》據文義校補。
〔一一〇〕『貴』，當作『遺』，據文義改，《中華道藏》逕釋作『遺』。
〔一一一〕『罪重』，底本原作『重罪』，但二字間右側有倒乙符號，《中華道藏》未察，仍釋作『重罪』，誤。
〔一一二〕『邪』，《中華道藏》釋作『耳』，誤。
〔一一三〕『精神』，底本原作『神精』，但二字間右側有倒乙符號，《中華道藏》未察，仍釋作『神精』，誤。
〔一一四〕『才』，當作『千』，據文義改，《中華道藏》逕釋作『千』。
〔一一五〕『經』，據文義補，《中華道藏》逕釋作『經』。
〔一一六〕第二箇『二』，《中華道藏》釋作『一』，誤。
〔一一七〕『玉』，《中華道藏》釋作『云』。
〔一一八〕『無』，當作『兼』，據文義改，《中華道藏》逕釋作『兼』。
〔一一九〕『效』，《中華道藏》釋作『劾』，誤。
〔一二〇〕『上繞』，《中華道藏》疑當作『三統』。
〔一二一〕『振』，《中華道藏》釋作『根』，誤。
〔一二二〕『難』，《中華道藏》漏録。

〔一二三〕『詣』，《中華道藏》釋作『謁』。

〔一二四〕『摩』，當作『群』，據文義改，《中華道藏》逕釋作『群』。

〔一二五〕『百』，據文義補，《中華道藏》逕釋作『百』。

〔一二六〕『舒』，當作『書』，據文義改，《中華道藏》逕釋作『書』，『舒』爲『書』之借字。

〔一二七〕『生』，當作『半』，據文義改，《中華道藏》逕釋作『半』。

〔一二八〕『决』，《中華道藏》據文義校補。

〔一二九〕『百』，據文義補，《中華道藏》逕釋作『百』。

〔一三〇〕『思』，《中華道藏》釋作『恩』；『他』，《中華道藏》釋作『犯』，誤。

〔一三一〕『鄱蒻』，《中華道藏》釋作『艾禦蘢』；『方』，《中華道藏》釋作『言』，誤。

〔一三二〕『宅』，《中華道藏》釋作『室』，誤。

〔一三三〕『經』，據文義補，《中華道藏》逕釋作『經』。

〔一三四〕『决』，《中華道藏》據文義校補。

〔一三五〕『冒』，《中華道藏》釋作『買』，誤。

〔一三六〕『冒』，《中華道藏》釋作『買』，誤。

〔一三七〕『决』，《中華道藏》據文義校補。

〔一三八〕『羽』，當作『弱』，據文義改，《中華道藏》逕釋作『弱』。

〔一三九〕『車』，當作『章』，據文義改，《中華道藏》逕釋作『章』。此句後應脱一句，《中華道藏》補作『三百卅二』。

〔一四〇〕『卅』，《中華道藏》據《太平經合校》校補。

〔一四一〕『象』，《中華道藏》釋作『衆』。

〔一四二〕「受」，當作「象」，據文義改，《中華道藏》逕釋作「象」。

〔一四三〕「各」，當作「名」，據文義改，《中華道藏》逕釋作「名」。

〔一四四〕「決」，《中華道藏》據文義校補。

〔一四五〕「中孝信順神生光輝」，《中華道藏》認爲係下一行之文字誤抄在此處，當刪。

〔一四六〕「忠孝信順神生光輝」，《中華道藏》據文義校補。

〔一四七〕「簿」，《中華道藏》釋作「薄」，誤。

〔一四八〕「甚」，《中華道藏》釋作「是」，誤。

〔一四九〕「富」，《中華道藏》釋作「留」；「三百六十」，據文義補。此句底本抄於「卷第百六十三」下，造成此卷下空白，此從《中華道藏》將其移至此處。

〔一五〇〕「元」，當作「九」，據《道藏》改。

〔一五一〕「鏡」，當作「境」，據《道藏》改，「鏡」爲「境」之借字。

〔一五二〕「形」，據《道藏》補。

〔一五三〕「生」，當作「七」，據《道藏》改。

〔一五四〕「獸」，《中華道藏》釋作「激」，誤。

〔一五五〕「疫」，《中華道藏》釋作「度」，誤。

〔一五六〕「摐」，當作「縱」，據文義改。

〔一五七〕「步」，《中華道藏》釋作「出」，誤。

〔一五八〕「垂」，當作「乘」，據《道藏》改；「與」，當作「輿」，據《道藏》改，「與」爲「輿」之借字。

〔一五九〕「焉」，《中華道藏》釋作「鳥」，誤。

〔一六〇〕『使』，《中華道藏》將『使』字斷到下句，誤。

〔一六一〕『失』，當作『至』，《中華道藏》據文義校改。

〔一六二〕『慶』，《中華道藏》據文義校補。

〔一六三〕『先』，底本似『光』，《中華道藏》據文義校改作『先』，按寫本時代，『先』『光』形近易混，故可據文義逕釋作『先』。

〔一六四〕『住』，當作『生』，據文義改，《中華道藏》釋作『注』，疑當作『住』；『而』，《中華道藏》疑當作『留』。

〔一六五〕『情』，當作『清』，《中華道藏》據文義校改，『情』爲『清』之借字。

〔一六六〕『魆』，即『鬽』，『鬽』通『魅』，《中華道藏》逕釋作『魅』。

〔一六七〕『摠』，《中華道藏》釋作『總』，雖義可通而字誤。

〔一六八〕『魆』，即『鬽』，『鬽』通『魅』，《中華道藏》逕釋作『魅』。

〔一六九〕『䐄』，《中華道藏》釋作『䐄』，誤。

〔一七〇〕『藉』，《中華道藏》釋作『籍』，誤；『先』，底本似『光』，按寫本時代，『先』『光』形近易混，故可據文義逕釋作『先』，《中華道藏》釋作『光』。

〔一七一〕『能』，《中華道藏》釋作『若能』，按底本中實無『若』字。

〔一七二〕『大』，《中華道藏》釋作『太』，按『大』通『太』。

〔一七三〕『犯者』，《中華道藏》據《四極明科》校補。

〔一七四〕『辯』，同『辨』。

〔一七五〕『矣』，《中華道藏》釋作『焉』，誤。

參考文獻

《唐代長安與西域文明》，北京：生活・讀書・新知三聯書店，一九五七年，二二三頁；《敦煌道經目録》，京都：法藏館，一九六〇年，七四頁；《東洋文化研究所紀要》二二卷，東京大學東洋文化研究所，一九六一年，一至一〇三頁；《文史》四輯，北京：中華書局，一九六五年，一九至三四頁；《スタイン將來大英博物館藏敦煌文獻分類目録・道教之部》，東京：東洋文庫，一九六九年，五四頁；《敦煌道經・目録編》，東京：福武書店，一九七八年，三二七至三二九頁；《敦煌道經・圖録編》，東京：福武書店，一九七九年，七〇三至七一二頁；《敦煌古籍叙録》，北京：中華書局，一九七九年，三三五頁；《講座敦煌4敦煌と中國道教》，東京：大東出版社，一九八〇年，一一九頁；《敦煌寶藏》三四册，臺北：新文豐出版公司，一九八二年，五六四至五七三頁（圖）；《敦煌學論文集》，上海古籍出版社，一九八七年，三一五頁；《魏晉南北朝時期的道教》，西安：陝西師範大學出版社，一九八八年，三五九至三八九頁（録）；《道藏》二四册，北京：文物出版社、上海書店、天津古籍出版社，一九八八年，三一一至五九八頁；《第二届敦煌學國際研討會論文集》，臺北：漢學研究中心，一九九〇年，五〇頁；《道經總論》，瀋陽：遼寧教育出版社，一九九一年，二八四至三〇九頁；《英藏敦煌文獻》七卷，成都：四川人民出版社，一九九二年，一至八頁（圖）；《敦煌碎金》，杭州：浙江古籍出版社，一九九二年，三二一頁；《道家文化研究》十三輯，北京：生活・讀書・新知三聯書店，一九九八年，九五頁；《華林》一卷，北京：中華書局，二〇〇一年，二八四頁；《敦煌古靈寶經與晉唐道教》，北京：中華書局，二〇〇二年，七二、一六七頁；《屈服史及其他：六朝隋唐道教的思想史研究》，北京：生活・讀書・新知三聯書店，二〇〇三年，一九九頁；《敦煌道教文獻研究：綜述・目録・索引》，北京：中國社會科學出版社，二〇〇四年，二九、二一三頁；《中華道藏》七册，北京：華夏出版社，二〇一四年，一至一二頁（録）。

斯四二三二　　大乘無量壽經題記

釋文

田廣談。

説明

以上題名書於《大乘無量壽經》尾題之後，《英藏敦煌文獻》未收，現予增收。

參考文獻

Descriptive Catalogue of the Chinese Manuscripts from Tunhuang in the British Museum, London：The Trustees of the British Museum, 1957, p. 242, p. 147（録）；《敦煌寶藏》三四册，臺北：新文豐出版公司，一九八二年，六一七頁（圖）；《敦煌遺書總目索引》，北京：中華書局，一九八三年，一九五頁（録）；《中國古代寫本識語集録》，東京大學東洋文化研究所，一九九〇年，三九二頁（録）；《敦煌遺書總目索引新編》，北京：中華書局，二〇〇〇年，一二九頁（録）。

斯四二三二背　寺名

釋文

圖。

説明

以上文字寫於《大乘無量壽經》卷背，當係敦煌『靈圖寺』之簡稱，標明此寫本爲靈圖寺所有。此件《英藏敦煌文獻》未收，《敦煌寶藏》和IDP亦無圖版，現予增收。

斯四二三六　四分戒本釋賢稱注題名

釋文

修忍花。

説明

此件《英藏敦煌文獻》未收，現予增收。

參考文獻

Descriptive Catalogue of the Chinese Manuscripts from Tunhuang in the British Museum, London: The Trustees of the British Museum, 1957, p. 242, pp. 133-134（録）；《敦煌寶藏》三四册，臺北：新文豐出版公司，一九八二年，六二六頁（圖）；《中國古代寫本識語集録》，東京大學東洋文化研究所，一九九〇年，四〇一頁（録）。

斯四二三九　大乘無量壽經題記

釋文

張曜曜寫[一]。

説明

此件《英藏敦煌文獻》未收，現予增收。

校記

〔一〕『曜曜』，《敦煌遺書總目索引新編》未能釋讀。

參考文獻

Descriptive Catalogue of the Chinese Manuscripts from Tunhuang in the British Museum, London：The Trustees of the British Museum, 1957, p. 147（録）；《敦煌寶藏》三四册，臺北：新文豐出版公司，一九八二年，六三五頁（圖）；《中國古代寫本識語集録》，東京大學東洋文化研究所，一九九〇年，三八九頁（録）；《敦煌遺書總目索引新編》，北京：中華書局，二〇〇〇年，一二九頁（録）。

斯四二四〇　佛説佛名經卷第四題記

釋文

曹元德禮已。

敬寫《大佛名經》貳佰捌拾捌卷。惟願城隍安泰，百姓康寧。府主尚書曹公，已躬永壽，繼紹長年，合宅支羅〔一〕，常然慶吉。於時大梁貞明六年歲次庚辰五月十五日寫記。

説明

『曹元德禮已』和題記筆跡相同，當同出自曹元德之手。題記中的府主爲歸義軍節度使曹議金（參看《歸義軍史研究》，九八頁）。貞明六年即公元九二〇年。《英藏敦煌文獻》未收，現予增收。

校記

〔一〕『支』，《歸義軍史研究》校改作『枝』，按『支』本有『分枝』『枝派』義，不煩校改。

參考文獻

Descriptive Catalogue of the Chinese Manuscripts from Tunhuang in the British Museum, London：The Trustees of the British Museum, 1957, pp. 138-139（録）；《敦煌學要籥》，臺北：新文豐出版公司，一九八二年，一三五頁（録）；《敦煌寶藏》三四册，臺北：新文豐出版公司，一九八二年，六五五頁（圖）；《敦煌遺書總目索引》，北京：中華書局，一九八三年，一九五頁（録）；《中國古代寫本識語集録》，東京大學東洋文化研究所，一九九〇年，四六〇頁（録）；《歸義軍史研究》，上海古籍出版社，一九九六年，九八頁（録）；《敦煌遺書總目索引新編》，北京：中華書局，二〇〇〇年，一二九至一三〇頁（録）。

斯四二四〇背　雜寫（菩薩）

釋文

菩薩

説明

以上文字爲時人隨手寫於《佛説佛名經》卷第四卷背。《敦煌寶藏》《英藏敦煌文獻》均未收，現予增收。

斯四二四二背　觀音大聖神驗記

釋文

蓋聞觀音大聖，神驗無邊，慈悲至尊，威靈罕惻（測）〔一〕。稱名而所求如意，念號而應願隨心。要男女得智惠端嚴，採海寶脱龍魚鬼難。設入大火，火不能燒；大水漂浮，還令淺處。架（枷）鏁解釋〔二〕，被害刀傷，隨等類以分形，應機緣而説法。真觀則清淨之觀，妙音乃海潮之音。

説明

此件抄於《瑜伽師地論》注疏卷背，首尾完整，似未抄完。其内容爲依據《法華經·觀世音菩薩普門品》所作觀音大聖神驗文。

校記

〔一〕『罕』，《敦煌遺書總目索引》《敦煌遺書總目索引新編》均未能釋讀；『惻』，當作『測』，據文義改，『惻』爲

『測』之借字，《敦煌遺書總目索引》《敦煌遺書總目索引新編》徑釋作『測』。

〔二〕『架』，當作『枷』，據文義改，『架』爲『枷』之借字。

參考文獻

《敦煌寶藏》三四册，臺北：新文豐出版公司，一九八二年，六七一頁（圖）；《敦煌遺書總目索引》，北京：中華書局，一九八三年，一九五頁；《英藏敦煌文獻》六卷，成都：四川人民出版社，一九九二年，八頁（圖）；《敦煌遺書總目索引新編》，北京：中華書局，二〇〇〇年，一三〇頁；《佛經文學研究論集》，上海：復旦大學出版社，二〇〇四年，五三〇頁。

斯四二四三　　念珠出自王宫宅曲子

釋文

念珠出自王宫宅，曠劫年來人不識，有人識德離凡夫〔一〕，隱在中山舍衛國。無相珠，方丈覓，能青能黄能赤白〔二〕。馬瑙珊瑚摧（堆）合成〔三〕，惠綫穿連無間隔。悟人收，智人識，常思念念無休息。念過恆沙處處明，始知無量神通力。智惠珠〔四〕，明皎潔，上下通，四維徹。念念常思無相珠，須臾滅盡恆沙業〔五〕。奉勸緣人勤念珠，念珠非有亦非無。非空非實非來去，來去中間一物無。亦非有，亦非無，常思侍（持）念白毫珠〔六〕。本無即有能空相，離有能無法界居。朝也念，夕也持，將行坐卧不曾離。爲得如來真四句，不南不北不東不西〔七〕。常持念，不曾言，不忙不急不曾閑。性透河沙三界外，共你衆生絶往還。智爲珠，惠爲綫〔八〕，穿連悟（無）常縱横遍〔九〕。遮莫三千及大千，總在如來第一念。悟人見，心歡喜，識得菩提真妙理。念中真念鎮常言，如意寶珠無常體。無罣礙，更無比，恆沙諸佛從心起〔一〇〕，有人持念無相珠，即此便是如來體。

説明

此件首尾完整，最後一句因尾部空間不足而轉抄於卷背，其後接抄『百行字』。此件前有五行藏文，曲子前四行行間也夾有藏文，似爲該曲子的藏文注音。

校記

〔一〕『德』，《敦煌詩集殘卷輯考》校改作『得』，按『德』通『得』，不煩校改，《敦煌遺書總目索引》《敦煌學海探珠》《敦煌歌辭總編》均逕釋作『得』。

〔二〕『白』，《敦煌歌辭總編》釋作『自』，校改作『白』，按寫本中『白』『自』形近易混，故可據文義逕釋作『白』。

〔三〕『堆』，當作『堆』，《敦煌詩集殘卷輯考》據文義校改，『堆』爲『堆』之借字。

〔四〕『惠』，《敦煌遺書總目索引新編》釋作『能』，誤。

〔五〕『業』，《敦煌歌辭總編》《敦煌詩集殘卷輯考》均釋作『葉』，校改作『業』，按寫本中『葉』『業』形近易混，故可據文義逕釋作『業』。

〔六〕『侍』，當作『持』，《敦煌歌辭總編》據文義校改，《敦煌遺書總目索引》《敦煌學海探珠》《敦煌遺書總目索引新編》均逕釋作『持』。

〔七〕第四箇『不』字，據文義係衍文，當刪。

〔八〕『惠』，《敦煌遺書總目索引》《敦煌學海探珠》《敦煌歌辭總編》《敦煌遺書總目索引新編》均釋作『慧』，雖義可通而字誤。

〔九〕『悟』，當作『無』，《敦煌詩歌導論》據文義校改，『悟』爲『無』之借字。

〔一〇〕『沙』，《敦煌遺書總目索引》《敦煌學海探珠》《敦煌遺書總目索引新編》均釋作『河』，誤。

參考文獻

《敦煌學海探珠》上册，臺北：臺灣商務印書館，一九七九年，一七八頁（録）；《敦煌學輯刊》一九八一年二期，一一一頁；《敦煌寶藏》三四册，臺北：新文豐出版公司，一九八二年，六七一至六七二頁（圖）；《敦煌遺書總目索引》，北京：中華書局，一九八三年，一九五頁（録）；《敦煌學輯刊》一九八三年二期，一一四頁；《敦煌歌辭總編》中册，上海古籍出版社，一九八七年，九二四至九三二頁（録）；《英藏敦煌文獻》六卷，成都：四川人民出版社，一九九二年，九頁（圖）；《敦煌研究》一九九三年四期，三三至三四頁（録）；《敦煌佛學·佛事篇》，蘭州：甘肅民族出版社，一九九五年，二一四頁（録）；《慶祝潘石禪先生九秩華誕敦煌學特刊》，台北：文津出版社，一九九六年，二〇六頁（録）；《敦煌遺書總目索引新編》，北京：中華書局，二〇〇〇年，一三〇頁（録）；《敦煌詩集殘卷輯考》，北京：中華書局，二〇〇〇年，八八四頁（録）；《敦煌文學源流（修訂版）》，北京：作家出版社，二〇〇〇年，五四頁；《敦煌詩歌導論》，成都：巴蜀書社，二〇〇一年，一三四頁（録）；《敦煌學輯刊》二〇〇三年一期，八九頁；《敦煌研究》二〇〇六年一期，一〇六頁。

斯四二四三背　百行字

釋文

百行字　奥　粗　諮　丞　否　廱　綉
隅　泄　拓　卒　韜　匱　竚　蹈　猝（？）〔一〕
輙　廉　駿　賑　恤　啜　醪　逃　賄　謬
戮　誅　紂　暴　虐　苟　綦　匍　緩
邕　刼〔二〕　體　忤　嗽　牀　瑕　遝　詇
鉞　煦〔三〕　烎　穹

説明

此件抄於『念珠出自王宫宅曲子』之後，但與前件字跡不同，當非一人所書。首題『百行字』，其内容屬於難字摘抄之類。張涌泉推測可能是當時的難字彙之類的文本，凡一百行，故有是稱，而抄手僅抄寫了前幾行而已。字彙可能來源於《楚辭》一類的傳統典籍（參看《敦煌經部文獻合集》第八册，四三五五頁）。

校記

〔一〕『猝』，《敦煌經部文獻合集》未能釋讀。

〔二〕『㔁』，《敦煌經部文獻合集》釋作『㓝』，誤。

〔三〕『煦』，底本作『煦』，《敦煌經部文獻合集》指出係『煦』之俗字。

參考文獻

Descriptive Catalogue of the Chinese Manuscripts from Tunhuang in the British Museum, London：The Trustees of the British Museum, 1957, p. 242, p. 244；《敦煌寶藏》三四册，臺北：新文豐出版公司，一九八二年，六七二頁（圖）；《英藏敦煌文獻》六卷，成都：四川人民出版社，一九九二年，九頁（圖）；《敦煌經部文獻合集》八册，北京：中華書局，二〇〇八年，四三五五至四三五六頁（録）。

斯四二四五　河西節度使曹元德建窟功德文抄

釋文

厥今廣崇釋教〔一〕，固謁靈巖。捨珍財於萬像之前，炳金燈於千龕之內。爐焚百寶，香氣遍谷而翔空；樂奏八音，妙響遐通於林藪〔二〕。國母聖　天公主，親詣彌勒之前；闔宅娘子、郎君，用（同）增上願〔三〕。傾城道俗，設淨信於靈崖〔四〕；異域專人〔五〕，念鴻恩於寶閣者。有誰施作？時則有我河西節度使　司空〔六〕，先奉爲龍天八部，護塞表而恒昌；社稷無危，應法輪而常轉。刀兵罷散，四海通還；癘疫不侵〔七〕，欃槍永滅。三農秀實，民歌來暮之秋；霜疸無期〔八〕，誓絕生蝗之患。亦願當今帝主〔九〕，等北辰而永昌；將相百寮，應五星而順化。故父大王，神識往生菡萏之宮。司空寶位遐長，等乾坤而合運。天公主、小娘子，誓播美於宮闈；兩國皇后乂安，比貞松而莫變。諸幼郎君昆季，福延萬春。都衙等兩班官寮〔一〇〕，輸忠盡節之福會也。伏惟　太保云云〔一一〕，加以云云。割捨珍財，敬造大龕一所。其窟乃彫紋剋鏂（鏤）〔一二〕，綺飾分明云云。是以無上慈尊，疑兜率而降下。每聞慶喜，等金色以澌怡〔一三〕。四天大王，排彩雲而霧集；密跡護世，乘正覺以摧邪。藥師如來，應十二之上願。文殊之像，定海難以濟危；普賢真身，等就峰之勝會〔一四〕。阿彌陀則西方現質，東夏化身，十念功圓，千災殄滅。不空羂〔索〕〔一五〕，如意輪菩薩，疑十地以初來。小界聲〔聞〕〔一六〕，超六通之第一〔一七〕；八部龍神，擁釋梵於色空。天仙競湊於雲霄，寶樹光華而燦爛。上來變相〔一八〕

（後缺）

説明

此件首全尾缺，起『厥今廣崇釋教』，訖『上來變相』，無題。馬德確認其爲歸義軍節度使曹元德建窟功德文抄（《敦煌研究》一九九一年一期，二一至二二頁），原未抄完。現知斯四五三六中第三件文書是該功德文的另一抄本，但也只是抄寫了部分内容，起『厥今廣崇釋〔教〕』，訖『亦願當今皇帝』。

以上釋文以斯四二四五爲底本，用斯四五三六（稱其爲甲本）參校。

校記

〔一〕『教』，甲本脱。

〔二〕『嚮』，甲本同，《敦煌願文集》校改作『響』，按『嚮』通『響』，不煩校改，《敦煌碑銘讚輯釋（增訂本）》釋作『響』，雖義可通而字誤。

〔三〕『用』，當作『同』，據甲本改。

〔四〕『靈』，甲本作『雲』。

〔五〕『域』，甲本脱。

〔六〕『我河西』，甲本無。

〔七〕『癘』，甲本作『疾』。

〔八〕『疽』，甲本同，《敦煌願文集》《敦煌碑銘讚輯釋（增訂本）》釋作『疽』。

〔九〕『帝主』，甲本作『皇帝』。甲本止於此句。

〔一〇〕『寮』，同『僚』，《敦煌碑銘讚輯釋（增訂本）》釋作『僚』，雖義可通而字誤。以下同，不另出校。

〔一一〕『惟』，《敦煌願文集》釋作『願』，誤。

〔一二〕『紋』，《敦煌願文集》釋作『文』，誤；『尅』，《敦煌願文集》校改作『刻』，按『尅』通『刻』，不煩校改；『鍽』，當作『鏤』，據文義改，『鍽』爲『鏤』之借字，《敦煌願文集》《敦煌碑銘讚輯釋（增訂本）》均逕釋作『鏤』。

〔一三〕『凞』，《敦煌願文集》《敦煌碑銘讚輯釋（增訂本）》均釋作『熙』，雖義可通而字誤。

〔一四〕『就』，《敦煌願文集》《敦煌碑銘讚輯釋（增訂本）》校改作『鷲』，按『就』可用同『鷲』，不煩校改。

〔一五〕『索』，《敦煌願文集》據文義校補。

〔一六〕『聞』，《敦煌願文集》據文義校補。

〔一七〕『第』，底本原寫作『弟』，按寫本中『第』『弟』形近易混，故據文義逕釋作『第』。

〔一八〕『上』，《敦煌碑銘讚輯釋（增訂本）》校改作『如』。

參考文獻

《甘肅師大學報》一九八〇年一期，七六頁；《敦煌研究文集》，蘭州：甘肅人民出版社，一九八二年，二三九頁（録）；《敦煌寶藏》三四册，臺北：新文豐出版公司，一九八二年，六八〇頁（圖）；《敦煌遺書總目索引》，北京：中華書局，一九八三年，一九六頁（録）；《瓜沙史事叢考》，臺北：臺灣商務印書館，一九八三年，八九頁；《敦煌研究》一九八五年三期，一七頁；《敦煌莫高窟供養人題記》，北京：文物出版社，一九八六年，二二二至二二三頁（録）；《敦煌學輯刊》一九八七年一期，五六至六九頁；《敦煌學輯刊》一九八七年二期，四五至六一頁；《敦煌研究》一九八八年一期，五五頁；《敦煌社會經濟文獻真蹟釋録》五輯，北京：全國圖書館文獻縮微複製中心，一九九〇年，二三二至二三三頁（圖）（録）；《敦煌研究》一九九一年一期，二一至二二頁；《敦煌研究》一九九二年一期，四一頁；《英藏敦煌文獻》六卷，成都：四川人民出版社，一九九二年，一〇頁（圖）；《敦煌民俗資料導論》，臺北：新文豐出版公司，一九九三年，二二一頁；《文獻研究》一九九五年六期，一〇二頁；《敦煌願文集》，長沙：岳麓書社，一九九五年，三九四至三九五頁（録）；《歸義軍史研究》，上海古籍出版社，一九九六年，二一、一〇六、一〇九、一一四頁（録）；《敦煌變文校注》，北京：中華書局，一九九七年，五四〇頁；《敦煌遺書總目索引新編》，北京：中華書局，二〇〇〇年，一三〇頁（録）；《敦煌碑銘讚輯釋（增訂本）》下册，上海古籍出版社，二〇一九年，一三〇六至一三二三頁（圖）（録）。

斯四二四五背　結壇文抄

釋文

結勝壇於瓊樓，會凡聖

厥今壇安内閣，體供深宫，請聖邀凡，三晨供養者，更願一方加以留情像教，注想玄風，結勝壇於瓊樓，會真僧於鴈塔。兹會也，張繡傘，卦（挂）銀幡〔一〕。左奉（鳳）轉而右盤龍〔二〕，前摩尼而後帝網。盂（？）深（？）淨飯，濟困餓而六道普通；盤獻榮花，供觸受而四生飽滿。篆字盤内，牛香印而五色雲飛；蓮花盞中，魚燈爇而千道光發。磬聲以鈸聲云云〔三〕。食來香積，可漏（鏤）玉而彫金〔四〕；湯自仙宫，乃瓊漿而（如）玉液〔五〕。今則三晨告罷，披肝膽於尊〔前〕〔六〕；五眼必明，遂衷誠於厥後。願能重施象馬，疊捨珍奇，何鬼魅而不消，應禎祥而必集。總斯多善，公主、太子，金枝鬱蔭物之花；司徒、司空，玉樹茂安民之葉。兩班大將（？）（以下原缺文）

說明

以上文字倒書於《河西節度使曹元德建窟功德文抄》卷背，無題。《敦煌遺書總目索引》擬題《釋門雜文》，《英藏敦煌文獻》擬題『文樣』（結壇文）。從其内容來看，應爲『結壇文抄』，前三行所抄内容不完整，中間亦有省略，尾部亦未抄完。此件同時出現『司徒』『司空』，且位於『公主、太子』之後，所以此件文書很可能是抄寫於曹元忠稱大王時期，即公元九六四至九七四年間；公主即曹元忠的于闐公主夫人，太子可能是曹延禄，司徒當是曹延恭（參看杜海、鄭炳林《曹氏歸義軍時期敦煌文獻書寫特徵研究》，《敦煌學輯刊》二〇一七年四期，二一頁）。

校記

〔一〕『卦』，當作『挂』，據文義改，『卦』爲『挂』之借字。
〔二〕『奉』，當作『鳳』，據文義改，『奉』爲『鳳』之借字。
〔三〕『以』，通『與』。
〔四〕『漏』，當作『鏤』，據文義改，『漏』爲『鏤』之借字。
〔五〕『而』，當作『如』，據文義改，『而』爲『如』之借字。
〔六〕『前』，據文義補。

參考文獻

《敦煌寶藏》三四册，臺北：新文豐出版公司，一九八二年，六八〇頁（圖）；《敦煌遺書總目索引》，北京：中華書局，一九八三年，一九六頁；《英藏敦煌文獻》六卷，成都：四川人民出版社，一九九二年，一〇頁（圖）；《敦煌研究》二〇〇三年一期，七一頁；《敦煌學輯刊》二〇〇二年二期，七八頁；《敦煌研究》二〇〇三年四期，四八頁；《敦煌學輯刊》二〇一七年四期，二頁。

斯四二五二　一　大方廣佛華嚴經卷第廿題記

釋文

高弼爲亡妻元聖威所寫。

説明

以上題記書寫於《大方廣佛華嚴經》卷第廿尾部，相同内容題記可見於多件敦煌寫經，池田温推測其年代大約在公元六世紀中葉（參見《中國古代寫本識語集録》，一三一頁）。其後有雜寫。

參考文獻

Descriptive Catalogue of the Chinese Manuscripts from Tunhuang in the British Museum, London: The Trustees of the British Museum, 1957, p. 41（録）；《敦煌學要籥》，臺北：新文豐出版公司，一九八二年，一四三頁（録）；《敦煌寶藏》三五册，臺北：新文豐出版公司，一九八二年，五九頁（圖）；《敦煌遺書總目索引》，北京：中華書局，一九八三年，一九五頁（録）；《中國古代寫本識語集録》，東京大學東洋文化研究所，一九九〇年，一三一頁（録）；《敦煌遺書總目索引新編》，北京：中華書局，二〇〇〇年，一三〇頁（録）。

斯四二五二　二　雜寫（書大大等）

釋文

大方廣佛　大方廣經　槃　書大大
□□方大　　　□

説明

以上文字係時人随手寫於卷末，第二行文字已被卷軸壓住。

參考文獻

《敦煌寶藏》三五册，臺北：新文豐出版公司，一九八二年，五九頁（圖）。

斯四二五七　　攝大乘論釋卷第四勘經題記

釋文

兑紙〔一〕。

説明

以上文字大字書寫於《攝大乘論釋》卷四上，表示此紙佛經已經作廢，《英藏敦煌文獻》未收，現予增收。

校記

〔一〕『兑』，*Descriptive Catalogue of the Chinese Manuscripts from Tunhuang in the British Museum* 釋作『九』，誤。

參考文獻

Descriptive Catalogue of the Chinese Manuscripts from Tunhuang in the British Museum, London：The Trustees of the British Museum, 1957, p. 104（録）；《敦煌寶藏》三五册，臺北：新文豐出版公司，一九八二年，七六頁（圖）。

斯四二五七背　降魔變榜題抄

釋文

風吹幄帳繩斷，外道却欲繫時。
風吹幄帳欲倒，外道將梯擬時〔一〕。
外道諸女，嚴麗糚飾，擬共惑舍利弗時。
大外道勞度叉，共舍利弗鬪神力時。
風吹幄帳竿折，外道却欲正時。
外道仙人呪此方梁，或上或下，舍利弗止此方梁，令遣空中不動時。
外道被風吹急，用帷幔遮障時。
外道被火燒，急走去時。
外道被風吹，急遮面愁坐時。
外道欲擊論鼓皮破，風吹倒時。
舍利弗灌惠水入勞度叉頂。

說明

此件首尾完整，起『風吹幄帳繩斷』，訖『舍利弗灌惠水入勞度叉頂』，李永寧、蔡偉堂認爲是一件沒有書寫完的壁畫榜題抄（參看《1983 年全國敦煌學術討論會文集·石窟藝術編（上）》，一九一頁）。所抄内容爲降魔變榜題，所述爲世尊大弟子舍利弗大破六師外道的故事，取材於《賢愚經》卷二《降六師品》。其中第一、第三條頂部及右側有墨筆勾勒符號。

校記

〔一〕『擬』，《敦煌遺書總目索引新編》未能釋讀。

參考文獻

BSOS, 9.1 (1937), pp. 2-3；*Chinperl Papers*, No. 10 (1981), p. 58；《敦煌の繪物語》，東京：東方書店，一九八一年，一三八頁；《敦煌變文論輯》，台北：石門圖書公司，一九八一年，一四四頁（録）；《敦煌寶藏》三五册，臺北：新文豐出版公司，一九八二年，七六頁（圖）；《敦煌遺書總目索引》，北京：中華書局，一九八三年，一九六頁（録）；《1983 年全國敦煌學術討論會文集·石窟藝術編》上册，蘭州：甘肅人民出版社，一九八五年，一八九至一九一頁（録）；《1983 年全國敦煌學術討論會文集·文史遺書編》上册，蘭州：甘肅人民出版社，一九八七年，四一三至四二四頁（録）；《英藏敦煌文獻》六卷，成都：四川人民出版社，一九九二年，一一頁（圖）；《九州學刊》五卷四期，一九九三年，二八至二九頁；《敦煌遺書總目索引新編》，北京：中華書局，二〇〇〇年，一三〇頁（録）；《敦煌研究》二〇〇四年三期，一〇四頁；《禮儀中的美術》，北京：生活·讀書·新知三聯書店，二〇〇五年，四〇三頁（録）。

斯四二六二背　大般若波羅蜜經卷第四九五背題記

釋文

五　　十七張。

說明

以上文字書寫於《大般若波羅蜜多經》卷第四百九十五卷背，『十七張』似是對紙數的統計。『五』爲帙内卷次。《英藏敦煌文獻》未收，現予增收。

參考文獻

Descriptive Catalogue of the Chinese Manuscripts from Tunhuang in the British Museum, London: The Trustees of the British Museum, 1957, p. 12（録）；《敦煌寶藏》三五册，臺北：新文豐出版公司，一九八二年，一〇四至一〇五頁（圖）。

斯四二六八　金光明最勝王經卷第一題記

釋文

長安三年歲次癸卯十月己未朔四日壬戌，三藏法師義淨奉　制於長安西明寺新譯，并綴文正字。

説明

此件寫於《金光明最勝王經》卷一卷尾，《英藏敦煌文獻》未收，現予增收。長安三年即公元七〇三年。

參考文獻

Descriptive Catalogue of the Chinese Manuscripts from Tunhuang in the British Museum, London: The Trustees of the British Museum, 1957, p. 54（録）；《敦煌學要籥》，臺北：新文豐出版公司，一九八二年，一四三頁（録）；《敦煌寶藏》三五册，臺北：新文豐出版公司，一九八二年，一四八頁（圖）；《敦煌遺書總目索引》，北京：中華書局，一九八三年，一九六頁（録）；《敦煌遺書總目索引新編》，北京：中華書局，二〇〇〇年，一三一頁（録）。

斯四二六八背　雜寫（真、多經一卷）

釋文

真

真

多經一卷

大悲（？）真（？）言（？）

説明

以上文字寫於《金光明最勝王經》卷一背，各行間都有數行空白隔開。《英藏敦煌文獻》未收，現予增收。

參考文獻

《敦煌寶藏》三五册，臺北：新文豐出版公司，一九八二年，一四九至一五〇頁（圖）。

斯四二七〇　金光明最勝王經卷八勘經題記

釋文

兑。

説明

以上文字寫於《金光明最勝王經》卷八尾部天頭，表示此紙已經作廢。

參考文獻

《敦煌寶藏》三五册，臺北：新文豐出版公司，一九八二年，一五三頁（圖）；《英藏敦煌文獻》六卷，成都：四川人民出版社，一九九二年，一一頁（圖）。

斯四二七〇背　　涅槃經變榜題底稿

釋文

爾時世尊与阿難陀於廣嚴城攝波臨別諸比丘。安居訖已，夏中背痛〔一〕，幾將命終。心念：不應離諸大衆而取涅槃。即以無根三昧，令苦皆息〔二〕。又至廣嚴城，住重閣堂，入城食訖〔三〕。佛言：欲住一劫，過一劫餘，皆悉自在。如是三唱，被魔自惑〔四〕，阿難無對。佛令阿難去樹下已，天魔來至禮佛，白言：涅槃時至。佛告波旬：吾今不久，却後三月，當入涅槃。即時大地而極振動。

爾時阿難見地動已，即至佛所。佛告阿難：汝今應可集其衆僧。即時僧集，佛廣爲説無常苦空之事。爾時，世尊又告阿難：我今欲往俱尸那城雙林樹間安置牀敷，北首而卧，今日中夜必入涅槃。如有葬法，並於輪王作之〔五〕。如是付囑於阿難已，便入涅槃。須跋陀羅於世尊前在先火化，墳（焚）身而死〔六〕。又有二師子，亦自頸（刭）而死〔七〕。

爾時阿難与諸大衆，既覩世尊於雙林下入般涅槃，即於佛勑而作葬法。收如來身，殮入金棺。爾時八部大都城聲聞〔八〕、緣覺、比丘、比丘尼、國王、大臣及諸人民，乃至釋梵四王、天龍八部、天上天下一切神鬼，兼與走獸飛禽之類，悉皆奔赴於雙林下，號哭悲慟〔九〕。又有諸大菩薩及阿羅漢，亦皆來集於雙林下。

爾時憂波離奉世尊勑説，往忉利天請母。摩耶夫人以聞世尊滅度，渾搥自撲〔一〇〕，如五須彌山崩，遍體血見，悶絶擗地〔一一〕，良久乃惺〔一二〕。爾時佛母將諸眷屬從天下來至娑羅林間，乃見金棺收斂已畢，悲泣遶棺，凡數十帀，唱言嗚呼苦哉，嗚呼苦哉。

爾時佛母從天下來，已見如來殯殮已訖〔一三〕，唤言：悉達，如（汝）是我子〔一四〕，我是汝母。佛聞母唤，金棺自開，却坐千葉蓮華臺上〔一五〕，爲母説法。世間空偈〔一六〕，諸行無常。

爾時大衆即遣城中大壯力士，舉棺將向於荼毗所，盡其神力〔一七〕，不能舉得，如是再三，盡力舉之，亦不能動。

爾時寶冠（棺）即自昇空中〔一八〕，高一多羅樹。大衆見已〔一九〕，唱言，唱言〔二〇〕：我等無福。然其寶棺遶俱尸那城左右〔二一〕，經七帀已，然後將向於荼毗之所去。

爾時樓豆普爲天衆〔二二〕、人衆共舉聖棺，唯見迦葉所纏白緤，火全不燒，佛牙一雙，餘並灰燼。樓豆取此不燒白緤及兜羅，并取緤灰，細破分与大衆，各令起塔供養，城中先已遣匠造金壜師子座〔二三〕，金壜售（受）一斛〔二四〕，置師子座上安，破全身舍利分布八方，各令起塔供養，共益福田。

説明

此件首尾完整，寫於《金光明最勝王經》卷八兑廢稿卷背，最後兩行因背面空間不足，倒書於《金光明最勝王經》卷八正面末尾空白處。其内容是描述佛陀涅槃時的不同場景，《英藏敦煌文獻》擬題『涅槃經講經文』，《敦煌遺書總目索引新編》擬題『涅槃經變榜書底稿』，茲暫從之。底本中『民』字有缺筆。

校記

〔一〕『夏』，《敦煌遺書總目索引新編》釋作『□已夏』，誤。
〔二〕『息』，《敦煌遺書總目索引新編》釋作『見』，誤。
〔三〕『食』，《敦煌遺書總目索引新編》釋作『乞食』，誤。
〔四〕『惑』，《敦煌遺書總目索引新編》未能釋讀。
〔五〕『於』，《敦煌遺書總目索引新編》釋作『前』，誤。
〔六〕『墳』，當作『焚』，《敦煌遺書總目索引新編》據文義校改，『墳』爲『焚』之借字。
〔七〕『頸』，當作『剄』，據文義改，『頸』爲『剄』之借字，《敦煌遺書總目索引新編》校改作『刎』。
〔八〕『都』，《敦煌遺書總目索引新編》未能釋讀。
〔九〕『慟』，《敦煌遺書總目索引新編》釋作『痛』，誤。
〔一〇〕『渾』，《敦煌遺書總目索引新編》未能釋讀；『搥』，《敦煌遺書總目索引新編》釋作『捶』，誤。
〔一一〕『擗』，《敦煌遺書總目索引新編》釋作『僻』，誤。

〔一二〕「惺」，《敦煌遺書總目索引新編》釋作「醒」，雖義可通而字誤。

〔一三〕「殮」，《敦煌遺書總目索引新編》未能釋讀。

〔一四〕「如」，當作「汝」，《敦煌遺書總目索引新編》據文義校改，「如」爲「汝」之借字。

〔一五〕「華」，《敦煌遺書總目索引新編》釋作「花」，誤。

〔一六〕「空」，《敦煌遺書總目索引新編》釋作「定」；「偈」，《敦煌遺書總目索引新編》校改作「竭」。

〔一七〕「其」，《敦煌遺書總目索引新編》釋作「於」，誤。

〔一八〕「冠」，當作「棺」，《敦煌遺書總目索引新編》據文義校改，「冠」爲「棺」之借字。

〔一九〕「衆」，《敦煌遺書總目索引新編》未能釋讀；「見」，《敦煌遺書總目索引新編》釋作「虔見」，按底本「虔」字已塗掉。

〔二〇〕「唱言」，《敦煌遺書總目索引新編》漏録。

〔二一〕「遶」，《敦煌遺書總目索引新編》釋作「繞」，雖義可通而字誤。

〔二二〕「豆」，《敦煌遺書總目索引新編》未能釋讀。

〔二三〕「金壜師子座」至「共益福田」，《敦煌遺書總目索引新編》未録。

〔二四〕「售」，當作「受」，據文義改，「售」爲「受」之借字。

參考文獻

《敦煌寶藏》三五册，臺北：新文豐出版公司，一九八二年，一五三至一五四頁（圖）；《英藏敦煌文獻》六卷，成都：四川人民出版社，一九九二年，一一至一二頁（圖）；《敦煌遺書總目索引新編》，北京：中華書局，二〇〇〇年，一三二頁（録）。

伯三五三七＋斯四二七二　楞伽師資記

釋文

（前缺）

傳爲道者[一]，此人貪〔求〕名利[二]，自壞壞他[三]。亦如磨銅鏡[四]，鏡面上塵落盡，鏡自明淨。《諸法無行經》云[五]：佛亦不作佛，亦不度衆生[六]。〔衆〕〔生〕强分別[七]，作佛度衆生。而此心不證，是即無定[八]。證則有照[九]，緣起大用，圓通無礙，名大脩道。自他無二，一切行一時行[一〇]，亦無前後，亦無中間，名爲大乘。内外無著，大捨畢竟，名爲檀波羅蜜。善惡平等，俱不可得，即是尸波羅蜜。心竟無違[一一]，怨害永盡，即是忍波羅蜜[一二]。大寂不動，而萬行自然，即是精進波羅蜜。繁興妙寂，即是禪波羅蜜。妙寂開明，即是般若波羅蜜。如此之人，勝上廣大，圓攝無礙，得用繁興[一三]，是爲大乘。有求大乘者，若不先學安心，定知誤矣。《大品經》云：諸佛五眼，觀衆生心，及一切法，畢竟不見。《華嚴經》云：無見乃能見。《思益經》云：非眼所見，非耳、鼻、舌、身、意識所知，但應隨如相，見〔如〕[一四]、眼如，乃至意如，法位如亦如是[一五]。若能如是見者[一六]，是名正見。

《禪決》曰：蝙蝠角鴟，晝不見物，〔夜〕〔見〕〔物〕者[一七]，皆是妄想顛倒故也。所以者何？蝙蝠角鴟，見他間（闇）爲明[一八]。凡夫人見他明爲闇，皆爲是妄想[一九]。以顛倒故，以業障故，不見真法。若然者，明不定明，闇不定闇。如是解者，不爲顛倒或亂，即入如來常、樂、我、淨中也[二〇]。

大法師云，《楞伽經》説[二一]，云何淨其念者[二二]，遣勿令妄想[二三]，勿令漏念。念佛極著刀（力）[二四]，念念連注不斷，寂然無念，證本空淨也。又云：一受不退常寂。然則佛説，云何增長也？又云：從〔師〕而學[二五]，悟不由師。凡教人智惠[二六]，未嘗説法。就事而微（徵）[二七]，指樹葉是何物。又云：汝能入瓶入柱及能入火穴山[二八]。杖能説法不？又云：汝身入〔心〕〔入〕[二九]。又云：屋内有瓶，屋外亦有瓶不？中瓶中有水不[三〇]？水中有瓶不？乃至天下諸水，一一中皆有瓶不？又云：此水是何物？又云[三一]：樹葉能説法，〔瓶〕〔能〕〔説〕〔法〕[三二]，柱能説法，屋能説法[三三]，及地水火風皆能説法[三四]，土木瓦石[三五]，亦能説法者。何也？

第二，魏朝三藏法師菩提達摩[三六]，承求那跋陀羅三藏後。其達摩禪師[三七]，志闡大乘，泛海吴越，遊洛至鄴。沙門道育、惠可，奉事〔五〕年[三八]，方誨四行。謂可曰：有《楞〔伽〕經》四卷[三九]，仁者依行，自然度脱。餘廣如《續高僧傳》所明[四〇]。

略辨大乘入道四行〔四一〕。弟子曇林序〔四二〕：法師者，西域南天竺國，是大婆羅門國王第三之子也〔四三〕。神惠疏朗〔四四〕，聞皆曉晤。志存摩訶衍道〔四五〕，故捨素從緇，紹隆聖種〔四六〕。冥心虛寂，通鑒世事。内外俱明，德超世表。悲悔邊隅〔四七〕，正教陵替。遂能遠涉山海，遊化漢魏。亡心寂默之士，莫不歸信耶〔四八〕。〔取〕〔相〕存見之流〔四九〕，乃至生譏謗〔五〇〕。於時唯有道育、惠可，此二沙門，年雖後生，雋志高遠〔五一〕。幸逢法師，事之數載〔五二〕。虔恭諮啓，善蒙師意。法師感其精誠〔五三〕，誨以真道。如是安心，如是發行，如是順物，如是方便。此是大乘安心之法，令無錯謬。如是安心者，壁觀〔五四〕。如是發行者，四行。如是順物者，防護譏嫌。如是方便者，遣其不著。此略所由，意在後文。

夫入道多途〔五五〕，要而言之，不出二種。一是理入，二是行入。理入者，謂藉教悟宗。深信含生，死（凡）聖同一真性〔五六〕。但爲客塵妄覆，不能顯了。若也捨妄歸真，凝注壁觀〔五七〕，無自他〔五八〕。凡聖等一，堅住不移，更不隨於言教，此即与真理冥扶〔五九〕。無有分別，寂然無名，名之理入〔六〇〕。行入者，所謂四行。其餘諸行，悉入此行中。何等爲四行？一者報怨行〔六一〕，二者隨緣行，三者無所求行，四者稱法行〔六二〕。云何報怨行？脩道行人〔六三〕，若受苦時，當自念言：我從往昔，無數劫中，棄本逐末，流浪諸有。多起怨憎〔六四〕，違害無限。今雖無犯，是我宿殃，惡業果熟。非天非人，所能見与。甘心忍受，都無怨訴〔六五〕。經云：逢苦不憂。何以故？識達故〔六六〕。此心生時，与理相應，體怨進道。

是故説言報怨行。第二，隨緣行者，衆生無我，並緣業所轉〔六七〕，苦樂齊受，皆從緣生。若得勝報榮譽等事，是我過去宿因所咸〔六八〕，今方得之。緣盡還無，何喜之有？得失從緣，心無增咸（減）〔六九〕。喜風不動，冥順於道〔七〇〕。是故説言隨緣行。第三，無所求行者〔七一〕，世人長迷，處處貪著，名之爲求。智者悟真，理將俗及，安心無爲。形隨運轉，萬有斯空，無所願樂，功德黑闇，常相隨逐〔七二〕。三界久居，猶如火宅，有身皆苦，誰得而安？了達此處，故於諸有，息息想無求〔七三〕。經云：有求皆苦，無求皆樂〔七四〕。判知無求〔七五〕，真爲道行〔七六〕。第四，稱法行者，性淨之理〔七七〕，因之爲法，此理衆相斯空。無染無著，無此無彼。經云：法無衆生，〔離〕〔衆〕〔生〕垢故〔七八〕。法無有我，離我垢故。智若能信解此理，應當稱法而行。法體無慳於身命，則行檀捨施。心無恪惜，達解三空。不倚不著〔七九〕，但爲去垢。攝化衆生〔八〇〕，而不取相〔八一〕。此爲自利〔八二〕，復能〔利〕他〔八三〕，亦〔能〕莊嚴菩提心（之）道〔八四〕。但度既爾〔八五〕，餘忘（五）亦然〔八六〕。爲除忘相〔八七〕，脩行六度。而無所行，是爲稱法行。

此四行是達摩禪師親説，餘則弟子曇林紀師言行〔八八〕，集成一卷，名之《達摩論》也〔八九〕。菩提師又爲坐禪衆釋《楞伽要義》一卷，有十二三紙，亦名《達摩論》〔九〇〕。此兩本論〔九一〕，文理圓淨，天下流通。自外更有人僞造《達摩論》三卷〔九二〕，文繁理散，不堪行用。

大師又指事問義，但指一物，喚作何物？衆物皆問之，迴換物名，變易問之。又云：此身有不？有不[九三]？身是何身？又云：空中雲霧，終不能染汙虛空，然能翳虛空，不得明淨。《涅槃經》云：無内六入，無外六塵。内外合故，名爲中道。

第三，齊朝鄴中沙門惠可，承達摩禪師後[九四]。其可禪師，俗性（姓）姬[九五]，武牢人。年十四，遇達摩禪師[九六]，遊化嵩洛，奉事六載[九七]。精究一乘，附於玄理，略説脩〔道〕明心要法[九八]，真登佛果。

《楞伽經》云：牟尼寂靜觀，是則遠離生〔死〕[九九]，是名爲不取。今世後世，淨十方諸佛，若有一人，不因坐禪而成佛者[一〇〇]，無有是處。《十地經》云：衆生身中，有金剛佛性[一〇一]。猶如日論（輪）[一〇二]，體明圓滿，廣大無邊。只爲〔五〕陰[一〇三]，重雲覆障，衆生不見。若逢智風，飄蕩五陰[一〇四]，重雲滅盡，佛性圓照，焕然明淨。《華嚴經》云：廣大如法界，究竟如虛空。亦如瓶内燈光，不能照外。亦如世間雲霧，八方俱起[一〇五]，天下陰暗，日光豈得明淨[一〇六]？日光不壞，只爲雲霧覆障一切[一〇七]。衆生清淨之性[一〇八]，亦復如是。只爲攀緣妄念諸見，煩惱重雲，覆障聖道，不能顯了。若妄念不生[一〇九]，默然淨坐，大涅槃日，自然明淨。俗書云：冰生於水，而冰遏水，冰泮而水通[一一〇]。妄超（起）於真而妄迷真[一一一]，妄盡而真現。即心海澄清，法身空淨也。故學人依文字語言爲道者，如風中燈，不能破暗[一一二]，焰焰謝滅。若淨坐無事，如蜜屋中燈[一一三]，則能破暗照物〔一一四〕，分明若了。心源清淨〔一一五〕，一切皆辦〔一一六〕，不受後有。得此法身者，恆沙衆中〔一一七〕，莫過有一仁〔一一八〕；億億劫中，時有一人，与此相應耳。若精誠不內發，三世中縱值恆沙諸佛，無所爲。是知衆生識心自度，佛不度衆生。佛若能度衆生，過去逢無量恆沙諸佛，何故我等不成佛〔一一九〕？只是精誠不內發〔一二〇〕，口説得〔一二一〕，心不得，終不免逐業受形。故佛性猶如天下有日月，木中〔有〕火〔一二二〕。人中有佛性，亦名佛性燈，亦名涅槃鏡。是故大涅槃鏡，明於日月，內外圓淨，無邊無際。猶如鍊金，金質滅盡〔一二三〕，金性不壞。衆生生死相滅〔一二四〕，法身不壞〔一二五〕。坐禪有功，身中自證故。畫餘（餅）尚未堪餐〔一二六〕，説食与人〔一二七〕，焉能使飽？雖欲去其前塞，翻令後榍彌堅。《華嚴經》云：譬如貧窮人，書（晝）夜數他寶〔一二八〕，自無一錢分，多聞亦如是。

又讀者暫看，急須併却。若不捨，還同文字學，則何異煎流水以求冰，煮佛（沸）湯而覓雪〔一二九〕？是故諸佛説説，或説於不説〔一三〇〕，諸法寶（實）相中〔一三一〕，無説無不説，解斯舉一千從。《法華經》云：非實非虛，非如非異。大師云説，此真法皆如實，与真幽理竟不殊。本迷摩尼謂瓦礫，壑（豁）能自覺是真珠〔一三二〕。無明智惠等無異，當知萬法即皆如〔一三三〕。愍此二見諸從（徒）輩〔一三四〕，申詞措筆作斯書〔一三五〕。觀身与佛不差別，何須更覓彼無餘？又云：吾本發心時，截一臂，從初夜雪中立，真（直）至三更〔一三六〕，不覺雪過膝〔一三七〕，以求無上道。《華嚴》第七卷中說〔一三八〕：東方入正受，西方〔三〕昧起〔一三九〕，西方入正受〔一四〇〕，東方三昧起〔一四一〕。於眼根中〔入〕正受〔一四二〕，色法中三昧起〔一四三〕。示現色法不思議，一切天人莫能知。於色法中入正受〔一四四〕，於眼起定念不亂。觀眼無生無自性，説空寂滅無所有。乃至耳鼻舌身意，亦復如是。童子身入正受，於壯年身三昧起。壯年身入正受，於老年身三昧起。老年身入正受，於善女人三昧起。善女人入正受，於善男子三昧起。善男子入正受，於比丘尼身三昧起。比丘尼身入正受，於比丘身三昧起。比丘身入正受，於學無學三昧起。學無學入正受〔一四五〕，於緣覺身三昧起。緣覺身入正受，於如來身三昧起。一毛孔中入正〔受〕〔一四六〕，一切毛孔三昧起。〔一〕〔切〕〔毛〕〔孔〕〔入〕〔正〕〔受〕〔一四七〕，一毛端頭三昧起〔一四八〕。一毛〔端〕〔頭〕〔入〕〔正〕〔受〕〔一四九〕，〔一〕〔切〕〔毛〕端三昧起〔一五〇〕。一切毛端入正受，一微塵中三昧起。一微塵中入正受，一切微塵三昧起。大海水入正受，於大盛火三昧起。一身能作無量身，以無量身作一身〔一五一〕，解斯舉一千從，萬物皆然也。

第四，隨（隋）朝舒州思空山粲禪〔師〕〔一五二〕，承可禪師後。其粲禪師，罔知姓位〔一五三〕，不測所生。按《續高僧傳》曰：可後，粲禪師隱思空山，蕭然淨坐，不出文記，秘不傳法。唯僧道信，奉事粲十二年。寫器傳燈，一一成就〔一五四〕。粲印道信，了了見佛性處，語信曰：《法華經》云：唯此一事實，無二亦無三。故知聖道幽通，言詮之所不達〔一五五〕；法身空寂，見聞之所不及。即文字語言，從（徒）勞施設也〔一五六〕。

（以下原缺文）

説明

此件由伯三五三七和斯四二七二綴合而成，兩件綴合後首部仍殘缺，尾部雖紙不殘缺，但原未抄完。其中伯三五三七首尾均缺，起『傳爲道者』，訖『達解三空』；斯四二七二首缺，尾部原缺文，起『不倚不著』，訖『從（徒）勞施設也』。另俄藏Дх.一七二八，首尾均缺，存十行，起『去有因』，訖『兩京來』，爲《楞伽師資記》序言，據榮新江研究，當與伯三五三七和斯四二七二爲同一抄本（參看《敦煌本禪宗燈史殘卷拾遺》，《周紹良先生欣開九秩慶壽文集》，一九九七年，二三二至二三五頁），但不能直接綴合。《楞伽師資記》是一部早期禪宗史書，唐淨覺撰，一卷。記述以《楞伽經》爲傳承的禪宗師資相承法統共八代十三人的傳略與思想，歷代大藏經未收。此件存北魏三藏法師菩提達摩、北齊鄴中沙門惠可、隋思空山粲禪師三人的傳略，其中達摩、粲禪師傳略僅存一部分。

現知敦煌文獻中保存的《楞伽師資記》寫本尚有十七件：BD九九三三背、BD九九三四背、BD一〇四二八、BD一一八八四背、BD一二一九四、BD一三六五四、伯三二九四、伯三四三六、伯三五三七、伯三七〇三、伯四五六四、斯二〇五四、斯四二七二、Дх一七二八、Дх五四六四+Дх五四六六、Дх八三〇〇、Дх一八九四七。其中，BD九九三三背、BD九九三四背和BD一一八八四背爲同一寫本之殘片，但不能直接綴合。以上各件中，對此件有校勘價值的有：斯二〇五四，首缺尾全，起『忽然兩目中各出一五色光舍利』，訖『令心不』；BD一三六五四，首尾均缺，起『除其擁礙』，訖『無所求行』；伯三四三六，首缺尾全，起『無知之知』，訖『有二十四人也』；BD 一〇四二八，首尾均缺，起『沙衆中』，訖『死相』；BD 九九三四背，首尾均缺，存『磨銅亦不度』數字；Дх 一八九四七＋Дх 八三〇〇，首尾均缺，起『辯大乘入道四行』，訖『國王第三之子也神』；BD 一一八八四背＋BD 九九三三背首尾上下均缺，實爲兩塊小殘片，起『相隨』，訖『俗』。

以上釋文以伯三五三七＋斯四二七二爲底本，用斯二〇五四（稱其爲甲本）、伯三四三六（稱其爲乙本）、BD 一三六五四（稱其爲丙本）、BD 一〇四二八（稱爲丁本）、BD 九九三四背（稱其爲戊本）、Дх 一八九四七＋Дх. 八三〇〇（稱其爲己本）、BD 一一八八四背＋BD 九九三三背（稱爲庚本）參校。

校記

〔一〕『者』，乙本同，甲、丙本作『此』。

〔二〕『此』，乙本同，甲、丙本作『者』；『求』，乙本亦脱，據甲、丙本補。

〔三〕『壞』，乙、丙本同，甲本作『懷』，『懷』爲『壞』之借字。

〔四〕戊本始於此句。

〔五〕『法』，乙、丙本同，甲本脱。

〔六〕戊本止於此句。

〔七〕『衆生』，據甲、乙、丙本補，此二字後丙本有『衆生』，據文義係衍文，當刪。

〔八〕『即』，乙本同，甲、丙本作『則』。

〔九〕『有』，乙、丙本同，甲本作『別有』。

〔一〇〕第一箇「一」，甲、乙本同，丙本脱。

〔一一〕「竟」，乙本同，甲、丙本作「境」，「竟」同「境」。

〔一二〕「忍」，甲、乙本同，丙本作「忍辱」。

〔一三〕「用」，乙本同，甲、丙本脱。

〔一四〕「如」，乙本亦脱，據甲、丙本補。

〔一五〕第一箇「如」，乙、丙本同，甲本脱。

〔一六〕「若能如是」，甲、丙本同，乙本脱。

〔一七〕「夜見物」，據甲、乙、丙本補。

〔一八〕「間」，當作「闇」，據甲、乙、丙本改。

〔一九〕「想」，甲、乙、丙本同，乙本原有兩箇「想」字，一在行末，一在次行行首，此爲當時的一種抄寫習慣，可以稱爲「提行添字例」，第二箇「想」字應不讀。

〔二〇〕「也」，甲、丙本同，乙本無。

〔二一〕「説」，乙、丙本同，甲本作「云」。

〔二二〕「云」，乙、丙本同，甲本作「説」。

〔二三〕「勿」，乙、丙本同，甲本作「物」，「物」爲「勿」之借字。

〔二四〕「刀」，乙本同，當作「力」，據甲、丙本改。

〔二五〕「師」，乙本亦脱，據甲、丙本補。

〔二六〕「智」，甲、乙本同，丙本作「知」，均可通。

〔二七〕「微」，當作「徵」，據甲、乙、丙本改。

〔二八〕『柱』，甲、丙本同，乙本作『住』，『住』爲『柱』之借字；『火』，乙、丙本同，甲本脱。
〔二九〕『心』，據甲、乙、丙本補；『入』，甲本亦脱，據乙、丙本補。
〔三〇〕第一箇『中』，乙本同，甲、丙本無，據文義係衍文，當删；第二箇『中』，甲、丙本同，乙本無。
〔三一〕『云』，乙本同，甲、丙本脱。
〔三二〕『瓶能説法』，據甲、乙、丙本補。
〔三三〕『屋能説法』，乙、丙本同，甲本脱。
〔三四〕『能』，甲、丙本同，乙本作『不能』，『不』據文義係衍文，當删。
〔三五〕『木』，乙、丙本同，甲本脱。
〔三六〕『摩』，乙、丙本同，甲本作『磨』。
〔三七〕『摩』，乙、丙本同，甲本作『磨』。
〔三八〕『五』，據甲、乙、丙本補。
〔三九〕『伽』，據甲、乙、丙本補。
〔四〇〕『廣』，乙、丙本同，甲本作『度』，誤；『僧』，乙本同，甲、丙本作『師』。
〔四一〕『辦』，甲、乙、丙、己本作『辯』，均可通。己本始於此句。
〔四二〕『弟』，底本原作『第』，按寫本中『第』『弟』形近易混，故據文義逕釋作『弟』。以下同，不另出校。
〔四三〕『也』，乙、丙、己本同，甲本無。
〔四四〕『神』，乙、丙、己本同，甲本作『如神』，『如』據文義係衍文，當删。己本止於此句。
〔四五〕『摩』，乙本同，甲、丙本作『磨』。
〔四六〕『種』，乙、丙本同，甲本脱。

〔四七〕『悲』，甲、丙本同，乙本作『非』，『非』爲『悲』之借字。
〔四八〕『耶』，甲、乙、丙本均無。
〔四九〕『取相』，據甲、乙、丙本補。
〔五〇〕『至』，乙本同，甲、丙本無。
〔五一〕『儁』，乙、丙本同，甲本作『㒞』。
〔五二〕『載』，甲、丙本同，乙本作『年』。
〔五三〕『誠』，乙、丙本同，甲本作『成』，『成』通『誠』。
〔五四〕『壁』，甲、乙本同，丙本作『辟』，『辟』通『壁』。
〔五五〕『夫』，乙、丙本同，甲本作『未』，誤。
〔五六〕『死』，當作『凡』，據甲、乙、丙本改。
〔五七〕『注』，乙本同，甲、丙本作『住』；『壁』，乙本同，甲、丙本作『辟』，『辟』通『壁』。
〔五八〕『無』，乙、丙本同，甲本脱。
〔五九〕『扶』，乙本同，甲、丙本作『狀』，誤。
〔六〇〕『名』，甲、乙本同，丙本脱；『之』，乙、丙本同，甲本脱。
〔六一〕『行』，乙、丙本同，甲本無。
〔六二〕『者』，乙、丙本同，甲本無。
〔六三〕『人』，甲、丙本同，乙本脱。
〔六四〕『起』，乙本同，甲、丙本作『報』。
〔六五〕『無』，甲、乙本同，丙本作『無所』。

〔六六〕『故』，乙、丙本同，甲本作『本故』。
〔六七〕『並』，甲、丙本同，乙本無；『轉』，乙、丙本同，甲本作『傳』。
〔六八〕『咸』，甲、乙、丙本作『感』，按『咸』有感知、感化義，亦可通。
〔六九〕『咸』，當作『滅』，據甲、乙、丙本改，『咸』爲『滅』之借字。
〔七〇〕『道』，乙、丙本同，甲本作『通』。
〔七一〕丙本止於此句。
〔七二〕庚本始於此句。
〔七三〕第二箇『息』，乙本同，甲、庚本無，據文義係衍文，當删。
〔七四〕『皆』，乙本同，甲本作『乃』，均可通。
〔七五〕『知』，乙本同，甲本作『如』。
〔七六〕『行』，甲、乙本同，庚本作『行也』。
〔七七〕『性』，乙、庚本同，甲本作『清』。
〔七八〕『離衆生』，據甲、乙、庚本補。
〔七九〕第二箇『不』，乙、庚本同，甲本脱。
〔八〇〕『化』，乙本同，甲本無。
〔八一〕『不』，乙本同，甲本作『無』。
〔八二〕『利』，乙本同，甲本脱。
〔八三〕『能』，乙本同，甲本脱；『利』，甲本亦脱，據乙本補；『他』，乙本同，甲本作『地』，誤。
〔八四〕『能』，據甲、乙、庚本補；『心』，庚本無，當作『之』，據甲、乙本改。

〔八五〕『但』，乙本同，甲、庚本作『檀』，誤。
〔八六〕『忘』，當作『五』，據甲、乙本改。
〔八七〕『忘』，乙本同，甲本作『妄』，『忘』通『妄』；『相』，甲、乙本作『想』。
〔八八〕『紀』，乙本同，甲本作『記』，均可通。
〔八九〕『之』，乙本同，甲本作『曰』；『摩』，乙本同，甲本作『磨』。
〔九〇〕『達』，甲本同，乙本脱；『摩』，乙本同，甲本作『磨』；『論』，甲、乙本作『論也』。
〔九一〕『論』，乙、庚本同，甲本作『論文』。
〔九二〕『造』，乙本同，甲本作『告』，誤。
〔九三〕『有不』，甲、乙本無。
〔九四〕『摩』，乙本同，甲本作『磨』。
〔九五〕『性』，當作『姓』，據甲、乙本改，『性』爲『姓』之借字；『姫』，甲、乙本作『姖』，誤。庚本止於此句之『俗』字。
〔九六〕『遇』，甲本同，乙本作『禺』，誤。
〔九七〕『載』，甲本同，乙本作『年』。
〔九八〕『道』，乙本亦脱，據甲本補。
〔九九〕『死』，據甲、乙本補。
〔一〇〇〕『而』，乙本同，甲本作『得』。
〔一〇一〕『性』，乙本同，甲本脱。
〔一〇二〕『論』，當作『輪』，據甲、乙本改，『論』爲『輪』之借字。

〔一〇三〕『五』，據甲、乙本補；『陰』，乙本同，甲本作『蔭』。
〔一〇四〕『陰』，乙本同，甲本作『蔭』。
〔一〇五〕『俱』，甲本同，乙本作『但』，誤。
〔一〇六〕『豈』，乙本同，甲本作『起』，『起』爲『豈』之借字。
〔一〇七〕『覆』，甲本無。
〔一〇八〕『淨』，乙本同，甲本作『静』；『之』，乙本同，甲本脱。
〔一〇九〕『妄』，乙本同，甲本作『忘』，『忘』爲『妄』之借字。
〔一一〇〕『泮』，乙本同，甲本作『伴』，『伴』爲『泮』之借字。
〔一一一〕『超』，乙本同，當作『起』，據甲本改。
〔一一二〕『暗』，乙本同，甲本作『闇』。
〔一一三〕『蜜』，可用同『密』。
〔一一四〕『能』，乙本同，甲本作『解』；『暗』，乙本同，甲本作『闇』；『照』，乙本同，甲本作『昭』。
〔一一五〕此句後甲、乙本有『一切願足，一切行滿』。
〔一一六〕『辦』，甲本同，乙本作『辯』，『辯』同『辦』。
〔一一七〕丁本始於此句。『中』，乙、丁本同，甲本作『生』。
〔一一八〕『仁』，乙本同，甲本作『行』。
〔一一九〕『等』，乙本同，甲本脱。
〔一二〇〕『誠』，甲、乙本同，丁本作『成』，『成』通『誠』；『發』，甲、丁本同，乙本作『啓』。
〔一二一〕『口』，甲、乙本同，丁本作『心』，誤。

〔一二二〕『木』，乙、丁本同，甲本作『水』，誤；『有』，乙本亦脱，據甲、丁本補。
〔一二三〕『滅』，乙本同，甲本作『火』。
〔一二四〕丁本止於此句之『滅』字。
〔一二五〕此句後甲本有『亦如泥團壞，亦如波浪滅，水性不壞，衆生生死相滅，法身不壞』。
〔一二六〕『餘』，當作『餅』，據甲本改，乙本作『餜』，亦可通。
〔一二七〕『与人』，乙本同，甲本無。
〔一二八〕『書』，當作『晝』，據甲、乙本改。
〔一二九〕『佛』，當作『沸』，據甲、乙本改。
〔一三〇〕『説』，乙本同，甲本作『説説』。
〔一三一〕『賨』，當作『實』，據甲、乙本改。
〔一三二〕『壑』，乙本同，當作『豁』，據甲本改。
〔一三三〕『萬』，甲本脱。
〔一三四〕『慜』，乙本同，甲本作『敏』，均可通；『從』，當作『徒』，據甲、乙本改。
〔一三五〕『措』，乙本同，甲本作『投』；『書』，乙本同，甲本脱。
〔一三六〕『真』，當作『直』，據甲、乙本改。
〔一三七〕『過』，乙本同，甲本作『過於』。
〔一三八〕『嚴』，乙本同，甲本作『嚴經』。
〔一三九〕『三』，據甲、乙本補。
〔一四〇〕此句乙本同，甲本無。

〔一四一〕此句乙本同，甲本無。
〔一四二〕『入』，據甲、乙本補。
〔一四三〕『色』，乙本同，甲本作『於色』。
〔一四四〕『於』，甲本作『其』。
〔一四五〕第一箇『學』，乙本同，甲本脱。
〔一四六〕『受』，據甲、乙本補。
〔一四七〕『一切毛孔入正受』，據甲、乙本補。
〔一四八〕『一』，甲本同，乙本作『一切』。
〔一四九〕『端』，據甲、乙本補；『頭』，甲本亦脱，據乙本補；『入正受』，據甲、乙本補。
〔一五〇〕『一切毛』，據甲、乙本補。
〔一五一〕第一箇『身』，乙本同，甲本脱。
〔一五二〕『隨』，當作『隋』，據文義改；『師』，據甲、乙本補。
〔一五三〕『罔』，甲本同，乙本作『内』，誤。
〔一五四〕第一箇『一』，乙本同，甲本脱。
〔一五五〕『達』，甲、乙本作『逮』。
〔一五六〕『從』，當作『徒』，據甲、乙本改。

參考文獻

《楞伽師資記》，北平：待曙堂，一九三一年，三至一一頁（録）；《姜園叢書》一册，瀋陽：一九三五年，五至一四頁（録）；《初期の禪史Ⅰ禪の語録2》，東京：筑摩書房，一九七一年，三九至四一、一一二至一六七頁（録）；《講座敦煌8敦煌仏典と禪》，東京：大東出版社，一九八〇年，六四至六八、一四三至一四四頁；《敦煌禪宗文獻の研究》，東京：大東出版社，一九八三年，一二三至一二六頁；《大正新脩大藏經》八五册，臺北：新文豐出版公司，一九八五年，一二八四至一二八六頁（録）；《世界宗教研究》一九八七年一期，一一九頁；《中印文化關係史論集·語文篇》，香港中文大學中國文化研究所，一九九〇年，二五頁；《英藏敦煌文獻》六卷，成都：四川人民出版社，一九九二年，一二至一三頁（圖）；《講座敦煌5敦煌漢文文獻》，東京：大東出版社，一九九二年，五九頁；《禪學研究入門》，東京：大東出版社，一九九四年，四六至四七頁；《俗語言研究》二期，京都：禪文化研究所，一九九五年，一三九至一四〇頁；《禪文化》一六一號，京都：禪文化研究所，一九九六年，一四二至一四三頁；《周紹良先生欣開九秩慶壽文集》，北京：中華書局，一九九七年，二三二至二三五頁；《敦煌學佛教學論叢》下，香港：中國佛教文化出版有限公司，一九九八年，三七六頁；《俄藏敦煌文獻》一四册，上海古籍出版社，二〇〇〇年，四〇頁（圖）；《敦煌學十八講》，北京大學出版社，二〇〇一年，二二四至二二五頁；《法藏敦煌西域文獻》二四册，上海古籍出版社，二〇〇二年，一九六至二〇四頁（圖）；《法藏敦煌西域文獻》二五册，上海古籍出版社，二〇〇二年，二〇九至二一〇頁（圖）；《敦煌學新論》，蘭州：甘肅教育出版社，二〇〇二年，一九五頁；《戒幢佛學》二卷，長沙：岳麓書社，二〇〇二年，一四八頁；《中日敦煌佛教學術會議論文集》，中國社會科學院佛教研究中心等，二〇〇二年，北京，一〇七頁；《〈楞伽師資記〉校釋及研究》，蘭州大學碩士學位論文，二〇〇三年（録）；《國家圖書館藏敦煌遺書》一〇七册，北京圖書館出版社，二〇〇九年，三三至三四、二九八頁（圖）；《國家圖書館藏敦煌遺書》一一〇册，北京圖書館出版社，二〇〇九年，一三一頁（圖）；《國家圖書館藏敦煌遺書》一一二册，北京圖書館出版社，二〇一一年，二五六至二五七頁（圖）；《英國國家圖書館藏敦煌遺書》三二册，桂林：廣西師範大學出版社，二〇一四年，三〇五至三一一頁（圖）；《禪宗北宗敦煌文獻録校與研究》，南京：江蘇人民出版社，二〇一八年，二九二至三〇七頁（録）；《劉永翔教授嚴佐之教授榮休紀念文集》，上海古籍出版社，二〇一九年，四六八至四七五頁。

斯四二七四　管内兩廂馬步軍都校揀使陰某起居狀稿

釋文

（前缺）

□檢校工部尚書兼御史大夫〔一〕

管内馬步軍

管内兩廂馬步軍都校揀使銀青光禄大夫檢校工部尚書兼御史大夫陰

木某伏審〔二〕：

佛現聖躬萬福。不獲蹈舞　丹墀，無任瞻

天，激切之至。但某乙先從　鸞駕〔三〕，已達

皇都，日承　曲澤以重重，每受

偏恩而疊疊〔四〕。譬喻世間事而算有盡，此

覆蔭而極難量。某乙一身荷　聖天地同〔五〕，九

族感銘山河對（封）〔六〕。今則合陳　賀禮，緣緇類西

行，一則恐落道踈危〔七〕，二乃怕逢賊打劫。以此之間（？），
不敢獻款〔八〕。謹具狀　　起居，陳□

（後缺）

説明

此件首尾均缺，其内容爲管内兩廂馬步軍都校揀使銀青光禄大夫檢校工部尚書兼御史大夫陰某寫給佛現的信稿。起首兩行似練筆所爲，中間亦有多處塗抹。或推測此件中的『陰某』即斯二八九《李存惠墓誌》中的『陰住延』，『佛現』極可能指于闐國的尉遲蘇羅王。此信寫於公元九六七至九七七年尉遲蘇羅在位期間（參看《于闐與敦煌》，八一至八二頁）。

校記

〔一〕『檢校工』，據殘筆劃及文義補。

〔二〕『揀』，《敦煌遺書總目索引新編》釋作『練』，誤；『木』，《于闐與敦煌》釋作『本』。

〔三〕『某乙』，《于闐與敦煌》漏録。

〔四〕『疊疊』，《于闐與敦煌》釋作『纍纍』，誤。

〔五〕『乙』，《于闐與敦煌》漏録。

〔六〕『對』，當作『封』，據文義改。

〔七〕『道』，《于闐與敦煌》釋作『遭』。

〔八〕『款』，《于闐與敦煌》釋作『難』，誤。

參考文獻

《敦煌寶藏》三五册，臺北：新文豐出版公司，一九八二年，一五九頁（圖）；《英藏敦煌文獻》六卷，成都：四川人民出版社，一九九二年，一三頁（圖）；《敦煌歸義軍史專題研究》，蘭州大學出版社，一九九七年，一二二頁；《敦煌遺書總目索引新編》，北京：中華書局，二〇〇〇年，一三一頁；《敦煌學新論》，蘭州：甘肅教育出版社，二〇〇二年，六〇頁；《于闐史叢考（增訂本）》，北京：中國人民大學出版社，二〇〇八年，二九四頁；《于闐與敦煌》，蘭州：甘肅教育出版社，二〇一三年，八〇至八二頁（録）。

斯四二七四背　人名

釋文

四郎子、八郎子、平都頭、小馬郎、氾家舅、十二郎、阿婆子〔一〕、押牙慶俊、勝定、子全、索郎、氾郎、張郎、江子、子連、富全、緊卓、保昇押牙

説明

此件首尾完整，所記人名多以『某郎』『某郎子』『阿婆子』相稱，可知所列諸人均應爲熟人，所以不必具名即知『某郎』『某郎子』之所指。

校記

〔一〕『子』，《敦煌遺書總目索引新編》釋作『婆』。

參考文獻

《敦煌寶藏》三五册，臺北：新文豐出版公司，一九八二年，一五九頁（圖）；《英藏敦煌文獻》六卷，成都：四川人民出版社，一九九二年，一四頁（圖）；《敦煌遺書總目索引新編》，北京：中華書局，二〇〇〇年，一三一頁。

斯四二七五　設難問疑致語及法師答問

釋文

（前缺）

問：適所申義，何者是三，何義▭問：亦曾聞受三界火宅，沉淪生死，▭《法花》云，火來逼身，苦痛切己，心不厭患（一），▭爲復長沉輪生死，爲當還有出▭問：欲界有幾天，色、無色界各有幾▭

某乙聞：賢則懷己不足，愚意自得（？）▭雅，貴在知恩，法師所發，情沃（？）有聞▭贈言，言恩歷劫何忘，幸存三益▭鄙陋近見，通仁得暢，所情愧謝他▭問所適諸天居處於齊，列名配位，▭其本末未盡根源。夫生天者，▭中，未審人間修何勝行，得生▭尋常一種恩流，更願宣明世▭

某乙聞：爲客則易，爲主則難，▭古競求，適奉指麾，遇有□□，▭終不輕進，願通所問，專一樂聞。

所答文義，辭理縱横，入險地而不□開並之間，敢呈多少。

問：欲界有貪欲，有欲得名界，□色界有妙色，貪色得名界，空□思想不通下，無色得名界，思想□。欲界全無色，色界獨名色，欲界□色界無貪容所偏，欲論色界□三界非界攝（？），容所有差别，□修因，非是人非，人行差别，□佛性若有，若修行□皆因□行，何爲别？

如是追奔，故合舌縮，江山海量，通納百川，闇而既明，難謝其德。有成輕觸，施以安寧，教道之深，布施歡喜。

（中空一行）

某乙聞：金人出世，演大道而無窮；調御興慈，闡玄宗而廣被。或誘凡入聖，或化俗歸真，教跡多端，名言漠（莫）測[二]。始應祥誕，釋門創啓於五天；漢夢通流，勝業普霑於東夏。其後王臣信重，〔一〕音与一體同遵[三]；寰宇流行，三寶共三乘並駕。於是諸子忻免於火宅，群品喜離於迷途。凡日月之照臨，總虔誠而迴向。但某一介微芒，百靈贅物，性非聰惠，未弁（辨）玄黄[四]，自媿蒭蕘，幸霑賓會，更令登座，戰汗兼交。奉命當仁，敢隨分釋？今於諸教，立三界唯心義。凡此法義，包名相、羅理事。西座法師，學業成山，智量逾海。掉三寸，緇徒歎羡；談四句，道俗具瞻。既能迂至道場，幸請光揚檢校。

（中空數行）

性宇寬和，神襟謙直，公勤克著，讚益斯弘。

梁卿資性敦良，神情爽晤，祇供敏濟，檢察詳明。

伏惟我講主闍梨戒行孤立，名德獨標，該博九流，洞明三教，以《百法》爲業，以《金剛》爲宗，談《般若》於脣吻之中，吐《堅固》於胸懷之内。實謂接登山之梯蹬，爲渡海之舟船。

（中空數行）

此是答佛性義[五]

某乙聞：開闡大乘，莫過於講唱切磋，□來論所以發輝（揮）妙理[六]，不言誰知其□道者矣！法師夙負江山之氣，早懷□囿，是以抑揚至理，親光尚自超□學才疏薄，孤陋寡聞，得會佳□遊，奉命擊揚，未敢當次，忽秉□，必能呵嘖，敢端蓬心。

法□三藏既能當敵，理合發明，速振□

某乙聞：不尚（上）高山那見鹿[七]，不入深□首尾平平，祇叙足得商量□□當出語詮疑，全無行騾，分明一一，且□所奉高嘖，最是佛法要門，直以言明，無□故經云：自作自受。天与人只是衆生妄□彼蔭受生，惡業因緣，地獄業熟，閻羅□皆自心變，都不離心，離衆生妄心，實（？）□

答：初發言詞，將爲小手。及乎□失大義之内，愧謝無邊，所言佛性一果□行佛性，三果佛性。今所論者，約其理□妄心造業，還見妄受，非關佛性，是不一義，如飢渴者，渴者自飲，飢者自餐。此亦如是，言不異者，虚通無礙，遍一切故，即名不異。

答：達人君子，知人之深，情既無疏，更何形跡。都斯國士，只可加心，必其疏遺，焉能見此言行？性者，若衆生有行利他之道即成。若不饒益有情，自行不得圓滿，故知無行不成菩提。約此是其名行性也。

言果佛性者，斷二重障，二利行成，圓滿三身、真俗二智，慈悲利物，名果性也。

將作少糧，誰知飽穀；欲言少水，牀下滂沱。足知是且隨豐儉不遺，幸表此心，故舊相逢，未可輕爾。

答：理性雖本有，本有不自成，要必假修行，修行乃成佛。

答：理性在因論，在纏得名性，果性出纏説，約理得名性。

答：佛身無生滅，不説假修成，八相現涅槃，所以説修得。

（中空數行）

某乙聞：金人出世，演大道而無窮；調御興慈，闡玄宗而廣被。或誘凡入聖，或化俗歸真，教跡多端，名言莫測。始應詳誕〔八〕，釋門創啓於五天；漢夢通流，勝業普霑於東夏。其後王臣信重，一音与一體同遵；寰宇流行，三寶共三乘並駕。於是諸〔子〕忻免於火宅〔九〕，群品喜離於迷途。凡日月之照臨，總虔誠而迴向。但某乙一界微芒，百靈贅物，性非聰惠，未弁（辨）玄黄〔一〇〕，自愧蒭蕘，幸霑寶會，更令登座，戰汗兼交。奉命當人（仁）〔一一〕，敢隨分釋？今於諸教，立三界唯心義。凡此法義，包名相、羅理事。西座法師，學業成山，智量逾海。掉三寸，緇徒歎羡；談四句，道俗俱瞻。既能迂至道場，幸請光揚檢校。

法師義峰萬刃，學海千尋。焕日月於胸懷，動風雲於思雅；吐談叢而花發，舌擊劍而星流；法門藉其光音，傳登（燈）賴其是囑〔一二〕。於所立義，速見高呵，不至遲疑，是所望也。

問：適所申義，何者是三，何義爲界，復由何義而此三界，而唯心耶？

答：界由隔也〔一三〕，界者世也。世界有其三隔，故名三界。欲界一地，色界四地，無色界四地，通名九地。於此三界九地之中，九類有情於中居住。《金剛經》云：胎卵濕化，等有貪欲，故名爲欲界。有妙色故色〔一四〕，故名爲色界。無質形〔一五〕，故名爲無色界。

復由何義而唯心者？然此九類衆生，無始已來，具有九十八使、百八煩惱。然成就互相熏習，成其業種，更相染著，起我、我所，自他差別，由此生死輪轉無窮，善以昇天，惡沉地獄，故經云『勝因生善道』等；又『心垢故衆生垢』等；《花嚴》云『佛子，三界唯心，更無別法』；又『染淨由心，士夫六界。心能導世間，心能遍攝受，如是心一法，皆自在隨行』。以此因緣，三界皆由心也。[疑]答如是〔一六〕，有疑任徵。

問：曾聞説三界火宅，沉輪生死，不可得安。衆貪著，無有出期，故《法花》云『火來逼身』等，未審九類衆生，長輪生死，還有出期？求出離時，有何別法？

答：適奉所責，未必一切衆生長輪生死，何者？一切衆生，根有利鈍，垢有輕重，地有厚薄。若是利根惱垢輕者，隨順教法，近善知識，得聞大乘，一聞領悟，斷貪嗔癡，遠離繫縛。三界之中，分別俱生，何有習氣，八十一品？鈍者別斷，利者頓斷，聖起已，煩惱滅已。由千年闇室，一燈照已，諸塵除。既離煩惱，迴出三界，永不繫屬，魔王波旬。無漏功德，念念增長，即名聖人。如某州百姓繫屬某州，即被所由，拘撿驅役。若有智者，不藉妻兒活業，逃走出界，到於他鄉，無人拘撿，隨求衣食，常得安樂。出三界法，亦復如是。

奉答如是。

（中空十數行）

某乙聞：竊聞仁義禮智之教，可以安國理家，慈悲喜捨之門，可以革凡成聖。家國者世間虛假，終嬰有有之勞；成聖者出世真常，卒獲如如之樂。是知法之力也，其大矣哉！伏惟　我當今帝主，睿德淵深，神功莫側（測）[一七]，仰儀（羲）軒而可及[一八]，慕湯禹而齋（齊）年[一九]。高施雨露之恩，遠著邕熙之化，所以靈祇叶讚，風雨無差，經教溢於寰區，龕塔遍於原野，非　皇王之盛，曷可如斯？則有都督某公。公文堪濟代，武可安邊，懷英音倜儻之才，負磊落森梢之量。今屬殘陰已去，律灰非駟馬可追；春候將臨，淑景預三長之月。由是開紺宇，陳法筵，會四部之真場，演一乘之甘露，欲使烟雲起態，日月貞休，寰海宴如，天下清謐者也。伏惟在坐尊宿和尚闍梨等，並桒門摽袖，釋氏鴛鴻，承像末之紀綱，繼閻浮之眼目。僉以同臻法席，共美弘揚，巍巍峨峨，如龍如象者矣。伏惟　我講主法闍梨，靈襟爽拔，茂德孤標，得澄什之餘暉，襲騰蘭之勝躅。藴之也，則冰清玉瀓；凝之也，則虎嘯龍吟；鑽之，彌益其堅；仰之，莫究其極也。某乙才當朽木，器類斗筲，誠無一覽之聰，詎有三各（冬）之學[二〇]？叨承指命，謬使當仁，進退之間，彌增戰越。惟西座法師，言成珠玉，調逸風雲，流俊辯於舌端，持奥義於掌内。若令攻擊，山亦應穿；若令對揚，人何可敵。今者欲爲光飾，俯就論場。某乙不料荒唐，敢爲祇叙，儻垂斥責，何善如之？

再敘：又聞，同聲者相應，同氣者相求。某乙与法師情均管鮑，義比弟兄，水乳相擬，法味何別？今雖不敏，切慕高明，但欲擲石來金，不願爭能取勝，今日法筵大啓，不可虛然，謹於某經中竪立某義。法師詞峰嶷峻，識量恢弘，見善必揚，爲法無倦，幸期聽覽，迂以清襟，不悋瓊瑶，一垂詰難。

（後缺）

説明

此件首尾均缺，起首二十多行下半部殘缺，中間亦有一段下半截殘缺，所存文字並非連續抄寫，内容是敦煌僧團在進行講經辯義時設難問疑的『致語』及法師答問，各段間隔有一行至十幾行的空白。其中之『設難問疑致語』均以『某乙聞』起首，説明其具有文樣性質，此件是將多件『設難問疑致語』文樣和一些講經過程中的問答彙抄在一起的，具有雜抄性質。關於『設難問疑致語』，本書第五卷曾收録斯一一七〇、十七卷曾收録斯三七〇二等多件，可以參看。此件中『世』字有缺筆。翟理斯以爲是十世紀的抄本（*Descriptive Catalogue of the Chinese Manuscripts from Tunhuang in the British Museum*, p. 190）。

校記

〔一〕『厭患』，據《大正新修大藏經》本《法華經》補。

〔二〕「漠」，當作「莫」，據文義改，「漠」爲「莫」之借字。
〔三〕「一」，據第五篇《三界唯心義論義文》補。
〔四〕「弁」，當作「辨」，據文義改，「弁」爲「辨」之借字。
〔五〕「佛」，底本寫作「亻」，當爲「仏」之省，據文義當作「佛」。下文尚有多箇「亻」，據文義均當作「佛」，不另出校。
〔六〕「輝」，當作「揮」，據文義改，「輝」爲「揮」之借字。
〔七〕「尚」，當作「上」，據文義改，「尚」爲「上」之借字。
〔八〕「詳」，通「祥」。
〔九〕「子」，據第二篇《論義文樣》補。
〔一〇〕「弁」，當作「辨」，據文義改，「弁」爲「辨」之借字。
〔一一〕「人」，當作「仁」，據第二篇《論義文樣》改，「人」爲「仁」之借字。
〔一二〕「登」，當作「燈」，據文義改，「登」爲「燈」之借字。
〔一三〕「由」，通「猶」。
〔一四〕第二箇「色」，疑爲衍文，當删。
〔一五〕「形」，底本原寫作「刑」，按寫本中「刑」「形」形近易混，故據文義逕釋作「形」。
〔一六〕「疑」，據殘筆劃及文義補。
〔一七〕「側」，當作「測」，據文義改，「側」爲「測」之借字。
〔一八〕「儀」，當作「義」，據文義改。
〔一九〕「齋」，當作「齊」，據文義改。

〔二〇〕「各」，當作「冬」，據文義改。

參考文獻

《大正新修大藏經》九卷，東京：大正一切經刊行會，一九二七年，一二頁；*Descriptive Catalogue of the Chinese Manuscripts from Tunhuang in the British Museum*, London: The Trustees of the British Museum, 1957, p. 190, p. 242；《敦煌寶藏》三五册，臺北：新文豐出版公司，一九八二年，一六〇至一六二頁（圖）；《敦煌遺書總目索引》，北京：中華書局，一九八三年，一九六頁；《英藏敦煌文獻》六卷，成都：四川人民出版社，一九九二年，一四至一七頁（圖）；《敦煌遺書總目索引新編》，北京：中華書局，二〇〇〇年，一三一頁；《世界宗教研究》二〇一二年一期，四六頁。

斯四二七五背　雜寫（智原小人未閑教網）

釋文

智原小人，未閑教網（綱）〔一〕，忽承高問

說明

以上文字係時人隨手寫於『設難問疑致語及法師答問』卷背，似與正面内容相關。

校記

〔一〕『網』，當作『綱』，據文義改。

參考文獻

《敦煌寶藏》三五册，臺北：新文豐出版公司，一九八二年，一六三頁（圖）；《英藏敦煌文獻》六卷，成都：四川人民出版社，一九九二年，一七頁（圖）。

斯四二七六　歸義軍節度左都押衙安懷恩并管內三軍蕃漢百姓一萬人奏請表

釋文

管內三軍百姓奏請表

歸義軍節度左都押衙、銀青光禄大夫、檢校國子祭酒兼御史大夫安懷恩，并州縣僧俗官吏，兼二州六鎮耆老〔一〕，及通頰、退渾十部落三軍蕃漢百姓一萬人　上表：

臣某乙等言：臣聞五涼舊地，昔自漢家之疆〔二〕；一道黎民，積受　唐風之化。地憐戎虜〔三〕，傾心向　國輸忠；境接臨蕃，誓報　皇恩之德。臣某乙等至歡至喜，頓首頓首。臣本歸義軍節度使張某乙〔四〕，自　大中之載，伏靜河湟，虜逐戎蕃〔五〕，歸於邏娑〔六〕。伏承　聖朝鴻澤，隴右再晏　堯年；　玄德流暉，姑臧會同　舜日。遂乃束身歸　闕，寵秩統軍，不在臣言，事標　唐史〔七〕。爾後子孫相繼，七十餘年，秉　節龍沙

（後缺）

説明

此件首全尾缺，起『管内三軍百姓奏請表』，訖『秉節龍沙』，原有朱色句讀和校改。此件爲張承奉死後，歸義軍部屬以管内三軍蕃漢百姓名義給中原王朝所上表文。表文追述了歸義軍『傾心向國輸忠』的歷史及張議潮入朝事。文中『唐風』『大中』『唐史』諸語前均空格，『民』字缺筆。唐長孺疑爲同光二年（公元九二四年）曹議金入貢後唐上表底本，意求授旌節（《關於歸義軍節度的幾種資料跋》，《中華文史論叢》一輯，一九六二年，二八三頁）。此件對了解歸義軍時期的少數民族部落管理方式、武力構成，及歸義軍與中原王朝關係史具有一定價值。

校記

〔一〕『耆』，據殘筆劃及文義補，《敦煌社會經濟文獻真蹟釋録》《敦煌遺書總目索引新編》《敦煌碑銘讚輯釋（增訂本）》均逕釋作『耆』。

〔二〕『自』，《敦煌社會經濟文獻真蹟釋録》校改作『是』，不必。

〔三〕『憐』，《敦煌遺書總目索引新編》校改作『鄰』，按『憐』通『鄰』，不煩校改。

〔四〕『本』後《敦煌碑銘讚輯釋》校補『道』字。

〔五〕『膚』，《敦煌碑銘讚輯釋（增訂本）》釋作『肅』。

〔六〕『娑』，底本作『邌』，係涉上文『邏』字而成之類化俗字。

〔七〕『史』，《敦煌碑銘讚輯釋（增訂本）》釋作『俟』。

參考文獻

《中華文史論叢》一九六二年一輯，二八三頁；《甘肅師大學報》一九八〇年一期，七三頁；《敦煌寶藏》三五册，臺北：新文豐出版公司，一九八二年，一六三頁（圖）；《敦煌研究文集》，蘭州：甘肅人民出版社，一九八二年，二三三頁；《敦煌遺書總目索引》，北京：中華書局，一九八三年，一九六頁（録）；《敦煌吐魯番文書研究》，蘭州：甘肅人民出版社，一九八三年，一七〇頁；《吐蕃王國成立史研究》，東京：岩波書店，一九八三年，六一九頁；《瓜沙史事叢考》，臺北：臺灣商務印書館，一九八三年，五九頁；《敦煌研究》一九八六年四期，八六頁；《敦煌學輯刊》一九八六年二期，二七頁；《敦煌學園零拾》上册，臺北：臺灣商務印書館，一九八六年，二四〇頁（録）；《敦煌學輯刊》一九八九年一期，一〇〇頁；《敦煌學輯刊》一九九〇年二期，二四頁；《敦煌社會經濟文獻真蹟釋録》四輯，北京：全國圖書館文獻縮微複製中心，一九九〇年，三八六頁（圖）（録）；《英藏敦煌文獻》六卷，成都：四川人民出版社，一九九二年，一八頁（圖）；《敦煌碑銘讚輯釋》，蘭州：甘肅教育出版社，一九九二年，一六二至一六三頁（録）；《敦煌吐魯番文書論稿》，南昌：江西人民出版社，一九九二年，一九八至一九九頁（録）；《敦煌文學概論》，蘭州：甘肅人民出版社，一九九三年，一八一頁；《歸義軍史研究》，上海古籍出版社，一九九六年，二五一頁；《敦煌研究》一九九六年四期，九〇頁；《唐代公文書研究》，東京：汲古書院，一九九六年，一〇二頁；《敦煌歸義軍史專題研究》，蘭州大學出版社，一九九七年，四二〇至四二一頁（録）；《敦煌遺書總目索引新編》，北京：中華書局，二〇〇〇年，一三一至一三二頁（録）；《敦煌碑銘讚輯釋（增訂本）》上册，上海古籍出版社，二〇一九年，四六一頁（録）。

斯四二七七＋Φ二五六＋Дx四八五＋Дx一三四九　王梵志詩一百一十首

釋文

（前缺）

世有一種人，可笑窮奇物。閑則著五欲，[急]時便□□〔一〕。［　　］持戒律。好結無情伴，招喚共放逸。心淨不禮□，［　　］

天下大癡人，皆悉爭名利。聞好耳卓竪，道［　　］各自稱賢智。一朝糞袋冷，合本總失智。

教你脩道時，使你得長年。他物實莫取，自物亦［　　］緣。若無自他見，何處有心偏。如斯不得道，從君更問天。

知足即是富，不假多錢財。谷深塞易滿，心淺最難填。盛衰皆是一，生死亦同然。無常意可見，何勞求百年。

千年与一年，終同一日活。昨宵即是空，今朝焉得脱。無事損心神，内外相宗撮。軀

（驅）軀（驅）勞你形〔二〕，耳中常聒聒。

凡夫真可念，未達宿因緣。漫將愁自縛，浪捉寸心懸。任生不得生，求眠不得眠。情中常切切，燋燋度百年。

我身若是我，死活應自由。死既不由我，自外更何求？死生人本分，古來有去留。如能曉此者，知復更何憂？

悟道雖一餉，曠大劫來因。釋迦登正覺，却禮發心人。身本不離佛，佛本不離身。迷心去處暗，明神即辯真。由心生妄相，無形本會真。但看氣新斷，妻子即他人。魂魄歸五道，屍骸謝六塵。驗斯柏（怕）散壞〔三〕，何處有君身？

福門不肯修，福失競奔馳。熟見苦樂別，偷生佯不知。安身染著慾，貪世競無疲。故知地獄罪，怨佛無慈悲。

莫言己之是，勿說他人非。道是失其是，道非得其非。白珪之玷尚可磨，斯言之理（玷）不可爲〔四〕。

我有你不喜，你有我不嗔。你貧憎我富，我富憐你貧。行好得天報，爲惡罪你身。你若不信我，你且勘經文。

任意隨流俗，凡夫信是非。日常三頓飯，年恆兩覆衣。不問單將複，誰論稠与稀？但令無外事，只爾自然肥。

斯四二七七＋Φ二五六＋Дх四八五＋Дх一三四九

學行百千般，澄心遍照看。泥犁暎兜率，因生有涅槃。世間諸法相，浩浩亦其寬。欲説深心義，無求最大安。

吾有方丈室，裏有一雜物。萬像俱悉包，參羅亦不出。日月亮其中，衆生無得失。三界湛然安，中有無數佛。　六十

有此幻身來，尋思不自識。言從四大生，別有一種賊。能悉佛性眼，還如暗裏墨。計此似神通，輪迴有智力。若欲具真如，勤苦修功德。佛在五蔭中，努力向心剋。

若欲覓佛道，先觀五蔭好。妙寶非外求，黑暗由心造。善惡既不二，元來無大小。設教顯三乘，法門奇浩浩。觸目即安心，若箇非珍寶。明識生死因，努力自研考。

人心不可識，善惡實難知。看面真如像，腹中懷蒺藜。口共經文語，借猫搦鼠兒。雖然斷夜食，不（小）家行大慈〔五〕。

貪癡不肯捨，徒勞斷酒肉。終日説他過，持齋空餓腹。三毒日日增，四蛇不可觸。天堂未有因，箭射入地獄。　六一（四）〔六〕

道從歡喜生，還從瞋恚滅。佛性兩（盈）盈（兩）間〔七〕，由人作巧拙。天堂在目前，地獄非虚説。努力善思量，終身須急結。斬斷三毒箭，恩愛亦難絶。明識大乘因，鑊湯亦不熱。

〔漸〕〔漸〕斷諸惡〔八〕，細細祛（去）貪嗔〔九〕。若使如羅漢，即自絶囂塵。將刀且割

無明暗，復用利劍斷親姻。究竟涅槃非是遠，尋思寂滅即爲憐〔一〇〕。只是衆生不牽致，所以沉淪罪業深。努力努力遵三寶，〔何〕愁何慮不全身〔一一〕？

一生不作罪，又復非脩福。騰騰處俗間，遊遊覓衣食。衣食纔以足，不事凡榮飾。此則是如來，何勞往（往）西域〔一二〕。

我本野外夫，不能恆禮則。爲性重任真，喫著隨所得。既与萬物齊，方知守靜默〔一三〕。一身逢太平，五內無六賊。

我今一身內，修營等一國。管屬□□户〔一四〕，隨我債衣食。外相（想）去三尸〔一五〕，內思除六賊〔一六〕。貪望出累身，□□入淨域。

生亦只物生，死亦只物死〔一七〕。□□□相知，苦樂何處是？唯見生人悲，未聞啼哭鬼。以此好思量〔一八〕，未必生勝死。

世間不信我，言我□造惡。不能爲俗情，和光心自各。財色終不染，妻子不戀著。共你□同塵，至理求不錯。智惠渾一愚，我心常離縛。君自未識真，余身恆快樂〔一九〕。

王二語梵志，俗間無我師。心中不了義，聞者盡不知。我今得開悟，先身已受持。尋經醒無我，披老悟無爲〔二〇〕。君身（神）自寂滅〔二一〕，君身若死屍〔二二〕。神身一分解，六識自開披。萬事都無著，怜然無所之〔二三〕。漏盡無煩惱，神澄自靡斯。心高鵠共駕，一舉出天池。

梵志与王生，蜜敦膠漆友〔二四〕。共喜歌□樂〔二五〕，同欣詠五柳。適意叙詩書，清談杯渌酒。莫怪頻追逐，只爲相知久。

俗人道我癡，我道俗人騃〔二六〕。兩兩相排撥，嘍囉不可解。世人重榮華，我心今已罷。惟有如意珠，撩渠不肯買（賣）〔二七〕。躭浮五欲樂〔二八〕，幾許難開解。嗟世俗難有，爲住煩惱處。塵危三業鄣，心造恆游生死因，不覺四蛇六賊藏身内，貪癡五欲竟相催。

王梵志迴波樂

迴波來時大賊〔二九〕，不如持心斷惑。縱使誦經千卷，眼裹見經不識。不解佛法大意，徒勞排文數黑。頭陀蘭若精進，希望後世功德。持心即是大患，聖道何由可剋？若悟生死之夢，一切求心皆息。

法性大海如如，風吹波浪溝渠。我今不生不滅，於中不覺愚夫。增惡若爲是惡，無始流浪三塗。迷人失路但坐，不見六道清虚。

心本無雙無隻，深難到底淵洪。無來無去不住，猗（猶）如法性虚空〔三〇〕。復能出生諸法，不遲不疾容容。幸願諸人思恃（忖）〔三一〕，自然法性通同。

但令但貪但呼，波若法水不沽（枯）〔三二〕。醉時安眠大道，誰能向我停居？八苦變成甘露，解脱更欲何須。萬法歸依一相〔三三〕，安然獨坐四衢。

凡夫有喜有慮，少樂終日懷愁。一朝不報明冥，常作千歲遮頭。財色（？）〔□〕緣不足〔三四〕，晝夜栖屑規求〔三五〕。如水流向東海，不知何時可休？

不語諦觀如來，逍遥獨脱塵埃。合眼任心樹下，跏趺端坐花臺。不懼前後二際，豈著水火三災？只勸遣榮樂靖（静）坐〔三六〕，莫戀妻子錢財。稱體寶衣三事，等身錫杖一枚。常持智惠刀劍，逢者眼目即開。　八十

法性本來常存，茫茫無有邊畔。安身取捨之中，被他二境迴换。斂念定想坐禪，攝意安心覺觀。木人機關修道，何時可到彼岸？忽悟諸法體空，欲似熱病得汗。無智人前莫説，打破君頭萬段。

隱去來，尋空有，空有必（畢）竟兩無名〔三七〕，二境安心欲何守？不長不短鑒空心，若見空心還是有。空有俱遣法無依，智者融心自安偶。隱去來，勿浪波波走。

隱去來，隱去遊朝市。不離煩惱原，無希真妙理。對境息貪癡，何假求高士？是非不二見，法界同昆季。隱去來，大樂無基止。

教君有男女，但令遣出家。如山覆一壇，似草始生牙。剃頭并去髮，脱俗服袈裟。聞鐘即禮拜，見佛獻香花。不思五等貴，寧貪駟馬車？此即菩提道，何處覓佛家？

危身不自在，猶如脆瓦坏〔三八〕。命盡骸歸土，形移更受胎。猶如空盡月，凡數幾千迴。換皮不識面，知作阿誰來？

若箇達苦空，世間無有一。不見己身非，唯都（睹）他家失〔三九〕。貧兒覓長命，論時熟癡漢。終歸不免死，受苦無崖畔。非但少衣食，王役偏差喚。不如早殀（殯）地〔四〇〕，愁苦一時散。

世間何物親？妻子貴於珍。一朝身命謝，萬事不由人。財錢任他用，眷屬不隨身。何須人哭我，終是一聚塵。

可惜千金身，從來不懼罪。見善不肯爲，值惡便當意。煞猪請恩福，寧知自損己？所以有貧富，良田（由）先業起〔四一〕。

夢游萬里自然，覺罷百事憂煎。欲見神身分别，思此即在眼前。聖人無夢無想，達士無我無緣。且寄身爲庵屋，就裏養出神仙。

多緣饒煩惱，省事得心安。若能絶妄想，果成堅固林。捨邪歸六趣〔四二〕，畢竟去貪嗔。無塵復無垢，何慮不成真？

不慮天堂遠，非愁地獄虚。心中一種懼，唯怕土菴廬。迥静丘荒外，寂寂遠村墟。泉門一閉後，開日定知無。

自有無用身，觀他有用體。子細好推尋，論時幾許騃。佛性五蔭中，眼看心不解。終日求有爲，屈屈向他禮。

壯年凡幾日？死去入土菴。論情即今漢，各各悉癡忕（憨）〔四三〕。唯緣二升米，是處即生貪。禮佛遥言乏，彼角仍圖攤。貪錢險不避，逐法易成難。即今不如此，寧隨體上寒。乍可無餘伏（服）〔四四〕，願得一身安。無爲日日悟，解脱朝朝餐。死去天堂上〔四五〕，遣你斫額看。

若能無著即如來，身中寶藏自然開。一切生死皆消滅，判不更畏受胞胎。悞（悟）時刹那不移慮〔四六〕，父子相見付珍財。衆魔外道皆賓伏〔四七〕，諸天空中唱善哉。

世人重金玉，余希衣内珍。細細辭名利，漸漸遠囂塵。貪癡日日滅，智境朝朝新。語你世上漢，阿都（堵）是良田〔四八〕。

王二与世人，俱來就梵志。非爲貪与賞，共你論愚智。凡夫累劫中，不解思量事。見善不肯爲，見惡喜無睡。昏昏似夢人，未飲恒如醉。

榮利皆悉爭，畏死復貪生。心神爲俗網，蠢蠢暗中行。寄言虚妄者，何日出迷坑？

他見見我見，我見見他見。二見亦自見，不見喜中面。手把車釧鏡，終日向外看。唯見他長短，不肯自洮練（揀）〔四九〕。竟（競）竟（競）口合合〔五〇〕，猶如治排扇。逢人即作動，心舌常交戰。不肯自看身，看身善不善？如此癡冥人，只是可惡賤。勸君學修道，含食但自咽。且拔己飢渴，五邪邪毒箭。獲得身中病，應時乃一現。安住解脱中，無礙未别見。住是分別有，任用法界遍。縱起六十二，非由無罪（最）殿〔五一〕。所以得如斯，有大善方便。

人生一世裏，能得幾時活？迴己審思量，何忍相劫奪？自命惜求死，煞他不記括〔五二〕。布施覓聲名，不肯救飢渴。口道願生天，不勉（免）地獄撮〔五三〕。禮佛至頂盡，終歸被愴割。一往陷三塗，窮劫不得脱。寄語世間人，可可浪誇闊〔五四〕？各願尋其本，努力棄劫末〔五五〕。迴心一念頃，萬事即解脱。

我不畏惡名，惡名不須畏。四大亦無主，信你痛謗誹。你自之於我，於我何所費？不辭應對你，至到（對）無氣味〔五六〕。　一百

可笑世間人，爲言恆不死。貪恪不知休，相憎不解止。背地道他非，對面伊不是。埋著黄蒿中，猶成薄媚鬼。

一旦遊塵境，念俗愛榮華。不覺三塗苦，八難更來遮。飄流生死海，託受在毛家。食蓊無厭足，頭上著繩麻。

縱使千乘君，終齊一箇死。縱令萬品食，終同一種屎。釋迦窮八字，老君守一理。若欲離死生，當須急思此。　百〔二〕〔五七〕

夜夢与晝游，本不相知爾。夢惡便生懊，夢好覺便喜。你信齋戒身，本自不識你。欲驗死更生，方斯以類此。

你今意況大聰，不語脩道有功。亦無二邊不著，亦復不住太空。衆生不解執有，只爲心裏不通。迷人已南作北，又亦不辯西東〔五八〕。念箇癡人學道，終日竟夜悤悤。只都（睹）小兒無智〔五九〕，何異世諦盲聾？

大丈夫，游蕩出三塗，榮名何足捨？妻子土（有）如無〔六〇〕。法忍先將三毒共，佛性常与六情俱。但信研心性妙寶，何煩衣外覓明珠？

大丈夫，性識本清虛，無心妨世事，觸物任情居。

學問莫倚聰明，打卻我慢貢高。出家解脱無年（事）〔六一〕，永離三界逍遥。坐禪解空無相，皆皆實覓□□□法界以爲家舍〔六二〕，任從自在條（脩）條（脩）〔六三〕。形□

慎事罪不生，忍嗔必有□□部宰，捉此用爲心。高□

/俗人道我癡/，/我道俗人騃/〔六四〕。□//嘍囉不可解〔六五〕//。//世人重榮華//〔六六〕，//我//心今已罷/〔六七〕。/惟有如意珠/〔六八〕，撩渠不肯//賣//〔六九〕。//躭浮五欲樂//，//幾許難開解//〔七〇〕。//嗟世//俗難有/〔七一〕，/爲住煩惱處/〔七二〕。塵危三業障//心造//〔七三〕，//恆游生死因不覺//。//四蛇六賊藏身內//〔七四〕，/貪癡五欲競相催/。

//梵志与王生//〔七五〕，//蜜敦膠漆友//。//共喜歌□樂//〔七六〕，/同欣詠五柳/。/適意敘詩書

〃〔七七〕，〃清談杯渌酒〃〔七八〕。〃莫怪頻追逐〃，〃只爲相知久〃〔七九〕。

〃衆生發大願〃，▭〃□□在前亡〃，〃論時依大道〃。〃病得孫子扶〃，▭□□更懊惱〔八〇〕。

▭錯。終歸一聚塵，何用深棺槨？土下螻蟻餐，但▭死，平章自埋却。

▭兒大君須死。天使遣如然，兩俱不得止。愚夫無所知，欲得見□□。▭須（？）□〔八一〕。

兒子有亦好，無亦甚其精。有時愁□□，▭不愁你亦是，一種大星星。

▭料，並是天斟酌。貯積擬孫兒，論時幾許錯。死活並由天，貧富□□□。□餓畏兒饑，從頭少一杓。

大曆六年五月　日抄王梵志詩一百一十首　沙門法忍寫之記。我（？）忍法光馬説。

説明

此件由斯四二七七+Φ二五六+Дх四八五+Дх一三四九綴合而成，四件綴合後首缺尾全。不過，Дх四八五與Дх一三四九之間略有殘缺，不能直接綴合。

斯四二七七起『世有一種人』，訖『五内無六賊』，存詩二十三首（内有殘詩十三首）。Φ二五六＋Дх四八五＋Дх一三四九起『我今一身内』，訖『從頭少一杓』，存五十五首，有尾題『大曆六年五月日抄王梵志詩一百一十首　沙門法忍寫之記』。原件上有句讀，也有點錯者。每首詩詩頭有墨點。斯四二七七字體工整，Φ二五六＋Дх四八五＋Дх一三四九則稍差。另，在Φ二五六＋Дх四八五＋Дх一三四九部分，『俗人道我癡』和『梵志與王生』兩首重出，應是抄者粗心所致。

王梵志詩是唐代廣爲流傳的以説理議論爲主、深受佛教義理影響的白話詩，敦煌文獻中也保存了一批該詩抄本。本書第四卷曾收録斯七七八、第六卷曾收録斯一三九九、第十三卷曾收録斯二七一〇、第十六卷曾收録斯三三九三等號保存的該詩，可參看。此件是目前所知王梵志詩最早的抄本，其内容與其他抄本不重複。

陳慶浩最先公佈Φ二五六＋Дх四八五＋Дх一三四九的釋文（《法忍抄本殘卷王梵志詩初校》，《敦煌學》一二輯，八三至八八頁），朱鳳玉在此基礎上確定該卷和斯四二七七本爲一卷（《敦煌寫卷S. 4277號殘卷校釋》，《敦煌學》一二輯，一三二至一三三頁）。

因三件綴合處呈不規則形狀，爲便於區分，在釋録綴合處的文字時，以標點爲單位，用『/』表示保存在Φ二五六＋Дх四八五上的文字，用『//』表示保存在Дх一三四九上的文字，即兩箇『/』之間的文字，是保存在Φ二五六＋Дх四八五上的文字，而兩箇『//』之間的文字，是保存在Дх一三四九上的文字。

校記

〔一〕『急』，據殘筆劃及文義補。
〔二〕『軀軀』，當作『驅軀』，《敦煌寫卷 S. 4277 號殘卷校釋》據文義校改，『軀』爲『驅』之借字。
〔三〕『柏』，當作『怕』，《敦煌寫卷 S. 4277 號殘卷校釋》據文義校改。
〔四〕『理』，當作『玷』，《敦煌寫卷 S. 4277 號殘卷校釋》據文義校改。
〔五〕『不』，當作『小』，《王梵志詩校注》據文義校改。
〔六〕『六』，《王梵志詩校注（修訂本）》漏録；『一』，當作『四』，據文義改，《王梵志詩校注（修訂本）》漏録。
〔七〕『兩盈』，當作『盈兩』，《王梵志詩校輯》據文義校改。
〔八〕『漸漸』，《王梵志詩校注》據文義校補。
〔九〕『話』，當作『去』，《王梵志詩校注》據文義校改。
〔一〇〕『憐』，《王梵志詩校注》校改作『鄰』，按『憐』通『鄰』，不煩校改。
〔一一〕『何』，《王梵志詩校注》據文義校補。
〔一二〕『住』，當作『往』，據文義改。
〔一三〕『知』字右半殘缺，此從《王梵志詩校注（修訂本）》釋文。
〔一四〕『屬』，《王梵志詩校注》據殘筆劃及文義校補。
〔一五〕『相』，當作『想』，《王梵志詩校注》據文義校改。
〔一六〕『内』，《法忍抄本殘卷王梵志詩初校》據文義校補。
〔一七〕『死』，《法忍抄本殘卷王梵志詩初校》據文義校補。
〔一八〕『思』，《法忍抄本殘卷王梵志詩初校》據文義校補。

〔一九〕『快』，《王梵志詩校注》據殘筆劃及文義校補。

〔二〇〕『老』，《王梵志詩校注》校改作『卷』。

〔二一〕『君』，底本原寫作『居』，按寫本中『君』『居』形近易混，故可據文義逕釋作『君』；『身』，當作『神』，《王梵志詩校注》據文義校改。

〔二二〕『君』，底本原寫作『居』，按寫本中『君』『居』形近易混，故可據文義逕釋作『君』。

〔二三〕『怜』，《王梵志詩校注》校改作『泠』，按『怜然』可通。

〔二四〕『蜜』，《王梵志詩校注》校改作『密』，按『蜜』可用同『密』，不煩校改。

〔二五〕『歌』，據下文重出之此詩補；『□』，《法忍抄本殘卷王梵志詩初校》釋作『一』，《王梵志詩校注》釋作『三』。

〔二六〕『駚』，《法忍抄本殘卷王梵志詩初校》據殘筆劃及文義校補。

〔二七〕『買』，當作『賣』，《王梵志詩校注》據文義校改。

〔二八〕『五』，《法忍抄本殘卷王梵志詩初校》據殘筆劃及文義校補。

〔二九〕『來』，《王梵志詩校注》校改作『爾』。

〔三〇〕『猗』，當作『猶』，《法忍抄本殘卷王梵志詩初校》據文義校改。

〔三一〕『恃』，當作『忖』，《王梵志詩校注》據文義校改。

〔三二〕『波』，《法忍抄本殘卷王梵志詩初校》校改作『般』；『沽』，當作『枯』，《王梵志詩校注》據文義校改。

〔三三〕『依』，《王梵志詩校注》校改作『於』。

〔三四〕『□』，《法忍抄本殘卷王梵志詩初校》據文義校補作『只』。

〔三五〕『栖』，《王梵志詩校注》釋作『拪』，校改作『栖』，按寫本中『扌』『木』形近易混，故可據文義逕釋作『栖』；『屑』，底本作『㮡』，係涉上文『栖』字而成之類化俗字。

〔三六〕『只』，據文義係衍文，當删；『靖』，當作『静』，《法忍抄本殘卷王梵志詩初校》據文義校改，『靖』爲『静』之借字。

〔三七〕『必』，當作『畢』，《法忍抄本殘卷王梵志詩初校》據文義校改，『必』爲『畢』之借字。

〔三八〕『瓦』，《王梵志詩校注》校改作『風』；『坏』，《法忍抄本殘卷王梵志詩初校》《王梵志詩校注》均釋作『壞』，按底本實作『坏』，指瓦未燒前的泥坯。

〔三九〕『都』，當作『睹』，《王梵志詩校注》據文義校改，『都』爲『睹』之借字。

〔四〇〕『殌』，當作『殯』，《法忍抄本殘卷王梵志詩初校》據文義校改。

〔四一〕『田』，當作『由』，《法忍抄本殘卷王梵志詩初校》據文義校改。

〔四二〕『邪』，《王梵志詩校注》釋作『耶』，校改作『邪』，按『邪』俗作『耶』。

〔四三〕『㤌』，當作『憨』，《王梵志詩校注》據文義校改。

〔四四〕『伏』，當作『服』，據文義改，『伏』爲『服』之借字，《王梵志詩校注》釋作『仗』，校改作『服』。

〔四五〕『堂』，《法忍抄本殘卷王梵志詩初校》《王梵志詩校注》均釋作『堂堂』，並認爲有一衍字，按底本中第一箇『堂』已塗删。

〔四六〕『悮』，當作『悟』，《法忍抄本殘卷王梵志詩初校》據文義校改，『悮』爲『悟』之借字。

〔四七〕『伏』，《王梵志詩校注》釋作『仗』，校改作『伏』。

〔四八〕『都』，當作『堵』，《王梵志詩校注》據文義校改，『都』爲『堵』之借字。

〔四九〕『練』，當作『揀』，《王梵志詩校注》據文義校改，『練』爲『揀』之借字。

〔五〇〕『竟竟』，當作『競競』，《王梵志詩校注》據文義校改，『竟』爲『競』之借字。

〔五一〕『罪』，當作『最』，《王梵志詩校注》據文義校改，『罪』爲『最』之借字。

〔五二〕『括』，《王梵志詩校注》校改作『活』。

〔五三〕『勉』，當作『免』，《王梵志詩校注》據文義校改，『勉』爲『免』之借字。

〔五四〕第一箇『可』，《王梵志詩校注》校改作『不』，按『可』通『何』，不改亦可通。

〔五五〕『刼』，《王梵志詩校注》校改作『卻』。

〔五六〕『到』，當作『對』，《王梵志詩校注》據文義校改。

〔五七〕『三』，《法忍抄本殘卷王梵志詩初校》據文義校補。

〔五八〕『辯』，《法忍抄本殘卷王梵志詩初校》《王梵志詩校注》均釋作『辯』，校改作『辨』，按『辯』有分辨義。

〔五九〕『都』，當作『睹』，《王梵志詩校注》據文義校改，『都』爲『睹』之借字。

〔六〇〕『土』，當作『有』，《法忍抄本殘卷王梵志詩初校》據文義校改，《王梵志詩校注》釋作『士』，校改作『視』。

〔六一〕『年』，當作『事』，《王梵志詩校注》據文義校改。

〔六二〕『法』，據殘筆劃及文義補。

〔六三〕『條條』，當作『翛翛』，《王梵志詩校注》據文義校改。

〔六四〕『俗』，據殘筆劃及第一通《俗人道我癡》補；『人駮』，《法忍抄本殘卷王梵志詩初校》據第一通《俗人道我癡》校補。

〔六五〕『嘍』，《法忍抄本殘卷王梵志詩初校》據第一通《俗人道我癡》校補。

〔六六〕『重榮華』，《法忍抄本殘卷王梵志詩初校》據第一通《俗人道我癡》校補。

〔六七〕『我』，《法忍抄本殘卷王梵志詩初校》據第一通《俗人道我癡》校補。

〔六八〕『意』，據殘筆劃及第一通《俗人道我癡》補；『珠』，《法忍抄本殘卷王梵志詩初校》據第一通《俗人道我癡》

校補。

〔六九〕『撩渠不肯』，《法忍抄本殘卷王梵志詩初校》據第一通《俗人道我癡》校補；『賣』，據文義補。

〔七〇〕『開解』，《法忍抄本殘卷王梵志詩初校》據第一通《俗人道我癡》校補。

〔七一〕『嗟世』，《法忍抄本殘卷王梵志詩初校》據第一通《俗人道我癡》校補。

〔七二〕『處』，據殘筆劃及第一通《俗人道我癡》補。

〔七三〕『塵危三業障』，《法忍抄本殘卷王梵志詩初校》據第一通《俗人道我癡》校補。

〔七四〕『賊』，據殘筆劃及第一通《俗人道我癡》補；『藏身内』，《法忍抄本殘卷王梵志詩初校》據第一通《俗人道我癡》校補。

〔七五〕『梵』，《法忍抄本殘卷王梵志詩初校》據第一通《梵志與王生》校補；『志』據殘筆劃及第一通《梵志與王生》補。

〔七六〕『樂』，《法忍抄本殘卷王梵志詩初校》據第一通《梵志與王生》校補。

〔七七〕『叙詩書』，《法忍抄本殘卷王梵志詩初校》據第一通《梵志與王生》校補。

〔七八〕『清』，《法忍抄本殘卷王梵志詩初校》據第一通《梵志與王生》校補；『談』，據殘筆劃及第一通《梵志與王生》補。

〔七九〕『久』，《法忍抄本殘卷王梵志詩初校》據第一通《梵志與王生》校補。

〔八〇〕第二箇『□』，《王梵志詩校注》據殘筆劃校補作『須』。

〔八一〕『須』，《王梵志詩校注》釋作『欲』；『□』，《王梵志詩校注》釋作『死』。

參考文獻

《敦煌韻文集》，高雄：佛教文化服務處印行，一九六五年，一六七至一七〇頁（録）；《講座敦煌8敦煌仏典と禪》，東京：大東出版社，一九八〇年，三一八頁；《敦煌寶藏》三五册，臺北：新文豐出版公司，一九八二年，一六四頁（圖）；《王梵志詩校輯》，北京：中華書局，一九八三年，二〇九至二一四頁（録）；《甘肅社會科學》一九八四年五期，九七頁；《王梵志詩研究》（上、下），臺北：臺灣學生書局，一九八六年，八、三七、二九〇、三六五頁（録）；《1983年全國敦煌學術討論會文集 文史・遺書編（上）》，蘭州：甘肅人民出版社，一九八七年，四三〇頁；《敦煌歌辭總編》上册，上海古籍出版社，一九八七年，五一〇頁（録）；《敦煌歌辭總編》下册，上海古籍出版社，一九八七年，一七九七至一七九九頁（録）；《敦煌語言文學研究通訊》一九八七年四期，六頁；《敦煌學輯刊》一九八七年二期，三一至四四頁（録）；《敦煌學》一二輯，臺北：中國文化大學、中國文學研究所敦煌學會，一九八七年，八三至八八頁（録）、一二七至一三六頁（圖）（録）；《文學遺産》一九八八年六期，一二六、一二九頁；《王梵志詩研究彙録》上，上海古籍出版社，一九九〇年，七九頁；《王梵志詩校注》，上海古籍出版社，一九九一年，七六九至八八六頁（録）；《英藏敦煌文獻》六卷，成都：四川人民出版社，一九九二年，一八至一九頁（圖）；《敦煌文學芻議及其它》，臺北：新文豐出版公司，一九九二年，二四頁；《敦煌文書校讀研究》，臺北：文津出版社，一九九三年，二六五頁；《敦煌詩歌導論》，臺北：新文豐出版公司，一九九三年，二九六、三三〇至三三二頁；《敦煌研究》一九九四年一期，一一一頁；《俄藏敦煌文獻》五卷，上海古籍出版社，一九九四年，一三至二二頁（圖）；《敦煌佛教文學研究》，臺北：文津出版社，一九九五年，二五〇頁；《敦煌本唐集研究》，臺北：新文豐出版公司，一九九五年，六三頁；《敦煌語文叢説》，臺北：新文豐出版公司，一九九七年，二三九頁；《王梵志詩校注（增訂本）》下册，上海古籍出版社，二〇一〇年，六五九至七六二頁（録）；《王梵志詩校注（修訂本）》下册，北京：中華書局，二〇一九年，六〇九至七〇一頁（録）。

斯四二七九　羅睺星君禳解神像咒訣

釋文

（前缺）

未生，男，年可卅

七，愚至羅侯（睺）星〔一〕，

請來降下，燒香

□□□足如此身〔二〕

（後缺）

說明

此件首尾均缺，上下殘，所存部分上部畫有羅睺星供養神位，下部寫有用於禳除羅睺星神帶來凶禍和災難的咒訣。王卡擬題『羅睺星君禳解神像咒訣』，茲從之（《敦煌道教文獻研究》，五三、一五五頁）。

校記

〔一〕『羅』，《敦煌遺書總目索引新編》未能釋讀；『侯』，當作『睺』，《敦煌學輯刊》二〇〇五年三期據文義校改，『侯』爲『睺』之借字，《敦煌遺書總目索引新編》未能釋讀。

〔二〕『如』，《敦煌遺書總目索引新編》未能釋讀。

參考文獻

《敦煌寶藏》三五册，臺北：新文豐出版公司，一九八二年，一六七頁（圖）；《敦煌遺書總目索引》，北京：中華書局，一九八三年，一九七頁（録）；《英藏敦煌文獻》六卷，成都：四川人民出版社，一九九二年，一九頁（圖）；《敦煌遺書總目索引新編》，北京：中華書局，二〇〇〇年，一三二頁（録）；《敦煌道教文獻研究：綜述·目録·索引》，北京：中國社會科學出版社，二〇〇四年，五三、一五五頁；《敦煌學輯刊》二〇〇五年三期，三一頁（録）。

斯四二八一　唐葉尊師碑銘并序

釋文

（前缺）

三青童引之憩於華堂峻宇〔一〕，咽靈藥，吸雲漿，十五〔二〕，中毒殆死〔三〕，又見昔青童曰：天台苗（茅）君飞印〔四〕，□言畢印至〔五〕，印其腹。〔始〕殊悶絶〔六〕，良久，豁如師以靈應感通〔七〕，□遂乃杖策遠訪苗（茅）君焉〔八〕。厝（歷）時而遇嶽〔九〕，□：爾來乎〔一〇〕，爾名已豈（登）〔仙〕格〔一一〕。身逢魔〔一二〕，□當以輔人弼教爲意〔一三〕，無汲汲於遂來也〔一四〕。由是處（便）於青城趙元陽受遁甲步玄之術〔一五〕，於嵩高韋善俊傳以〔八〕〔史〕雲蹻之道〔一六〕，宴息於括蒼〔一七〕、羅浮〔一八〕，往還於蓬萊、方丈。靈圖秘訣，僊付（符）真度〔一九〕，寶籙生券〔二〇〕，宜（冥）感空傳〔二一〕。臨目而萬八千神，咽胎而千二百息。或潛流水府[二二]，或飛步火房[二三]，〔或〕剖腹褉（濯）腸[二四]，勿藥自復；或刳睛抉膜，投符有喜（嘻）[二五]；或聚合毒味[二六]，服之自若；或徵召鬼物[二七]，使之立至[二八]，呵叱群魅[二九]，奔走衆神，若陪隸也[三〇]，故海内稱焉。千轉萬變，先朝寵焉，一晝三接。朕往在藩邸，屢聞道要，及臨宇縣，虚佇昌言。每姦臣竊謀[三一]，凶醜潛（僭）逆[三二]，未嘗不先事啓沃，亟申幽讚，故特加紫紱，以大公侯之門[三三]。而確固黄中，不承軒冕之賞，可謂德博而施，道尊而光者也[三四]。適來無跡[三五]，爲夫子〔之〕時[三六]，適去無門[三七]，爲夫子之順，歲〔在〕鶉尾月鶉火[三八]。追贈越州都督[三九]，踰月歸藏括蒼之山[四〇]。

（後缺）

説明

此件首尾均缺，丁煌考定其爲唐玄宗御製《故金紫光禄大夫鴻臚卿越國公景龍觀主贈越州都督葉尊師碑銘并序》之抄本，並認爲該碑銘撰寫於開元二十七年（公元七三九年），抄寫年代晚不出唐末（《葉法善在道教史上之地位探討》，《成大歷史學報》一四號，一九八八年，一至七八頁）。該碑銘亦收録於《正統道藏》，文字略有不同。

以上釋文以斯四二八一爲底本，用《道藏》本（稱其爲甲本）參校。

校記

〔一〕『三青童』，據甲本補。

〔二〕『十』，據甲本補。

〔三〕『殆』，甲本無。

〔四〕『苗』，當作『茅』，據甲本改，『苗』爲『茅』之借字；『君飞印』，據甲本補。

〔五〕此句甲本無。

〔六〕『始』，據甲本補。

〔七〕『如師以靈應感通』，據甲本補。

〔八〕『遂乃杖』，據甲本補；『策』，據殘筆劃及甲本補；『遠』，甲本作『遊諸名山遠』；『苗』，當作『茅』，據甲本改，『苗』爲『茅』之借字；『焉』，甲本無，《葉法善在道教史上之地位探討》漏録。

〔九〕『曆』，甲本無，當作『歷』，據文義改，『曆』爲『歷』之借字；『時』，甲本無。

〔一〇〕『爾』，據甲本補；『來』，據殘筆劃及甲本補。

〔一一〕『豈』，當作『登』，據甲本改；『仙』，據甲本補，《葉法善在道教史上之地位探討》逕釋作『仙』。

〔一二〕『魔』，據殘筆劃及甲本補。

〔一三〕『當』，據甲本補；『以』，據殘筆劃及甲本補。

〔一四〕『遂』，甲本作『去』，均可通。

〔一五〕『處』，當作『便』，據甲本改；『於』，據殘筆劃及甲本補；『青城趙元』，據甲本補。

〔一六〕「八史」，據甲本補，底本原空有兩字格；「道」，據甲本補。

〔一七〕「宴息」，據甲本補；「於」，據殘筆劃及甲本補；「括蒼」，甲本作「羅浮」。

〔一八〕「羅浮」，甲本作「括蒼」。

〔一九〕「付」，當作「符」，據甲本改，「付」爲「符」之借字，《葉法善在道教史上之地位探討》逕釋作「符」，雖義可通而字誤；「真」，據殘筆劃及甲本補；「度」，據甲本補。

〔二〇〕「寶」，據甲本補；「籙」，據殘筆劃及甲本補。

〔二一〕「宜」，當作「冥」，據甲本改。

〔二二〕「流」，甲本作「泳」；「水府」，據甲本補。

〔二三〕「或」，據甲本補；「飛」，據殘筆劃及甲本補。

〔二四〕「或」，據甲本補；「剖」，據甲本補；「襗」，當作「濯」，據甲本改，《葉法善在道教史上之地位探討》釋作「櫂」。

〔二五〕「喜」，甲本作「嘉」，當作「嘻」，據文義改，「喜」爲「嘻」之借字。

〔二六〕「味」，甲本作「藥」。

〔二七〕「或徵」，《葉法善在道教史上之地位探討》釋作「徵或」，誤，按底本中二字間有倒乙符號。

〔二八〕「至」，《葉法善在道教史上之地位探討》釋作「志」，誤。

〔二九〕「魅」，甲本作「鬼」。

〔三〇〕「若」，《葉法善在道教史上之地位探討》漏録。

〔三一〕「每」，甲本無；「竊」，甲本作「寓」。

〔三二〕「潛」，當作「僭」，據甲本改。

〔三三〕『門』，甲本作『封』。
〔三四〕『而光者也』，據甲本補。
〔三五〕『適來無』，據甲本補；『跡』，據殘筆劃及甲本補。
〔三六〕『爲』，據殘筆劃及甲本補；『之』，據甲本補；『時』，《葉法善在道教史上之地位探討》漏録。
〔三七〕『門』，甲本作『吝』。
〔三八〕『歲』，《葉法善在道教史上之地位探討》未能釋讀；『在』，據甲本補；『月鶉火』，據甲本補。
〔三九〕『追贈越州』，據甲本補；『都』，據殘筆劃及甲本補。
〔四〇〕『歸』，據殘筆劃及甲本補；『括蒼之山』，據甲本補。

參考文獻

《スタイン將來大英博物館藏敦煌文獻分類目録·道教之部》，東京：東洋文庫，一九六九年，八二頁；《敦煌道經·目録編》，東京：福武書店，一九七八年，三六二頁；《敦煌道經·圖録編》，東京：福武書店，一九七九年，八九二頁（圖）；《敦煌寶藏》三五册，臺北：新文豐出版公司，一九八二年，一六九頁（圖）；《全唐文》卷四一，北京：中華書局，一九八三年，四五六至四五七頁；《道藏》一八册，北京：文物出版社、上海書店、天津古籍出版社，一九八八年，八八至九〇頁；《成大歷史學報》一四號，一九八八年，一至七八頁（録）；《英藏敦煌文獻》六卷，成都：四川人民出版社，一九九二年，二〇頁（圖）；《敦煌道教文獻研究：綜述·目録·索引》，北京：中國社會科學出版社，二〇〇四年，一三、三八、二三二頁；《中華道藏》四六册，北京：華夏出版社，二〇〇四年，二八五至二八六頁；《敦煌與絲路文化學術講座》二輯，北京圖書館出版社，二〇〇五年，三八二頁。

斯四二八二　一　雜寫（清貞）

釋文

清貞

説明

此號已斷裂爲四片，第一片僅保存了標題和第一行的上半截，第二、第三片也都是下半截殘缺，各片之間也不能綴合，但從内容、筆跡和紙張來看，這幾片原來應屬同一寫本，爲同一人所抄寫。從内容看共有三種文獻，此件爲時人隨手所寫，横書；其後兩件所抄内容均有原題，即一至三片和第四片前半部分是『婚嫁圖』，第四片後半部分是『推十七宫吉凶圖』。《英藏敦煌文獻》誤將第二片倒置，國際敦煌項目網站已歸正。王晶波認爲第二片似與第四片内容相關，其序應與第三片互易（《敦煌占卜文獻與社會生活》，四四六頁）。

參考文獻

《敦煌寶藏》三五册，臺北：新文豐出版公司，一九八二年，一七〇頁（圖）；《英藏敦煌文獻》六卷，成都：四川人民出版社，一九九二年，二二頁（圖）；《敦煌本術數文獻輯校》下册，北京：中華書局，二〇一九年，一一四八至一一五一頁（録）。

斯四二八二　二　婚嫁圖

釋文

□□婚嫁圖

□土木夫妻下剋上，陰陽不順事□〔一〕

（中缺）

□大（？）著火災，非命殯□亦不好，女强男弱事顛□牽纏煎燒，憂愁從生，似（？）刑戮身早亡，往往隔門，□木土夫妻良爲親，不□帛頻，子孫口舌，終身不□問不（？）□

（中缺）

□□凶背法

□五角六張恆相向（？）□

（中缺）

□爲十七宫，逢順者吉，值背者凶。□害，四煞俠角，又交勾六害，衝被（破）相刑[二]。□須慎之。從四儉八通，開四通同命□同（？）發（？），合天地順五行，縱有少多相剋，能不□不得爲龍。

子酉同龍，子爲龍頭，酉爲龍尾。

丑戌同龍，丑爲龍頭，戌爲龍尾。

〔亥〕〔申〕同龍[三]，亥爲龍頭，申爲龍尾。

午卯同龍，午爲龍頭，卯爲龍尾。

未辰同龍，未爲龍頭[四]，辰爲龍尾。

巳寅同龍，巳爲龍頭，寅爲龍尾。

右件名六龍同，並不得爲夫妻。必逢凶惡，慎□之吉。

子勾卯，卯交酉，酉破午。

寅勾巳，巳交亥，亥破申。

丑勾辰，辰交戌，戌破未。

〔辰〕〔勾〕〔未〕[五]，〔未〕交丑[六]，丑破戌。

未勾戌，戌交辰，辰破丑。
申勾亥，亥交巳，巳破寅。
戌勾丑，丑交未，未破〔辰〕[七]。
卯勾午[八]，午交子，子破酉。
亥勾寅，寅交〔申〕[九]，〔申〕〔破〕〔巳〕[一〇]。
〔午〕〔勾〕〔酉〕[一一]，〔酉〕〔交〕卯[一二]，卯破子。
八象夫妻兩相刑，乏少子孫家不成。貧窮凍餓財失盜，婦被賊劫夫兵死。如此婚對世棄名，天勾交是，六惡維□。夫妻相賊薄終日，諍競無衰歡樂衰，禍□次著，不如不婚，慎勿錯（？）[一三]□

說明

此件雖名爲『婚嫁圖』，但圖未能保存下來。黃正建考證其中之『五角六張』相關占卜法當流行於唐玄宗以後（參看《敦煌占卜文書與唐五代占卜研究（增訂版）》，一三三頁），關長龍認爲可能即《乾符四年曆》中提到的《呂才婚嫁圖》（參看《敦煌本術數文獻輯校》，一一四八頁）。

校記

〔一〕『事』，《敦煌本術數文獻輯校》據殘筆劃及文義校補。

〔二〕『被』，當作『破』，《敦煌占婚嫁文書與唐五代的占婚嫁》據文義校改，《區域社會史視野下的敦煌禄命書研究》逕釋作『破』。

〔三〕『亥申』，底本原留有兩字空白，《新世紀敦煌學論集》據文義校補。

〔四〕『頭』，據殘筆劃及文義補，《敦煌本術數文獻輯校》逕釋作『頭』。

〔五〕『辰勾未』，《新世紀敦煌學論集》據文義校補。

〔六〕『未』，《區域社會史視野下的敦煌禄命書研究》據文義校補。

〔七〕『破』，據殘筆劃及文義補；『辰』，《敦煌占卜文書研究》據文義校補。

〔八〕此句前，《敦煌占卜文書研究》疑脱『酉勾子，子交午，午破卯』。

〔九〕『申』，《敦煌占卜文書研究》據文義校補。

〔一〇〕『申破巳』，《敦煌占卜文書研究》據文義校補。

〔一一〕『午勾酉』，《敦煌占卜文書研究》據文義校補。此句前《敦煌占卜文書研究》疑脱『巳勾申，申交寅，寅破亥』。

〔一二〕『酉交』，《敦煌占卜文書研究》據文義校補。

〔一三〕『錯』，據殘筆劃及文義補。

參考文獻

Descriptive Catalogue of the Chinese Manuscripts from Tunhuang in the British Museum, London : The Trustees of the British

Museum, 1957, p. 226；《敦煌寶藏》三五册，臺北：新文豐出版公司，一九八二年，一七〇頁（圖）；《敦煌遺書總目索引》，北京：中華書局，一九八三年，一九七頁；《英藏敦煌文獻》六卷，成都：四川人民出版社，一九九二年，二一頁（圖）；《新世紀敦煌學論集》，成都：巴蜀書社，二〇〇三年，二八五至二八七頁（録）；《敦煌占卜文書研究》，蘭州大學博士論文，二〇〇三年；《區域社會史視野下的敦煌禄命書研究》，北京：民族出版社，二〇一二年，四八二至四八六頁（録）；《敦煌占卜文獻與社會生活》，蘭州：甘肅教育出版社，二〇一三年，四四五至四四八頁；《敦煌占卜文書與唐五代占卜研究（增訂版）》，北京：中國社會科學出版社，二〇一四年，一三二至一三三頁；《敦煌占卜文獻叙録》，蘭州大學出版社，二〇一四年，一四三至一四四頁；《敦煌本術數文獻輯校》下册，北京：中華書局，二〇一九年，一一四八至一一五一頁（録）。

斯四二八二　三　推十七宮吉凶圖

釋文

推十七宮吉凶圖

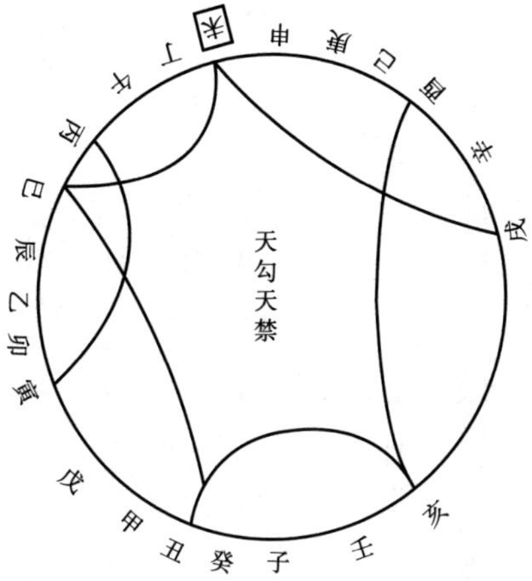

甲勾癸，禁正月子。□勾丙，禁〔一〕。丁勾庚，〔禁〕八月子〔二〕。庚勾丁，禁〔三〕。未勾巳〔四〕，禁六月子〔五〕，□勾戌，禁九月子。壬勾申，禁十月子。寅勾辰，禁三月子。亥勾丑〔六〕，禁十二月子。

右此推天勾地禁。

乙歲生，忌四月〔七〕；丙歲，忌□忌七月、八月；壬、戌，忌九月；辛歲，忌十月。

右子勾護〔八〕，□在其中者死〔九〕，大凶，忌之吉。

六破：子破巳，丑破辰，酉破申〔一〇〕，卯破寅〔一一〕，午破亥，未破戌。

餘不蓄用〔一二〕，□除。

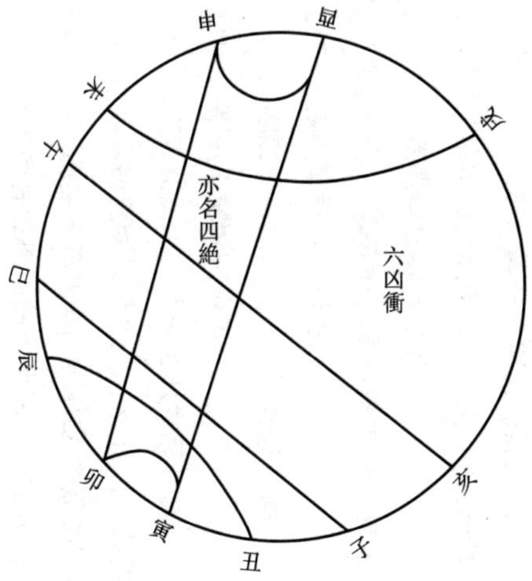

夫遭市死婦長逐，衣堯（澆）食不充無盈〔一三〕。少乏子□怕獨居〔一四〕，作賊□竊家被誅〔一五〕。六衝夫婦□□府，上下相剋害其軀。

（後缺）

説明

此件首全尾缺，有原題。其内容爲生子禁忌與夫婦相衝相剋之禁忌。斯六三三三亦保存了此圖和文字説明，但文字説明部分殘缺更甚，兩圖與此件亦有差異。

校記

〔一〕『禁』字後當有脱文。
〔二〕『禁』，《區域社會史視野下的敦煌禄命書研究》據文義校補。
〔三〕『禁』字後底本留有三字左右空白，據文義當有脱文。
〔四〕『巳』，《區域社會史視野下的敦煌禄命書研究》未能釋讀。
〔五〕『月』，據殘筆劃及文義補；『子』，《區域社會史視野下的敦煌禄命書研究》據文義校補。
〔六〕『丑』，據斯六三三三『天勾大禁圖』補。
〔七〕『忌』，據殘筆劃及文義補。
〔八〕『護』，據斯六三三三『天勾大禁圖』補。
〔九〕『在』，據殘筆劃及文義補。
〔一〇〕『酉破申』，《敦煌本術數文獻輯校》據文義校補。
〔一一〕『卯』，據殘筆劃及文義補。
〔一二〕『不』，據殘筆劃及斯六三三三『天勾大禁圖』補；『蓄』，據殘筆劃及斯六三三三『天勾大禁圖』補，《敦煌本術數文獻輯校》釋作『當』，誤；『用』，據斯六三三三『天勾大禁圖』補。

〔一三〕『堯』，當作『澆』，據文義改，『堯』爲『澆』之借字。

〔一四〕『□』，《敦煌本術數文獻輯校》疑爲『孫』。

〔一五〕『□』，《敦煌本術數文獻輯校》疑爲『行』。

參考文獻

Descriptive Catalogue of the Chinese Manuscripts from Tunhuang in the British Museum, London：The Trustees of the British Museum, 1957, p. 226；《敦煌寶藏》三五册，臺北：新文豐出版公司，一九八二年，一七〇頁（圖）；《敦煌寶藏》四五册，臺北：新文豐出版公司，一九八二年，二四二頁（圖）；《敦煌遺書總目索引》，北京：中華書局，一九八三年，一九六頁；《英藏敦煌文獻》六卷，成都：四川人民出版社，一九九二年，二一頁（圖）；《英藏敦煌文獻》一一卷，成都：四川人民出版社，一九九四年，一五頁（圖）；《區域社會史視野下的敦煌禄命書研究》，北京：民族出版社，二〇一二年，四八二至四八六頁（録）；《敦煌占卜文獻與社會生活》，蘭州：甘肅文化出版社，二〇一三年，四四五至四四八頁；《敦煌占卜文書與唐五代占卜研究（增訂版）》，北京：中國社會科學出版社，二〇一四年，一三二至一三三頁；《敦煌占卜文獻叙録》，蘭州大學出版社，二〇一四年，一四三至一四四頁；《敦煌本術數文獻輯校》下册，北京：中華書局，二〇一九年，一一五一至一一五三頁（録）。

斯四二八三　金光明最勝王經卷第七題記

釋文

清信佛弟子陰省，奉爲亡父母及合家，保願平安敬寫。

説明

此件寫於經文尾部所附經字音後，《英藏敦煌文獻》未收，現予增收。

參考文獻

Descriptive Catalogue of the Chinese Manuscripts from Tunhuang in the British Museum, London: The Trustees of the British Museum, 1957, p. 58（録）；《敦煌寶藏》三五册，臺北：新文豐出版公司，一九八二年，一七二頁（圖）；《敦煌遺書總目索引新編》，北京：中華書局，二〇〇〇年，一三二頁（録）。

斯四二八四　大方便佛報恩經卷第七題記

釋文

今貞觀十五年七月八日，菩薩戒弟子辛聞香，弟子爲失鄉破落，離别父母，生死各不相知，奉爲慈父亡妣敬造《報恩經》一部。後願弟子父母〔一〕，生生之處，殖（值）佛聞法〔二〕，常生尊貴，莫逕三塗八難。願弟子將來世中，父母眷屬，莫相捨離，善願從心，俱登正覺。

説明

此件寫於《大方便佛報恩經》卷第七尾題後。『貞觀十五年』即公元六四一年。《英藏敦煌文獻》未收，現予增收。

校記

〔一〕『後』，《敦煌願文集》疑當作『復』，應移至下文『願弟子將來世中』句前。

〔二〕『殖』，當作『值』，《敦煌願文集》據文義校改，『殖』爲『值』之借字。

參考文獻

Descriptive Catalogue of the Chinese Manuscripts from Tunhuang in the British Museum, London：The Trustees of the British Museum, 1957, p. 110（録）；《敦煌寶藏》三五册，臺北：新文豐出版公司，一九八二年，一七九頁（圖）；《敦煌遺書總目索引》，北京：中華書局，一九八三年，一九七頁（録）；《中國古代寫本識語集録》，東京大學東洋文化研究所，一九九〇年，一八五頁（録）；《敦煌願文集》，長沙：岳麓書社，一九九五年，八八六頁（録）；《敦煌遺書總目索引新編》，北京：中華書局，二〇〇〇年，一三二頁（録）。

斯四二九一　清泰五年（公元九三八年）二月十日歸義軍節度使准百姓張留子女勝蓮出家牒

釋文

勅歸義軍節度使　　牒

洪潤鄉百姓張留子

女勝蓮年十一

牒得前件人狀稱，有女勝蓮，生之樂善，聞　佛聲而五體俱歡；長慕幽宗，聽梵響而六情頓喜。今爲

父王忌日，廣會齋筵，既願出家，任從剃削者。故牒。

清泰伍年二月拾日　牒。

使檢校司空兼御史大夫曹（押）。

説明

此件爲歸義軍時期批准百姓出家度牒之實物，在兩處出家人姓名及時間處鈐有三方朱印。此度牒簽發時間爲清泰五年，即後晉天福二年（公元九三八年）。此時歸義軍節度使爲曹元德。

參考文獻

BSOS, 10.2（1940）, p. 336；《敦煌寶藏》三五册，臺北：新文豐出版公司，一九八二年，一九一頁（圖）；《敦煌遺書總目索引》，北京：中華書局，一九八三年，一九七頁（録）；《瓜沙史事叢考》，臺北：臺灣商務印書館，一九八三年，五九頁；《敦煌簡策訂存》，臺北：臺灣商務印書館，一九八三年，三七至三八頁（録）；《敦煌吐魯番文獻研究論集》二輯，北京大學出版社，一九八三年，六五四至六五五頁；《敦煌文史藝術論叢》，臺北：新文豐出版公司，一九八七年，一五七頁；《甘肅社會科學》一九八八年一期，一〇二頁；《敦煌社會經濟文獻真蹟釋録》四輯，北京：全國圖書館文獻縮微複製中心，一九九〇年，六五頁（圖）（録）；《中國佛教制度史の研究》，東京：平和出版社，一九九〇年，二六四至二六五頁（録）；《唐代官文書研究》，京都：中文出版社，一九九一年，四二四頁（圖、録）；《講座敦煌5敦煌漢文文獻》，東京：大東出版社，一九九二年，五九二頁（録）；《敦煌佛學·佛事篇》，蘭州：甘肅民族出版社，一九九五年，二四七頁（録）；《歸義軍史研究》，上海古籍出版社，一九九六年，一〇八頁；《唐代公文書研

究》，東京：汲古書院，一九九六年，一四三頁；《敦煌研究》一九九七年三期，三四頁；《唐後期五代宋初敦煌僧尼的社會生活》，北京：中國社會科學出版社，一九九八年，八至九頁（録）；《敦煌遺書總目索引新編》，北京：中華書局，二〇〇〇年，一三二頁（録）；《敦煌學輯刊》二〇〇三年一期，一四一頁；《敦煌佛教律儀制度研究》，北京：中華書局，二〇〇三年，一八〇頁（録）。

斯四二九二　大乘無量壽經題記

釋文

清信佛弟子張三三〔一〕、妻子彭氏，一心供養。

説明

以上題記書寫於《大乘無量壽經》卷末，《英藏敦煌文獻》未收，現予增收。

校記

〔一〕『弟』，底本原作『第』，按寫本中『弟』『第』形近易混，故可據文義逕釋作『弟』；第一箇『三』，*Descriptive Catalogue of the Chinese Manuscripts from Tunhuang in the British Museum*、《中國古代寫本識語集録》釋作『屯』，《敦煌遺書總目索引》《敦煌學要籥》疑作『毛』，《敦煌遺書總目索引新編》《敦煌佛教藝術文化國際學術研討會論文集》釋作『毛』；第二箇『三』，*Descriptive Catalogue of the Chinese Manuscripts from Tunhuang in the British Museum*、《中國古代寫本識語集録》釋作『屯』，《敦煌遺書總目索引》《敦煌學要籥》漏録，《敦煌遺書總目索引新編》《敦煌佛教藝術文化國際學術研討會論文集》未能釋讀。

參考文獻

Descriptive Catalogue of the Chinese Manuscripts from Tunhuang in the British Museum, London：The Trustees of the British Museum, 1957, p. 150（録）；《敦煌寶藏》三五册，臺北：新文豐出版公司，一九八二年，一九二頁（圖）；《敦煌學要籥》，臺北：新文豐出版公司，一九八二年，一四三頁（録）；《敦煌遺書總目索引》，北京：中華書局，一九八三年，一九七頁（録）；《中國古代寫本識語集録》，東京大學東洋文化研究所，一九九〇年，三八七頁（録）；《敦煌遺書總目索引新編》，北京：中華書局，二〇〇〇年，一三二頁（録）；《敦煌佛教藝術文化國際學術研討會論文集》，蘭州大學出版社，二〇〇二年，四三六頁（録）；《中華文史論叢》二〇一七年三期，二五〇至二五五頁。

斯四二九三　黄昏六時禮懺一本

釋文

黄昏六時禮懺一本〔一〕

一切恭敬〔二〕，敬禮常住三寶。是諸衆等人各胡跪，嚴至（持）香花〔三〕，如法供養。願此香花雨（雲）〔四〕，遍滿盛（十）方界〔五〕。供養一切佛，化佛并菩薩。無數聲聞衆〔六〕，受此香花雨（雲）〔七〕，以爲光明大（臺）〔八〕。光（廣）意無邊界〔九〕，無邊無量作佛事〔一〇〕。

供養以〔一一〕，恭敬一切〔一二〕，普誦摩訶般若波羅密〔一三〕。如來妙色身，世間無意（與）等〔一四〕。無比不思議〔一五〕，是故今敬禮。如來色無盡，智惠亦復〔然〕〔一六〕。一切法常住，是故我歸〔依〕〔一七〕，敬禮　常住三寶。

歎佛功得〔一八〕。

南無東方須彌燈光明如來十方佛等一切諸佛〔一九〕。

南無毗婆尸如來過去七佛等一切諸佛。

南無普光如來五十三佛等一切諸佛。

南無東方善得如來十方無量佛等一切諸佛〔二〇〕。

南無跪（拘）那提如來賢劫千佛等一切諸佛〔二一〕。

南無釋迦牟尼如來三十五佛等一切諸佛〔二二〕。

南無東方阿閦如來一萬五千佛等一切諸佛。

南無寶集如來二〔十〕五佛等一切諸佛〔二三〕。

南無法光明清淨開方（敷）蓮花佛〔二四〕。

南無虛空功德清淨微塵等目端正功德相光明花波頭摩瑠璃光寶帝（體）香最上香供養訖種種莊嚴敬（頂）敬（髻）無量無邊日月光明願力莊嚴變化莊嚴法界出生無障礙王如來〔二五〕。

南無好（豪）相日月光明花願寶蓮〔花〕堅如金剛身毗盧遮那無障礙眼圓滿十方放光照一切佛剎相王如來〔二六〕。

普雨（爲）上界天先（仙）〔二七〕、龍梵八部〔二八〕、帝主人王〔二九〕、師僧父母、十方施主及以遍法界衆生〔三〇〕，心（悉）念（願）斷除之（知）障〔三一〕，歸命懺悔。

至心懺悔：一切業障會（海）〔三二〕，皆從妾（妄）相〔生〕〔三三〕。若欲懺悔者，端坐觀實相。衆罪如霜露〔三四〕，惠日能消除〔三五〕。是故應至心，勤懺六根罪。懺悔已〔三六〕，歸命禮三寶。

至心發願：願我等，生生是（値）諸佛〔三七〕，世〔世〕恆聞解脱音〔三八〕。弘誓平等度衆生，畢竟速成無上道〔三九〕。發願已〔四〇〕，歸命禮三寶。

一切普誦〔四一〕。説諸淨梵〔四二〕。

説偈發願〔四三〕：願禮（以）此功德〔四四〕，普九（及）於一切〔四五〕，我等与衆生〔四六〕，皆共成佛道〔四七〕。説四禮〔四八〕。

白衆等聽〔説〕黄昏無常謁（偈）〔四九〕：西方入（日）於（已）露（暮）〔五〇〕，塵勞猶微（未）塵（除）〔五一〕。老病死時至，相看不久〔居〕〔五二〕。敬敬念念崔（催）年足（促）〔五三〕，猶如小水魚〔五四〕。勸諸行道衆〔五五〕，勤學之（至）無餘〔五六〕。

白衆等聽説初夜無常偈：煩惱心（深）無底〔五七〕，無（生）死海無邊〔五八〕。度糜（苦）船未塵（至）〔五九〕，云何樂遂（睡）眠〔六〇〕？睡眠當覺路（悟）〔六一〕，物令睡無（覆）深（心）〔六二〕。勇猛勤精進，菩提兆（道）自然〔六三〕。

敬禮毗盧遮那佛〔六四〕，敬禮盧舍那佛，敬禮釋迦牟尼佛。

敬禮東方善德佛，敬禮〔東〕南方無憂德佛〔六五〕，敬禮南方憻（旃）氈（檀）佛〔六六〕，敬禮西南方寶施佛〔六七〕，敬禮西方無量明佛〔六八〕，敬禮西北方花德佛〔六九〕，敬禮北方相德佛〔七〇〕，〔敬〕〔禮〕〔東〕〔北〕〔方〕〔三〕〔勝〕〔行〕〔佛〕〔七一〕，〔敬〕〔禮〕〔上〕〔方〕〔廣〕〔衆〕〔德〕〔佛〕〔七二〕，敬禮下方明德佛〔七三〕，敬禮當来〔下〕生彌勒尊

〔佛〕〔七四〕。

敬禮過現未來十方三世一切諸佛〔七五〕，敬禮舍利形像無〔量〕寶塔佛〔七六〕，敬禮十二部尊經甚深法藏，敬禮諸大菩薩摩訶薩衆，敬禮聲聞圓覺一切賢聖〔七七〕。

爲天龍八部諸善神王〔七八〕，敬禮常住三寶。爲過現之（諸）師恆爲道首〔七九〕，敬禮常住三寶。爲帝主聖化無窮，敬禮常住三寶。爲太子〔諸〕王福延萬葉〔八〇〕，敬禮常住三寶。爲師僧父母及善知息（識）〔八一〕，敬禮常住三寶。爲受苦衆生〔八二〕，願皆利（離）苦〔八三〕，敬禮常住三寶。爲十方施主六都（度）圓滿〔八四〕，敬禮常住三寶。爲國土安寧〔八五〕，法輪常轉，敬禮常住三寶。爲法界有情，禮佛懺悔。

至心懺悔：十方無量佛，所諸（知）無不盡〔八六〕。我今悉於前〔八七〕，發露迴（悔）至（諸）惡〔八八〕。三三合玖衆（種）〔八九〕，從三煩惱去（起）〔九〇〕。今身若前身，有罪皆懺悔。於三惡道中，若因（應）罪業報〔九一〕，願德今身常（償）〔九二〕，不入惡道首（受）〔九三〕。懺悔以〔九四〕，歸命禮三寶。

至心勸請：十方諸如來，現在城（成）道者〔九五〕，我請轉法輪，安樂諸衆生。十方一切佛，若欲捨壽命〔九六〕，我今頭面禮〔九七〕，勸請禮（令）九（久）住〔九八〕。勸請已〔九九〕，歸命禮三寶。

至心隨喜：所有布施福，持戒修善惠〔一〇〇〕。從身口意生，去來今所有〔一〇一〕。習學三乘仁〔一〇二〕，具足一乘者，無量人天福，衆等皆隨喜。隨喜已〔一〇三〕，歸命禮三寶〔一〇四〕。

至心發願：願諸衆生等，悉發菩提心，計（繫）心常思念〔一〇五〕，十方一切佛。復願諸衆生〔一〇六〕，榮（永）破諸煩惱〔一〇七〕，了了見佛性〔一〇八〕，猶如妙德等〔一〇九〕。發願已〔一一〇〕，歸命禮三寶。

白衆等聽説寅朝清淨偈：欲求寂滅樂〔一一一〕，當學沙門法。依食支身命〔一一二〕，精麤諸（隨）衆〔等〕〔一一三〕。諸諸（衆）等今日寅朝清淨偈〔一一四〕，上中下座〔一一五〕，各記六念。第一念佛〔一一六〕，佛是一切衆生無上慈父。第二念法，法是衆生無〔上〕良藥〔一一七〕。第三念僧，僧是衆生良友福田。第〔四〕念戒〔一一八〕，戒〔根〕清淨〔一一九〕。第五念施，施心不絶。第六念天，天是（施）衆生〔一二〇〕，常樂我淨。

至心迴向〔一二一〕：我所作福業，一切皆和合。爲度群生故〔一二二〕，正迴向佛道〔一二三〕。罪應如是懺，歡（勸）請隨喜福〔一二四〕，迴向於菩堤（提）〔一二五〕。迴向已〔一二六〕，歸〔命〕禮三寶〔一二七〕。

諸行無常〔一二八〕，是生滅法〔一二九〕。生滅滅已，寂滅爲樂〔一三〇〕。如來證涅盤〔一三一〕，永斷於生死。若能至心聽，常受無量樂〔一三二〕。

説明

此件首尾完整，背面接續正面抄寫，起首題『黄昏六時禮懺一本』，訖『常受無量樂』。六時指晝夜六時，即晨朝（寅朝）、日中（午時）、日没（黄昏）、初夜、中夜、後夜，六時禮懺就是在這晝夜六時中，禮佛懺悔，消除罪障。此件之内容包括請佛、歎佛、禮佛、黄昏偈、初夜偈、寅朝禮、無常偈等，都見於各種七階禮懺文，只是組合方式不同。

現知敦煌文獻中保存的與此件標題或内容、行文順序大致相同的寫本還有四件。其中斯五四九〇，首全尾缺，有烏絲欄，起首題『黄昏禮懺一本』，訖『敬禮西方無量明佛』；斯六二〇六，首尾均缺，起『一切恭敬』，訖『敬禮舍利形像無量實塔』；中村不折藏敦煌本一七三，首尾完整，首部略殘，起首題『禮懺文一本』，訖尾題『顯德貳年乙卯歲四月廿二日大雲寺僧辛願進記』；Дх二〇八五，首全尾缺，有烏絲欄及朱筆圈點，起首題『黄昏禮懺一本』，訖『開敷蓮花佛』。

以上釋文以斯四二九三爲底本，用斯五四九〇（稱其爲甲本）、斯六二〇六（稱其爲乙本）、中村不折藏敦煌本一七三（稱其爲丙本）、Дх二〇八五（稱其爲丁本）參校。

校記

〔一〕『黄昏』，甲、丁本同，丙本無；『六時』，甲、丙、丁本無；『懺』，甲、丁本同，丙本作『懺文』。

〔二〕乙本始於此句。

〔三〕『至』，丙本作『智』，當作『持』，據丁本改，『至』『智』均爲『持』之借字，甲本脱。

〔四〕「雨」，當作「雲」，據甲、乙、丙、丁本改。

〔五〕「遍」，甲、乙本同，丙本作「變」，「變」爲「遍」之借字；「盛」，當作「十」，據甲、乙、丙、丁本改。

〔六〕「聞」，乙、丙、丁本同，甲本作「間」，誤。

〔七〕「雨」，當作「雲」，據甲、乙、丙、丁本改。

〔八〕「爲」，甲、乙、丁本同，丙本作「謂」，「謂」爲「爲」之借字；「大」，當作「臺」，據甲、乙、丙、丁本改。

〔九〕「光」，丙本同，當作「廣」，據甲、乙、丁本改，「光」爲「廣」之借字；「意」，甲本同，乙本作「於」，丙本作「以」，均可通，丁本作「依」，誤。

〔一〇〕「邊」，乙、丙、丁本同，甲本作「量」；「量」，乙、丙、丁本同，甲本作「邊」；「事」，甲、乙、丁本同，丙本作「是」，「是」可用同「事」。

〔一一〕「供」，甲、乙、丙本同，丁本作「恭」，「恭」爲「供」之借字；「以」通「已」，甲、乙、丁本同，丙本作「与」，「与」爲「以」之借字。

〔一二〕「恭」，甲、乙、丁本同，丙本作「供」，「供」通「恭」。

〔一三〕「般」，甲、丙、丁本同，乙本脱；「密」，甲本同，乙、丙、丁本作「蜜」。

〔一四〕「意」，甲、丙本作「以」，乙、丁本作「異」，當作「與」，據斯五六二〇「黄昏禮懺一本」改，「意」「以」「異」均爲「與」之借字。

〔一五〕「比」，甲、丙本同，乙本作「彼」，丁本作「鼻」，「彼」「鼻」均爲「比」之借字；「議」，乙、丙、丁本同，甲本作「儀」，「儀」爲「議」之借字。

〔一六〕「惠」，甲、乙本同，丙、丁本作「慧」，「惠」通「慧」；「然」，據甲、乙、丙本補。

〔一七〕「是」，甲、乙、丁本同，丙本作「時」，「時」爲「是」之借字；「依」，甲、丙、丁本亦脱，據乙本補。

〔一八〕『得』，甲、乙、丙、丁本作『德』，『得』通『德』。此句後甲本作『佛有三十二相，八十衆（種）好，三界度衆生，皆共成佛道』，乙本作『佛有三十二相，八十隨喜好，三界度衆生，皆共成佛道』，丙本作『佛有三十二相，八十隨好號，三界度衆生，時成佛道』。

〔一九〕第一箇『方』，甲、丙、丁本同，乙本脱；『燈』，甲、乙本同，丙、丁本作『登』，『登』爲『燈』之借字。

〔二〇〕第一箇『方』，乙、丙、丁本同，甲本脱；『得』，丁本同，甲、乙、丙本作『德』，『得』通『德』；第二箇『佛』，甲、乙本同，丙本脱。

〔二一〕『跪』，當作『拘』，據甲、乙、丙、丁本改。

〔二二〕『牟尼』，甲、乙、丁本同，丙本無；『十』，甲、丙、丁本同，乙本脱。

〔二三〕『寶』，甲、乙、丁本同，丙本作『保』；『十』，據甲、乙、丙、丁本補。

〔二四〕『方』，乙、丙本同，當作『敷』，據甲、丁本改；『花』，甲、乙、丁本同，丙本作『華』。丁本止於此句。

〔二五〕『塵』，甲、丙本作『衆』，乙本無；『正』，甲、丙本同，乙本作『政』，『政』通『正』；『波』，甲、丙本同，乙本作『婆』；『摩』，甲本同，乙、丙本作『磨』；『帝』，甲本作『聽』，當作『體』，據乙、丙本改，『帝』『聽』均爲『體』之借字；『敬敬』，甲、乙、丙本同，當作『頂髻』，據斯五六二〇『黄昏禮懺一本』改；第四箇『無』，甲、乙本同，丙本脱。

〔二六〕『好』，甲本作『臺』，當作『豪』，據乙、丙本改，『好』爲『豪』之借字；『願』，丙本同，甲本作『炎』，乙本無；第二箇『花』，據甲、乙本補，丙本作『華』；第一箇『如』，乙、丙本同，甲本作『以』，誤；『剛』，乙、丙本同，甲本作『光』；『身』，甲、乙、丙本作『身如』；『盧』，甲、丙本同，乙本作『露』，『露』爲『盧』之借字；『刹』，甲本同，乙、丙本作『叉』。

〔二七〕『雨』，當作『爲』，據甲、乙、丙本改；『上』，甲、丙本同，乙本作『像』，『像』爲『上』之借字；『先』，甲、乙、丙本同，當作『仙』，據伯三八四二『禮懺文』改，『先』爲『仙』之借字。

〔二八〕『梵』，甲本同，乙本作『犯』，丙本作『凡』，『犯』『凡』均爲『梵』之借字。

〔二九〕『人』，甲、丙本同，乙本作『神』。

〔三〇〕『以』，甲、乙、丙本同，『以』通『與』；『遍』，甲本同，乙、丙本作『邊』，『邊』爲『遍』之借字。

〔三一〕『心』，甲本同，當作『悉』，據乙、丙本改，『心』爲『悉』之借字；『念』，當作『願』，據甲、乙、丙本改；『除』，甲本同，乙、丙本作『持』，誤；『之』，甲本同，當作『知』，據乙、丙本改，『之』爲『知』之借字。

〔三二〕『會』，甲本作『悔』，當作『海』，據乙、丙本改。

〔三三〕『妾』，當作『妄』，據甲本改，乙、丙本作『望』，『望』通『妄』；『生』，據甲、乙、丙本補。

〔三四〕『衆』，乙、丙本同，甲本作『重』。

〔三五〕『惠』，甲、乙本同，丙本作『慧』，『惠』通『慧』；『除』，甲、乙本同，丙本作『徐』，誤。

〔三六〕『已』，甲本同，乙、丙本作『以』，『以』通『已』。

〔三七〕『是』，甲、乙、丙本同，當作『值』，據伯二九九一『禮懺文』改，『是』爲『值』之借字。

〔三八〕第一箇『世』，甲、丙本同，乙本作『聖』，誤；第二箇『世』，據甲、丙本補，乙本作『聖』，誤。

〔三九〕『畢』，甲本同，乙、丙本作『必』，『必』通『畢』。

〔四〇〕『已』，甲、乙本同，丙本作『以』，『以』通『已』。

〔四一〕此句甲本同，乙、丙本無。

〔四二〕此句甲、乙、丙本無。

〔四三〕此句乙、丙本同，甲本無。

〔四四〕『禮』，當作『以』，據乙、丙本改，『禮』爲『以』之借字；『此』，乙、丙本作『次』，『次』爲『此』之借字。

此句甲本無。

〔四五〕『九』，當作『及』，據乙、丙本改。此句底本原作小字，據乙、丙本當作正文大字。此句甲本無。

〔四六〕『与』，乙本同，丙本作『以』，『以』通『与』。此句甲本無。

〔四七〕此句乙、丙本同，甲本無。

〔四八〕此句甲、乙、丙本無。

〔四九〕『説』，據甲、乙、丙本補；『謁』，當作『偈』，據甲、乙、丙本改。

〔五〇〕『入』，當作『日』，據甲、乙、丙本改，『入』爲『日』之借字；『於』，當作『已』，據甲本改，『於』爲『已』之借字，乙、丙本作『以』，『以』通『已』；『露』，當作『暮』，據甲、乙、丙本改，『露』爲『暮』之借字。

〔五一〕『猶』，甲本同，乙、丙本作『有』，『有』爲『猶』之借字；『微』，丙本同，當作『未』，據甲、乙本改，『微』爲『未』之借字；第二箇『塵』，乙、丙本同，當作『除』，據甲本改。

〔五二〕『久』，甲、乙本同，丙本脱；『居』，據甲、乙、丙本補。

〔五三〕『敬敬』，甲、乙、丙本無，據文義係衍文，當删；『崔』，甲本同，當作『催』，據乙、丙本改，『崔』爲『催』之借字；『年』，乙、丙本同，甲本作『念』；『足』，乙、丙本同，當作『促』，據伯三八四二『禮懺文』改，『足』爲『促』之借字，甲本作『觸』。

〔五四〕『小』，甲、乙、丙本作『少』，『小』通『少』。

〔五五〕『諸』，乙、丙本同，甲本作『請』，誤。

〔五六〕『學』，乙、丙本同，甲本作『覺』，『覺』爲『學』之借字；『之』，甲本作『諸』，當作『至』，據乙、丙本改，『之』『諸』均爲『至』之借字；『餘』，甲本同，乙、丙本作『異』，誤。

〔五七〕『心』，當作『深』，據甲、乙本改，『心』爲『深』之借字，丙本脱。

〔五八〕第一箇『無』，當作『生』，據甲、乙、丙本改。

〔五九〕『縻』，當作『苦』，據甲、乙、丙本改；『塵』，當作『至』，據甲、乙、丙本改。

〔六〇〕『遂』，甲本同，當作『睡』，據乙、丙本改，『遂』爲『睡』之借字。

〔六一〕『睡』，乙、丙本同，甲本作『遂』，『遂』爲『睡』之借字；『路』，甲本作『恬』，乙本作『梧』，當作『悟』，據丙本改，『路』『梧』均爲『悟』之借字。

〔六二〕『物』，甲本同，乙、丙本作『勿』，『物』通『勿』；『無』，當作『覆』，據甲、乙、丙本改；『深』，當作『心』，據甲、乙、丙本改，『深』爲『心』之借字。

〔六三〕『兆』，當作『道』，據甲、乙、丙本改，『兆』爲『道』之借字；『然』，乙、丙本同，甲本作『見』。此句後甲本有『寅朝禮』三字。

〔六四〕『遮那』，甲、丙本同，乙本作『那遮』，誤。

〔六五〕『東』，據甲、乙、丙本補；『無』，甲、丙本同，乙本作『無無』，第二箇『無』係衍文，當删；『德』，甲、乙本同，丙本作『得』，『得』通『德』。

〔六六〕『檀』，當作『旃』，據甲、乙、丙本改；『氈』，當作『檀』，據甲、乙、丙本改；『佛』，甲、丙本同，乙本作『德佛』。

〔六七〕『施』，甲本同，乙、丙本作『勝』。

〔六八〕甲本止於此句。

〔六九〕『德』，乙、丙本作『得』，『得』通『德』。

〔七〇〕『相』，丙本同，乙本作『想』，『想』爲『相』之借字；『德』，乙、丙本作『得』，『得』通『德』。

〔七一〕『敬禮東北方三勝行佛』，據乙、丙本補。

〔七二〕『敬禮上方廣衆』，據乙、丙本補；『德』，據乙本補，丙本作『得』，『得』通『德』；『佛』，據乙、丙本補。
〔七三〕『德』，乙、丙本作『得』，『得』通『德』。
〔七四〕『下』，據乙、丙本補；『佛』，據乙、丙本補。
〔七五〕『世』，丙本同，乙本作『聖』，誤。
〔七六〕『量』，據乙、丙本補；『佛』，乙、丙本無。乙本止於此句。
〔七七〕『圓』，丙本作『緣』。
〔七八〕『爲』，丙本作『一切恭敬爲』；『天』，丙本脱。
〔七九〕『之』，當作『諸』，據丙本改，『之』爲『諸』之借字。
〔八〇〕『諸』，據丙本補。
〔八一〕『息』，當作『識』，據丙本改。
〔八二〕此句及下兩句，丙本置於『爲十方施主六都（度）圓滿，敬禮常住三寶』之後。
〔八三〕『利』，當作『離』，據丙本改，『利』爲『離』之借字。
〔八四〕『都』，當作『度』，據丙本改，『都』爲『度』之借字。
〔八五〕此句前丙本有『爲文路（武）百官恆其其禄位，敬禮常住三寶』。
〔八六〕『諸』，當作『知』，據丙本改，『諸』爲『知』之借字。
〔八七〕『於』，丙本作『已』，『已』爲『於』之借字。
〔八八〕『迴』，丙本同，當作『悔』，據斯五六二〇『黄昏禮懺一本』改，『迴』爲『悔』之借字；『至』，丙本同，當作『諸』，據斯五六二〇『黄昏禮懺一本』改，『至』爲『諸』之借字。
〔八九〕『玖』，丙本作『九』；『衆』，當作『種』，據丙本改，『衆』爲『種』之借字。

〔九〇〕『去』，當作『起』，據丙本改，『去』爲『起』之借字。

〔九一〕『因』，當作『應』，據丙本改，『因』爲『應』之借字；『罪』，丙本作『受』。

〔九二〕『德』，丙本作『得』，『德』通『得』；『常』，丙本同，當作『償』，據伯三八四二『禮懺文』改，『常』爲『償』之借字。

〔九三〕『首』，當作『受』，據丙本改，『首』爲『受』之借字。

〔九四〕『以』，丙本作『已』，『以』通『已』。

〔九五〕『城』，當作『成』，據丙本改，『城』爲『成』之借字。

〔九六〕『壽』，丙本作『受』，『受』爲『壽』之借字。

〔九七〕『面』，丙本作『命』，誤。

〔九八〕『禮』，當作『令』，據丙本改，『禮』爲『令』之借字；『九』，當作『久』，據丙本改，『九』爲『久』之借字。

〔九九〕『已』，丙本作『以』，『以』通『已』。

〔一〇〇〕『善』，丙本作『禪』。

〔一〇一〕『去』，丙本作『起』。

〔一〇二〕『仁』，丙本作『人』，『仁』通『人』。

〔一〇三〕『喜已』，丙本脱。

〔一〇四〕『歸』，丙本脱。

〔一〇五〕『計』，丙本作『經』，當作『繫』，據伯三八四二『禮懺文』改，『計』爲『繫』之借字。

〔一〇六〕『復』，丙本作『伏』。

〔一〇七〕『榮』，當作『永』，據丙本改，『榮』爲『永』之借字。

〔一〇八〕『性』，丙本作『姓』，『姓』爲『性』之借字。
〔一〇九〕『等』，丙本作『佛』。
〔一一〇〕『已』，丙本作『以』，『以』通『已』。
〔一一一〕『求』，丙本作『救』，『救』爲『求』之借字。
〔一一二〕『依』，丙本作『衣』，『依』用同『衣』。
〔一一三〕『諸』，當作『隨』，據伯三八四二『禮懺文』改，丙本無；『衆』，丙本無；『等』，據伯三八四二『禮懺文』補，丙本無。
〔一一四〕第二箇『諸』，當作『衆』，據丙本改；『偈』，丙本無。
〔一一五〕此句丙本無。
〔一一六〕『第』，底本原寫作『弟』，按寫本中『第』『弟』形近易混，故可據文義逕釋作『第』。以下同，不另出校。此句至『常樂我淨』，丙本作『一切恭敬，自歸〔依〕佛，當願衆生，體學大道，發無常（上）意。自歸依法，當願衆生，深入經藏，智惠如海。自歸〔依〕僧，當願衆生，統理大衆，一切無礙。願諸衆生，三業清淨，奉持佛教，和南一切賢聖』。
〔一一七〕『上』，據BD八九六〇『七階禮懺文』補。
〔一一八〕『四』，據BD八九六〇『七階禮懺文』補。
〔一一九〕『根』，據BD八九六〇『七階禮懺文』補。
〔一二〇〕『是』，當作『施』，據BD八九六四『七階禮懺文』改，『是』爲『施』之借字。
〔一二一〕此句至『迴向已，歸〔命〕禮三寶』，丙本置於『隨喜已，歸命禮三寶』之後。
〔一二二〕『群』，丙本作『郡』，『郡』爲『群』之借字。

〔一二三〕「正」，丙本作「政」，「政」通「正」。

〔一二四〕「歡」，當作「勸」，據丙本改，「歡」爲「勸」之借字。

〔一二五〕「堤」，當作「提」，據丙本改，「堤」爲「提」之借字。

〔一二六〕「已」，丙本作「以」，「以」通「已」。

〔一二七〕「命」，據丙本補。

〔一二八〕此句至「常受無量樂」，抄寫於背面，甲本置於「黄昏無常偈」之後，丙本作「顯德貳年乙卯歲四月廿二日，大雲寺僧辛願進記」。

〔一二九〕「法」，甲本脱。

〔一三〇〕「寂」，甲本作「直」；「樂」，甲本作「落」，誤。

〔一三一〕「涅盤」，甲本同。寫本時代「涅槃」並未成爲固定搭配，或作「涅槃」，或作「涅盤」，故「盤」「槃」均可通。

〔一三二〕「常」，甲本作「長」，均可通；「樂」，甲本作「落」，誤。

參考文獻

Descriptive Catalogue of the Chinese Manuscripts from Tunhuang in the British Museum, London: The Trustees of the British Museum, 1957, p. 204；《敦煌寶藏》三五册，臺北：新文豐出版公司，一九八二年，一九二至一九四頁（圖）；《英藏敦煌文獻》六卷，成都：四川人民出版社，一九九二年，二二至二四頁（圖）；《英藏敦煌文獻》七卷，成都：四川人民出版社，一九九二年，一九九至二〇一頁（圖）；《英藏敦煌文獻》一〇卷，成都：四川人民出版社，一九九四年，一八

二至一八四頁（圖）；《中央アジアの言語と仏教》，京都：法藏館，一九九五年，三二〇、三五九頁；《俄藏敦煌文獻》九卷，上海古籍出版社，一九九八年，二九頁（圖）；《敦煌禮懺文研究》，臺北：法鼓文化事業股份有限公司，一九九八年，一六四至一七九頁；《台東區立書道博物館所藏中村不折舊藏禹域墨書集成》卷下，東京：二玄社，二〇〇五年，九二至九三頁（圖）。

斯四二九五背　雜寫（郎君須立身詩等）

釋文

開寶肆（伍）年壬申歲四月六日〔一〕，押衙知主司書手吴達怛〔二〕。

妙法蓮花經觀世音菩薩普門品第廿五爾時無盡意菩薩。

甲子、乙丑金，丙寅、丁卯火，戊辰、己巳木，庚午、辛未土，壬申、癸酉金。

第壹郎君須立身〔三〕，第貳莫共酒家親〔四〕，第三君不見生（生）鳥〔五〕，第四爲酒送其新（身）〔六〕。

我我我是是律

我是大羅天工女，故來下界凡間。

說明

以上文字係時人隨手寫於佛經雜咒的背面，倒書，筆跡相同，係同一人所寫。包括『北宋開寶五年（公元九七二年）題記』、『六十甲子納音』和『郎君須立身』詩等。

校記

〔一〕「肆」，當作「伍」，《中國古代寫本識語集録》據下文「壬申歲」改；「六日」，《敦煌遺書總目索引新編》漏録。

〔二〕「主」，*Descriptive Catalogue of the Chinese Manuscripts from Tunhuang in the British Museum* 未能釋讀，《敦煌遺書總目索引》《中國古代寫本識語集録》《英藏敦煌文獻》《敦煌遺書總目索引新編》《敦煌所出唐宋書牘整理與研究》均釋作「三」；「怛」，《敦煌所出唐宋書牘整理與研究》釋作「悼」，校改作「怛」。

〔三〕「第」，底本原作「弟」，按寫本中「第」「弟」形近易混，故可據文義逕釋作「第」，以下同，不另出校；「壹」，《敦煌寫本詩歌續考》釋作「一」，雖義可通而字誤。

〔四〕「貳」，《敦煌寫本詩歌續考》釋作「二」，雖義可通而字誤。

〔五〕第二箇「生」，據斯三七二四背「郎君須立身詩」補，《敦煌寫本詩歌續考》逕釋作「生」。

〔六〕「新」，當作「身」，據斯三七二四背「郎君須立身詩」改，「新」爲「身」之借字。

參考文獻

Descriptive Catalogue of the Chinese Manuscripts from Tunhuang in the British Museum, London：The Trustees of the British Museum, 1957, p. 207（録）；《敦煌寶藏》三五册，臺北：新文豐出版公司，一九八二年，一九七頁（圖）；《敦煌遺書總目索引》，北京：中華書局，一九八三年，一九七頁（録）；《中國古代寫本識語集録》，東京大學東洋文化研究所，一九九〇年，五〇三頁（録）；《英藏敦煌文獻》五卷，成都：四川人民出版社，一九九二年，一五一頁（圖）；《英藏敦煌文獻》六卷，成都：四川人民出版社，一九九二年，二四頁（圖）；《慶祝潘石禪先生九秩華誕敦煌學特刊》，台北：

文津出版社，一九九六年，三五九頁；《敦煌遺書總目索引新編》，北京：中華書局，二〇〇〇年，一三二頁（録）；《敦煌研究》二〇〇二年五期，七一頁（録）；《敦煌所出唐宋書牘整理與研究》，成都：西南交通大學出版社，二〇一六年，三五二頁。

斯四二九八背　一　吴韜上太傅狀

釋文

（前缺）

□下情懇望[一]□

□不宣[二]。謹狀。

正月　日，金紫光禄大夫檢校尚書左僕射太府卿判四方館事上柱國吴　韜　狀上[三]。

太傅閣下　　謹空

説明

此件分爲兩片，正面是《法華經論疏》，背面是太府卿判四方館事吴韜給太傅上的兩封狀。此爲第一片，首缺尾全，第三行『金紫光禄大夫』上鈐陽文印一方，已殘，可辨『新鑄印』三字。此件收狀之人是得到中央朝廷認可的『太傅』。後晉天福七年（公元九四二年）十二月二十七日，歸義軍節度使曹元深派出的使臣到達後晉朝廷，第二年正月十一日，後晉正式詔命曹元深爲檢校太傅充沙州歸義軍使。此件狀上的時間與後晉詔命時間在同一月，歸義軍貢使之事又屬四方館的職權範圍。又，此件中之『吴韜』見於宋代史籍《吴越備史》卷二，他在後唐同光元年（公元九二三年）五月以宣諭通事舍人的身份前往吴越國，二十年之後升任判四方館事亦屬正常。且曹元深之後，繼位的曹元忠被任命爲太傅要到北宋建隆二年（公元九六一年），時間相隔較遠。故推測此件係天福八年後晉詔命後，由主管此事的吴韜寫給曹元深的起居狀，由貢使帶回。

校記

〔一〕『下情懇望』，據殘筆劃及文義補。
〔二〕『不』，《敦煌所出唐宋書牘整理與研究》據文義校補。
〔三〕『金紫』，據殘筆劃及下件署銜補，《敦煌所出唐宋書牘整理與研究》逕釋作『金紫』；『光』，據文義及下件署銜補，《敦煌所出唐宋書牘整理與研究》逕釋作『光』；『禄』，據殘筆劃及下件署銜補，《敦煌所出唐宋書牘整理與研究》逕釋作『禄』；『韜』，《敦煌所出唐宋書牘整理與研究》未能釋讀。

參考文獻

Descriptive Catalogue of the Chinese Manuscripts from Tunhuang in the British Museum, London: The Trustees of the British

Museum, 1957, p. 171；《敦煌寶藏》三五册，臺北：新文豐出版公司，一九八二年，二〇一頁（圖）；《英藏敦煌文獻》六卷，成都：四川人民出版社，一九九二年，二五頁（圖）；《敦煌所出唐宋書牘整理與研究》，成都：西南交通大學出版社，二〇一六年，二三九頁（録）。

斯四二九八背　二　吴韜上太傅狀

釋文

（前缺）

國朝，倍加

保重。下情祝望。謹狀。

金紫光禄大夫檢校尚書左僕[射]〔一〕□

説明

此件爲第二片，首缺，尾部左下角有較大殘缺，筆跡與第一片相同，係同一件之割裂，但不能直接綴合。

校記

〔一〕『射』，據殘筆劃及上件署銜補，《敦煌所出唐宋書牘整理與研究》逕釋作『射』。

參考文獻

Descriptive Catalogue of the Chinese Manuscripts from Tunhuang in the British Museum, London：The Trustees of the British Museum, 1957, p. 171；《敦煌寶藏》三五册，臺北：新文豐出版公司，一九八二年，二〇二頁（圖）；《英藏敦煌文獻》六卷，成都：四川人民出版社，一九九二年，二五頁（圖）；《敦煌所出唐宋書牘整理與研究》，成都：西南交通大學出版社，二〇一六年，二三九頁（録）。

斯四二九八背　三　雜寫

釋文

金紫光

説明

以上文字係時人隨手書寫於『吴韜上太傅狀』之後。

參考文獻

《敦煌寶藏》三五册，臺北：新文豐出版公司，一九八二年，二〇二頁（圖）；《英藏敦煌文獻》六卷，成都：四川人民出版社，一九九二年，二五頁（圖）。

斯四三〇〇　禮懺文

釋文

一切恭敬〔一〕，禮（敬）敬（禮）常住三寶〔二〕。

是諸衆等人各䠒跪，嚴持香花〔三〕，□。願此香花雲〔四〕，遍滿十方界。供養一切佛，化佛并菩薩〔五〕，無數聲聞衆〔六〕，受此香花雲，以爲光明臺〔七〕。廣意無邊界〔八〕，無邊無量作佛事。供養以〔九〕，恭〔敬〕一切〔一〇〕，普誦摩訶般若波羅蜜〔一一〕。如來妙色身〔一二〕，世間無異（与）等〔一三〕。無彼（比）不思議〔一四〕，是故今敬禮〔一五〕。如來色無盡〔一六〕，智惠亦復然。一切法常〔住〕〔一七〕，是故我歸企（依）〔一八〕，敬禮常住三寶〔一九〕。

歎佛功德。

南無東方須彌燈光明如來十方佛等一切諸佛〔二〇〕。

南無毗波尸如來過去七佛等一切諸佛〔二一〕。

南無普光如來五十三佛等一切諸佛〔二二〕。

南無東方善德如來十方無量佛等一切諸佛〔二三〕。

南無歸（拘）那提如來賢劫千佛等一切諸佛〔二四〕。

南無釋迦牟尼如來三十五佛等一切諸佛。

南無東方阿閦如來一萬五千佛等一切諸佛。

南無寶集如來二十五佛等一切諸佛。

南無法光明清淨開方（敷）蓮花佛〔二五〕。

南無虛空功德清淨微塵等目端政功德相光明花波頭魔瑠璃光寶體香最上香供養訖種種莊嚴頂敬（髻）無量無邊日月光明願力莊嚴變化莊〔嚴〕法界衆生無障礙王如來〔二六〕。

南無豪相日月光明花寶蓮花結（堅）耳（如）金剛身毗露（盧）遮那無障礙眼圓滿十方放光明照一切佛刹相王如來〔二七〕。

普爲上界天先（仙）〔二八〕、龍花（天）八部〔二九〕、帝主神王〔三〇〕、師僧父母、十方施主及以邊（遍）法界衆生〔三一〕，悉願段（斷）持（除）知障〔三二〕，歸命懺悔。

志心懺悔〔三三〕：一切業障海，皆從望相生〔三四〕。若欲懺悔者，端坐觀實相。衆罪如霜露，惠日能消除〔三五〕。是故應至心，勤懺六根罪〔三六〕。懺悔与（已）〔三七〕，歸命禮三寶。

至心發願：願我等，生生是（值）諸佛〔三八〕，聖（世）聖（世）恆聞解脱音〔三九〕。弘誓平等度衆生，必竟速〔成〕無上道〔四〇〕。發願已，歸命禮三寶。

一切普誦〔四一〕：處聖（世）界〔四二〕，而（如）虛空〔四三〕，如蓮花，夫（不）若（著）水〔四四〕，心清淨〔四五〕，超一（於）彼〔四六〕，稽首禮〔四七〕，無常（上）尊〔四八〕。

一切恭敬：自歸依佛〔四九〕，當願衆生，聽學大道〔五〇〕，發無常（上）盈（意）〔五一〕。自歸依法〔五二〕，當願衆生，深入經藏〔五三〕，智惠如海〔五四〕。自歸依僧〔五五〕，當願衆〔生〕〔五六〕，統利（理）大衆〔五七〕，一切無礙。願諸衆生，諸惡莫作，諸善奉行，自政（淨）持（其）於（意）〔五八〕，是知（諸）佛教〔五九〕，和南一切賢聖〔六〇〕。

白衆等聽説黄昏無常偈〔六一〕：西方日以慕（暮）〔六二〕，塵勞由未塵（除）〔六三〕。老病死時至〔六四〕，相看不久居。念念摧年促〔六五〕，猶如少水魚〔六六〕。勸諸行道衆〔六七〕，勤學至無夷（餘）〔六八〕。

白衆等聽説初夜無常偈〔六九〕：煩惱深無底，生死海無邊。度苦船未至，云何樂睡眠〔七〇〕？睡眠當覺悟〔七一〕，物令水（睡）無（覆）心〔七二〕。勇猛勤精進，菩提道自然〔七三〕。

敬禮毗盧遮那佛，敬禮盧舍那佛，敬禮釋迦牟尼佛。

敬禮東方善德佛，敬禮東南〔方〕無憂德佛〔七四〕，敬〔禮〕南方旃壇（檀）佛〔七五〕，敬禮西南方寶勝佛〔七六〕，敬禮西方無量明佛，敬禮西北〔方〕花德佛〔七七〕，敬禮北方相德佛，敬禮東北方三勝行佛，敬禮上方廣衆德佛，敬禮下方明德佛，敬禮當來下生彌勒尊佛。敬禮過現未來十方三世一切諸佛，敬禮舍利形像無量寶塔〔七八〕，敬禮十二部尊經甚深法藏，敬禮諸大菩薩摩訶薩衆〔七九〕，敬禮聲聞緣覺一切賢聖〔八〇〕。

爲天龍八部諸善神王，敬禮常〔住〕三寶〔八一〕。爲過現諸師恆爲道首，敬禮常〔住〕三寶〔八二〕。爲帝主聖化無窮，敬禮常住〔三〕〔寶〕〔八三〕。爲太子諸王福延萬葉，敬禮常住三寶。爲僧（師）僧父母及善知識〔八四〕，敬禮常住三寶。爲十方施主六度圓滿，敬禮常住三寶〔八五〕。爲受苦衆生，願皆離苦，敬禮常住三寶。爲國土安寧，法輪常轉，敬禮常〔住〕三寶〔八六〕。爲法界有情，禮佛懺悔。

至心懺悔：十方無量佛，使（所）知無不盡〔八七〕。我今悉已（於）前〔八八〕，發露迴（悔）至（諸）惡〔八九〕。三三合九種〔九〇〕，從三煩惱起。今身若前身，有罪皆懺悔。於三惡道中，若應受業報，願德今身常（償）〔九一〕，不入惡道受〔九二〕。懺悔已，歸命禮三寶。

至心勸請：十方諸如來，現在成道者，我請轉法輪，安樂諸衆生。十方一切〔佛〕〔九三〕，若欲舍受（壽）命〔九四〕，我今頭面禮，勸請令久住〔九五〕。勸請已，歸命禮三寶。

至心隨喜：所有布施福，持戒修禪惠〔九六〕。從身口意生，起來今所有。習學三乘人，具足一乘者，無量人天〔福〕〔九七〕，衆等皆隨喜。隨喜已，歸命〔禮〕三寶〔九八〕。

至心迴向：我所作福業，一切皆和合，爲〔度〕群生故〔九九〕，政迴向佛道〔一〇〇〕。罪應如是懺，勸請隨喜福，迴向於菩提〔一〇一〕。迴向以〔一〇二〕，歸命禮三寶。

至心發願：願諸衆生等，悉發菩提心，計（繫）心常思念〔一〇三〕，十方一切佛。復願諸衆生〔一〇四〕，榮（永）破諸煩惱〔一〇五〕，了了見佛性，猶如妙德等〔一〇六〕。發願已，歸命禮三寶。

白衆等聽説寅朝清淨偈：欲求寂滅樂〔一〇七〕，當學沙門法。依食支身命〔一〇八〕，情（精）麤隨衆等〔一〇九〕。諸衆等今日寅朝清淨偈〔一一〇〕。上中下坐〔一一一〕，各記六念〔一一二〕。

天福十四年戊申歲四月廿日金光明寺律師保員記〔一一三〕。

説明

此件首部右下角略殘，起『一切恭敬』，訖尾題『天福十四年戊申歲四月廿日金光明寺律師保員記』，其内容是佛教徒進行禮拜、懺悔時念誦的禮懺文，包括請佛、歎佛、禮佛、普誦、三歸依、黄昏偈、初夜偈、寅朝禮等，都見於各種七階禮懺文，只是組合方式不同。天福十四年即公元九四八年。

現知敦煌文獻中保存的七階禮懺文有幾十件，但與此件内容、行文順序相同的只有兩件。其中斯五五九六，首缺尾全，原未抄完，起『一切恭敬』，訖『次行無常是』；羽六八三，冊葉裝，首缺尾全，起『初夜無常偈』，訖『各已六念了也』。

以上釋文以斯四三〇〇爲底本，用斯五五九六（稱其爲甲本）、羽六八三（稱其爲乙本）參校。

校記

〔一〕『恭』，據殘筆劃及甲本補。

〔二〕『禮敬』，當作『敬禮』，據甲本改；『三』，據殘筆劃及甲本補；『寶』，據甲本補。

〔三〕『嚴』，據殘筆劃及甲本補；『持』，據殘筆劃及BD八九六一『禮懺文』補，甲本作『諸』，『諸』爲『持』之借字；『香花』，據甲本補。

〔四〕『願此香』，據甲本補。

〔五〕『佛』，據殘筆劃及甲本補；『并菩薩』，據甲本補。

〔六〕『無數』，據甲本補；『聲』，據殘筆劃及甲本補。

〔七〕『臺』，據殘筆劃及甲本補。

〔八〕『廣』，據BD八九六一『禮懺文』補，甲本作『光』，『光』爲『廣』之借字；『意無邊』，據甲本補。

〔九〕『養』，甲本脱，據殘筆劃及BD八九六一『禮懺文』補；『以』，通『已』。

〔一〇〕『恭』，甲本作『供』，『供』通『恭』；『敬』，據甲本補。

〔一一〕『誦摩』，據甲本補；『訶』，據BD八九六一『禮懺文』補，甲本作『河』，『河』爲『訶』之借字；『般若』，據BD八九六一『禮懺文』補，甲本作『若般』，誤；『波羅蜜』，據甲本補。

〔一二〕『如來妙』，據甲本補。

〔一三〕『異』，當作『与』，據甲本改，『異』爲『与』之借字。

〔一四〕『彼』，當作『比』，據甲本改，『彼』爲『比』之借字；『思』，據殘筆劃及甲本補；『議』，甲本作『儀』，

『儀』爲『議』之借字。

〔一五〕『敬』，據殘筆劃及甲本補；『禮』，據甲本補。

〔一六〕『如來』，據甲本補。

〔一七〕『住』，據甲本補。

〔一八〕『故』，甲本作『恭』，誤；『企』，當作『依』，據BD八九六一『禮懺文』改，『企』爲『依』之借字，甲本脱。

〔一九〕『禮』，據甲本補。

〔二〇〕第二箇『方』，甲本作『方無量』；第二箇『佛』，據甲本補。

〔二一〕『波』，甲本作『婆』；『尸』，甲本作『户』，誤；第二箇『佛』，據甲本補。

〔二二〕第二箇『佛』，據甲本補。

〔二三〕『一切諸佛』，甲本脱。

〔二四〕『歸』，當作『拘』，據甲本改；『提』，甲本作『⿱艹提』，『⿱艹提』爲『提』之借字。

〔二五〕『方』，甲本同，當作『敷』，據上圖一一八『禮懺文』改。

〔二六〕『相』，據殘筆劃及BD八九六一『禮懺文』補，甲本作『上』，『上』爲『相』之借字；『光明花』，甲本無；『波』，甲本作『婆』；『魔』，甲本作『摩』；『訖』，甲本作『乞』；『種種』，甲本作『⿱艹種⿱艹種』；『頂』，甲本脱；『敬』，當作『髻』，據伯三八二六『禮懺文』改，甲本脱；『無量無邊日月光明願力』，甲本脱；第四箇『嚴』，據甲本補；『衆』，甲本作『出』。

〔二七〕第一箇『無』，甲本脱；第一箇『花』，甲本作『願』；『結』，當作『堅』，據甲本改；『耳』，當作『如』，據甲本改，『耳』爲『如』之借字；『身』，甲本作『身如』；『露』，當作『盧』，據甲本改，『露』爲『盧』之借字；『那』，甲本作『般』，誤；『放』，甲本無；第二箇『明』，甲本無；『刹』，甲本作『懺』；第二箇

〔二八〕「相」，甲本作「上」，「上」爲「相」之借字。
〔二八〕「先」，當作「仙」，據甲本改，「先」爲「仙」之借字。
〔二九〕「花」，當作「天」，據甲本改。
〔三〇〕「神」，甲本作「人」。
〔三一〕「以」，甲本作「爲」，「以」通「與」；「邊」，當作「遍」，據甲本改，「邊」爲「遍」之借字。
〔三二〕「悉」，甲本作「深」，「深」爲「悉」之借字；「段」，當作「斷」，據甲本改，「段」爲「斷」之借字；「持」，甲本作「徐」，當作「除」，據BD八九六一「禮懺文」改；「知」，甲本作「諸」，「諸」爲「知」之借字。
〔三三〕「志」，甲本作「至」。
〔三四〕「從」，丙、丁、戊本同，甲本作「徒」，誤；「望」，甲本作「妄」，丙、丁、戊本作「忘」，「望」「忘」均通「妄」；「相」，甲、丙、戊本同，丁本作「想」，「想」爲「相」之借字。
〔三五〕「除」，甲本作「徐」，誤。
〔三六〕「勤」，甲本作「謹」，「謹」爲「勤」之借字。
〔三七〕「与」，當作「已」，據甲本改，「与」爲「已」之借字。
〔三八〕「是」，甲本作「植」，當作「值」，據BD八九六一「禮懺文」改，「是」「植」均爲「值」之借字。
〔三九〕「聖聖」，當作「世世」，據甲本改，「聖」爲「世」之借字。
〔四〇〕「必」，甲本作「畢」，「必」通「畢」；「成」，據甲、丙、丁、戊本補。
〔四一〕此句後甲本有「摩河（訶）若（般）般（若）波羅蜜」。
〔四二〕「聖」，甲本作「時」，當作「世」，據上圖一一八「禮懺文」改，「聖」「時」均爲「世」之借字；「界」，甲本作「戒」，「戒」爲「界」之借字。

〔四三〕『而』，當作『如』，據甲本改，『而』爲『如』之借字。
〔四四〕『夫』，當作『不』，據甲本改，『夫』爲『不』之借字；『若』，當作『著』，據甲本改。
〔四五〕『心』，甲本作『深』，『深』爲『心』之借字。
〔四六〕『一』，當作『於』，據甲本改，『一』爲『於』之借字。
〔四七〕『稽』，甲本作『啓』；『禮』，甲本脱。
〔四八〕『常』，當作『上』，據甲本改，『常』爲『上』之借字。此句後甲本有『説偈發願』四字。
〔四九〕『自』，甲本作『慈』，『慈』爲『自』之借字；『依』，甲本作『衣』，『衣』通『依』。
〔五〇〕『道』，甲本作『唐』，誤。
〔五一〕『常』，甲本同，當作『上』，據BD八九六一『禮懺文』改，『常』爲『上』之借字；『盈』，當作『意』，據甲本改。
〔五二〕『自』，甲本作『慈』，『慈』爲『自』之借字；『依』，甲本作『衣』，『衣』通『依』。
〔五三〕『經』，甲本作『竟』，『竟』爲『經』之借字。
〔五四〕『如海』，甲本作『無礙』。
〔五五〕『自』，甲本作『慈』，『慈』爲『自』之借字；『依』，甲本作『於』，『於』爲『依』之借字。
〔五六〕『生』，據甲本補。
〔五七〕『利』，甲本同，當作『理』，據伯三八二六『禮懺文』改，『利』爲『理』之借字。
〔五八〕『自』，甲本作『慈』，『慈』爲『自』之借字；『政』，甲本同，當作『淨』，據BD八九六一『禮懺文』改；『持』，甲本作『去』，當作『其』，據BD八九六一『禮懺文』改；『於』，當作『意』，據BD八九六一『禮懺文』改，『於』爲『意』之借字，甲本脱。

〔五九〕『知』，當作『諸』，據甲本改，『知』爲『諸』之借字。

〔六〇〕『南』，甲本作『念』。

〔六一〕『偈』，甲本作『竟』，『竟』爲『偈』之借字。

〔六二〕『以』，甲本作『已』，『以』通『已』；『慕』，當作『暮』，據甲本改，『慕』爲『暮』之借字。

〔六三〕『勞』，甲本作『老』，『老』爲『勞』之借字；『由』，甲本作『猶』，『由』通『猶』；第二箇『塵』，當作『除』，據BD八九六一『禮懺文』改，『塵』爲『除』之借字，甲本脱。

〔六四〕『死』，甲本作『斯』，『斯』爲『死』之借字；『時』，甲本作『是』，『是』爲『時』之借字；『至』，甲本作『時』，『時』爲『至』之借字。

〔六五〕『摧』，甲本作『崔』，『崔』爲『摧』之借字；『年』，甲本作『念』，『念』爲『年』之借字；『促』，甲本作『足』，『足』爲『促』之借字。

〔六六〕『魚』，甲本作『誰』，『誰』爲『魚』之借字。

〔六七〕『諸』，甲本作『請』，誤。

〔六八〕『至』，甲本作『諸』，『諸』爲『至』之借字；『夷』，當作『餘』，據BD八九六一『禮懺文』改，『夷』爲『餘』之借字，甲本作『礙』。此句後甲本有『次行無常是』五字。甲本止於此句。

〔六九〕乙本始於此句。

〔七〇〕『睡』，乙本作『遂』，『遂』爲『睡』之借字。

〔七一〕『睡』，乙本作『遂』，『遂』爲『睡』之借字。

〔七二〕『物』，乙本同，『物』通『勿』；『水』，當作『睡』，據乙本改，『水』爲『睡』之借字；『無』，當作『覆』，據乙本改，『無』爲『覆』之借字。

〔七三〕此句後乙本有『寅朝禮』三字。
〔七四〕『方』，據乙本補。
〔七五〕『禮』，據乙本補；『壇』，當作『檀』，據乙本改，『壇』爲『檀』之借字。
〔七六〕『勝』，乙本作『施』。
〔七七〕『方』，據乙本補；『花』，乙本作『華』。
〔七八〕『形』，乙本同，底本原作『刑』，按寫本中『形』『刑』形近易混，故可據文義逕釋作『形』。
〔七九〕『訶』，丙、丁、戊本同，乙本脱。
〔八〇〕『緣』，乙本作『圓』。此句後乙本有『一切恭敬』四字。
〔八一〕『住』，據乙本補。
〔八二〕『住』，據乙本補。
〔八三〕『三寶』，據乙本補。
〔八四〕第一箇『僧』，當作『師』，據乙本改；『知』，乙本作『諸』，『諸』爲『知』之借字。
〔八五〕此句後乙本有『爲聞路百觀恒基禄雨，敬禮常住三寶』。
〔八六〕『住』，據乙本補。
〔八七〕『使』，當作『所』，據乙本改，『使』爲『所』之借字。
〔八八〕『已』，當作『於』，據乙本改，『已』爲『於』之借字。
〔八九〕『迴』，當作『悔』，據乙本改，『迴』爲『悔』之借字；『至』，當作『諸』，據乙本改，『至』爲『諸』之借字。
〔九〇〕『種』，乙本作『衆』，『衆』爲『種』之借字。
〔九一〕『德』，乙本作『得』，『德』通『得』；『常』，當作『償』，據乙本改，『常』爲『償』之借字。

〔九二〕『受』，乙本作『首』，『首』爲『受』之借字。
〔九三〕『佛』，據乙本補。
〔九四〕『舍』，乙本作『捨』；『受』，乙本作『授』，當作『壽』，據斯四二九三『黄昏六時禮懺一本』改，『受』『授』均爲『壽』之借字。
〔九五〕『令』，乙本作『禮』，『禮』爲『令』之借字。
〔九六〕『禪』，乙本作『善』。
〔九七〕『福』，據乙本補。
〔九八〕『禮』，據乙本補。
〔九九〕『度』，據乙本補；『群』，乙本作『郡』，誤；『故』，乙本作『苦』。
〔一〇〇〕『政』，乙本作『正』，『政』通『正』。
〔一〇一〕『於』，乙本作『已』，『已』爲『於』之借字。
〔一〇二〕『以』，乙本作『已』，『以』通『已』。
〔一〇三〕『計』，乙本作『敬』，當作『繫』，據斯二三六『禮懺文一本』改，『計』爲『繫』之借字；『心』，乙本脱。
〔一〇四〕『復』，乙本作『佛』。
〔一〇五〕『榮』，當作『永』，據乙本改，『榮』爲『永』之借字。
〔一〇六〕『猶』，乙本作『遊』，『遊』爲『猶』之借字；『德』，乙本作『得』，『德』通『得』。
〔一〇七〕『寂』，乙本作『盡』。
〔一〇八〕『依』，乙本作『於』，『於』爲『依』之借字；『支』，乙本作『諸』，『諸』爲『支』之借字。
〔一〇九〕『情』，當作『精』，據乙本改，『情』爲『精』之借字。

〔一一〇〕『朝』，據殘筆劃及乙本補；『偈』，乙本作『敬』，『敬』爲『偈』之借字。

〔一一一〕『中』，乙本作『從』，『從』爲『中』之借字。

〔一一二〕『記』，乙本作『已』；『念』，乙本作『念了也』。

〔一一三〕此句乙本無。

參考文獻

Descriptive Catalogue of the Chinese Manuscripts from Tunhuang in the British Museum, London: The Trustees of the British Museum, 1957, p. 205；《敦煌寶藏》三五册，臺北：新文豐出版公司，一九八二年，二〇三至二〇五頁（圖）；《英藏敦煌文獻》六卷，成都：四川人民出版社，一九九二年，二六至二七頁（圖）；《英藏敦煌文獻》八卷，成都：四川人民出版社，一九九四年，一一五至一一六頁（圖）；《敦煌禮懺文研究》，臺北：法鼓文化事業股份有限公司，一九九八年，一八二、三五八頁；《敦煌秘笈》九册，大阪：武田科學振興財團，二〇一三年，五二至五五頁（圖）。

斯四三〇一　和菩薩戒文

釋文

（前缺）

諸菩薩，莫偷盗。偷盗得物猶嫌少〔一〕，死後即作畜生身〔二〕。披毛帶角來相賓（報）〔三〕，終日驅牽不停息〔四〕，無有功夫食水草〔五〕。油（猶）恐迷心不覺知〔六〕，是故因（殷）勤重相賓（報）〔七〕。

諸菩薩，莫邪婬。邪婬顛倒罪根深，鐵牀吸吸來相向〔八〕，銅注赫赫競來侵〔九〕。奇（舉）身遍體皆洪闌（爛）〔一〇〕，因何不發菩提心〔一一〕。佛子。

諸菩薩，莫忘語〔一二〕。忘語當來墮惡趣〔一三〕，不見言見詐虚言，鐵犁更（耕）舌并解鋸〔一四〕。唯利名与（譽）或衆生〔一五〕，欺誑師僧及父母。若能懺悔正思惟〔一六〕，當來必離波吒苦〔一七〕。佛子。

諸菩薩，莫沽酒〔一八〕。沽酒涌（鎔）洞（銅）來灌口〔一九〕，足下火出炎連天，獄卒持鉾斬兩手。總爲昏癡顛倒人〔二〇〕，身作身當身自受〔二一〕。仍被驅將入阿鼻，鐵壁千重無處走〔二二〕。佛子。

諸菩薩，莫自説。自説喻若湯澆説（雪）〔二三〕，造罪猶如一刹那，長入波吒而悶絶〔二四〕。連明曉夜下長釘〔二五〕，眼耳之中皆泣血。罪因罪報罪根深，仍被牛頭來拔舌〔二六〕。不容乞命暫分疏，獄卒持叉而（如）挾柑〔二七〕。佛子。

諸菩薩，莫毁他〔二八〕。毁他相將入奈河〔二九〕，刀劍縱横從後趁〔三〇〕，跳入泥水便騰波。混沌猶如鑊湯沸〔三一〕，一切地獄盡經過。皮膚血肉而（如）流水〔三二〕，何時得利（離）此波吒〔三三〕。佛子〔三四〕。

諸菩薩，莫多慳。多慳積寶蹤（縱）似山〔三五〕，見有貧窮來乞者〔三六〕，一針一草不能潘（判）〔三七〕。貪心不息知厭足〔三八〕，當來空手入黄泉〔三九〕。佛子。

諸菩薩，莫多嗔。多嗔定石（授）蟒蛇身〔四〇〕，苑（宛）轉福（腹）行無手足〔四一〕。爲緣前世忿怒因，八萬箇小蟲來啖食〔四二〕，爲（唯）留白骨及皮斤（筋）〔四三〕。受辭（斯）痛苦難堪忍〔四四〕，何時卻得復人身〔四五〕。佛子。

諸菩薩，莫謗三寶。若謗三寶墮惡道〔四六〕，三百具長釘定釘心〔四七〕，叫喚連天聲號號〔四八〕。謗佛謗法更加嗔，銅關鐵棒來相拷〔四九〕。痛哉苦哉不可論，何時顛（值）遇天堂道〔五〇〕。佛子。

戒師戒師，如此罪人，墮於地獄，經於己（幾）劫〔五一〕？戒師戒師，如此罪人，〔不〕〔知〕得聞父母〔五二〕、三寶名字已否〔五三〕？苦哉苦哉〔五四〕！蓮華藏界〔五五〕，今日得聞，衆共傾心，願殊廣説〔五六〕。我今懺悔，不敢覆藏〔五七〕，爲願戒師〔五八〕，慈悲廣説〔五九〕。大師蜜藏，甘露真詮，喜慶今聞，願殊廣説〔六〇〕。如來心地，曠劫難聞〔六一〕，今遇宣殃（揚）〔六二〕，唯願戒師〔六三〕，慈悲廣説〔六四〕。深心慚愧〔六五〕，不敢覆藏〔六六〕，露膽披肝〔六七〕，發路懺悔〔六八〕。曠大劫來〔六九〕，

（後缺）

説明

此件首尾均缺，首部右下角略殘，起『諸菩薩莫偷盜』，訖『不敢覆藏』，失題，據其内容判斷爲『和菩薩戒文』。『和菩薩戒文』又名『和戒文』『菩薩和戒文』『和十戒文』等，爲演述《梵網經》之菩薩十重戒，係佛家勸善歌讚文，是唐五代時期佛教受戒弟子齋日誦習的重要文本（參沈秋之、張湧泉《敦煌本〈和菩薩戒文〉殘卷綴合研究》，《出土文獻》二〇二一年三期，九〇頁）。關於十重戒，敦煌本『和菩薩戒文』留存了其名稱，分別是：煞生戒、偷盜戒、邪婬戒、妄語戒、沽酒戒、自説戒、毁他戒、

多慳戒、多嗔戒和謗三寶戒。此件存『偷盜戒』至『謗三寶戒』九種，其中『妄語戒』和『沽酒戒』筆跡與其他不同，似爲另一人所寫。

現知敦煌文獻中保存的與此件内容屬於同類的文本有近六十件，有原題者約二十件，其主題相同，但結構、文字上詳略差異較大，除去僅有數字、十幾字的小碎片或雜寫外，其餘可大致分爲五種。第一種包括斯一〇七三（本書第五卷收録）、斯四六六二、斯五八九四、斯六六三二背、斯九五一〇、伯四五九七、上圖一四〇、Дх五四九七背+Дх一〇七五五+Дх一二八二五背等八件，其特點是『經云』『和云』對應，尤其是主體部分的和云『十戒偈讚辭』之後，再以『經云』『和云』對應問答的形式，强調未守此十戒將會帶來的苦難，最後是戒師引經云『敬心奉持』與戒子請求『廣説』的對應。第二種包括斯五四五七、伯二九二一、伯三二四一、伯三八二六、BD六二八〇、BD七八〇五、BD八三七四、Дх九三四、Дх一〇〇八、Дх一三八一、Дх四四〇三+Дх六一三八+Дх六〇七一+Дх六二五一、Дх四七九〇…Дх二九九一+Дх二八二二+四八〇二、Дх五一三九+Дх二一九三+Дх二四一四、Дх一一八三二、浙敦六二、浙敦一九六等十六件，其特點是無『經云』『和云』的提示詞，『十戒偈讚辭』的『和云辭』是『微塵正犯累及千生』的一般常見型。第三種是此件和伯三一八五、BD八〇五九，其特點是『十戒偈讚辭』中無『和云』提示詞，之後的『和云辭』是『戒師戒師如此罪人』的簡略型，但後兩件在這部分均有『和云』提示詞。第四種是斯五四三和BD八二三〇。這兩件的文本結構與此件相似，但最後的『和云辭』是一種混合型，即同時抄寫一般型和簡略型兩種，且簡略型比第三種更爲精簡。第五種包括斯五五五七、斯五四九七、斯五九七七、斯六二二一、斯一一六二五+BD八二三六、斯一二五二〇、伯二七八九背、伯四九六七、BD 二九一八背、BD 六一二〇背、BD 八五二八、BD 一一二五七 + BD 九三七五、傅圖三五背、伍倫三一、浙敦六一、Дх 八九七、Дх 一八二七 + Дх 一八三九、Дх 三〇三五、Дх 三一七七 + Дх 三二八七、Дх 五二九五、Дх 五六一九、Дх 九九一八、Дх 一〇四五二、Дх 一〇三一三 + Дх 六一二一、Дх 一〇三一四 + Дх 一二一七、Дх 一一六八六 + Дх 一一六一四等二十六件，或原未抄完，或爲殘本，均只保留了『十戒偈讚辭』部分，無『經云』或『和云』的提示詞。

以上所列『和菩薩戒文』，抄寫樣貌多樣，有獨篇的單張、册子本，有與禮懺文、散花樂讚合抄，還有的是佛教歌曲叢抄、應用文書叢抄中之一種，多數屬於實用性文本（參林仁昱《敦煌〈和菩薩戒文〉抄寫樣貌與應用探究》，《敦煌學》三六輯，二五五頁）。

本書第五卷在釋録斯一〇七三時，曾參校了斯六六三一、伯三二四一、伯四五九七、伯四九六七和 BD 六二八〇，不包括此件。以上釋文，以斯四三〇一爲底本，用伯三一八五（稱其爲甲本）、BD 八〇五九（稱其爲乙本）參校。

校記

〔一〕『猶』，據殘筆劃及甲本補；『嫌』，據 BD 二九一八背『和菩薩戒文』補，甲本作『謙』，『謙』爲『嫌』之借字；『少』，據甲本補。

〔二〕『死後』，據甲本補；『即』，據 BD 二九一八背『和菩薩戒文』補，甲本作『積』，『積』爲『即』之借字；『作』，據甲本補。

〔三〕『寳』，當作『報』，據甲本改，『寳』爲『報』之借字。

〔四〕『驅』，據殘筆劃及甲本補；『牽不停息』，據甲本補。
〔五〕『無』，據甲本補。
〔六〕『油』，當作『猶』，據甲本改，『油』爲『猶』之借字。
〔七〕『因』，當作『殷』，據甲本改，『因』爲『殷』之借字；『相』，據殘筆劃及甲本補；『寶』，據殘筆劃及上文用例補，當作『報』，據甲本改，『寶』爲『報』之借字。
〔八〕『吸吸』，甲本作『岌岌』，均可通。
〔九〕『注』，甲本作『柱』，『注』通『柱』；『赫赫』，甲本作『[illegible]』。
〔一〇〕『奇』，當作『舉』，據甲本改，『奇』爲『舉』之借字；『闌』，當作『爛』，據甲本改，『闌』爲『爛』之借字。
〔一一〕『提』，甲本作『菩提』，『菩』係衍文，當刪。
〔一二〕『忘』，通『妄』。以下同，不另出校。
〔一三〕『趣』，甲本作『取』，『取』爲『趣』之借字。
〔一四〕『更』，當作『耕』，據甲本改，『更』爲『耕』之借字。乙本始於此句。
〔一五〕『唯』，甲本作『爲』；『与』，甲本作『舉』，當作『譽』，據BD二九一八背『和菩薩戒文』改，『与』『舉』均爲『譽』之借字。
〔一六〕『正』，甲本作『政』，『政』通『正』。
〔一七〕『離』，甲本作『利』，『利』爲『離』之借字。
〔一八〕『沾』，甲本作『酟』，均可通。
〔一九〕『沾』，甲、乙本作『酟』，均可通；『湧』，甲本作『容』，當作『鎔』，據乙本改，『湧』『容』均爲『鎔』之借字；『洞』，當作『銅』，據甲、乙本改，『洞』爲『銅』之借字。

〔二〇〕『昏』，甲、乙本作『惛』。
〔二一〕第三箇『身』，甲本同，乙本脱；『受』，甲本同，乙本作『授』，『授』通『受』。
〔二二〕『鐵』，乙本同，甲本作『鑊』，誤。
〔二三〕『喻』，甲、乙本作『爲』；第二箇『説』，當作『雪』，據甲、乙本改。
〔二四〕『而』，乙本同，甲本作『如』。
〔二五〕『明』，乙本同，甲本作『名』，『名』爲『明』之借字。
〔二六〕『拔』，乙本同，甲本作『括』；『舌』，乙本同，甲本脱。
〔二七〕『叉』，甲本同，乙本作『扠』；『而』，乙本同，當作『如』，據甲本改，『而』爲『如』之借字；『挾』，據殘筆劃及乙本補，甲本作『使』；『柮』，據殘筆劃及甲、乙本補。
〔二八〕『莫』，乙本同，甲本脱。
〔二九〕『奈』，據殘筆劃及甲、乙本補；『河』，據甲本補，乙本作『何』，『何』爲『河』之借字。
〔三〇〕『刀劍縱』，據甲、乙本補。
〔三一〕『混』，甲、乙本作『渾』；『沌猶如鑊湯』，據甲、乙本補。
〔三二〕『膚』，甲本同，乙本作『扶』，『扶』爲『膚』之借字；『而』，甲、乙本同，當作『如』，據BD二九一八背『和菩薩戒文』改，『而』爲『如』之借字；『流水』，據甲、乙本補。
〔三三〕『何時』，據甲、乙本補；『利』，乙本同，當作『離』，據BD二九一八背『和菩薩戒文』改，『利』爲『離』之借字，甲本脱；『吒』，乙本同，甲本作『跓』，『跓』爲『吒』之借字。
〔三四〕『佛子』，乙本同，甲本無。
〔三五〕『蹤』，當作『縱』，據甲、乙本改，『蹤』爲『縱』之借字。

〔三六〕『有貧』，據甲、乙本補。

〔三七〕『潘』，甲、乙本同，當作『判』，據BD二九一八背『和菩薩戒文』改，『潘』爲『判』之借字，《敦煌歌辭總編》校改作『拌』，按『判』『拌』均有『捨棄』之義。

〔三八〕『息』，甲、乙本作『識』；『厭』，據殘筆劃及甲、乙本補。

〔三九〕『泉』，甲、乙本作『淵』。

〔四〇〕『石』，當作『授』，據甲、乙本改。

〔四一〕『苑』，當作『宛』，據甲、乙本改，『苑』爲『宛』之借字；『福』，甲、乙本作『復』，當作『腹』，據BD二九一八背『和菩薩戒文』改，『福』『復』均爲『腹』之借字；『手』，乙本同，甲本作『首』，『首』爲『手』之借字。

〔四二〕『小』，乙本同，甲本作『少』，『少』通『小』；『啖』，甲、乙本作『喫』，均可通，《敦煌歌辭總編》校改作『嚼』，不必。

〔四三〕『爲』，當作『唯』，據文義改，『爲』爲『唯』之借字；『斤』，當作『筋』，據甲、乙本改，『斤』爲『筋』之借字。

〔四四〕『受』，甲、乙本作『授』，『授』通『受』；『辭』，當作『斯』，據甲、乙本改，『辭』爲『斯』之借字；『忍』，甲本同，乙本作『刃』，『刃』爲『忍』之借字。

〔四五〕『得復』，乙本同，甲本作『復得』。

〔四六〕『三寶』，乙本同，甲本無。

〔四七〕第一箇『釘』，甲本同，乙本脱。

〔四八〕『號號』，甲、乙本作『浩浩』。

〔四九〕「銅」，乙本同，甲本作「同」，「同」可用同「銅」。

〔五〇〕「顛」，甲本同，乙本作「植」，當作「值」，據BD二九一八背「和菩薩戒文」改，「植」爲「值」之借字。

〔五一〕「己」，甲、乙本同，當作「幾」，據斯五八九四「和菩薩戒文」改，「己」爲「幾」之借字。此句後甲、乙本有小字「和云」。

〔五二〕「不知」，據甲、乙本補。

〔五三〕「字」，甲本同，乙本作「自」，「自」爲「字」之借字；「否」，甲、乙本作「不」。此句後甲、乙本有小字「和云」。

〔五四〕此句後乙本有小字「和云」。

〔五五〕「蓮」，乙本同，甲本作「連」，「連」通「蓮」；「華」，甲、乙本作「花」；「界」，甲、乙本作「戒」，「戒」通「界」。

〔五六〕「願」，乙本同，甲本脱；「殊」，甲、乙本作「垂」。此句後甲、乙本有小字「和云」。

〔五七〕「敢」，甲本同，乙本作「憨」，「憨」爲「敢」之借字。

〔五八〕「爲」，甲、乙本作「惟」。

〔五九〕此句後甲、乙本有小字「和云」。

〔六〇〕「殊」，甲、乙本作「垂」。此句後甲、乙本有小字「和云」。

〔六一〕「曠」，乙本同，甲本作「廣」。

〔六二〕「殃」，當作「揚」，據甲、乙本改，「殃」爲「揚」之借字。此句後甲、乙本作「願垂廣説。和云：恆沙戒品，希遇宣揚」。

〔六三〕「唯」，甲本作「惟」。

〔六四〕此句後甲、乙本有小字『和云』。

〔六五〕『愧』，甲本同，乙本作『鬼』，『鬼』爲『愧』之借字。

〔六六〕『敢』，甲本同，乙本作『憨』，『憨』爲『敢』之借字；『藏』，據殘筆劃及甲、乙本補。

〔六七〕『露』，據殘筆劃及甲、乙本補；『膽披肝』，據殘筆劃及甲本補。

〔六八〕『發路懺悔』，據殘筆劃及甲、乙本補。

〔六九〕『曠大劫來』，據殘筆劃及甲、乙本補。

參考文獻

《敦煌寶藏》三五册，臺北：新文豐出版公司，一九八二年，二〇五至二〇六頁（圖）；《敦煌歌辭總編》，上海古籍出版社，一九八七年，一〇八九至一〇九九頁；《英藏敦煌文獻》六卷，成都：四川人民出版社，一九九二年，二七至二八頁（圖）；《法藏敦煌西域文獻》二三册，上海古籍出版社，二〇〇二年，一〇五至一〇六頁（圖）；《英藏敦煌社會歷史文獻釋録》五卷，北京：社會科學文獻出版社，二〇〇六年，五七至六八頁；《敦煌研究》二〇〇八年一期，九二至九七頁；《國家圖書館藏敦煌遺書》一〇〇册，北京圖書館出版社，二〇〇八年，二〇二至二〇三頁（圖）；《敦煌學》三六期，台北：樂學書局，二〇二〇年，二五五至二八二頁；《出土文獻》二〇二一年三期，九〇至一〇二頁。

斯四三〇六　結壇散食迴向發願文

釋文

（前缺）

□而無□嚴深宮，詵（跣）白足於高僧〔一〕，□深（？）六時，晝開十二分教，聞之者罪□燃銀盞；□弘名，聽之者福生無量音，虔告□香爇金鑪，供滿分之賢聖；塗淨□秘印而念真完（宗）〔二〕。散食濟十類之飢□之重苦。今則金經罷散，玉軸收音，□慶迴向。

□壇功德，念誦勝因，上界四王，下方八〔部〕〔三〕：伏願大王，□維城永固，盤石彌增，長爲社稷之君僟（親）〔四〕，永作生靈之父母。伏願夫人，紅顔永潔，比秋月而澄明，鬢動春□之嵐翠〔五〕。伏願尚書，福隆壽永云云。

□云云。應是金枝玉葉，百日哀泣之憂〔六〕；沿佐□樂。伏願近逝國太公主〔七〕，三塗永脱〔八〕，九品

（後缺）

説明

此件首尾均缺，《敦煌遺書總目索引》擬名『釋門雜文』，《敦煌寳藏》擬名『釋門祈願文』，《英藏敦煌文獻》擬名『文樣（齋願文等）』。按此件所存第一部分爲散食，其後有『結壇功德』，而迴向對象爲大王、夫人、尚書、國太公主等，可知其與本書所收之斯四四五四名稱相同，應爲『結壇散食迴向發願文』（參看斯四四五四『説明』）。此件中之『國太公主』即國母聖天公主，其逝世時間在曹元忠統治時期。此件中有『大王』稱號，榮新江考證曹元忠稱大王在乾德二年（公元九六四年）（參《歸義軍史研究——唐宋時期敦煌歷史考索》，一二一頁），則此件的撰寫時間當在其後。

校記

〔一〕『誂』，當作『跳』，據文義改。
〔二〕『完』，當作『宗』，據文義改。
〔三〕『部』，據齋文文例補。
〔四〕『儭』，當作『親』，據文義改。
〔五〕『翠』，底本原寫作『崒』，係涉上文『嵐』而成之類化俗字。
〔六〕此句疑有脱誤。
〔七〕『太』，《敦煌遺書總目索引》《敦煌遺書總目索引新編》均釋作『泰』，誤。

〔八〕『塗』，《敦煌遺書總目索引新編》釋作『途』。

參考文獻

《敦煌寶藏》三五册，臺北：新文豐出版公司，一九八二年，二五一頁（圖）；《敦煌遺書總目索引》，北京：中華書局，一九八三年，一九七頁（録）；《英藏敦煌文獻》六卷，成都：四川人民出版社，一九九二年，二八頁（圖）；《歸義軍史研究——唐宋時期敦煌歷史考索》，上海古籍出版社，一九九六年，一二一頁；《敦煌遺書總目索引新編》，北京：中華書局，二〇〇〇年，一三三頁（録）。

斯四三〇六背　結壇文抄

釋文

□想玄津，年年數度而安壇，歲歲乃抽珍□頻起，禍祟時來。畜牧傷損而恆行，時

□小（？）民憂懼，士庶懷惶，別無祈告之□不吉，憑福差□

（後缺）

說明

此件尾缺，上部亦缺，筆跡與正面不同，其中提到『年年數度而安壇』，推測是『結壇文抄』。此件中之『民』字缺末筆，係避唐太宗諱。

參考文獻

《敦煌寶藏》三五册，臺北：新文豐出版公司，一九八二年，二五一頁（圖）；《敦煌遺書總目索引》，北京：中華書局，一九八三年，一九七頁（録）；《英藏敦煌文獻》六卷，成都：四川人民出版社，一九九二年，二九頁（圖）；《敦煌遺書總目索引新編》，北京：中華書局，二〇〇〇年，一三三頁（録）。

斯四三〇七　一　新集嚴父教一本

釋文

新集嚴父教一本

家中所生男，常依嚴父教。養子切須教，逢人先作笑。禮則大須學，尋思也大好。

遣子避醉客，但依嚴父教。路上逢醉人，抽身以下道。過後卻來歸，尋思也大好。

忽逢鬭打處，但依嚴父教。饒取自然休，叉手卻倍笑〔一〕。忍取（辱）最爲精〔二〕，尋思也大好。

不用爭人我，但依嚴父教。能得寄（幾）〔時〕活〔三〕，不久相看老。罵詈祥（佯）不聞〔四〕，尋思也大好。

家中學侍用（奉）〔五〕，孝順伯親老。處分莫相違，但依嚴父教。加（枷）丈（杖）免及身〔六〕，尋思也大好。

市頭學經紀，但依嚴父教。斗秤莫崎嶇，二人相交道〔七〕。買（賣）買市須平〔八〕，尋思也大好。

欲擬出門前，但依嚴父教。無事莫夜行，免交人説道。日在即來歸，尋思也大好。

我勸世門（間）人〔九〕，但依嚴父教。君子有困窮，少人貧竊道（盜）〔一〇〕。三乞勝一偷，尋思也大好。

酒後觸悞（忤）人〔一一〕，不知有親老。過後卻來歸，好箇煞之奥。記取嚴父言，尋思也大好。

雍熙三年歲次丙戌七月六日安參謀學侍郎李神奴興寫嚴父教記之耳〔一二〕。

丁亥年三月九日定難坊巷學侍郎李神奴自手書記之耳〔一三〕。

説明

此件首尾完整，起首題『新集嚴父教一本』，訖尾題『丁亥年三月九日定難坊巷學侍郎李神奴自手書記之耳』。『新集嚴父教』是中唐以後出現的家訓類蒙書（參看項楚《敦煌詩歌導論》，一八八至一八九頁）。現知敦煌文獻中保存的『新集嚴父教』共三件，有關這些寫本的基本情況，請參看本書第十七卷斯四九〇一背＋斯一〇二九一背＋斯三九〇四背之『説明』。雍熙三年即公元九八六年，丁亥年爲公元九八七年。

以上釋文以斯四三〇七爲底本，因本書在對斯四九〇一背+斯一〇二九一背+斯三九〇四背進行釋録時，曾以此件爲校本，所以此件與其他相關各寫本之異同已見於斯四九〇一背+斯一〇二九一背+斯三九〇四背校記，故此件僅用斯四九〇一背+斯一〇二九一背+斯三九〇四背（稱其爲甲本）校補脱文、校改錯誤，如甲本亦有脱、誤，則據其他相關寫本補、改。

校記

〔一〕『倍』，爲『陪』之古字。
〔二〕『取』，當作『辱』，據甲本改。
〔三〕『寄』，當作『幾』，據甲本改，『寄』爲『幾』之借字；『時』，據甲本補。
〔四〕『祥』，當作『佯』，據甲本改，『祥』爲『佯』之借字。
〔五〕『用』，當作『奉』，據甲本改。
〔六〕『加』，當作『枷』，據甲本改，『加』爲『枷』之借字；『丈』，甲本同，當作『杖』，據伯三七九七『新集嚴父教』改，『丈』爲『杖』之借字。
〔七〕『道』，據甲本補。
〔八〕第一箇『買』，當作『賣』，據甲本改，『買』爲『賣』之借字。
〔九〕『門』，當作『間』，據甲本改。
〔一〇〕『道』，當作『盜』，據甲本改，『道』爲『盜』之借字。
〔一一〕『悮』，當作『忤』，《敦煌韻文集》據文義校改，『悮』爲『忤』之借字。

〔一二〕『侍』，《敦煌遺書總目索引》校改作『士』，不必；『興』，底本原寫『崔定興』，後塗抹『崔定』二字，在右側改寫『李神奴』，『興』係衍文，當删。

〔一三〕『侍』，《敦煌韻文集》據文義校補，《中國古代寫本識語集録》逕釋作『侍』，*Descriptive Catalogue of the Chinese Manuscripts from Tunhuang in the British Museum* 校補作『士』；『耳』，據殘筆劃及文義補，*Descriptive Catalogue of the Chinese Manuscripts from Tunhuang in the British Museum*、《敦煌韻文集》《敦煌遺書總目索引》《中國古代寫本識語集録》《敦煌詩集殘卷輯考》《敦煌遺書總目索引新編》《敦煌蒙書研究》均逕釋作『耳』。

參考文獻

Descriptive Catalogue of the Chinese Manuscripts from Tunhuang in the British Museum, London：The Trustees of the British Museum, 1957, p. 237（録）；《敦煌韻文集》，高雄：佛教文化服務處，一九六五年，一四九至一五〇頁（録）；《敦煌寶藏》三五册，臺北：新文豐出版公司，一九八二年，二五二頁（圖）；《敦煌遺書總目索引》，北京：中華書局，一九八三年，一九七頁（録）；《中國古代寫本識語集録》，東京大學東洋文化研究所，一九九〇年，五三一頁（録）；《英藏敦煌文獻》六卷，成都：四川人民出版社，一九九二年，二九頁（圖）；《敦煌研究》一九九二年二期，四二頁；《敦煌詩集殘卷輯考》，北京：中華書局，二〇〇〇年，八一八至八二一頁（録）；《敦煌遺書總目索引新編》，北京：中華書局，二〇〇〇年，一三三頁（録）；《敦煌詩歌導論》，成都：巴蜀書社，二〇〇一年，一八九至一九〇頁；《敦煌蒙書研究》，蘭州：甘肅教育出版社，二〇〇二年，四〇二至四〇八頁（録）；《法藏敦煌西域文獻》二八册，上海古籍出版社，二〇〇四年，八一頁（圖）；《蘭州文理學院學報（社會科學版）》二〇一七年六期，九三至九五頁；《英藏敦煌社會歷史文獻釋録》一七卷，北京：社會科學文獻出版社，二〇二一年，四五五至四五九頁。

斯四三〇七　二　雜寫

釋文

白云也，滿顧路，清山角，去酒存外焉（？），水變留（？）　仲説延
　　　　　　　　　　　　　　　　　之耳後有來讀

説明

以上文字係時人隨手寫於『新集嚴父教一本』題記行間。

參考文獻

《敦煌寶藏》三五册，臺北：新文豐出版公司，一九八二年，二五二頁（圖）；《英藏敦煌文獻》六卷，成都：四川人民出版社，一九九二年，二九頁（圖）。

斯四三〇七背　雜寫

釋文

更有倍在（?）出（?）

説明

以上文字係時人隨手寫於《新集嚴父教一本》紙背。

參考文獻

《敦煌寶藏》三五册，臺北：新文豐出版公司，一九八二年，二五二頁（圖）；《英藏敦煌文獻》六卷，成都：四川人民出版社，一九九二年，三〇頁（圖）；《敦煌蒙書研究》，蘭州：甘肅教育出版社，二〇〇二年，四〇三頁（録）。

斯四三〇九背　張瓊俊爲亡考設齋請僧疏

釋文

（前缺）

龍興寺僧次一十人

　右瓊俊今月廿二日〔一〕，奉爲　亡考遠忌設齋，幸請

　依時降止，謹疏。

　　　　　二月廿日張瓊俊　狀

說明

此件書寫於《大乘百法明門論開宗義記》背面的裱補紙上，是張瓊俊爲亡父舉行法事活動向寺院請僧的疏文。在敦煌，施主舉行法事活動需要請僧，不管是按僧次還是別請，都要事先向寺院遞交請僧疏（參郝春文《唐後期五代宋初敦煌僧尼的社會生活》，三五六至三五七頁）。

校記

〔一〕『廿』，《敦煌遺書總目索引新編》釋作『二十』；『二』，《敦煌遺書總目索引新編》釋作『三』，誤。

參考文獻

Descriptive Catalogue of the Chinese Manuscripts from Tunhuang in the British Museum, London：The Trustees of the British Museum, 1957, pp. 179-180；《中華佛教文化史散策三集》，臺北：新文豐出版公司，一九八一年，五八至五九頁（録）；《敦煌寶藏》三五册，臺北：新文豐出版公司，一九八二年，二五五頁（圖）；《敦煌遺書總目索引》，北京：中華書局，一九八三年，一九七頁（録）；《敦煌社會經濟文獻真蹟釋録》四輯，全國圖書館文獻縮微複製中心，一九九〇年，一九〇頁（圖）（録）；《敦煌佛教の研究》，京都：法藏館，一九九〇年，一九頁；《英藏敦煌文獻》六卷，成都：四川人民出版社，一九九二年，三〇頁（圖）；《講座敦煌5敦煌漢文文獻》，東京：大東出版社，一九九二年，六四八頁；《1990敦煌學國際研討會文集·史地語文編》，瀋陽：遼寧美術出版社，一九九五年，五〇五、五二一頁；《唐研究》三卷，北京：北京大學出版社，一九九七年，三〇頁；《唐後期五代宋初敦煌僧尼的社會生活》，北京：中國社會科學出版社，一九九八年，三五六至三五八頁；《敦煌遺書總目索引新編》，北京：中華書局，二〇〇〇年，一三三頁（録）；《敦煌佛教律儀制度研究》，北京：中華書局，二〇〇三年，三六〇頁；《敦煌研究》二〇〇五年五期，五〇頁。

斯四三一四＋斯六一九三＋伯二七五一　紫文行事決

釋文

（前缺）

十六日、十八日〔一〕、□亦足成仙也，此日之夕〔二〕，是陰精飛合〔三〕，三炁盈溢，月水結華，黄神下接之時也。行之一十八年，上清當練魂易魄，映以玉光，乘玄轡景，飛行太空。案此皆用偶日，至於廿六、廿八，是月數已就周。虚卅者〔四〕，月有大小，是以並不得取。而十二日復不用者，或陰當（精）精（當）有虧故耳〔五〕，亦不可都該究也。

月符

紫微服月精太玄陰符。前服月之法，亦太微所授。而此符云紫微者，當是/經中所云紫微故也〔六〕。今祝符云紫微黄/書，/又服月祝云飛仙紫微，//如似日月陰陽之用//，//並各異矣//。□/右月晦夜半/，/黄書青紙/ //上//〔七〕，//東向服之//，//先以// /告月魂也/。/是時/，/當先服/ //開明靈符也//。//日朱月黄/，//即具本位/ /之色也/。/爾夜但併書/，//兩符//，//既同一夕//，//先服日符畢//，//仍服月// /符/，/不必/ //待服竟方書之//〔八〕。月晦夜半，日月俱在東方，月在日道後，故亦向東服也。臨服月符，閉炁，右手執符，心祝曰：月陰像，故用右手，節度依前法。紫微黄書，名曰太玄〔九〕，致月華水，養魄和魂，方中嚴事〔一〇〕，發自玄闕〔一一〕，藏天隱月，五靈夫人，飛光九道，映朗泥丸。五韻。祝畢，乃服符。仍用右手卷呑之，亦可十咽炁，存令上入泥丸中。此即日在心，月在泥丸，服芒之義也。凡此二符，皆云先以告日月之魂者，謂明日應服日月，先使我精氣上通，招告二魂，令嚴裝下接耳。既改月異數，故以其晦輒更申勒之也。

拘魂

太微靈書紫文拘三魂之法：月三日、月十三日〔一二〕、月廿三日夕，魂既有三，故以月之諸三。而神鬼尚陰，並皆以夕從〔一三〕，或之夕〔一四〕，須卧便爲之，得於初夕彌好，遂能終夜不寐爲佳。若山居無務，自可夕夕爲之，不必止此三日也。是此時也，三魂不定，爽靈浮游，胎光放形，幽精擾唤。其爽靈、胎光、幽精三君，是三魂之神名也。三魂本在心中，大（天）數三〔一五〕，故有三神，亦是震位左三右七之義也。其夕皆棄身遊敖，飈逝本室，或爲他魂外鬼所見留制，或爲魅物所得收録，或不得還反，離形放質〔一六〕，或犯於外魂，二炁共戰，皆躁競赤子，使爲他念，去來無形，心悲意悶也。道士皆當拘而留之，使無遊逸矣。魂曰拘，魄曰制，於義爲善。而飛步祝反云拘魄制魂，五辰祝亦爾，不審真人作法，何以不同。凡有如此處，吾自暫得道後，必欲上請，皆刊正之。魂自是善神，正患其棄身他逝，與邪物相觸，則爲傷亂。對黃老，侍大君，故使內外越善。今人有時精爽恍惚，若有所喪，或氣色沉憒，起居迷罔，又不　此皆魂逝未反，動經旬日，然後方還。若因此遂亡，則身亦仍病，而致隕落也〔一七〕。拘留之法〔一八〕，當安眠向上，下枕申足，交手心上，制魄云去枕，此云下者，當不都除，但下之，令高二寸許，平身也。初卧當先存洞房事，都竟，又存三宮大君，畢，乃下枕申足，覆兩手相交沓，正以掩心，左手在上。冥目閉炁三息，叩齒三通，一閉令如呼吸三過之久，乃徐通之而叩齒。叩齒各三者，是三魂意耳。存心有赤炁如鷄子，從內上出於目中，從目中出外，赤炁轉大覆身，下流身體，上至頭頂，魂雖在心而是肝神，故令心炁出眼以追之。存此赤炁如鷄子大，晃晃然從心孔出，唯□□□□內孔〔一九〕，上至左目中，乃出外漸漸而大，遂通覆身上，兩邊至席，狀如衾被，兼以蒙頭，混混親身，唯不須繞度背下耳。變而成火，因以燒身，使帀一身，令内外洞撤〔二〇〕，有如燃炭之狀。都畢。其時當覺體中小熱，存向覆身赤炁忽俱變成火，因合燒身，初猶炎爓，良久皆成炭，骨肉五藏，一時炯〔二一〕，見三魂亦同赫然，此時存我猶生，但身赤耳。初先想使熱，末乃當真覺之。乃又叩齒三通，畢，存呼三魂名，當存爽靈在玄闕侍大君，守魄〔二二〕；胎光在洞房中對黄老〔二三〕，侍赤子，守泥丸；幽精在心中受節度，乃呼名。呼名時，亦各當其所在存呼之。爽靈、胎光、幽精，三神急住。因微祝曰：太微玄宫，中黄始青，内練三魂，胎光安寧，神寶玉室，與我俱生，不得妄動，鑒者太靈，若欲飛行，唯得詣太極上清，若欲飢渴，唯得飲徊水玉精。六十四字。都畢也。因忽然忘身，良久，乃更復餘存想也。魂飛者□□□□遊行〔二四〕，魄止云飢渴，聽出走也。徊水月黄等，皆是琅玕丹所變化者，此物非魂魄所能得，故以此誓之。

制魄

太微靈書紫文制七魄之法：月朔、月望、月晦夕，此三日並月中之要會，諸鬼司行遊縱逸之日也。月望依曆算取之，或十五、十六。魄既凶躁，彌宜恆制，自可夕夕爲之。是此時也，七魄流蕩，遊走穢濁，或交通血食，往鬼來魅；或〔與〕死尸共相關入〔二五〕；或淫惑赤子，聚姦伐宅；或言人之罪〔二六〕，詣三官河伯〔二七〕；或變爲魍魎，使人厭〔魅〕〔二八〕；或將鬼入身，呼邪煞質。諸殘病生人，皆魄之罪；樂人之死，皆魄之性；欲人之敗，皆魄之疾。皆爲□鬼恆欲人死〔二九〕，輒得放逸天地，遊走冢墓，歆享祠祭，注犯子裔。故令人夢想紛雜，生死混紬〔三〇〕，或交通淫濁，或接對飲食及遊踐非所，驚懼糾執，諸如此事，譎變非一，致令精神離錯，念慮擾怖，患禍潛構，災疾孑起，此皆魄之爲害，彌宜檢制。道士當制而厲之，謂祝不得妄動也。練而變之，謂素炁九迴也。御而正之，謂和柔相安也〔三一〕。攝而威之。謂天狩守門也〔三二〕。其第一魄名尸苟，第二魄名伏矢，第三魄名雀陰，第四魄名呑賊，第五魄名非毒，第六魄名涂穢，第七魄名臭肺。此皆七魄之陰名也，身中之濁鬼也。

此七鬼□□穢誹〔三三〕，皆是惡目。其數七者，魄常居肺，肺，金數也，故能煞伐。魂雖常願生，而是木神，所以每爲魄所遏，轉其宅在心中，微有火以制之。故人生作惡事恆居多，若能苦守三宮八景〔三四〕，則此七鬼自然弭伏矣。

制檢之法，當正卧，去枕申足，兩手掌心掩兩耳，令指端相接，交於頊（項）中〔三五〕，

此亦先脩存竟，乃正卧，都去枕，交手枕之，使掌心掩耳，指端交於腦戶下也。申足覆蹠向席後，仍以蹈龜蛇也。

閉息七過，叩齒七通，

此猶是閉七息也。此前不云冥目者，以後應存青龍在目中，雖爾亦應小臨之。

存鼻端有白炁如小豆，須臾漸大，以冠身九重，下至兩足，上至頭上。

此亦應先存白炁如小豆〔三六〕，從髆中上出喉〔三七〕，由鼻内右孔出在鼻頭，光明照曜，重重漸生，從外爲始，通冠一身，周度背下九重，數畢，鼻端乃盡。魂云覆身，故指蓋上。此云冠身，所以應周帀。今用髆中白炁而出鼻頭，即是其本宮家事。一小豆無容從鼻兩孔出，五神存素明令從右孔出，故可以爲准。而赤炁出目亦不應頓兩，是以令從左眼也。如此輩事，皆經中書不盡言處，並應以意裁，不可率爾而任也。

既畢，於是白炁忽又變成天狗，使兩青龍在〔兩〕目中〔三八〕，

身既在九重之裏，今炁變應先從内化，當令内二炁欻激聚兩目，從左始〔三九〕，各變爲青龍〔四〇〕，身在目瞳之内，並出頭向面外，形各長九寸。

兩白虎在兩鼻孔中，皆向外。

次二炁激聚鼻兩孔，亦從左始，各變爲白虎，身在孔内，頭上迴向外，形各長七寸。此龍虎身雖小促，而令形體宛具，玃牙爪，奮驎角，使巉然可畏。

朱鳥在心上，向人口。

次一炁激聚心上，變爲朱鳥，以足正蹈心，舒翼覆兩脅，張啄臨注我口上，至於脣齒，想其形頭尾，令長三尺。

倉龜在左足下，靈蛇在右足下。

次二炁激〔聚〕兩足下〔四一〕，左變爲倉龜，徑五寸，右變爲靈蛇，亦倉色，長五尺，並覆在席上。蛇則蟠屈，身尾繞龜，還申頭相向〔四二〕，朱鳥兩足心各蹈其背上〔四三〕，帖帖然也〔四四〕。此四靈形狀，即如今人所畫者，唯龜蛇小異，不正相纏繞如玄武耳。

兩耳中有玉女，著玄錦衣，當耳門，兩手各把火光。

餘外二炁又貫手掌，激〔聚〕耳門〔四五〕，亦從左始，各變爲玉女，長五寸，並著倉玄錦披裳，飛雲髻，兩手各把火光，合四火也。在我掌手内，當耳門，向前坐。此即是耳神驕女、雲儀也。如是白炁都盡，通更存七狩二女，一時皆令具在〔四六〕。

良久，都畢，又咽唾七過，叩齒七通，呼七魄名。

叩咽各七，即是七魄〔四七〕，而猶有咽唾者〔四八〕，以魄性凶惡，故以和之耳。此直云呼不云存者，謂七魄共在一處，不如三魂分張，應須存耳。亦應仿佛存其七形相隨，在脾中命門右邊列立，爲第一魂爽靈所守，制不得動，乃呼曰：尸苟、伏矢、雀陰、吞賊、非毒、涂穢、臭肺。諸呼名字者皆三過，而此魂魄獨正爾者，當以其並是我身之神鬼，既御得其道，則易致召服，不假三呼也。

畢，乃微祝曰：素炁九回，

制魄邪凶，天狩守門，驕女執關，練魄和柔，與我相安，不得妄動，看察形源〔四九〕，若汝飢渴，聽飲月黄日丹。卌二字。都畢也。因忽然忘身，良久，乃更爲餘事。於是七魄内閉，相守受制。若恆行之，則魄濁下消，反善合形，上和三宮，與元合靈。此云恆行，當謂朔望晦不虧也，夕夕爲之彌佳耳。魄既損消，凶濁練成善神，與三宮和合，承受節度，則不復欲人死逝矣。

人一身有三元宮神，命門有玄闕大君及三魂之神，合七神，皆在形中，欲令人長生，仁慈大吉之君也。此七神，道俗賢愚皆恆有之。其神清貞潔〔五〇〕，則才〔貌〕高秀〔五一〕，若鄙濁昏闇，則質行陋拙耳。並居身則無疾，互遊逝則致病，既各各衰（？）逸，則大神亦去，是故死矣。其七魄亦受生於一身，而與身爲攻伐之賊，故當制之。道士徒知求仙之方，而不知制魄之道，亦不勉於徒勞〔五二〕。

魂魄雖俱受生於父母，而魄稟其陰濁〔五三〕。陰濁鍾邪穢〔五四〕，恆與尸蟲合勢，每欲陷人於非所。夫善惡理對，生煞事偕，此自然之常法也。凡諸經中，如《三奔》《七元》，乃有妙絶高事，而莫有説魂魄之名字者，唯今乃得識耳。此二神常在身中，庸人皆知有此，巫覡之徒亦頗覿形像。至於名字，實古今幽顯所秘，世莫能得傳。若有見者，深共隱秘也。人中品經目有五行秘符呼魂召魄，《列紀》云服五行以呼魂，如此別當復須符也。經既未行，正當且勤斯法。但復思一條，今魂魄既出自身爽，不知其體服云何，若不即如我之容飾，便應各依其本宮之色像，至於長短大小，各隨存用之宜，此又最須先明。巫氏所見，止有一人，未必真是也。

三一

三元宮所在，其上元宮，泥丸中也，其神赤子，字元先，一名帝卿。中元宮，絳房中心是也，其神真人，字子丹，一名光堅。下元丹田宮，齊下三寸也，其神嬰兒，字元陽子，一名谷玄。此三一之神矣。此三宮所在，猶《三一經》所詺宮府耳。但名字離合不同者，以此法高妙，相混一體，故不復須其對坐相扶，尊卑兩位。既云七神，明其必無二矣。所謂金闕帝君真書之首篇者，蓋此章乎。欲拘制魂魄時，皆先陰呼其名，存三神皆玉色金光，有嬰孩之貌，中上二元並衣赤，下元衣黄，頭若嬰兒始生之狀也。存三真質色如玉而光曜若金，其餘容服皆如《三一經》法，但省偟不事（存）想其把執諸物耳〔五五〕。凡服色形狀，乃各心呼曰：上元泥丸宮赤子，字元先，一名帝卿。次存中元、下元，並如之。畢，仍存玄闕竟，方乃拘制耳。行道服炁時，亦存呼名字。凡有所脩存，吐納之始，並如之。若行迴炁之道，又應先呼此法，乃得存脩大君之事耳。

大君

命門，齊也。自齊至後三寸，亦可謂命門，猶如頭中皆呼爲泥丸耳。御入三寸正是命門下一所居也。玄闕是始生胞腸之通路也〔五六〕。人生皆以齊繫胞，猶如樹之果蒂，既生以後，自然隕落，爲元炁之本也。始其中有生宮，宮內有大君，名桃孩，字合延，著朱衣，巾紫容冠，坐當命門〔五七〕。此玄闕生宮，即是入齊一寸明堂宮也。方一寸，有三老君居之，大君處其左〔五八〕。今存時亦小令近左邊，貌如嬰兒玉色，上下朱衣，巾紫扶容冠，右手執皇象符，向外坐，既對命門之前，故云坐當命門。涓子云：明堂三老君，宮胇共館脾。旦朝胇而還，脾□□右也。□各都謂□耳〔五九〕，此正在脾外也。其三魂神侍側焉〔六〇〕。我三魂神雖恒侍大君〔六一〕，至此餘法赤各各分張〔六二〕。向思洞房內宮有第二魂，今則不容便還，此當止是第二爽靈耳。然存想互相（？）款悅不恒〔六三〕，一離一合，在其所念。今者猶當悉存三魂並立侍大君之左邊，兼令守七魄也。大君恒手執天皇象符〔六四〕，以合注元炁，補胎反胎（胞）〔六五〕。此神既胞元之始，精炁所宗，故恒執此符，以相引注，使津溉流通，補腦益髓者也。暮臥，先閉炁廿四息，乃心祝大神名三通〔六六〕，因咽唾五十過，又三叩齒，存三宮竟，乃閉炁存大君服色及我魂如上，數畢，心呼曰：玄闕生宮大神桃孩字合延〔六七〕。畢，乃徐徐咽唾，存以灌注明堂玄闕也〔六八〕。微祝曰：胎靈大神，皇綱（綱）天君〔六九〕，手執胞符，首巾紫冠，黃迴赤轉，上精命門，化神反生，六合相因，形骸光澤，玉女妻身。五韻。畢。能恒行之十八年，大君將能左激三田，右御三炁，田化成飛轝，炁化成玄龍，仰役廿四神，俯使魂靈，呼陽官六甲，召陰官六丁，千乘萬騎，白日升天，皆桃君之感致也。道雖小，亦有可觀者焉。明堂三老，此法最高，次則中部《黄庭内經》所誦是也，右則黄赤内真之法。若脩之得理〔七〇〕，亦能致仙，而清真不以比德，故爲穢賤之下僚耳。涓子云：合延居左，理真命神，能左激雲輪，右騁飛龍，仰役廿四神，俯使魂靈，千乘萬騎，呼陽召陰，白日升天，其事之妙，出《靈書紫文上經》也。陽通居右，理陰調陽，和象二儀，迴丹注黄，度應六合，精填五行，亦能使舉體升化，上入太清。此道嶮阻，至人乃行，其事之妙，黄赤内真，具陳委密也。靈元居中部之中英（央）〔七一〕，理胃生肌，和血灌津，消實散堅，凝精形神，百疾滅隊〔七二〕，固魄鍊魂，耳目聰明，面顔玉鮮，亦能輕舉浮空，晨登太霄也。此即周紫陽載涓子所説明堂三老之事矣。其左君名字，即此經是也。右名桃康，字陽通，中名混康，字靈元，各有所主，輕重不同矣。尋真經諸法，並男女同用，都無偏脩者。至於身中諸神，亦同爲男形，冠服不異，唯道一爲分别之主，是上宫女神來降成之耳，故獨以顯言也，其餘皆男形耳。此祝云玉女妻身，非言以爲妻妾之妻。《禮》云：妻者，齊也。謂以玉女與己齊共寢處，猶如玄真之道，玉女下降，與子寢息，豈復女人不得行之耶？龜臺夫人即其本矣。世學多惑此事，故復寄言也。

象符

太微帝君天皇象符

有（右）天皇象符〔七三〕，以付生宫大神桃孩合延，合元上炁，理胞運精。朱書青紙，月旦、月望夜半，北向服之。以左手執符，閉炁，其日夜半起，束帶燒香，北向畫符畢〔七四〕，各各前竟，以次沓執，更臨目閉炁，存大君，乃祝之。心祝曰：天帝玄書，皇象靈符，以合元炁，運精反胞，萬年嬰孩，飛仙天樞，生宫大神，披丹建朱，首建紫容，與我同謀。五韻。畢，乃服。服畢，起再拜。服符時，於所寢牀上也。以次一一卷服，各存令至大君之所，乃使左手取執之竟，仍北向存拜太微天帝也。此是迴津注精之法，故欲止在寢處，不須他方静室。

若道士有行還精之道，徊黄轉赤，朝精灌命，注津既（溉）液〔七五〕，使男女共丹，面生玉澤者，宜知大君之〔名〕要〔七六〕，服象符以不老矣。若在世之日，未絶伉儷之道，猶爲内真之事者，則男女俱應受行脩服，不得一人偏用也〔七七〕。若徒行事而不知神名，還精而不服此符，不見其祝説，不測其宫府所住者，雖獲千歲之壽，故自歸尸於太陰，徒積歷紀之生，故應還骨於三官也。此謂徒能精行內真，善解陽通，而不知此左部之秘祝，象符之要法，雖可延齡千百，終不成仙，況乎今人盡不能行，而欲爲之，其自取朽没，蓋其宜耳。道士暮卧，常存大君，爲祝説之法，朔望服符，次運胎精之益者，如此亦成仙人，可不煩男女還補之術也。夫人生男女陰陽二象，倫對草木昆蟲，亦自然心性。今既孤影林澤，絶偶深嚴（巖）〔七八〕，既無復交接之理，兼亦隱書所禁，每至四氣氤氳，何能都無懷春感秋之氣。如此則靈關壅滯，精想凝曠，則邪魅交遘，心事浮動，內使靈池虚泄，外令髮貌衰摧。故宜服符以代迴練之益，存神以運灌化之道，然後二氣無偏，神和交結。斯實輒身之良方，字静之至要矣。然御女以要飛騰，徊炁以求天仙，嶮戲甚於水火，煞伐速於斧釿，自非灰心抱一之性，殆不以此取喪失者也。中才行之，所謂吞劍而欲使喉咽不傷，當可得耶？內真之事嶮害如此，唯上才乃能行之，而又復鄙其淺穢。中下士故自絶言如斯之術，則永爲棄矣。今世俗之徒，皆掘三官之筆耳，可謂嗚呼哀哉！

禁忌

生害（宫）大神君〔七九〕，忌人食生血，忌燒六畜毛，忌燒葫蒜皮葉及諸薰菜輩〔八〇〕，皆伐亂胎炁，臭傷〔嬰〕神〔八一〕，慎之。凡薰臭血穢，一切皆避，非唯數條而已，此蓋舉其所至忌者耳。人髮狩角、鳥羽蟲皮，諸如此炁，並身神惡聞。一觸其禁，則靈爽奔越，積年招致，一旦驚亡，豈不嗟乎。

謝過

學道者至秋分之日，皆存真齋戒，勿念邪惡，心當常願飛仙。此事蓋學者之常行，豈但秋分一日而已，但此日自彌宜篤耳。古之神人曰：子欲升天慎秋分，罪無大小皆上聞，以罪求仙仙甚難，是故學道爲心寒。真要言也。此青君説古先得道者之言。夫皇農之代，雖無灼然推曆，而節炁之會自皆知之。至蓂莢候月，已爲澆矣。若長齋道士，秋分日中皆謝七祖父母，下及一身罪過，求自改之誓也。其日正中入密室，北向燒香，關啓太上聖君以下諸領教衆真，依數各再拜，乃自陳首謝，狀如五通法。兼自誓不敢復犯之辭，隨人所言，此亦别有成，唯故不一二矣。自非真正絶世之性，慎於此日謝罪，慎之。若非高志遠節，心堅氣淳者，便不可都以爲誓。《裴傳》云：重犯其罪，則不復可解。精若是意，量必能不復爲者，乃隨事陳謝，但未宜總言之耳。此日謝過爲要，亦當與五通相似，但不具示其儀法，如爲疏略。《裴傳》八節，乃支公之説，而既經真人所覽，理應可用，亦宜參取彼秋分日事而用之也。

存真

青僮（童）君諱某某〔八二〕，每八節日存之。此諱上一字，當用玉録音，如今佛家音也〔八三〕。節日平旦、日中、夜半，當入室燒香再拜，存注啓祝，以請乞神仙記名青録之事，隨意所言。日出向日存脩時，依丁卯法彌佳。青君上相，總領司命，觀校兆民，八節吉慶，故令祈存。此雖載諱，蓋是標出經中自稱小臣之意耳，不令呼之。今不宜口道，若心自識念，乃無嫌也。

右紫文決，凡十二事。

七　九真八道行事決第七

九真八道，即以其事數爲名也。

沐浴

八道秘言曰：九真八道乃存脩異法，而俱是黄老所宜，則相輔爲用，故此九真之事，乃爲秘言所書也。欲行九真之法者，長齋清室。行九真之道，一日九過内觀精審，至須專寂，自非長齋守靜，難得恒脩。常以三月三日、五月五日，〔用〕東流水沐浴〔八四〕。又以甲子日沐浴，燒香於沐浴左右。甲子沐浴，雖別之於後，是其日例既異，故不同句，非爲不用東流水也。今用湯水，隨寒暑先早沐，至日中使髮燥，仍浴〔八五〕。沐浴亦皆向王，燒香於其所。都畢，乃楝頭，束帶整服，燒香於靜室，隨向王再拜而跪禮也。畢，向王炁再拜。心祝曰：太上高真，九靈之精，使某飛仙，上登紫庭，沐浴華池，身神澄清，精通太虛，五藏自生。四韻。尋此祝辭判〔斷〕〔八六〕，應是沐浴畢拜祝，所以有畢字。又祝中沐浴俱言，豈得各用耶？若意言燒香畢便拜祝者，今臨沐時自可各燒香，向王再拜，先祝乃沐乃浴，亦無嫌都畢更拜祝也。凡事疑從重，無妨於煩曲矣。

論神

太上曰：夫人生結精積炁，受胎斂血，所以凝骨吐津，散布流液，忽爾而立，怳爾而成，罔爾而具，脱爾而生，人之寄生託誕，先因精爲端，精既凝結，陰陽之炁積附成胎，於是注血立骨，稍搆人形〔八七〕，形既充具〔八八〕，神亦來入，乃能自生。此變化精微，不可以理而求，生生之本，莫復過斯者矣。譬如鳥卵，剖之止一滴之液耳，及其苞抱須臾，遂形羽潛育，此從何處而來，誰所雕匠，正自然而然，造化亦不測所以。凡含炁之品〔八九〕，非唯質貌與父母相類，乃性識風意亦皆不異〔九〇〕，念此分神注炁，乃至於此。及其長也，或有移情易（？）操者，猶如草木之實植乎異壤，則色味不復同本。此皆鑄染之所由，非源繫之遷革矣。

於是乃九神來入，五藏玄生，其形質既具，五藏既立，當生之時，候大神來入〔九一〕，而壽夭吉凶定矣。一神九名〔九二〕，故曰九神也〔九三〕。父母唯知生育之始，不覺神適其間也。父母亦不知此是化所生〔九四〕，而不測神之所以耳。神亦不自識其然，而況於人乎也。人體有尊神，其居無常，展轉縈輪（輪）〔九五〕，流注元津。此神外來内結，以立一身，非如三魂七魄〔九六〕，是積靈受炁，生於父母者也〔九七〕。魂魄皆因父母之津，化胞絡以相成也。陽清以成魂，陰濁以結魄，非假外物矣。至於大神，則爲司命之所詮，玄靈之所配〔九八〕，昔是破冢之遺爽，今注此胎以成人，所謂先身者是也。今我一身，魂魄是父母之分神，形骨是五行之凝聚〔九九〕，百神是天靈所營匠，智欲是炁候所浸治。至於壽夭生死，貧富貴賤，運分多少，罪福善惡，及輪迴五道，既生無滅〔一〇〇〕，必是此一大神耳。人人有之，而皆不能自知也。尊神有九名，號曰九真君，分化上下，轉形萬道，子能脩之〔一〇一〕，則出水入火，五藏自生，不滯乎一處，故能遷變無端〔一〇二〕，既長守不離，則所在恒存，雖則懸求明示〔一〇三〕，所以改化反真耳。長齋隱栖，以存其真。道齋謂之守靜〔一〇四〕，佛齋謂之耽晨。道靜接手於兩膝，佛晨合手於口前。此蓋明齋之爲義也。接手靜觀則百神自朗，合掌耽念則身相具撤〔一〇五〕，斯道佛之真致，二齋之正軌。夫佛之爲道，乃道之一法，忘形守神，亦妙之極也。耽晨，即今所謂思禪者矣。玉皇留泰（秦）〔一〇六〕，玄精同象，南岳赤君，隨教改服。方諸者之境，奉之者半，三真弟子〔一〇七〕，兩學相若，此乃術有内外，法有異同，本非華戎之隔，精麤之殊也。而邊國剛疏，故宜用其宏徑；中夏柔密，所以遵其淵微耳。

一心

第一真法。平旦，太神在心内，號曰天精君。太神猶大神也。神之始位，故曰太耳。大神正在洞房，今始變本質，来在心中，故從第一而起也。平旦，平旦隨日之長短，既無定名，是以不得云寅時，而卯時又不被存，則進退就兩時中取之也。所向方面，各依升玄别決，所用月取其義類。接手於兩膝上，閉炁冥目内視，向午方平坐，接手加於兩膝，冥目閉一息，存神吐一炁，凡閉九息，神吐九重炁。畢，乃通息，叩咽而祝。吐閉皆使徐微也。後皆如之。存天精君座在心中，存神上下並朱衣，巾丹精蓮冠，左佩神書，右帶虎文，並如祝中所言也。凡大神九變，形貌並如嬰兒始行[之狀]〔一〇八〕，坐皆向外，長短大小無定形也。其所坐之□穴之中，其有不悉空虛者，雖於實中亦得□形仿佛，今不覺有闕也。其藏府所在高下次第，具載廿四神中，不復顯出，又安大神向子時在洞房，丑時不經存，猶應仍留至今，寅時乃忽然入心中。存心時不復思所從來之本處，直爾而見耳。後皆如此。使大神口出紫炁，以繞心外九重。紫炁如今紫花色也。[以]繞心九重者〔一〇九〕，猶如制魄白炁冠身九重，各各作一重也。初一吐炁推令近外，後漸漸以次一吐輒左右分，通冠〔身〕之〔一一〇〕。凡吐九炁，得九重乃止。每一重間中亦不相關，唯狀如鷄子内殼，使周員，覺有九重之數耳。見心及神居在炁中，曖曖然也。後皆效此。畢，因叩齒九下，咽唾九過，此八事叩咽並用九過者，同准九重炁也，故不各依其藏之數。祝曰：亦當微祝。天精大君，來見心中，身披朱衣，頭巾丹冠，左佩神書，右帶虎文，口吐紫華，養心凝魂，赤藏自生，得爲飛仙。五韻。畢，乃開目。

二骨

第二真法。辰時，大神分形盡在骨中，號曰堅玉君。既云分形盡在骨中〔一一一〕，則骨骨皆有一神，不可定數，其形服悉同也。辰時接手兩膝上，閉炁冥目内視，〔存〕堅玉君入坐一身諸百骨中〔一一二〕。此前卯時又不被存，則猶在心中矣。今當向西方存神，上下並白衣，巾蓮精白冠，左佩龍書，右帶金真，先在頭骨，乃以次互存，闕穿髓節，皆使周遍，骨骨皆有。都畢，更通存一身諸骨髓中，盡覺有神。使口出白炁，吐以繞骨九重。白炁如今白玉色也。存存（思）諸骨〔一一三〕，皆使各各吐炁以繞骨外。畢，又通存一身筋骨之外，大小隨形，周帀上下，盡有九重。骨形雖有長短，而各隨其節解爲斷，不得通以一身首尾也。畢，因叩齒九下，咽唾九過，祝曰：玉堅大君，來入骨中，身披素衣，頭巾白冠，左佩龍書，右帶金真，口吐白炁，固骨凝筋，白骨不朽，筋亦不泯，百節生華，使我飛仙。五韻。畢，乃開目。案前二名皆云堅玉，而此祝云玉堅，或當是誤，然反覆呼此，猶爲一類，今但當依之。又『存』字作『在』，亦是誤耳。

三 血脈

第三真法。巳時，大神分形盡流入諸精血中，號曰元生君。此亦分軀散景處，皆有形服並同，此正（止）云精血(一一四)，舉其綱耳。巳時接手兩膝上，閉炁冥目內視，存元生君周遊一身血脈精液之中。血脈精液無的孔穴，故不得言入坐，而云周遊也。向未方存神，上下並黃衣，巾紫容冠，左佩虎録，右帶龍書。存分形流散，悉入此四處，血精液皆消散流通，唯脈是內中氣血之路，與諸精液雖通，津腴無的宮府，而最爲有形畔，可得炁繞，故令纏之。使口吐黃炁，以纏孔脈外九重。黃炁如今雌黃色也。氣血精液既皆由脈通，脈處有孔，使諸神各各吐炁以纏其外，枝分縷散，隨其大小，皆令九重，不得如餘處通繞共一也(一一五)。神既各於外吐炁，故不曰繞而獨言纏，此當令炁先纏向內，乃以次作外。脈不如骨節節有限，今當依明堂流注，取十二經并任脈、督脈、脾給（絡）(一一六)，合十五脈爲始終也。畢，叩齒九下，咽唾九過，祝曰：元生大君，周灌血樞，身披黃衣，頭巾紫扶，左佩虎録，右帶龍書，口吐黃津，固血填虛，精盈液溢，九靈俱居，使我飛仙，天地同符。五韻。畢，乃開目。

四 肝

第四真法。午時，大神在肝中，號曰青明君。午時接手於兩膝上，閉炁冥目內視，存青明大君入坐肝內。向寅方存神，上下並青衣，巾翠容冠，左佩虎章，右帶龍文。凡五藏唯心內有孔爲大，餘悉細小，入坐其內，不必各從其輸之孔穴，但貫實而入耳。藏府各有大小，肝肺並大，葉數又多，吐炁皆通令周币也。使口吐青炁，以繞肝九重。青炁如今空青色也。自後繞藏，亦皆於外而起至內，令數畢。畢，叩齒九下，咽唾九過，祝曰：青明大君，來入我肝，身披青衣，頭巾翠冠，左佩虎章，右帶龍文，口吐青炁，養肝導神，青藏自生，上爲天仙，太一護精，抱魄檢魂。六韻。畢，乃開目。

五脾

第五真法。未時，大神在脾中，號曰養光君。未時接手於兩膝上，閉炁冥目内視，存養光君入坐脾中。向辰方存神，上下緑衣，巾蓮冠，左佩玉鈴，右帶威神。使口吐緑炁，以繞脾九重。緑炁，如今緑青色也。畢，叩齒九下，咽唾九過，祝曰：養光大神，來入脾中，身披緑衣，頭巾蓮冠，左佩玉鈴，右帶威神，口吐緑華，養脾灌魂，黄藏自生，上爲真人。五韻。畢，乃開目。

六胇

第六真法。申時，大神在胇中，號曰白元君。申時接手於兩膝上，閉炁冥目内視，存白元君入坐胇中。向申方存神，上下龍文衣，巾黄晨華冠，左佩玄書，右帶虎文。左手把皇籍，右手執靈篇。使口吐五色炁，以繞胇九重。五色謂青赤白黑黄也，使一吐便有五色俱出。畢，叩齒九下，咽唾九過，祝曰：白元大君，來坐胇中。身披龍衣，黄晨華冠，左把皇籍，右執靈篇，左佩玄書，右帶虎文，口吐五炁，理胇和津，白藏自生，飛仙紫門。六韻。畢，乃開目。

七腎

第七真法。酉時，大神分坐散形在兩腎中，號曰玄陽君。腎有二枚，神止分爲兩形耳。酉時接手於兩膝上，閉炁冥目内視，存玄陽君〔入〕形並入兩腎中〔一一七〕。向子方存神，並著紫衣，巾扶晨華冠，左佩龍符，右帶鳳文，各在一腎中相向對坐。此『入形』字應作『分形』，是書時謙（沿）前例仍作『入』字〔一一八〕，後脱忘治改耳。使口吐倉炁，以繞腎九重。倉炁，如今望水作淺碧色也。神神吐炁，各繞一腎。畢，叩齒九下，咽唾九過，祝曰：玄陽大君，入坐腎中，身披紫衣，頭巾扶晨，左佩龍符，右帯鳳文，口吐倉華，灌腎靈根，黑藏自生，身爲飛仙，北登玄闕，遊行天關。六韻。畢，乃開目。

八膽

第八真法。戌、亥時，大神在膽中，號曰合景君。戌、亥時，此用闇暮時也。日有短長，故顯兩時。假令長日則用戌時，短日則用亥時，二月、八月則戌、亥之間。其前平旦用寅卯之義，亦令如此。真人玄秘，乃能若斯。接手於兩膝上〔一一九〕，閉炁冥目內視，存合景君入坐於膽中。向卯方存神，著緑錦衣，巾紫容冠，左佩神光，右帶玉真。使口吐五色炁，繞膽九重。畢，叩齒九下，咽唾九過，祝曰：合景大神，來坐膽中，身披錦衣，頭戴紫冠，左佩神光，右帶玉真，口吐五炁，養膽强魂，和精寶血，理液固身，使我上升，得爲飛仙。六韻。畢，乃開目。

九頭

第九真法。子時，大神在頭洞房之中，號曰無英君。無英君本洞房之左神也，此又以爲號者，是體合變，復歸於真。其在脁時號白元，亦是洞房之右白元君也。離合雖異，其實一序。子時平坐，接手於兩膝，閉炁冥目內視，此既夜半，恕（恐）人卧存〔一二〇〕，故獨曰平坐，且又以明正神之本位也。當向丑地。存無英君坐在明堂之內，洞房之中，存神上著鳳文披，下著龍文衣，並五色采章，紫領青帶，巾扶晨華冠。左佩玉瑛，右帶虎文，手把金真之精，光明焕照，近洞房之左，向外坐。使口吐紫炁，繞頭九重。頭之空內皆爲洞房之城，今神雖居正室，而吐炁通貫九宫，九宫皆相開（關）涉〔一二一〕，如三一存想法。其服舌齒，自別在前及下，故各復更繞之。九重畢，又使吐紫炁，繞兩目內外九重。存吐紫炁，從明堂內便合繞兩目，其外邊九重，出在眼外也〔一二二〕。令神在他處吐炁繞彼，猶如前纏脈法，使先於內而起，以次出至外耳。舌齒亦同如此也。九重畢，又使吐紫炁，繞舌九重。存吐炁從泥丸宫下穴出入喉，仍貫繞舌本之際，不覺復使有艱閱也。九重畢，又使吐紫炁，繞齒九重。繞舌畢，又更吐，猶從向處下，於舌上出，仍合繞齒上下兩邊，令帀也。獨不繞耳鼻者，耳鼻內穴皆通腦，其繞頭之時已併在炁中，不如眼、齒、舌各自區域不相關。畢，凡四九卅六，繞炁使帀也。都畢也。此非共卅六重，謂四處合卅六。説此者，欲以明後叩咽之數耳。若一閉不得卅六息者，可一處九息竟，通之更閉，分作四閉。叩齒卅六下，咽唾卅六過，祝曰：無英大君，三元上神，鎮守洞房，宫在泥丸，黄闕金室，化爲九真，龍衣鳳披，紫翠青緣，手把真精，頭巾華冠，左佩玉映（瑛）〔一二三〕，右帶虎文，下坐日月，口吐紫烟，周炁齒舌，朝溉眼辰（脣）〔一二四〕，出丹入虚，呼魄召魂，凝精堅胎，六合長歡，上登太微，得補真官。十一韻。畢，乃開目。

右九真道畢矣〔一二五〕，則泥丸鎮塞，目童長全，五藏自生，血脈保津。無英常鎮洞房，四九之氣纏固頭面之境，又周藏府，繞布骨脈，所以能常保生全也。人之欲亡，先由五藏損壞，血脈枯凝，腦宫空絶，七孔昏蔽，於是目童散潰，精光墜落，神逝氣盡，爾乃死矣。今九真恒來栖衛，向者諸敝，永不爲敝，何從得目（自）然而隕乎〔一二六〕。若暫入太陰，身經三官者，則九真召魄，太一守骸，三元護炁，太上攝魂，骨肉不朽，五藏不隕，能死能生，能陰能陽，出虚入無，天地俱生。是道士精靜營形，感致九真之炁應也。三元飛精以盈虚，太一抱我尸而反質，微乎深哉，微乎深哉！若宿挺緣運，應暫經三官，或須練質改貌，以入太陰者，當具告盡之日，亦不異於世，既殯之後，猶如生人。雖彌歷歲稔，膚骨方新，太上攝其魂，不使酆岱久執；大神召其魄，不聽縱肆爲鬼；三官真一愛護其氣，不令斷絶；太一真君領守形骸，不致腐朽。須時運當生，便忽然而立，同與衆神出入無形，不復以棺壙爲閡。於是方隨所稟之録，以詣諸官，皆緣存脩此道故也。其五石填生，乃相輔爲用，若專服其藥，不行九真，唯五藏能生，而血肉消矣。此存真所致不朽，又異乎尸解之仙。今凡人有埋窆積年，而形質不毁者，或由時月使然，或由金玉在體，皆非神衛之應。又有因開〔棺〕得生者〔一二七〕，此止是算紀未訖，大神猶鎮其魂魄，諸神皆已遊散，應活之日亦更相招引，雖獲平復爲人，皆不從脩攝所致，不能與神同體，出有入無也。

用炁

閉炁使極炁〔一二八〕，吐炁使微妙，出虚入無，令綿綿不自覺也。九真閉炁無有息數，止是於閉一炁之中，令存想事畢，當是其事少故耳。今此復云吐炁使微妙，如似不限閉，但令吐閉不覺，以呼吸爲異。若止如八真，自可一閉得竟。其第九方須四處周繞，恐脱未得委曲，所以作四閉中存之。凡諸脩事無不有閉炁閉息者，至於此卷獨説其法，當以存神吐炁，周行藏府，流轉榮輪，並與人炁相通，故彌宜綿微，不可使驚振喘啜（惙）故也〔一二九〕。閉炁既則通之，易致奔迸，唯在寬徐乃得好耳。此法亦並可爲諸經節度，非但九真而已。

别日

《九真中經》在人間施行，亦有口訣，本文似秘不書也，今請言之。此訣出《升玄記》後，應是已分經後，青童君所說。既欲明升玄用日之意，故先言九真也。人間難恆，復不可得暇便脩，是以詮其吉日，令有條領耳。

第一真法，當以五月五日、十五日、廿五日、廿七日、廿九日，一月之中五過行之耳，皆以平旦〔一三〇〕。心王在火，故專以五月午。

第二真法，當以八月八日、十一日、十四日、十九日、廿三日、廿七日，一月之中六過行之耳，皆以辰時。骨白金氣，故專以八月酉。

第三真法，當以六月六日、七日、十七日、十八日、廿五日、廿六日，一月之中六過行之耳，皆以巳時。血脈精液皆稟土氣，故專以六月未。

第四真法，當以正月二日、八日、十四日、十八日、十九日、廿八日，一月之中六過行之耳，皆以午時。肝王在木，故專以正月寅。

第五真法，當以三月三日、八日、十三日、廿日、廿六日，一月之中五過爲之耳，皆以未時行事也。脾王在土，故專以三月辰。

第六真法，當以七月七日、十一日、十四日、十八日、廿三日、廿五日、廿八日，一月之中七過行之耳，皆以申時。脾王在金，故專以七月申。此脾金肝木，正取二孟也。第七真法，當以十一月二日、六日、九日、十三日、十六日、十九日、廿三日、廿七日，一月之中八過行之耳，皆以申時或酉時。腎王在水，故專用十一月子。此心火腎水，正取二仲也。本經止用酉時，脾已用申，於重非宜。第八真法，當以二月二日、七日、九日、十五日、十八日、十九日、廿七日，一月之中七過行之耳，皆以戌時或亥時。膽副肝木氣，故專用二月卯。此膽木骨金，復正取二仲也。第九真法，當以十二月三日、九日、十七日、十九日、廿六日、廿九日，一月之中六過行之耳，皆以子時夜半也。一年終畢，還歸於本，故以十二月丑。

右行《九真中經》口訣畢矣。此月此日，皆是合真迴順，生氣攝精之時，善可以存思，易致玄感。夫脩真家事，乃自可恆行，要月中復有勝日，如紫文服日月，亦選其良妙，以爲人間之法，他日兼以相裨助者耳〔一三一〕。若高栖絶嶺，潛標雲巖，斷人事於内外，割粒食以清腸，接手正心，合手含晨，皆當日日施行，自如本經。今之所書，蓋人間多事，不得清閑以行之也。論大神一日，自恆運九府，存祝則爲用致益，不存則與衆人無異，猶如三一家耳。今若依此訣者，則一年正遍〔脩〕九神〔一三二〕，而一神各得數過存祝，去乎日日乃數百倍，比於日月之魂復大省少。然常脩之者，一日之中殆無空隙，所賴事不多耳。長史所云九真至須專靜，亦是訝其繁數，故《列記》云脩九真以彌勤也。行之十四年，亦超浮虛無，能死能生，出水入火，上登上清，五藏生華，與天相傾。凡生養五藏，運役身神，莫如九真之妙，其餘法爲是枝條兼茂耳。

八道

中央黄老君八道秘言道有八條，其言高秘。

閑心靜室，寥朗虛真，逸想妙觀，騰濯玄人，苟誠感上會，精悟輝晨，若能閑淡其心於幽靜之室，逸想高虛〔一三三〕，妙觀霞極，誠標通感，注精悟會，於是虛玄可睹，真輝鏡接耳。若乃浮躁滯於中匈〔一三四〕，淫競留乎神宅，雖瓊轝降寢，緑蓋儀軒，亦莫之覿矣。亦將得見丹景之炁，三素飛雲，八轝朱輦，紫霞瓊輪，上清浮眄〔一三五〕，徊轡三元，高皇秉節，靈童攀轅，太素擁蓋，南極臨軒，於是溟光外映，蒙蔚龍顔，象燭太虛，流逸七觀也。夫真靈遊晏，任浪虛舟，陟降欻怳，出有入無，將玄察有志之子，懷道之夫。乃紆光曜采，映蔚綺雲，垂眄太虛，流輝下觀，使悟之者仰燭天崖，睹之者遠羡煙末，雖誠言自過，固以飛衿遥會，驟能若斯，將迴龍軿而迎之者矣。子能見之，則白日登辰，不煩復凝霜濯華，玄腴金丹也。玄挺高邈，端拱致真，無事營瞻丹石之資〔一三六〕，劬勞爐竈之側，雖復琅玗九轉，填生金液，非復所崇矣。

一 節朝

一道秘言曰：以八節日清朝北望，清朝小早於清旦，未明便伺之。若節日有與戌（戊）〔一三七〕、己同者，清朝時訖，又各隨其日向其方面，餘有一日更復伺之。有紫緑白雲者，其雲如此三色，依次相沓，紫在上也。雲當從下而上飛，或亦横列，翩翩然也。是爲三元君三素飛雲也。其時三元君乘八轝之輪，上詣天帝。三元君是太素三元君，女真也。天帝是天帝玉清君也。子候見，當再拜，因陳乞，乞得侍給輪轂之祝矣。見之先再拜長跪，心呼曰：太素三元君，某甲小兆乞得神仙飛行，侍給八轝之輪，上詣天帝，因爾稽顙。若雲行遅徊，不即消散，當復隨宜所陳，此恐儵忽不得多言耳。其餘日皆效此，各隨所見之真及轝輦所詣處，而改其辭也。三見元君之輦者，白日升仙。向曰轝，今言輦，輦、轝猶同類，互言之耳。始既見雲，詳者睹輦，若雖不見斝服之形，猶拜氣如前〔一三八〕，但恐止見雲，不必依數併得仙也〔一三九〕。

凡此諸過數不同者，是真高則見少而易邁，仙劣則睹多而難登也。

二節夜

二節秘言曰：以八節日夜半東北望，有玄青黄雲者，是爲太微天帝君乘八景之斝，上詣高上玉皇也。四見天帝之斝者，則白日有龍車見迎而升天也。

三戊辰己巳

三道秘言曰：以甲子上旬戊辰、己巳之日清旦西北望，後云是月上旬之甲子也。他甲效此，其戊與己二日並應伺之，清旦小晚清朝，而早於平旦也。有紫青黄雲者，是爲太極真君、真人三素雲也。其時太極真君、太極上真人乘玄景緑斝，上詣此紫宫〔一四〇〕。九見太極斝者，則白日升仙。

四戊寅己卯

四道秘言曰：以甲戌上旬戊寅、己卯之日清旦東南望，有赤白青雲者，是爲扶桑太帝君三素雲也。其時扶桑公太帝君乘光明八道之輦，上詣太微宫。七見之者，則白日有雲龍見迎而升天也。

五戊子己丑

五道秘言曰：以甲申上旬戊子、己丑之日清旦正西望，見白赤紫雲者，是爲太素上真白帝君三素雲也。其時太素上真人白帝君乘脩條玉輦，上詣玉天玄皇高真也。十四過見之，則白日神（升）仙〔一四一〕。

六 戊戌 己亥

六道秘言曰：〔以〕甲午上旬戊戌〔一四二〕、己亥之日清旦正南望，有青赤黄雲者，是爲南極上真赤帝君三素雲也。其時南極上真赤〔帝〕君此脱『乘』字也。絳琳碧輦〔一四三〕，上詣閬風臺。十過見之，則白日升仙。

七 戊申 己酉

七道秘言曰：以甲辰上旬戊申、己酉之日清旦西南望，見緑紫青雲者，是爲上清真人三素雲也。其時上清真人乘玄景八光丹輦，上詣高上天帝。若四見之者，則太一來迎，白日升辰。

八 戊午 己未

八道秘言曰：以甲寅上旬戊午、己未之日清旦東望，有朱碧黄雲者，是爲太虚上真人三素雲也。其此脱『時』字也。太虚上真人乘徘徊玉轝〔一四四〕，上詣太微天帝君。十五見之者，則白日升仙。凡此諸真位號品序及所詣之方，亦各有指趣，既非事用，故〔不〕復詳論〔一四五〕。

右八道秘言畢矣。見者當再拜，自陳如上法。皆效前一道之法也。三素雲各自有色，色炁上下相沓積，如所次説也。假令八節日見三元三素雲者，則紫雲在上，緑雲次之，白雲在下，共相沓也。子謹視之。此雖同日三素，而色沓各殊，皆如所言之次。此素者非白素之素，特是其雲位名耳。故三素元君亦以紫黄白爲號，則此雲是其所因之本也。凡望此諸雲三色及方面，必應恒相部屬，不於彼方而見此雲也，宜謹候之。上旬者，謂甲子之日，初入月十日之内，有甲子日是也。他日效於甲子矣。今甲去戊五日，若入月十得甲，猶是上旬，不論其戊己入中旬也。若入月十〔日〕内有戊己〔一四六〕，獨佳耳。

他日

非其日非其時，而見此雲者，亦當拜祝，則三倍於其日見也。謂他旬之戊己，或非戊己日，或非八節，或非清旦、夜半，若方面雖不部，猶以雲色爲正，則知其何真何所遊詣，便依前拜呼陳乞也。既非正登行降眄之日，故所見之數方，須積多乃能致感。假令是三見之限者，則十二過乃得仙耳。

服咽

南岳夫人曰：常以生炁時服炁咽唾，令得百過乃卧，鎮益精髓，腦液流溢也。南真嗖經之時，又説此法在後者，謂脩九真之道，夜半後宜行之，以和神導液故也。

右九真八道決，凡廿一事。九真十一事，八道十一事〔一四七〕。

紫文行事決

説明

此件由斯四三一四、斯六一九三和伯二七五一綴合而成，綴合後的文本首缺尾全，起『十六日、十八日』，訖尾題『紫文行事決』。

『紫文行事決』係中古時期道教上清派修行思神養生方術之秘訣，約出於南朝齊梁間，《正統道藏》未收。原經卷數不詳，據此件章題，原本應有七篇，現僅存第六章後半和第七章兩篇，經文部分文字又見於《皇天上清金闕帝君靈書紫文上經》《上清太上帝君九真中經》《雲笈七籤》卷三〇引《九真中經天上飛文》《洞真太上飛行羽經九真升玄上記》《雲笈七籤》卷五一引《八道秘言》《紫庭内秘訣修行法》《上清衆經諸真聖秘》《太微靈書紫文琅玕華丹神真上經》等經。此經原有注釋，經文大字單行，注釋則採用雙行夾注格式。王卡疑注文係南朝顧歡或陶弘景所撰（參《敦煌道教文獻研究：綜述・目録・索引》，八九頁；《中華道藏》二册，三五二頁）。

以上釋文以斯四三一四+斯六一九三+伯二七五一爲底本，因三件綴合處呈不規則形狀，爲便於區分，在釋録綴合處的文字時，以標點爲單位，用『/』表示保存在斯六一九三上的文字，用『//』表示保存在伯二七五一上的文字，即兩箇『/』之間的文字，是保存在斯六一九三上的文字，而兩箇『//』之間的文字，是保存在伯二七五一上的文字。

校記

〔一〕『日』，據《皇天上清金闕帝君靈書紫文上經》補。

〔二〕『夕』，據殘筆劃及《皇天上清金闕帝君靈書紫文上經》補。

〔三〕『是』，《中華道藏》據殘筆劃及文義校補；『陰精飛』，據殘筆劃及《上清太極真人神仙經》引『靈書紫文採月精之法』補。

〔四〕『虚』，《敦煌道教文獻合集》釋作『處』並上屬，誤。
〔五〕『當精』，當作『精當』，據文義改，《敦煌道教文獻合集》釋作『精嘗』，誤。
〔六〕『微故也』，《中華道藏》據殘筆劃及文義校補。
〔七〕『紙』，據殘筆劃及《皇天上清金闕帝君靈書紫文上經》補。
〔八〕此句以下書於伯二七五一。
〔九〕『名』，據殘筆劃及《皇天上清金闕帝君靈書紫文上經》補。
〔一〇〕『嚴』，據殘筆劃及《皇天上清金闕帝君靈書紫文上經》補。
〔一一〕『發』，據殘筆劃及《皇天上清金闕帝君靈書紫文上經》補。
〔一二〕『月十』，底本原作『十月』，其旁有朱筆倒乙符號。
〔一三〕『從』，《中華道藏》《敦煌道教文獻合集》均釋作『縱』。
〔一四〕『或』，《中華道藏》據殘筆劃及文義校補；『之』，《敦煌道教文獻合集》據殘筆劃及文義校補。
〔一五〕『大』，當作『天』，《敦煌道教文獻合集》據文義校改。
〔一六〕『離形』，據殘筆劃及《皇天上清金闕帝君靈書紫文上經》補。
〔一七〕『落也』，《敦煌道教文獻合集》據文義校補。
〔一八〕『拘留之法』，據殘筆劃及《皇天上清金闕帝君靈書紫文上經》補。
〔一九〕『唯』，《敦煌道教文獻合集》據殘筆劃及文義校補。
〔二〇〕『撤』，《敦煌道教文獻合集》校改作『徹』，按『撤』可用同『徹』，不煩校改。
〔二一〕『烱烱』，《中華道藏》《敦煌道教文獻合集》均釋作『炯炯』，誤。
〔二二〕『魄』，據殘筆劃及《紫庭内秘訣修行法》補，《敦煌道教文獻合集》校補作『明』。

〔二三〕『胎光在洞房』，據《紫庭内秘訣修行法》補，《敦煌道教文獻合集》校補作『堂胎光在頭』。

〔二四〕『飛者』，《敦煌道教文獻合集》據殘筆劃及文義校補。

〔二五〕『與』，據《皇天上清金闕帝君靈書紫文上經》補。

〔二六〕『罪』，據殘筆劃及《皇天上清金闕帝君靈書紫文上經》補。

〔二七〕『詣三官河』，據殘筆劃及《皇天上清金闕帝君靈書紫文上經》補。

〔二八〕『魅』，據《皇天上清金闕帝君靈書紫文上經》補。

〔二九〕『□』，《敦煌道教文獻合集》釋作『諸』。

〔三〇〕『絀』，底本原寫作『泏』，係涉上文『混』而成之類化俗字。

〔三一〕『謂』，《中華道藏》據殘筆劃及文義校補；『和柔』，《中華道藏》據文義校補。

〔三二〕『狩』，通『獸』。以下同，不另出校。

〔三三〕『鬼』，《敦煌道教文獻合集》據文義校補。

〔三四〕『苦』，《敦煌道教文獻合集》據殘筆劃及文義校補。

〔三五〕『頊』，當作『項』，據《皇天上清金闕帝君靈書紫文上經》改，《中華道藏》《敦煌道教文獻合集》均逕釋作『項』。

〔三六〕『炁如』，《敦煌道教文獻合集》據殘筆劃及文義校補；『小豆』，《敦煌道教文獻合集》據文義校補。

〔三七〕『從』，《中華道藏》據殘筆劃及文義校補。

〔三八〕『兩』，據《皇天上清金闕帝君靈書紫文上經》補。

〔三九〕『始』，《中華道藏》據殘筆劃及文義校補。

〔四〇〕『各變爲』，《中華道藏》據文義校補。

〔四一〕『聚』，《中華道藏》據文義校補。
〔四二〕『向』，《敦煌道教文獻合集》據殘筆劃及文義校補。
〔四三〕『朱鳥兩』，《敦煌道教文獻合集》據文義校補。
〔四四〕『帖帖』，《中華道藏》《敦煌道教文獻合集》均釋作『怡怡』，誤。
〔四五〕『聚』，《敦煌道教文獻合集》據文義校補。
〔四六〕此句天頭處有倒書佛教文字數句，不録。
〔四七〕『魄』，《中華道藏》據殘筆劃及文義校補。
〔四八〕『而』，《敦煌道教文獻合集》據殘筆劃及文義校補；『猶』，《中華道藏》據殘筆劃及文義校補。
〔四九〕『形源』，據殘筆劃及《皇天上清金闕帝君靈書紫文上經》補。
〔五〇〕『潔』，《中華道藏》《敦煌道教文獻合集》均釋作『瑩潔』，按『瑩』字右側有點煞符號。
〔五一〕『貌』，《敦煌道教文獻合集》據文義校補。
〔五二〕『勉』，通『免』，《中華道藏》《敦煌道教文獻合集》均釋作『免』，雖義可通而字誤。
〔五三〕『陰濁』，《中華道藏》據殘筆劃及文義校補。
〔五四〕『陰濁』，《中華道藏》據殘筆劃及文義校補。
〔五五〕『事』，當作『存』，《敦煌道教文獻合集》據文義校改。
〔五六〕『玄』，據《皇天上清金闕帝君靈書紫文上經》補。
〔五七〕『坐』，據殘筆劃及《皇天上清金闕帝君靈書紫文上經》補；『當』，據《皇天上清金闕帝君靈書紫文上經》補。
〔五八〕『君』，據《上清衆經諸真聖秘》補。
〔五九〕『各』，《敦煌道教文獻合集》未能釋讀；『都』，《敦煌道教文獻合集》據殘筆劃及文義校補。

〔六〇〕『側』，據殘筆劃及《皇天上清金闕帝君靈書紫文上經》補。

〔六一〕『魂』，《中華道藏》據殘筆劃及文義校補。

〔六二〕『此』，《中華道藏》據殘筆劃及文義校補。

〔六三〕『互相（？）款』，《中華道藏》《敦煌道教文獻合集》均釋作『三魂歎』。

〔六四〕『手』，據《皇天上清金闕帝君靈書紫文上經》補；『執』，據殘筆劃及《皇天上清金闕帝君靈書紫文上經》補。

〔六五〕第二箇『胎』，當作『胞』，據《皇天上清金闕帝君靈書紫文上經》改。

〔六六〕『名』，據《皇天上清金闕帝君靈書紫文上經》補。

〔六七〕『字』，《中華道藏》據文義校補。

〔六八〕『玄闕』，《敦煌道教文獻合集》據文義校補。

〔六九〕『網』，當作『綱』，據《皇天上清金闕帝君靈書紫文上經》改，《中華道藏》《敦煌道教文獻合集》均逕釋作『綱』。

〔七〇〕『脩』，《敦煌道教文獻合集》據殘筆劃及文義校補。

〔七一〕『英』，當作『央』，《敦煌道教文獻合集》據文義校改。

〔七二〕『隊』，《敦煌道教文獻合集》校改作『墜』，按『隊』有『墜』義，不煩校改。

〔七三〕『有』，當作『右』，據《皇天上清金闕帝君靈書紫文上經》改，『有』爲『右』之借字。

〔七四〕『畫』，《中華道藏》《敦煌道教文獻合集》均釋作『書』，誤。

〔七五〕『既』，當作『溉』，據《皇天上清金闕帝君靈書紫文上經》改。

〔七六〕『名』，據《皇天上清金闕帝君靈書紫文上經》補。

〔七七〕『偏』，《敦煌道教文獻合集》釋作『偏』，校改作『偏』，按底本原寫作『偏』，係『偏』之俗字。下同，不另出校。

〔七八〕「嚴」，當作「巖」，據文義改，「嚴」爲「巖」之借字，《中華道藏》《敦煌道教文獻合集》均逕釋作「巖」。

〔七九〕「害」，當作「宫」，據《皇天上清金闕帝君靈書紫文上經》改，《中華道藏》《敦煌道教文獻合集》均逕釋作「宫」。

〔八〇〕「薰」，通「葷」。以下同，不另出校。

〔八一〕「嬰」，據《皇天上清金闕帝君靈書紫文上經》補。

〔八二〕「僮」，當作「童」，據《太微靈書紫文琅玕華丹神真上經》改，「僮」爲「童」之借字。

〔八三〕「如」，《中華道藏》《敦煌道教文獻合集》均釋作「不如」，按「不」字右側有點煞符號。

〔八四〕「用」，據《上清太上帝君九真中經》補。此句前，《敦煌道教文獻合集》據《上清太上帝君九真中經》校補「九月九日及本命日」八字。

〔八五〕「浴」，《敦煌道教文獻合集》認爲係衍文，當删，其將此句及下句斷作「仍沐浴。亦皆向王」。

〔八六〕「斷」，《敦煌道教文獻合集》據文義校補。

〔八七〕「形」，底本原寫作「刑」，按寫本中「形」「刑」形近易混，故可據文義逕釋作「形」。

〔八八〕「形」，底本原寫作「刑」，按寫本中「形」「刑」形近易混，故可據文義逕釋作「形」。

〔八九〕「含」，《中華道藏》據文義校補。

〔九〇〕「亦」，《中華道藏》據殘筆劃及文義校補。

〔九一〕「來」，《中華道藏》據殘筆劃及文義校補。

〔九二〕「九」，《中華道藏》據殘筆劃及文義校補。

〔九三〕「也」，《中華道藏》據殘筆劃及文義校補。

〔九四〕『亦』，《中華道藏》據文義校補。

〔九五〕『輪』，當作『輪』，據《雲笈七籤》卷三〇引《九真中經天上飛文》改，《中華道藏》《敦煌道教文獻合集》均逕釋作『輪』。

〔九六〕『魄』，據殘筆劃及《雲笈七籤》卷三〇引《九真中經天上飛文》補。

〔九七〕『於』，據殘筆劃及《雲笈七籤》卷三〇引《九真中經天上飛文》補。

〔九八〕『靈』，《敦煌道教文獻合集》據文義校補。

〔九九〕『之凝』，《敦煌道教文獻合集》據殘筆劃及文義校補。

〔一〇〇〕『生無』，《敦煌道教文獻合集》據殘筆劃及文義校補。

〔一〇一〕『之』，據《雲笈七籤》卷三〇引《九真中經天上飛文》補。

〔一〇二〕『無』，《敦煌道教文獻合集》據殘筆劃及文義校補。

〔一〇三〕『明』，《敦煌道教文獻合集》據殘筆劃及文義校補。

〔一〇四〕『道』，《中華道藏》據殘筆劃及文義校補。

〔一〇五〕『撤』，用同『徹』，《中華道藏》《敦煌道教文獻合集》均釋作『徹』，誤。

〔一〇六〕『泰』，當作『秦』，《敦煌道教文獻合集》據文義校改。

〔一〇七〕『弟』，底本原寫作『第』，按寫本中『第』『弟』形近易混，故可據文義逕釋作『弟』。

〔一〇八〕『之狀』，據《上清太上帝君九真中經》補。

〔一〇九〕『以』，《中華道藏》據殘筆劃及文義校補。

〔一一〇〕『身』，《敦煌道教文獻合集》據文義校補。

〔一一一〕『形』，底本原寫作『刑』，按寫本中『形』『刑』形近易混，故可據文義逕釋作『形』。

〔一一二〕『存』，據《雲笈七籤》卷三〇引《九真中經天上飛文》補。
〔一一三〕第二個『存』，當作『思』，《中華道藏》據文義校改。
〔一一四〕『正』，當作『止』，《敦煌道教文獻合集》據文義校改。
〔一一五〕『繞』，《中華道藏》《敦煌道教文獻合集》均釋作『統』，誤。
〔一一六〕『給』，當作『絡』，《敦煌道教文獻合集》據文義校改。
〔一一七〕『入』，據《雲笈七籤》卷三〇引《九真中經天上飛文》補，《敦煌道教文獻合集》據此句注文校補作『分』。
〔一一八〕『䛳』，當作『沿』，《敦煌道教文獻合集》據文義校改，『䛳』爲『沿』之借字。
〔一一九〕『手』後底本有兩字空白。
〔一二〇〕『怨』，當作『恐』，據文義改，《中華道藏》《敦煌道教文獻合集》均逕釋作『恐』。
〔一二一〕『開』，當作『關』，據文義改，《中華道藏》《敦煌道教文獻合集》均逕釋作『關』。
〔一二二〕『眼』，《敦煌道教文獻合集》釋作『服』，校改作『眼』。
〔一二三〕『映』，當作『瑛』，據《上清太上帝君九真中經》改，『映』爲『瑛』之借字。
〔一二四〕『辰』，當作『脣』，據《上清太上帝君九真中經》改，『辰』爲『脣』之借字，《中華道藏》《敦煌道教文獻合集》均逕釋作『脣』。
〔一二五〕『真』，《敦煌道教文獻合集》釋作『真之』，按底本無『之』字。此句後《敦煌道教文獻合集》據《上清太上帝君九真中經》校補『周而復始』四字。
〔一二六〕『目』，當作『自』，據文義改，《中華道藏》《敦煌道教文獻合集》均逕釋作『自』。
〔一二七〕『棺』，《敦煌道教文獻合集》據文義校補。
〔一二八〕第二個『炁』，據《雲笈七籤》卷三〇引《九真中經天上飛文》係衍文，當刪。

〔一二九〕「蝃」，當作「惙」，據文義改，《中華道藏》《敦煌道教文獻合集》均逕釋作「惙」。
〔一三〇〕此句《敦煌道教文獻合集》作小字，按底本實爲正文大字。
〔一三一〕「裨」，《中華道藏》《敦煌道教文獻合集》均釋作「俾」，誤。
〔一三二〕「脩」，《敦煌道教文獻合集》據文義校補。
〔一三三〕「逸」，《中華道藏》《敦煌道教文獻合集》均釋作「遐」，誤。
〔一三四〕「匈」，《敦煌道教文獻合集》校改作「胸」，按「匈」爲「胸」之古字，不煩校改。
〔一三五〕「眄」，《中華道藏》《敦煌道教文獻合集》均釋作「盼」，誤。以下同，不另出校。
〔一三六〕「瞻」，《中華道藏》《敦煌道教文獻合集》均釋作「瞻」，誤。
〔一三七〕「戊」，當作「戍」，據文義改，《中華道藏》《敦煌道教文獻合集》均逕釋作「戍」。
〔一三八〕「氣」，《敦煌道教文獻合集》校改作「乞」，按「氣」通「乞」，不煩校改。
〔一三九〕「併」，《敦煌道教文獻合集》釋作「得」，校改作「並」，誤。
〔一四〇〕「紫宫」，底本原作「宫紫」，其旁有朱筆倒乙符號。「紫宫」當爲「紫微宫」之簡稱。
〔一四一〕「神」，當作「升」，據《雲笈七籤》卷五一引《八道秘言》改，「神」爲「升」之借字。
〔一四二〕「以」，據《雲笈七籤》卷五一引《八道秘言》補。
〔一四三〕「帝」，據《雲笈七籤》卷五一引《八道秘言》補。
〔一四四〕「輩」，《中華道藏》《敦煌道教文獻合集》均釋作「輩」，誤。
〔一四五〕「不」，《中華道藏》據文義校補。
〔一四六〕「日」，《敦煌道教文獻合集》據文義校補。
〔一四七〕「一」，據文義疑係衍文，當删。

參考文獻

《敦煌寶藏》三五册，臺北：新文豐出版公司，一九八二年，二六三頁（圖）；《敦煌寶藏》四五册，臺北：新文豐出版公司，一九八二年，一〇二頁（圖）；《道藏》一一册，北京：文物出版社、上海書店、天津古籍出版社，一九八八年，三八三至三八五頁；《道藏》三三册，北京：文物出版社、上海書店、天津古籍出版社，一九八八年，六四四至六四五頁；《道藏》三四册，北京：文物出版社、上海書店、天津古籍出版社，一九八八年，三三三至三七頁；《英藏敦煌文獻》六卷，成都：四川人民出版社，一九九二年，三一頁（圖）；《英藏敦煌文獻》一〇卷，成都：四川人民出版社，一九九四年，一五七頁（圖）；《法藏敦煌西域文獻》，上海古籍出版社，二〇〇一年，七六至八九頁（圖）；《敦煌道教文獻研究：綜述·目録·索引》，北京：中國社會科學出版社，二〇〇四年，四九、八九頁；《中華道藏》二册，北京：華夏出版社，二〇〇四年，三五二至三六三頁（録）；《敦煌道教文獻合集》一册，北京：社會科學文獻出版社，二〇二〇年，八二至一〇三頁（圖）（録）。

斯四三一五　洞真上清經授度儀

釋文

（前缺）

大道洞玄微〔一〕，高虛總三輪〔二〕。金仙啓靈扇〔三〕，焕若九天分〔四〕。
大華散紫空〔五〕，八真映素雲。玄母結上願，行間之八門。
萬慶交靈會，揚煙唱下元。妙誦感重虛，得結高仙群。
旋行禮空洞，稽首朝帝君。便於地户出。出《上元齋經》。

度事畢，書玉札一枚，長一尺二寸。若無玉，銀木亦可代用。記受經時某年某（月）朔日子〔六〕，某岳先生甲，年若干歲，某月生。假令寅卯生，云命屬東斗青帝君。謹於玄岳高山之巖，告誓九天，上受寶經，奉行道真，乞注紫簡，言名青宮〔七〕

（後缺）

說明

此件首尾均缺，起『大道洞玄微』，訖『言名青宫』，失題，其内容爲上清經授度儀。前四行頌偈原注出《上元齋經》，又見於《無上秘要》卷四〇《授洞真上清儀品》、卷五五《太真下元齋品》。後四行中部分内容見於《太真玉帝四極明科經》。王卡擬題『洞真上清經授度儀』（參《敦煌道教文獻研究：綜述・目録・索引》，九一頁），兹從之。

校記

〔一〕『洞』，據殘筆劃及《無上秘要》卷五五引《太真下元齋品》補；『玄微』，據《無上秘要》卷五五引《太真下元齋品》補。

〔二〕『總』，據殘筆劃及《無上秘要》卷五五引《太真下元齋品》補。

〔三〕『啓』，據殘筆劃及《無上秘要》卷五五引《太真下元齋品》補。

〔四〕『焕』，據殘筆劃及《無上秘要》卷五五引《太真下元齋品》補。

〔五〕『大』，《敦煌道教文獻研究：綜述・目録・索引》《敦煌道教文獻合集》均釋作『太』，雖義可通而字誤。

〔六〕『月』，據《太真玉帝四極明科經》補。

〔七〕『青宫』，據《太真玉帝四極明科經》補。

參考文獻

《敦煌寶藏》三五册，臺北：新文豐出版公司，一九八二年，二六四頁（圖）；《英藏敦煌文獻》六卷，成都：四川人民出版社，一九九二年，三一頁（圖）；《敦煌道教文獻研究：綜述·目録·索引》，北京：中國社會科學出版社，二〇〇四年，九〇至九一頁（録）；《敦煌道教文獻合集》一册，北京：社會科學文獻出版社，二〇二〇年，一〇七頁（圖）（録）。

斯四三一八　屍陀林發願文

釋文

屍陀林發願文

十方三世諸佛，當證知弟子某甲〔一〕。願從今身，盡未來際，恒以内財外〔財〕〔二〕，生施死施。今生既盡，復以此分段之身、皮肉筋骨、頭目髓腦及以手足〔三〕，施與一切飢餓衆生，以償宿債。仰行菩薩苦行之蹤，捨身血肉於屍陀林所。又以此捨身善根，已集、當集、現集一切善根，以此善根，願共法界衆生，生生之處，於身命財，不生貪著。捨邪歸正，發菩提心，永除三障，永離貧窮。常見一切諸佛菩薩及善知識，恒聞正法，福智具足，一時作佛。

又願肌膚血肉，以施衆生，飛鳥、禽獸，皆悉充足〔四〕。乃至一念不生悔〔心〕〔五〕，放同王子心〔六〕。如是次第，遍滿十方，如恒河沙等諸佛世界。願捨無量無邊阿僧祇身體血肉，給施無量阿僧祇衆生〔七〕，悉令飽滿。爲檀波羅蜜故〔八〕，復作是願〔九〕，〔願〕諸衆生〔一〇〕，取我肉時，隨取隨生，因食我肉，離飢渴苦。一切悉發阿耨多羅三藐三菩提心。若有有情，因食我肉，離飢渴苦〔一一〕，未來之世，速得遠離二十五有飢渴之患。今我此身，以施諸鳥禽獸。〔爲〕佛道故〔一二〕，今以肉施，以充其身，後成佛道。當以法施，以益其心。又願所生之處〔一三〕，常修苦行〔一四〕，生死布施。命終之後，身在山林樹下，其衆鳥獸而噉食之〔一五〕。行此行者〔一六〕，自知得佛。

又以此捨身善根，願令一切衆生，應觀死屍身得度者，願捨死屍身，普遍法界，度脱衆生。應觀死屍膖脹身得度者〔一七〕，願捨死屍膖脹身，普遍法界，度脱衆生〔一八〕。應觀白骨身得度者，願捨白骨身，普遍法界〔一九〕，度脱衆生。

又願捨此無常不淨之身〔二〇〕，願共法界衆生，獲得如來常住清淨法身，廣大如法界〔二一〕，究竟如虛空，盡未來際，常無休息。

又以此善根〔二二〕，願令一切衆生，臨命終時，心無錯亂，身無顛倒，正念成就〔二三〕，如入禪定，皆悉往生無量壽國。

説明

此件首尾完整，抄寫於《佛説菩薩要行捨身經》之後，起首題『屍陀林發願文』，訖『皆悉往生無量壽國』。『屍陀林』原是中印度摩揭陀國王舍城北方森林的名稱，爲王舍城一般民衆棄屍之所，後成爲棄屍地的泛稱，是佛教林葬及修行『不淨觀』的場所（參劉淑芬《林葬——中古佛教靈屍葬研究之一》，

《大陸雜誌》九六卷一期，二二五、二二七頁）。

敦煌文獻中保存的『屍陀林發願文』還有斯六五七七，文字與此件有不少差異。

校記

〔一〕『當』，《敦煌願文集》漏録。

〔二〕第二箇『財』，據斯六五七七『屍陀林發願文』補。

〔三〕『以』，《敦煌願文集》漏録。

〔四〕『悉』，《敦煌願文集》釋作『翻』，誤。

〔五〕『心』，據斯六五七七『屍陀林發願文』補。

〔六〕『放』，《敦煌願文集》校改作『仿』，按『放』有『仿』義，不煩校改。

〔七〕『祇』，《敦煌願文集》釋作『祇』，誤。

〔八〕『爲』後《敦煌願文集》據斯六五七七『屍陀林發願文』校補『成』字。

〔九〕『作』，《敦煌願文集》釋作『非』，誤。

〔一〇〕『願』，據斯六五七七『屍陀林發願文』補。

〔一一〕『苦』，《敦煌願文集》漏録。

〔一二〕『爲』，據斯六五七七『屍陀林發願文』補。

〔一三〕『處』，據斯六五七七『屍陀林發願文』補。

〔一四〕『行』，《敦煌願文集》據殘筆劃及文義校補。

〔一五〕『其』，《敦煌願文集》漏録；『衆』，據殘筆劃及斯六五七七『屍陀林發願文』補。

〔一六〕『者』，《敦煌願文集》釋作『□』，校補作『者』，按底本此字清晰。
〔一七〕『膖』，《敦煌願文集》釋作『膨』，誤。以下同，不另出校。
〔一八〕『衆生』，《敦煌願文集》釋作『□□』，校補作『衆生』，按底本此二字清晰。
〔一九〕『遍』，《敦煌願文集》釋作『□』，校補作『遍』，按底本此字清晰。
〔二〇〕『願』，《敦煌願文集》漏録；『身』，《敦煌願文集》釋作『□』，校補作『身』，按底本此字清晰。
〔二一〕『大如』，《敦煌願文集》釋作『□□』，校補作『大如』，按底本此二字清晰。
〔二二〕『此善』，《敦煌願文集》釋作『□□』，校補作『此善』，按底本此二字清晰。
〔二三〕『正念成』，《敦煌願文集》釋作『□□□』，校補作『正念成』，按底本此三字清晰。

參考文獻

Descriptive Catalogue of the Chinese Manuscripts from Tunhuang in the British Museum, London：The Trustees of the British Museum, 1957, p. 163；《敦煌寶藏》三五册，臺北：新文豐出版公司，一九八二年，二八六至二八七頁（圖）；《英藏敦煌文獻》六卷，成都：四川人民出版社，一九九二年，三二頁（圖）；《英藏敦煌文獻》一一卷，成都：四川人民出版社，一九九四年，一二七頁（圖）；《敦煌願文集》，長沙：岳麓書社，一九九五年，二九九至三〇一頁（録）；《大陸雜誌》九六卷一期，一九九八年，二五、二七頁。

斯四三二七　師師謾語話

釋文

（前缺）

□人但言不畏□得今朝便差〔一〕，更有師師謾語一段〔二〕。脱空下卦燒香呵，來出頃去，逡巡呼（胡）亂説詞〔三〕。第一且道上頭底〔四〕，第二更道東頭底，第三更道西頭底。華岳、太山、天帝釋、北君神、白華樹神、可邏迴鎮靈公、何（河）怕（伯）將軍〔五〕、獵射王子、利市將軍、水草道路、金頭龍王、可汗大王，如此配當，終不道著老師闍梨。傾剋（刻）中間〔六〕，燒錢斷送。若是浮災横疾，漸次減除；儻或大限到來，如何免脱。死王强壯，奪人命根，一息不來便歸後。假使千人防援，直饒你百種醫術，自從渾沌已來，到而〔今〕留得幾箇〔七〕？總爲灰燼〔八〕，何處堅牢？大地山何（河）〔九〕，尚猶朽壞，況乎泡電之質〔一〇〕，那得久停？故《老子》曰：『吾有大患，爲吾有身。及其無身，患將何有。』身是病本，生是死源，若乃無〔一一〕，病、死何有。若要不生、不老、不病、不死，除佛世尊，自餘小聖，寧得免矣。此下説陰陽人慢（謾）語話〔一二〕，更説師婆慢（謾）

語話〔一三〕。

瓊枝奇樹早含芳，開折（拆）春錦繡粧〔一四〕。

清旦每多鶯巧語，晚時甚有蝶飛忙。

輝華矚（屬）對如生艷〔一五〕，灼樂（爍）連行似有光〔一六〕。

拾（恰）到葉彫身朽故〔一七〕，便同厄病即無常。

（後缺）

説明

此件首尾均缺，失題，起『人但言不畏』，訖『便同厄病即無常』，其内容爲人有患疾，師師爲其焚香謾語祈禳，宣講人生短促、生死無常之義，又雜糅佛道之論。所謂『師師』即後世之『師人』，又名師公、卜師，係男巫，『師婆』爲女巫。關於此件之性質，《敦煌變文集》認爲是變文，擬名『不知名變文』，《敦煌變文集新書》《敦煌變文校注》從之。《敦煌遺書總目索引》則認爲其爲小説家言，據篇首自言『更有師師謾語一段』，及篇末『此下説陰陽人謾語話，更説師婆謾語話』，擬名『師師謾語話』，兹從之。

校記

〔一〕『人』，《敦煌變文集》《敦煌變文集新書》《敦煌變文校注》均漏録；『畏』，《敦煌變文集》《敦煌變文集新書》

《敦煌變文校注》均漏録。

〔二〕第二箇『師』，《敦煌變文校注》疑作『人』。

〔三〕『呼』，當作『胡』，《敦煌變文字義析疑》據文義校改，『呼』爲『胡』之借字。

〔四〕『第』，底本原寫作『弟』，按寫本中『第』『弟』形近易混，故可據文義逕釋作『第』。以下同，不另出校。

〔五〕『何』，當作『河』，《敦煌變文集》據文義校改，『何』爲『河』之借字；『怕』，當作『伯』，《敦煌變文集》據文義校改。

〔六〕『傾』，《敦煌變文集》校改作『頃』，按『傾』有『頃』義，不煩校改；『剋』，當作『刻』，《敦煌變文集》據文義校改，『剋』爲『刻』之借字。

〔七〕『今』，《敦煌變文集》據文義校補。

〔八〕『燼』，《敦煌變文校注》釋作『爐』，誤。

〔九〕『何』，當作『河』，據文義改，『何』爲『河』之借字，《敦煌變文集》《敦煌變文集新書》《敦煌變文校注》均逕釋作『河』。

〔一〇〕『質』右下角有倒乙符號，本當與下句之『那』互乙，據文義不倒乙爲確。

〔一一〕『無』後《敦煌變文校注》認爲脱一『生』或『身』字。

〔一二〕『慢』，當作『謾』，《敦煌變文校注》據文義校改，『慢』爲『謾』之借字。

〔一三〕『慢』，當作『謾』，《敦煌變文校注》據文義校改，『慢』爲『謾』之借字。

〔一四〕『折』，當作『坼』，據文義改，《〈敦煌變文集〉校記再補》逕釋作『坼』。此句當有脱文，《〈敦煌變文集〉校記再補》疑『春』後脱『花』字，《敦煌變文集新書》認爲『折』後脱一字。

〔一五〕『囑』，當作『屬』，《敦煌變文集》據文義校改，『囑』爲『屬』之借字。

〔一六〕『樂』，當作『爍』，《『敦煌變文集』校記再補》據文義校改。

〔一七〕『拾』，當作『恰』，《敦煌變文校注》據文義校改；『彫』，《敦煌變文集》校改作『凋』，按『彫』通『凋』，不煩校改。

參考文獻

《敦煌變文集》，北京：人民文學出版社，一九五七年，八一七至八一八頁（録）；《華東師範大學學報》一九五八年二期，一二四頁；《敦煌研究》一九八二年二期，一二八頁；《敦煌學輯刊》一九八二年三期，六六頁；《敦煌寶藏》三五册，臺北：新文豐出版公司，一九八二年，三四八頁（圖）；《中華文史論叢》一九八三年一輯，一四五頁（録）；《敦煌遺書總目索引》，北京：中華書局，一九八三年，一九八頁；《蘭州大學學報》一九八六年二期，二一一頁；《敦煌語言文學論文集》，杭州：浙江古籍出版社，一九八八年，四八頁；《英藏敦煌文獻》六卷，成都：四川人民出版社，一九九二年，三三頁（圖）；《敦煌變文集新書》，臺北：文津出版社，一九九四年，八〇七至八〇八頁（録）；《敦煌變文校注》，北京：中華書局，一九九七年，一一三一至一一三三頁（録）；《敦煌遺書總目索引新編》，北京：中華書局，二〇〇〇年，一三三頁；《敦煌詩集殘卷輯考》，北京：中華書局，二〇〇〇年，八八四頁（録）。

斯四三二九　辯才家教

釋文

（前缺）

一箇[便須]淘米〔一〕。妯娌切須和顔，各各須知次第〔二〕。大人若有指揮〔三〕，切莫强來説理。男女恩愛莫偏，遞互莫令有二。孝順和顔姑嫜，切莫説他兄弟。内外總得傳名，親族必應歡喜。若能依此而行〔四〕，便是孝名婦禮。

貞女章第九〔五〕

學士問辯才曰：貞女之門如何？辯才答曰：貞女娉与賢[良]〔六〕，謹節侍奉姑嫜。嚴母出[貞]女〔七〕，嚴父出賢良〔八〕。侍奉殷[勤]莫虧失〔九〕，免令損辱阿耶孃〔一〇〕。身體髮膚須保愛，父母千金莫毁傷。勸君審思量〔一一〕，莫護短，必壽長。内得外〔一二〕，莫稱揚。行善巧，必無殃。行惡積〔一三〕，招不祥。依律侶（吕）〔一四〕，合宮商。但取弱，莫爭强〔一五〕。勤節省，必餘糧。無失錯，大吉昌。

四字教章第十〔一六〕

學士問辯才曰〔一七〕

（中缺三行）

秋成必積〔一八〕。勤耕之人，豐衣足食〔一九〕。勤學之人，必居官職〔二〇〕。耕田不種，損人功力。有子不教，費人衣食。有衣但著，有飯但喫。忽爾無常〔二一〕，与他誰喫〔二二〕？朋友之言，而有信的。人行善願，必逢知識。人行惡願〔二三〕，禍必来積。再勸殷勤，自須努力〔二四〕。

五字教章第十一〔二五〕

學士問辯才曰：五字言教，有何所能？辯才答言：勸君須覺悟，凡事審思量。口餐嘗百味，智惠實能强〔二六〕。出語能方便，勝燒百和香。少言勝多語〔二七〕，柔耎必勝强〔二八〕。肚裹無慚愧，何勞遠送香。出語如刀切〔二九〕，發意似劍鎗〔三〇〕。一朝災厄至〔三一〕，悔不早思量。

善惡章第十二

學士問辯才曰：何名爲善惡？辯才答曰：居家何以逆？兄弟妯娌無知識。居家何以義？兄弟妯娌相委記。居家何以惡？兄弟妯娌不相託。居家何以好？兄弟妯娌不相道。

居家何以分？兄弟妯娌不相遵。居家何以貧？兄弟妯娌不殷勤。居家何以富？兄弟妯娌相倚付。居家何以賤〔三二〕，兄弟妯娌相讒麤〔三三〕

（後缺）

說明

此件已斷爲兩片，首尾均缺，第一片起『一箇便須淘米』，訖『問辯才』；第二片起『秋成必積』，訖『兄弟妯娌相倚付』。其内容爲《辯才家教》第八至第十二章，兩片間有三行空缺，從筆跡看，原應爲一件。

『辯才家教』是帶有濃厚佛教勸世色彩的家教類蒙書，全篇擷取佛教若干觀念與術語，結合傳統的孝道思想，以問答體的方式，落實於日常生活，成爲人倫日用的行爲規範與道德準則（參周鳳五《敦煌寫本太公家教研究》，一二九頁）。『辯才』原爲佛家語，意指善巧解説佛法，具辯説之才。鄭阿財、朱鳳玉疑此處之『辯才』係僧侶法號，假託中唐時的能覺大師（參《敦煌蒙書研究》，三九六頁）。鄭阿財又考訂《辯才家教》的編撰時間在唐肅宗至德初（公元七五六年）至武宗會昌四年（公元八四四年）之間（參《敦煌寫本家教別裁〈辯才家教〉校釋及綜論》，《童蒙文化研究》四卷，一〇〇至一〇一頁）。

現知敦煌文獻中保存的《辯才家教》除此件外，尚有伯二五一五，首尾完整，起首題『辯才家教卷上并序』，訖尾題『甲子年四月廿五日顯比丘僧願成俗性（姓）王保全記』。

以上釋文以斯四三三九爲底本，用伯二五一五（稱其爲甲本）參校。

校記

〔一〕『便須』，據殘筆劃及甲本補。

〔二〕第二箇『各』，甲本脱；『第』，底本和甲本原寫作『弟』，按寫本中『第』『弟』形近易混，故可據文義逕釋作『第』。

〔三〕『揮』，甲本作『撝』。

〔四〕『能』，甲本作『乃』；『而』，甲本作『如』，『如』爲『而』之借字。

〔五〕『第』，甲本原寫作『弟』，按寫本中『第』『弟』形近易混，故甲本可據文義釋作『第』。以下同，不另出校。

〔六〕『良』，據殘筆劃及甲本補。

〔七〕『貞』，據甲本補。

〔八〕『賢』，甲本脱。

〔九〕『勤』，據甲本補。

〔一〇〕『耶』，甲本脱。

〔一一〕『思』，甲本脱。

〔一二〕『得』，甲本脱。

〔一三〕『行惡積』，甲本作『積行惡』。

〔一四〕『侶』，當作『吕』，據甲本改，『侶』爲『吕』之借字。

〔一五〕『爭』，甲本作『諍』，均可通。

〔一六〕『四字教章』，據甲本補；『第』，據章題文例補；『十』，據甲本補。此句前甲本有『合宫』二字，係訛抄其右側之『合宫』，據文義係衍文，當删。
〔一七〕『學』，據殘筆劃及甲本補；『士』，據甲本補；『問』，據殘筆劃及甲本補；『曰』，據甲本補。
〔一八〕『秋』，據殘筆劃及甲本補；『積』，甲本作『稷』。
〔一九〕『豐』，甲本作『必豐』；『足』，甲本無。
〔二〇〕『居』，甲本作『其』，誤。
〔二一〕此句甲本無。
〔二二〕此句甲本無。
〔二三〕『惡』，甲本作『要』，誤。
〔二四〕『努』，甲本作『怒』，均可通。
〔二五〕『章』，甲本脱。
〔二六〕『慧』，甲本作『惠』，『惠』通『慧』；『能强』，甲本作『强能』。
〔二七〕『少』，甲本作『小』，『小』通『少』。
〔二八〕『强』，甲本作『剛』。
〔二九〕『語』，甲本作『言』。
〔三〇〕『發』，甲本作『登』，誤；『鎗』，甲本作『槍』。
〔三一〕『災』，甲本作『危』。
〔三二〕『居家何以賤』，據殘筆劃及甲本補。
〔三三〕『兄弟』，據殘筆劃及甲本補；『妯娌相讒
』，據甲本補。

參考文獻

《敦煌寶藏》三五册，臺北：新文豐出版公司，一九八二年，三四九至三五一頁（圖）；《敦煌吐魯番文獻研究論集》，北京：中華書局，一九八二年，四至五頁；《敦煌寫本太公家教研究》，臺北：明文書局，一九八六年，一三〇至一三一頁；《國文天地》十二期，一九八六年，七七至七九頁；《英藏敦煌文獻》六卷，成都：四川人民出版社，一九九二年，三三至三四頁（圖）；《1994 年敦煌學國際研討會文集——紀念敦煌研究院成立 50 周年·宗教文史卷》下，蘭州：甘肅民族出版社，二〇〇〇年，二一三至二一五頁；《法藏敦煌西域文獻》一五册，上海古籍出版社，二〇〇一年，五〇至五一頁（圖）；《敦煌蒙書研究》，蘭州：甘肅教育出版社，二〇〇二年，三八八至四〇二頁；《童蒙文化研究》四卷，北京：人民出版社，二〇一九年，八五至一一一頁；《敦煌寫本蒙書十種校釋》，北京：中國社會科學出版社，二〇二〇年，二三八至二五九頁。

斯四三二九背　醫方

釋文

（前缺）

薰衣香方

沉香一斤，甲香九兩，丁香九兩，麝香一兩〔一〕，甘松香一兩，薰陸香一兩，白檀香一兩，右件七味擣碎，然後取蘇一兩半和令相著〔二〕，蜜和之。

裛衣香方

苓陵十兩〔三〕，吴藿六兩，甘松四兩，丁香四兩，青衣香三兩，沉香三兩，上件藥擣，生絹袋盛之。

面脂方

蓽麻仁二升〔四〕，桃仁二升去皮，萎蕤仁一合，右件三味擣蒸，以絹三尺絞取汁，并及熱臘一大兩，錬令白如面脂，稀即更加臘。

苓陵香一小兩，藿香一小兩，辛夷人一小兩〔五〕去皮，香附子一小兩，土瓜根一小兩〔六〕，右件五味細切，綿裹，以文火煎萆麻等脂，内臘及香等〔七〕，火勿使急，煎半日始熟。其滓各和半升許豬脂更煎，便□如面脂〔八〕。

洗面手方〔九〕

豬膝（胰）五具〔一〇〕，畢（蓽）豆一升〔一一〕，皂莢三挺，萎蕤，右件四物和擣爲散，旦起，少許和水洗手面，白如素。皇甫方。

面膏方

玉屑一兩，白芷一兩，白蘞一兩，白朮一兩，章陸三分，辛夷一兩，白附子三兩，土瓜根一兩，仁二分〔一二〕

（中空）

洗面□方〔一三〕

白芷、白蘞、萎蕤、白朮、杏仁、桃仁、瓜仁，已上各一兩〔一四〕，擣和，綿裹，洗面即用之。

面散方

白珂倍多，珊瑚少許，白附子少与，鷹糞少与，右件四味各一兩，細研爲屑，乳和，夜上塗之〔一五〕。

面膏方

[白]蠶〔一六〕二分，生礜石一分，白石脂一分，杏仁半兩，[右件]四味搗篩〔一七〕，和鷄子白（白）〔一八〕，夜卧以塗面上，[旦起]以井華水洗之〔一九〕，老之与少同年色，□異也〔二〇〕。

治口氣臭方

丁香三分，甘草三分，炙，細辛五兩，桂心半兩，芎藭四兩，右件五味擣篩，蜜爲丸，如彈子大，臨卧服兩丸。

髮落不生方

常以馬駿（鬃）脂塗之〔二一〕，即自生，不可細説也。

玉屑面脂方

玉屑四分，芎藭四分，章陸根一分，土瓜根四兩，辛夷仁二分，黄芩二分，防風二分，蒿本〔二二〕三分，栝樓三[分]〔二三〕，桔梗三分，白附子四分，白彊蠶〔二四〕三分，萎蕤四分，木蘭皮三分，冬瓜仁五分，白芷三分，蜀水花四分，桃仁四分，去皮，鷹矢白四分，薰陸香二分，伏苓〔二五〕四分，□四分，□一分，□四分，[白]芷〔二六〕四分，蓖麻仁二分，

（後缺）

説明

此件已斷爲兩片，首尾均缺，失題。第一片起『薰衣香方』，訖『二分』；第二片起『洗面□方』，訖『萆麻仁二分』，所記内容均爲家庭日用美容護理類藥方，包括薰衣香方、洗面手方、面脂方、面散方、面膏方、治口氣臭方、髮落不生方等。兩片筆跡相同，原應爲一件。

校記

〔一〕『麝』，底本原寫作『麘』，係涉下文『香』字而成之類化俗字。

〔二〕『蘇』，《英藏敦煌醫學文獻圖影與注疏》校改作『酥』，按『蘇』通『酥』，不煩校改。

〔三〕『苓』，《敦煌醫藥文獻輯校》校改作『零』，按『苓』通『零』，不煩校改。以下同，不另出校。

〔四〕『萆』，《敦煌中醫藥全書》校改作『蓖』。

〔五〕『人』，《敦煌中醫藥全書》校改作『仁』，按『人』通『仁』，不煩校改。

〔六〕『瓜』，《敦煌吐魯番醫藥文獻新輯校》釋作『爪』，校改作『瓜』。以下同，不另出校。

〔七〕『内』，《敦煌醫藥文獻輯校》校改作『納』，按『内』爲『納』之古字，不煩校改。

〔八〕『使』，《英藏敦煌醫學文獻圖影與注疏》釋作『硬』，《敦煌吐魯番醫藥文獻新輯校》釋作『使』；『□』，《敦煌吐魯番醫藥文獻新輯校》疑作『之』。

〔九〕『手』，《英藏敦煌醫學文獻圖影與注疏》校補作『膏』。

〔一〇〕『膝』，當作『胰』，《敦煌吐魯番醫藥文獻新輯校》據文義校改。

〔一一〕『畢』，當作『蓽』，《敦煌吐魯番醫藥文獻新輯校》據文義校改，『畢』爲『蓽』之借字。

〔一二〕『仁』，據殘筆劃及文義補；『二分』，《敦煌古醫籍考釋》《敦煌中醫藥全書》《敦煌醫藥文獻輯校》《敦煌古醫籍校證》《英藏敦煌醫學文獻圖影與注疏》《敦煌醫藥文獻真跡釋録》《中國出土古醫書考釋與研究》《敦煌吐魯番醫藥文獻新輯校》均漏録。

〔一三〕『□』，《敦煌中醫藥全書》校補作『散』。

〔一四〕『已』，《敦煌中醫藥全書》校改作『以』，按『已』通『以』，不煩校改。

〔一五〕『塗』，《敦煌中醫藥全書》據殘筆劃及文義校補。

〔一六〕『白』，據文義補，《敦煌古醫籍考釋》《敦煌中醫藥全書》《敦煌醫藥文獻輯校》《中國出土古醫書考釋與研究》均逕釋作『白』。

〔一七〕『右』，《敦煌吐魯番醫藥文獻新輯校》據文義校補；『件』，《敦煌中醫藥全書》據殘筆劃及文義校補，《敦煌古醫籍考釋》逕釋作『件』。

〔一八〕『日』，當作『白』，據文義改，《敦煌中醫藥全書》《敦煌古醫籍校證》《敦煌醫藥文獻真跡釋録》《敦煌吐魯番醫藥文獻新輯校》均逕釋作『白』。

〔一九〕『旦』，《敦煌吐魯番醫藥文獻新輯校》據文義校補；『起』，《英藏敦煌醫學文獻圖影與注疏》據殘筆劃及文義校補。

〔二〇〕『□』，《敦煌中醫藥全書》校補作『無』。此句後底本有『樊佛奴』三字，係另筆書寫，當爲後人所添加，不屬於醫方，未録。

〔二一〕『駿』，當作『鬃』，《敦煌古醫籍考釋》據文義校改。

〔二二〕『蒿』，《敦煌醫藥文獻輯校》校改作『藁』，按『蒿』用同『藁』，不煩校改。

〔二三〕『樓』，《敦煌醫藥文獻輯校》校改作『蔞』；『分』，《敦煌吐魯番醫藥文獻新輯校》據殘筆劃及文義校補，《敦煌中醫藥全書》《敦煌醫藥文獻輯校》《敦煌古醫籍校證》《英藏敦煌醫學文獻圖影與注疏》均逕釋作『分』。

〔二四〕『彊』，《英藏敦煌醫學文獻圖影與注疏》校改作『僵』，按『彊』通『僵』，不煩校改。

〔二五〕『伏』，《敦煌醫藥文獻輯校》校改作『茯』，按『伏』可通，不煩校改。

〔二六〕『白』，《英藏敦煌醫學文獻圖影與注疏》據殘筆劃及文義校補。

參考文獻

《敦煌寶藏》三五册，臺北：新文豐出版公司，一九八二年，三五一至三五三頁（圖）；《敦煌古醫籍考釋》，南昌：江西科學技術出版社，一九八八年，三〇二至三〇四頁（録）；《英藏敦煌文獻》六卷，成都：四川人民出版社，一九九二年，三五至三六頁（圖）；《敦煌中醫藥全書》，北京：中醫古籍出版社，一九九四年，六四一至六四四頁（録）；《敦煌醫藥文獻輯校》，南京：江蘇古籍出版社，一九九八年，四〇八至四一二頁（録）；《敦煌古醫籍校證》，廣州：廣東科技出版社，二〇〇八年，四一四至四一八頁（録）；《英藏敦煌醫學文獻圖影與注疏》，北京：人民衛生出版社，二〇一二年，一二三至一三〇頁（圖）、二四三至二四五頁（録）；《敦煌醫藥文獻真跡釋録》，北京：中醫古籍出版社，二〇一四年，三八九至三九二頁（圖）（録）；《中國出土古醫書考釋與研究》中卷，上海科學技術出版社，二〇一五年，五三三至五四五頁（圖）（録）；《敦煌吐魯番醫藥文獻新輯校》，北京：高等教育出版社，二〇一六年，三一〇至三一五頁（圖）（録）。

伯二四六三＋斯四三三〇＋BD 一四八四一G＋BD 一四八四一J＋伯二五六一＋伯二三六九　太玄真一本際經卷第四

釋文

太玄真一本際經道性品卷第四

正一真人時在真多治中，與門徒弟子前後圍遶〔一〕，如常説法，教訓開導〔二〕。時此世界始發道心未定位諸仙人等〔三〕，悉皆來集，禮謁天師，案舊儀軌勞問畢訖，依位而立，伏聽誡誨。天師於是告諸仙人：我欲與卿俱遊他土，觀覽衆聖教化典式，國界莊嚴不同之相。諸仙喜踊〔四〕，願奉神駕，鸞與（輿）鳳唱〔五〕，導從妓樂，持幡執節，散華燒香，遊詣東方無極世界，乃至下方無量國土，無不周遍。經七小刧，遊履十方，以天師力，衆無覺久，亦無疲勞，謂如俄頃。悉見他方嚴飾之事，教法徒衆，不可思議。履行既周〔六〕，還治端坐。諸仙人等咸見他方嚴飾清淨，無有五濁八難之苦，等一天身，形貌齊等，各懷愛戀，起奇特心。於此國土生下劣念，互相顧視，各作是言：將非我等所奉宗匠，功慧未圓，所脩未滿，致此世界穢惡土沙，衆生罪惱，五濁躁競。我等何緣當得往彼清淨妙國〔七〕，覲諸大聖，諮稟勝法，速轉道輪〔八〕，如彼尊神所得功德。太上道君以他心智，及宿命通無礙道眼，遥觀此等宿因淺劣，所悟未真，致生疑惱，似像所行將有退失。以上大悲勳脩其心〔九〕，爲欲利益諸衆生故，即與同行常翼從者〔一〇〕，忽然來到真多治中，變此國土咸紺琉璃，影現十方，洞徹無礙，猶如明鏡現衆色像，自然踊出無量金牀，七寶雕飾，帳蓋彌覆，垂諸幡瓔以爲莊飾，其牀四方七億萬里。此世界中道君所化〔一一〕，三清境内大聖尊神、三界四民、諸天真仙、五岳洞宫權示大士，具六神通已入正位諸上人等〔一二〕，無鞅數衆〔一三〕，如日初出照細塵埃，又如大風吹密雨務（霧）〔一四〕，遍滿空界，一時同集。各坐金牀，形座相稱，相好光明，均等如一。諸天音樂，不鼓自鳴，百和寶香，芳耀流溢〔一五〕。太上道君懸坐虚空七色寶雲師子座上〔一六〕，九光瓊章〔一七〕，百寶莊嚴。大士天人，仙禽神獸，香華妓樂〔一八〕，洞映法身。其座皆以太上道君無量功德之所勳（熏）脩〔一九〕，莊嚴微妙，第一希有。諸始發意退位之人，皆見十方諸妙國土，與此世界無一差别，神尊徒衆，處處莊嚴〔二〇〕，法式軌儀，皆悉齊等。見是事已，生歡喜心，堅固大乘，皆得不退。是諸大衆清淨寂靜〔二一〕，圍繞道君〔二二〕，恭敬讚歎。譬如衆星，光映滿月，暉耀朗徹〔二三〕，不可稱言。爾時道陵以大慈力，愍衆會故，從座而起，威儀庠序，妙相端嚴，猶如風動七寶鶱樹〔二四〕，其聲和雅，出微妙音。觀察衆會，稽首頌曰：

一切世間無上師〔二五〕，無量劫中脩善行。

伯二四六三＋斯四三三〇＋BD一四八四一G＋BD一四八四一J＋伯二五六一＋伯二三六九

是故報得天人尊，三界十方咸恭敬。
智慧圓滿具功德，常樂真我妙清淨。
虚寂恬惔離三有〔二六〕，無爲湛然平且正。
無形無色可瞻視，無説無聲可聞聽。
大悲大愛等無極〔二七〕，普現妙身如水鏡〔二八〕。
七十二相金剛曜〔二九〕，八十一好琉璃映。
隨順授與良法藥〔三〇〕，救療衆生煩惱病。
世醫治救愈復生，天尊救護永無横。
哀愍群生如赤子，施與現樂及來慶〔三一〕。
雖復寄胎誕肉身〔三二〕，不及真根生慧命〔三三〕。
教化下愚聞上解，接引小乘登大聖。
利益平等泯怨親，隨順世間無與諍。
常説因緣假名法，顯發中道真實性。
示教一切離有無，非有非無皆畢竟。
法王聖德無有邊，非世言辭所歌詠。
我今略讚一豪端，勸發學者令心盛。

爾時大衆聞道陵説微妙偈頌，歎道君已，同時發聲讚道陵曰：善哉善哉，三天法師正一真人，紹尊位者，乃能如實稱説道君無量功德，音聲清妙，義趣深遠。我等聞已，增益精進〔三四〕，獲大法利，將來衆生，當承此慶，出離愛獄，決了大乘。善哉大師，能開甘露不死法門，引進我等，令入法墻，處無爲室。有深智慧巧方便者〔三五〕，聞此要言，皆即解悟。而是我等，久習小乘，根機淺鈍，餐稟妙訓，疑不能了。譬如口爽之人〔三六〕，雖食甘饍天厨百味，上妙肴果，終身咀嚼，不得其味。我等亦爾，虚餐法食，不得其味。譬如盲人，雖復遊入七寶瓊林，終不覩見金華玉實〔三七〕。我等如是，遊入大師無漏寶林，不能了見真法華果〔三八〕。有善醫師，曉了方術，授以良藥，祛其内病，又以金錍〔三九〕，決其眼膜〔四〇〕，障翳消除，眼瞳明淨，能見寶林華果枝葉〔四一〕。唯願大師〔四二〕，賜我慧藥，除愚癡病，以善言説，決無明翳，使智慧瞳清淨明了，照見實相，無著華果〔四三〕。我等今者，雖復覩見奇特瑞相，聞希有法，轉生疑網滯礙之心。唯願大師，爲我開演，令得曉悟，知實相味，見真道色，及爲來世，習學真道，未入位者〔四四〕，作法舟航，以法燈炬，照邪惑暗〔四五〕，令識正路，遊趣玉城。如蒙哀許，輒當陳請〔四六〕，緣慈上啓，懼觸尊顔。於是仙人豆子明、紀法成等，同聲合唱而作頌曰：

我等志小亦鈍根，聞值深法不能解。
今此大會奇特事，無量世來未曾覩。

見已發起求道心〔四七〕，譬如飛蛾思赴火〔四八〕。
迷惑天真所言説〔四九〕，不能前進行退墮。
唯願哀許述所疑，得離不信愚癡禍。
令衆決定了大乘，究竟道場真淨果。
爾時道陵斂容正色，答言：子等當一心聽。我以宿慶，積行累功，勇猛精進，脩學上道，億曾流潤，致得轉輪，簉品聖真，超出三界，雖悟真空，斷諸結漏，而無知未盡，正解未圓，於諸法門，未悉洞了。何況卿等，始發道心，學相似空，未稱真境，於深法相，而不疑惑〔五〇〕。太上命我，爲子度師，雖授經文，未究其理，教導有虧〔五一〕，愧所宗匠。然今請問，正得其時，機運感通，豈得爲隱，然我所解，庸淺未窮，何能使卿，一時頓了。太上道君，亦卿師也，道爲世尊〔五二〕，智慧成滿〔五三〕，獨步無畏，不共世間，學地小乘，莫能圖度，具大慈悲，善解方便，常施財法〔五四〕，攝引衆生，言説柔和，爲衆所愛。若聞法者，無不歸依，有所爲行，/皆/能利益，隨順世事，和光同塵，以此四行，攝/取衆生/〔五五〕，/善誘/殷勤，令住正道。四辯無礙，巧逗機宜〔五六〕，通達諸法，究了義趣，言辭宛奥，樂説無厭〔五七〕，凡所敷演，皆悉善妙，言語巧飾，義味深遠，初中後説，皆有君宗，純一審諦，無諸糅雜，究竟顯了〔五八〕，具足圓備，清淨無瑕，示真實相。其有受行〔五九〕，皆蒙實利，常爲一切不請之友，卿等自可啓決所疑，必降法雨，隨器充足。是諸人等，聞師訓喻，心大踊躍，得未曾有，與其同類，齊到道前，稽首作禮，繞百千帀〔六〇〕，斂板長跪，而説頌曰：

三師啓玄扉，廣開甘露門〔六一〕。賜以長生術，方便極（拯）迷昏〔六二〕。
導引與胎食〔六三〕，制魄拘三魂。服藥茹芝英，延壽保命根。
依教具奉行，免害獲長存。遨翔洞宮府，謂之出籠樊。
運會覩斯集，奇妙叵勝論。始知非解脱〔六四〕，未免四魔怨。
迴向求大悟〔六五〕，未了至道源。請師重誨示，運轉一乘轅。
師爲述道君，慈念無倫疋。四行攝衆生，録引歸真一。
無礙之辯才，所説能真實〔六六〕。言教皆妙善，義趣深微蜜〔六七〕。
隨類演法音，應機敷奥術。雷震警重惛〔六八〕，法燈照幽室。
天魔滅試難，異道皆崇揖〔六九〕。無上大醫王〔七〇〕，人天無與秩。
我等今啓請，願許諮迷失。萬劫愚倒人，一朝披朗日。

太上道君欣然微笑，舉體怡豫而放諸光〔七一〕，遍照十方無量國土。時十方界諸太上道君〔七二〕，心心相照，各自念言：棄賢世界，太上道君，放此光明〔七三〕，如前聖法，必欲開演，真一本際，示生死源，説究竟果，開真道性，顯太玄宗。我等應當如昔道法〔七四〕，往彼國土，證信表明，咸令一切，深心悟解〔七五〕。應時而有寶師子座，光明微妙，不可稱數，從十方來，集道陵治，高下大小，等此金牀〔七六〕，更相映發，采飾如一〔七七〕。真多治舍，亦不開張；容諸牀座，亦不迫迮。此國人天，不相妨礙；他土神尊〔七八〕，悉來詣座。與此道君，共相勞來，隨世間法，及諸來衆，依位各坐〔七九〕，寂然拱默，與空無異。於是此土太上道君告子明等：善哉善哉，汝師道陵〔八〇〕，善達深奥〔八一〕，於無量劫，久已成道，安住無爲，登太一位，而以哀愍，爲度衆生，示同世間，種種方便，隨宜引導，令入正解。譬如船師，遊還大海，導引衆人，至珍寶處。天師出世，亦復如是，欲導衆生，度生死海，登解脱山，具功德寶〔八二〕，善能斷汝疑網之心，欲顯十方大道威德，推功於我，令解汝疑。善哉道陵，了達根性，審識機宜，令汝諮問，甚得其理。十方神尊，哀念汝等，遠降威神，來到此土，助汝智分，分別解釋，令汝等輩，得淨慧力，裂愚癡綱，脱生死羅，入真實際〔八三〕，具足大乘，詣道真境，普爲將來，開法眼目，同會無爲湛寂之處〔八四〕。是時仙人豆子明等無量之衆，聞道君言，稱讚道陵，許其所問，歡喜無量，不能自勝。譬如有人失所愛之子〔八五〕，忽然更活，其等欣慶，亦復如是。即便同聲説頌問曰〔八六〕：

云何識真本，道性自然因。云何煙煴初，兩半生死身。
云何入三界，根識染諸塵。云何造惡業，四趣永沉淪。
云何初發意，迴向正道人。云何脩觀行，白日造天津。
云何名真一，斷故以證新。云何太一果，昇玄獨可欣。
唯垂廣分別，釋我疑網心。悟已超仙品〔八七〕，轉位偶高真。

道君於是默念思惟良久，言曰：子等復座〔八八〕，諦聽所説〔八九〕。言道性者，即真實空，非空不空，亦不不空。非法非非法，非物非非物，非人非非人，非因非非因，非果非非果，非始非非始，非終非非終，非本非非本〔九〇〕，而爲一切諸法根本。無造無作，名曰無爲。自然而然，不可使然，不可不然，故曰自然。悟此真性，名曰悟道，了了照見，成無上道〔九一〕。一切衆生，皆應得悟，但以煩倒〔九二〕之所覆蔽，不得顯了，有理存焉，必當得故。理而未形，名之爲性。三世天尊斷諸結習，永不生故。真實顯現〔九三〕，即名道果。果未顯故，强名爲因，因之與果，畢竟無二，亦非不二。若知諸法本性清淨，妄想故生，妄相（想）故滅〔九四〕，此生滅故〔九五〕，性無生無滅。了達此者，歸根復命，反未生也。仙真下聖，所不見知，上聖之人，少能知見，亦不明了，去始遠故。唯得道果，洞照〔始〕終〔九六〕，道眼具足，乃能明見，以明見故，名一切智，無上尊也。言煙熅者，譬喻甚深，我於往昔，於天尊所〔九七〕，聞如是義。煙者因也，熅者煖也。世間之法，由煖潤氣，而得出生，是初一念，始生倒想，體最輕薄，猶若微煙，能障道果，無量知見，作生死本，源不可測，故稱神本，神即心耳。體無所有，去本近故，性即於本，本於無本，故名神本。未入三界，五道惡故，惡輕微故，性即空故，故曰澄清。但是輕癡，未染見著，故名無雜。體是煩惱，即是生業，名爲兩半，即體是報，故名成一。是煩惱業，及以報法，體唯是一，隨義爲三，漸漸增長，分別五種。一者未入三界繫縛之位，雖生其域，非三界因〔九八〕。二者能生無色界業，三者能生色界之業，四者能生欲界之業，五者能生三惡道業，是故説言其義有五。但煙熅之氣，起於虛無，無有而有，有無所有，是故説從真父母生。輾轉生長〔九九〕，而有身形，寄附胞胎，世間父母，而得生育，具足諸根，是名色聚。六根成就，對於六塵，生六種識，是名識聚。既妄聚塵，分別假相，是男是女，山林草石，種別名字，去來動轉，從心想生〔一〇〇〕，故名想聚。倒想聚已，妄生增愛分別〔一〇一〕，校計善惡好醜，而起貪欲嗔恚愚癡〔一〇二〕，諸惡過咎，造顛倒業，起罪福報，往反無窮，名爲行聚。所言聚者，稍相聚合，而得堅成，蔭蓋衆生，令居闇苦，造作衆惡，淪没三塗，漂浪苦海，不能自出。以是義故，名爲入死。初雖有五，後則唯二，從煙熅始，至欲界人。此之四位，皆由善業，惱業兩半，生一福果，枉降三塗，惡業生處，因緣兩半，生一苦果。如是衆生，在生死獄，以妄想故，受諸苦惱。猶如夢中，見種種事，苦樂罪福，差別不同，而亦於中，生愛憎想〔一〇三〕，起善惡行，比覺之後，一切都無。是諸衆生，亦復如是。以道性力，得遇善友，聞三洞經，生信樂心，從師稟受，依教脩行，作諸功德，開化衆生，脩習觀行，習因增進，能發道意，誓度群生，同入正果。於如是心〔一〇四〕，不生分別，決定清淨，直達邊底〔一〇五〕，無有染滯〔一〇六〕，静然徐清，入實相境，是名初發道意之想〔一〇七〕。轉有得心，向無得念，念無所念〔一〇八〕，止心不動〔一〇九〕，是名迴向正道之人（心）〔一一〇〕。是淨妙心〔一一一〕，非因非果，始終無二，而亦因果，非不始終，習如是想〔一一二〕，念念相應〔一一三〕，察無相想，是名爲觀。觀想增進，能摧煩惱，破有得心，名爲伏行。心轉調柔，順無生法，真實決了，正中之正，明解妙門，故名無欲。結習已盡，超種民位，白日騰舉，出到三清，玄之又玄，享無期壽，反根復命，體入清淨〔一一四〕，了無非無，知有非有，安住中道〔一一五〕，正觀之域，反我兩半，處於自然，道業日新，念念增益。於明淨觀〔一一六〕，覩見法身，心心相得，不期自會，天尊息應，無復憂勞。雙觀道慧，及道種慧〔一一七〕，滿一切種，斷煙煴障，圓一切智〔一一八〕，故名真一。煩惱盡處，名曰無爲，昇玄入無，故稱太一。細無不入，大無不包〔一一九〕，高勝莫先，强名爲大。太即大也〔一二〇〕。通達無礙〔一二一〕，故名爲太；獨步無侣，無等等故，故稱爲一。是究竟處，故言太一。如是等義，難可了知，不可言説，湛寂之相〔一二二〕，但假名字，引導後來〔一二三〕，寄世言辭，開真空道，略爲汝等，演因緣趣，當諦思惟〔一二四〕，勿一向解。諸所未通，微密之相，汝師道陵，當相教示，勤心請受，自體其源。爾時十方諸來太上，倶發聲言〔一二五〕：善哉善哉，棄賢世界太上道君，能以方便，隱其神智，勞謙忍苦，於此濁世，爲罪衆生，邪見小乘，闡揚妙法，漸化三乘，令入一道，説此真一本際法門，使一切人平等解脱〔一二六〕，當來衆兆，普受開度，流通利益，不可思議。我等各以威神之力，助諸學者，令於是經，無有障惱，必得脩治〔一二七〕，具一乘行。作是語已，各學徒衆〔一二八〕，還歸本國，於虚空中，種種變現。或現大身〔一二九〕，同（周）遍虚空〔一三〇〕，或現小身，猶如芥子，相好光明，具足成就，不損於常。出没山壁，隱顯無礙，出火注水〔一三一〕，迴日駐流。散金雨玉，七寶名珍，種種服玩，遍空而下，積滿世界，施與衆生，應受度者，皆悉覩見。無緣之人，如聾如啞，不覺不知。此土大衆，無數上真，見此往來，及希有事，心意廓然，皆入聖品，其中仙人，進得真位，其初學者，得入定階。豆子明等無數地仙、飛仙、天仙，得不退轉。無量衆生，發上道心〔一三二〕，捨小乘業，無量衆生，悟二乘道，無量衆生，開人天行。譬如天雨，等降一味，隨器大小，淨穢不同，各各皆滿，味有差別。開法得利，亦復如是，聞一法音，隨分獲果。豆子明等從座而起，稽首禮曰：今奉訓吟（喻）〔一三三〕，如蒙開明〔一三四〕，諸疑頓了，無復紛結，始悟慈尊大悲平等，智慧甚深。如師所言，真實無謬〔一三五〕，當重諮稟我等本師正一真人，求其要決，唯以入悟，上報聖恩。爾時太上，足步太虚，與諸侍從，還於玉京，威容庠雅〔一三六〕，不可稱説。真多治中，一切大衆，禮拜天師，而説頌曰〔一三七〕：

大師天人尊，哀愍我等故。示教請道君，使得餐甘露。
十方真中真，慈悲普覆護。集會解疑網，大衆甘（咸）開悟〔一三八〕。
利益遍人天，名聞廣流佈。平等入一乘，無偏不濟度。
衆生根本相，畢竟如虚空。道性衆生性，皆與自然同。
妄想入生死〔一三九〕，夢幻無始終。隨倒淪五道〔一四〇〕，漂流轉未窮。
明師勝善友，開示教愚矇。發生大道意，正觀啓六通。
三清法流水，寂體訓玄沖。真一智圓滿，歸根常住宫。

我等聞是法，心淨能受持〔一四一〕。俱發不退位〔一四二〕，契道合冥期。
皆是天師恩，築此道場基。不勝情喜踊〔一四三〕，歌詠稽首辭。

豆子明等説是頌已，真多治中，忽表吉祥瑞應之相，奇特妙麗，非世所有。天妓名香，種種珍具〔一四四〕，靈禽萬舞，飛鳴鵠鳩〔一四五〕，吐儒雅音〔一四六〕，皆宣正法〔一四七〕。七寶毛羽，墮於地上〔一四八〕，有得之者，即能飛行，聞其雅音〔一四九〕，皆入道位。巨身神獸〔一五〇〕，哮吼出聲，皆吐法音，無常無我，苦惱不淨，可厭惡法。又演常樂自在之章〔一五一〕，勸發衆生，迴向正道。鬼神雜報，無量無邊，諸天龍等一切異類，若人非人，同聲唱言〔一五二〕：善哉子明，得大法利，巧説歌頌，稱揚法門，潤益我等，皆入定觀。汝於當來，必得正果，如我大師，無有疑也。於是道陵彈指告衆：如汝等説，一切見明。是時衆仙禮畢而去。

太玄真一本際經卷第四

開元二年十一月廿五日道士索洞玄敬寫〔一五三〕

説明

此件由伯二四六三、斯四三三〇、BD 一四八四一 G、BD 一四八四一 J、伯二五六一、伯二三六九等六件綴合而成，綴合後的文本首尾完整，有首尾題和寫經題記，其内容爲《太玄真一本際經》卷四。

現知敦煌文獻中保存的《太玄真一本際經》卷四還有十五件，分别是：伯二八〇六首尾完整，烏絲欄，首部右下角有小塊殘缺，起首題『太玄真一本際經道性品第四』，訖尾題『太玄真一本際經卷第四』，有題記『證聖元年閏二月廿九日，神泉觀〔法〕師氾思莊發心敬寫，奉爲一切法界蒼生同會此福』，内有武周新字；伯二四七〇首缺尾全，烏絲欄，首部下半部殘損較大，起『踊願奉神駕』，訖尾題『太玄真一本際經卷第四』；斯九九八三首尾均缺，烏絲欄，起『周還治端坐』，訖『谘稟勝法速』；BD 七九八五＋BD 一五二四七首尾均缺，烏絲欄，起『君所化三清境内大聖尊神』，訖『無諸糅雜究』；P.T. 一一三八背首尾均缺，首部右上角有殘缺，烏絲欄，起『及真根生慧命』，訖『習學真道未入位』；斯四四三三首尾均缺，烏絲欄，起『言説決無明翳』，訖『言辭宛奥樂説無』；BD 一五四七四＋BD 一五四四六＋BD 一五四八四＋BD 一五四五二＋BD 一五四五四＋BD 一五四五九＋BD 一五四五七＋BD 一五四七五＋BD 一五四八三＋BD 一五四四三…BD 一五四七〇＋BD 一五四七八…BD 一五四四四＋BD 一五四四九爲同一組殘片，可以確定是同一寫本，但用『…』連接者不能直接綴合，這一組殘片拼合後首尾均缺，中間有部分殘缺，烏絲欄，起『譬如飛蛾思赴火』，訖『陵善』；敦研九二＋斯八二六六＋伯二四二五首缺尾全，烏絲欄，首部上下有小塊殘損，起『不疑惑太上』，訖尾題『太玄真一本際經卷第四』；伯二四三四首尾均缺，烏絲欄，起『取衆生』，訖『高下大小等此金』；北大D 一七六＋BD 一二〇四一首尾均缺，烏絲欄，起『受行皆蒙實利』，訖『子等復座諦』；伯三五九六首缺尾全，烏絲欄，起『心悟解』，訖尾題『太玄真一本際經卷第四』；伯二三七七首尾均缺，烏絲欄，起『功德寶』，訖『或現大身』；Дх 五五六一首尾均缺，上部缺，烏絲欄，起『因二者能生無色界業』，訖『非不始終習如是』；杏雨書屋羽七一八首尾均缺，烏絲欄，起『真實無』，訖『若人非人同』；伯三三〇〇首缺尾全，烏絲欄，起

『隨倒淪五道』，訖尾題『太玄真一本際經卷第四』。另有安徽省博物館藏本，未見，暫不列入校本。

以上釋文以伯二四六三+斯四三三〇+BD一四八四一G+BD一四八四一J+伯二五六一+伯二三六九爲底本，用伯二八〇六（稱其爲甲本）、伯二四七〇（稱其爲乙本）、斯九九八三（稱其爲丙本）、BD七九八五+BD一五二四七（稱其爲丁本）、P.T.一一三八背（稱其爲戊本）、斯四四三三（稱其爲己本）、BD一五四七四+BD一五四四六+BD一五四八四+BD一五四五二+BD一五四五四+BD一五四五九+BD一五四五七+BD一五四七五+BD一五四八三+BD一五四四三…BD一五四七〇+BD一五四七八…BD一五四四四+BD一五四四九（稱其爲庚本）、敦研九二+斯八二六六+伯二四二五（稱其爲辛本）、伯二四三四（稱其爲壬本）、北大D一七六+BD一二〇四一（稱其爲癸本）、伯三五九六（稱其爲甲二本）、伯二三七七（稱其爲乙二本）、Дх五五六一（稱其爲丙二本）、羽七一八（稱其爲丁二本）、伯三三〇〇（稱其爲戊二本）參校。因斯四三三〇與BD一四八四一G綴合處成波紋型，爲便於區分，在釋録綴合處的文字時，以標點爲單位，用『/』表示保存在BD一四八四一G上的文字，即在兩箇『/』之間的文字，是保存在BD一四八四一G上的文字。

校記

〔一〕『遶』，甲本同，《中華道藏》釋作『繞』。
〔二〕『導』，甲本作『道』，均可通。
〔三〕『未』，甲本作『未入』，《中華道藏》釋作『未入』，按底本無『入』字。
〔四〕乙本始於此句。

〔五〕「與」，當作「輿」，據甲、乙本改，「與」爲「輿」之借字，《中華道藏》逕釋作「輿」。
〔六〕丙本始於此句。
〔七〕「往」，乙本同，甲本作「生」。
〔八〕丙本止於此句。
〔九〕「勳」，乙本同，甲本作「熏」。
〔一〇〕「者」，甲本作「者者」，第二箇「者」係衍文，當删。
〔一一〕丁本始於此句。
〔一二〕「人」，甲、乙本同，丁本作「仙」。
〔一三〕「鞅」，乙、丁本同，甲本作「殃」。
〔一四〕「務」，乙本同，當作「霧」，據甲、丁本改，「務」爲「霧」之借字。
〔一五〕「耀」，乙、丁本同，甲本作「曜」。
〔一六〕「坐」，乙本同，甲、丁本作「座」，「座」可用同「坐」。
〔一七〕「章」，甲、乙本同，丁本作「障」，「障」爲「章」之借字。
〔一八〕「華」，甲、乙本同，丁本作「花」。
〔一九〕「勳」，乙本同，當作「熏」，據甲本改，丁本作「薫」，通「熏」。
〔二〇〕第一箇「處」，甲、乙本同，丁本作「所」。
〔二一〕「清」，甲、乙本同，丁本脱；「静」，甲、乙本同，丁本作「滅」。
〔二二〕「繞」，乙本同，甲、丁本作「遶」。
〔二三〕「耀」，乙、丁本同，甲本作「曜」。

〔二四〕『樹』，甲、乙本同，丁本作『林』。
〔二五〕『無上師』，甲、乙本同，丁本作『元始尊』。
〔二六〕『虛寂』，甲、乙本同，丁本作『寂滅』；『三』，甲、乙本同，丁本作『諸』。
〔二七〕『愛』，乙、丁本同，甲本作『可』；『無極』，甲、乙本同，丁本作『矜憐』。
〔二八〕『現』，甲、乙本同，丁本作『見』。
〔二九〕『曜』，甲、乙本同，丁本作『輝』。
〔三〇〕『順』，甲、乙本同，丁本作『宜』。
〔三一〕『現』，甲、乙本同，丁本作『見』。
〔三二〕斯四三三〇始於此句之『寄』字。
〔三三〕戊本始於此句。
〔三四〕『進』，乙、丁、戊本同，甲本作『進進』，第二箇『進』係衍文，當删。
〔三五〕『巧』，乙、丁、戊本同，甲本作『功』。
〔三六〕『口』，甲、乙、丁本同，戊本脱。
〔三七〕『華』，甲、乙、戊本同，丁本作『花』。
〔三八〕『華』，甲、乙、戊本同，丁本作『花』。
〔三九〕『以』，乙、丁、戊本同，甲本脱。
〔四〇〕『膜』，甲、乙、丁本同，戊本作『映』，誤。
〔四一〕『華』，甲、乙、戊本同，丁本作『花』。
〔四二〕己本始於此句。

〔四三〕『華』，甲、乙、戊本同，丁、己本作『花』。
〔四四〕戊本止於此句。
〔四五〕『惑』，乙、丁、己本同，甲本作『或』，『或』有『惑』義。
〔四六〕『輒』，甲、乙、己本同，丁本無；『請』，甲、乙、己本同，丁本作『請問』。
〔四七〕『起』，丁、己本同，甲、乙本作『趣』。
〔四八〕庚本始於此句。
〔四九〕『惑』，甲、乙本同，丁、己本作『或』，『或』有『惑』義。
〔五〇〕『惑』，乙、庚、辛本同，甲、丁、己本作『或』，『或』有『惑』義。辛本始於此句。
〔五一〕『導』，甲、乙、己、庚、辛本同，丁本作『道』，均可通。
〔五二〕『世』，甲、乙、辛本同，丁、己、庚本作『最』。
〔五三〕『成』，甲、乙、己、庚本同，丁本作『盛』。
〔五四〕『財法』，乙、丁、辛本同，甲、己、庚本作『法財』。
〔五五〕壬本始於此句。
〔五六〕『機宜』以下書於BD一四八四一G上。
〔五七〕己本止於此句。
〔五八〕丁本止於此句。
〔五九〕癸本始於此句。
〔六〇〕『繞』，乙、辛本同，甲、壬、癸本作『遶』。
〔六一〕『開』，甲、壬、癸本同，乙、辛本作『門』，誤；『露』，甲、壬、癸本同，乙、辛本作『路』，『路』爲『露』

之借字。

〔六二〕『極』，當作『拯』，據甲、乙、庚、辛、壬、癸本改，《中華道藏》逕釋作『拯』。

〔六三〕『食』，甲、乙、辛本同，壬、癸本作『息』，《中華道藏》釋作『息』，誤。

〔六四〕『始』，甲、乙、辛、癸本同，壬本作『如』。

〔六五〕『悟』，甲、乙、辛本同，壬、癸本作『法』。

〔六六〕『説』，甲、乙、辛、壬本同，癸本作『謂』。

〔六七〕『蜜』，乙本同，甲本作『妙』，辛、壬、癸本作『密』，『蜜』可用同『密』，《中華道藏》釋作『密』，誤。

〔六八〕『惛』，甲、乙、庚本同，壬、癸本作『昏』。

〔六九〕『崇』，甲、乙、辛本同，壬、癸本作『宗』。

〔七〇〕『無上』，甲、乙、庚本同，壬、癸本作『元始』。

〔七一〕『豫』，乙、壬、癸本同，甲、庚本作『預』，『預』爲『豫』之借字。

〔七二〕『界』，甲、乙、辛本同，庚、壬、癸本作『世界』。

〔七三〕『此』，乙、庚、辛、壬、癸本同，甲本作『心』，誤。

〔七四〕『法』，甲、乙、辛、壬、癸本同，庚本作『性』。

〔七五〕甲二本始於此句。

〔七六〕『牀』，辛、甲二本同，甲、乙本作『座』。壬本止於此句。

〔七七〕『采』，甲、乙、辛本同，庚、癸、甲二本作『綵』。

〔七八〕『他』，乙、庚、辛、癸、甲二本同，甲本作『地』，誤。

〔七九〕『坐』，甲、乙、辛本同，癸、甲二本作『座』，『座』可用同『坐』。

伯二四六三＋斯四三三〇＋BD 一四八四一 G＋BD 一四八四一 J＋伯二五六一＋伯二三六九

〔八〇〕BD 一四八四一 J 始於此句之『道』字。
〔八一〕庚本止於此句。
〔八二〕乙二本始於此句。
〔八三〕『實』，乙、辛、癸、甲二、乙二本同，甲本作『虚』。
〔八四〕『湛寂』，甲、乙、辛本同，癸、甲二、乙二本作『寂滅』。
〔八五〕『之』，甲、乙、辛本同，癸、甲二、乙二本無。
〔八六〕『頌』，甲、乙、辛本同，癸、甲二、乙二本作『偈』。
〔八七〕『已』，甲、乙、辛、癸本同，甲二、乙二本作『入』。
〔八八〕『座』，乙、辛、癸、甲二、乙二本同，甲本作『坐』，『座』同『坐』。
〔八九〕癸本止於此句。
〔九〇〕第三箇『非』，甲、乙、辛、甲二、乙二本無；第二箇『本』，甲、乙、辛、甲二、乙二本作『末』。
〔九一〕『道』，甲、乙、辛本同，甲二、乙二本作『真』。伯二五六一始於此句之『成』字。
〔九二〕『煩』，甲、乙、辛本同，甲二、乙二本作『顛』。
〔九三〕『實』，甲二、乙二本同，甲、乙、辛本作『實』。
〔九四〕『相』，當作『想』，據甲、乙、辛、甲二、乙二本改，『相』爲『想』之借字。
〔九五〕『故』，甲、乙、辛、甲二本同，乙二本無。
〔九六〕『始』，甲、乙本亦脱，據辛、甲二、乙二本補。
〔九七〕『於』，甲、乙、辛本同，甲二、乙二本作『親從元始』；『所』，甲、乙、辛本同，甲二、乙二本無。
〔九八〕丙二本始於此句。

〔九九〕『輾』，乙、辛、甲二、乙二本同，甲本作『展』，均可通。
〔一〇〇〕『想』，乙、辛、甲二、乙二本同，甲、丙二本作『相』。
〔一〇一〕『增』，乙、辛本同，甲、甲二、乙二本作『憎』，『增』通『憎』，《中華道藏》釋作『憎』。
〔一〇二〕『惪』，乙、辛、甲二、乙二、丙二本同，甲本作『瞋』。
〔一〇三〕『憎』，甲、乙、辛本同，甲二、乙二、丙二本作『增』。
〔一〇四〕『是』，甲、乙、辛本同，甲二、乙二、丙二本作『此』。
〔一〇五〕『直』，甲、乙、辛、甲二、乙二本同，丙二本作『真』，誤。
〔一〇六〕『染』，乙、辛、甲二、乙二、丙二本同，甲本作『深』，《中華道藏》釋作『深』，誤。
〔一〇七〕『想』，甲、丙二本同，乙、辛、甲二、乙二本作『相』，《中華道藏》釋作『相』，誤。
〔一〇八〕『所』，甲、乙、辛、乙二、丙二本同，甲二本脱。
〔一〇九〕『止』，甲、乙本同，辛、甲二、乙二本作『心』。
〔一一〇〕『人』，當作『心』，據甲、乙、辛、甲二、乙二、丙二本改。
〔一一一〕『淨』，乙、辛、甲二、乙二、丙二本同，甲本作『名』。
〔一一二〕丙二本止於此句。
〔一一三〕『相』，甲、乙、辛、乙二本同，甲二本作『想』，『想』爲『相』之借字。
〔一一四〕『淨』，甲、乙、辛、甲二、乙二本作『虚』。
〔一一五〕『住』，乙、辛、甲二、乙二本同，甲本作『位』。
〔一一六〕伯二三六九始於此句之『明』字。
〔一一七〕『慧』，乙、辛、甲二、乙二本同，甲本作『惠』，『惠』通『慧』。

〔一一八〕『切』，甲、乙、辛、甲二本同，乙二本作『方』，誤。

〔一一九〕『不』，甲、乙、辛、甲二本同，乙二本脱；『包』，乙、辛、甲二、乙二本同，甲本作『苞』。

〔一二〇〕『太』，甲、乙、辛本同，甲二、乙二本作『大』；『大』，甲、乙、辛本同，甲二、乙二本作『太』。

〔一二一〕『達』，甲、乙、辛、乙二本同，甲二本脱。乙二本此句天頭處有另筆書寫『能礙』二字。

〔一二二〕『湛寂』，甲、乙、辛本同，甲二、乙二本作『寂滅』。

〔一二三〕『導』，甲、乙、辛、甲二本同，乙二本作『道』，均可通。

〔一二四〕『當』，甲、乙、辛、甲二本同，乙二本作『常』。

〔一二五〕『俱發』，乙、辛、甲二、乙二本同，甲本作『發俱』，誤。

〔一二六〕『人』，甲、乙、辛、甲二本同，乙二本無。乙二本此句地脚處有另筆書寫『脱』字。

〔一二七〕『治』，甲、乙、辛本同，甲二、乙二本作『持』。

〔一二八〕『學』，甲本同，乙、辛、甲二、乙二本作『與』。

〔一二九〕乙二本止於此句。

〔一三〇〕『同』，當作『周』，據甲、乙、辛、甲二本改。

〔一三一〕『出』，甲、乙、辛本同，甲二本作『吐』。

〔一三二〕『發』，甲、乙、辛本同，甲二本作『發無』。

〔一三三〕『吟』，當作『喻』，據甲、乙、辛、甲二本改。

〔一三四〕『如』，甲、乙、辛本同，甲二本作『始』。

〔一三五〕丁二本始於此句。

〔一三六〕『容』，乙、辛、甲二本同，甲、丁二本作『儀』。

〔一三七〕丁二本此句下空白處有另筆書習字『大師天人尊』五字。
〔一三八〕『甘』，甲本同，當作『咸』，據乙、辛、甲二、丁二本改。
〔一三九〕『想』，乙、辛、甲二本同，甲、丁二本作『相』。
〔一四〇〕『倒』，甲、乙、辛、甲二、戊二本同，丁二本作『例』。戊二本始於此句。
〔一四一〕『淨』，甲、乙、辛、甲二、戊二本同，丁二本作『寂』。
〔一四二〕『發』，甲、乙、辛、甲二、丁二、戊二本作『登』。
〔一四三〕『踊』，甲、乙、辛本同，甲二、丁二、戊二本作『躍』。
〔一四四〕『珍』，甲、乙、辛、甲二、戊二本同，丁二本作『彌』，誤。
〔一四五〕『鵠』，甲、乙、辛、戊二本同，甲二、丁二本作『鵠』；『鴻』，甲、乙、辛、甲二、丁二、戊二本同，《中華道藏》釋作『鴻』。
〔一四六〕『吐』，乙、辛、甲二、丁二、戊二本同，甲本作『吐如』。
〔一四七〕『皆』，乙、辛、甲二、戊二本同，甲本無，丁二本脱。
〔一四八〕『墮』，甲、乙、辛、甲二、丁二本同，戊二本作『隨』，誤。
〔一四九〕『雅』，甲、乙、辛、丁二本同，甲二、戊二本作『法』。
〔一五〇〕『巨』，乙、辛、戊二本同，甲、甲二、丁二本作『臣』，誤。
〔一五一〕『又』，甲、乙、辛、甲二、戊二本同，丁本無。
〔一五二〕丁二本止於此句。
〔一五三〕此句乙、辛、甲二、戊二本無，甲本作『證聖元年閏二月廿九日，神泉觀〔法〕師氾思莊發心敬寫，奉爲一切法界蒼生同會此福』。

伯二四六三＋斯四三三〇＋BD一四八四一G＋BD一四八四一J＋伯二五六一＋伯二三六九

參考文獻

《敦煌寶藏》三五册，臺北：新文豐出版公司，一九八二年，三八〇至三八二頁（圖）；《英藏敦煌文獻》一二卷，成都：四川人民出版社，一九九五年，九九頁（圖）；《北京大學圖書館藏敦煌文獻》二册，上海古籍出版社，一九九五年，一九一至一九二頁（圖）；《甘肅藏敦煌文獻》一卷，蘭州：甘肅人民出版社，一九九九年，九七頁（圖）；《法藏敦煌西域文獻》一三册，上海古籍出版社，二〇〇〇年，七八至七九、三三六至三三九頁（圖）；《俄藏敦煌文獻》一二卷，上海古籍出版社，二〇〇〇年，一八一至一八二頁（圖）；《法藏敦煌西域文獻》一四册，上海古籍出版社，二〇〇一年，二〇六至二一二頁（圖）；《法藏敦煌西域文獻》一八册，上海古籍出版社，二〇〇一年，三二一至三二七頁（圖）；《法藏敦煌西域文獻》二六册，上海古籍出版社，二〇〇二年，四三至四七頁（圖）；《敦煌吐魯番研究》七卷，北京大學出版社，二〇〇四年，三六九頁；《敦煌道教文獻研究：綜述·目録·索引》，北京：中國社會科學出版社，二〇〇四年，二〇〇頁；《中華道藏》五册，北京：華夏出版社，二〇〇四年，二三一至二三六頁（録）；《國家圖書館藏敦煌遺書》一〇〇册，北京圖書館出版社，二〇〇八年，六八頁（圖）；《國家圖書館藏敦煌遺書》一一〇册，北京圖書館出版社，二〇〇九年，二一八頁（圖）；《法藏敦煌藏文文獻》一一册，上海古籍出版社，二〇一〇年，一一六頁（圖）；《敦煌本〈太玄真一本際經〉輯校》，成都：巴蜀書社，二〇一〇年，一二〇至一四五頁；《國家圖書館藏敦煌遺書》一四一册，北京圖書館出版社，二〇一一年，一八七至一八八頁（圖）；《國家圖書館藏敦煌遺書》一四三册，北京圖書館出版社，二〇一二年，三七四至三七五、三七七、三七九、三八一、三八三至三八四頁（圖）；《國家圖書館藏敦煌遺書》一四四册，北京圖書館出版社，二〇一二年，七、一二、一五、一八頁（圖）。

斯四三三二　曲子三首（别仙子、菩薩蠻、酒泉子）

釋文

别仙子

此時桙樣〔一〕，筭來是〔二〕，秋天月。無一事，堪惆悵，須圓闕。穿窗牖，人寂静，滿面蟾光如雪。照淚痕何似，兩眉雙結。　曉樓鍾動〔三〕，執纖手，看看别。移銀燭，猥身泣〔四〕，聲哽噎。家私事，頻付囑，上馬臨行説。長思憶，莫負少年時節。

菩薩蠻

枕前發盡千般願，要休且待青山爛。水面上，秤䭔（錘）浮〔五〕，直待黄河徹底枯。白日參辰現，北斗迴南面。休即未能休，且待三更見日頭。

酒泉子

砂多泉頭，伴賊寇槍張怒起。語報恩，住裴氏，暉威（以下原缺文）

説明

此件首尾完整，原未抄完，存曲子别仙子、菩薩蠻、酒泉子三首。曲調名墨色較淡，另筆書寫，其中『菩薩蠻』『酒泉子』均以小字寫於行間，似爲後人補寫，任半塘認爲曲調名的筆跡與背面相同（參《敦煌歌辭總編》，三二六頁）。此件之年代，翟理斯認爲在十世紀（參 *Descriptive Catalogue of the Chinese Manuscripts from Tunhuang in the British Museum*，p. 237）。饒宗頤考訂背面『壬午年便麥粟據稿』之『壬午』爲德宗貞元十八年（公元八〇二年），據此判定此件當抄寫於此之前後，出自僧徒之手（參《敦煌曲》，《饒宗頤二十世紀學術文集》卷八，六九〇頁）。任半塘則認爲曲子的創作年代可能在八世紀中葉（參《敦煌歌辭總編》，三二五、三二八頁）。

『别仙子』又見於斯七一一一，該件是舞、樂、詞的合抄本，内容和此件『别仙子』差異較大，故不列爲校本。

校記

〔一〕『模』，《敦煌歌辭總編》校改作『模』，按『模』可用同『模』，不煩校改。

〔二〕『是』，《敦煌歌辭總編》校改作『似』。

〔三〕『鍾』，《敦煌歌辭總編》校改作『鐘』，按『鍾』通『鐘』，不煩校改。

〔四〕『猥』，《全唐五代詞》校改作『偎』。

〔五〕『搥』，當作『鎚』，《敦煌曲子詞集》據文義校改，『搥』爲『鎚』之借字。

參考文獻

《敦煌曲子詞集》，上海：商務印書館，一九五〇年，二至三、一三、二七至二八頁（録）；《敦煌曲校録》，上海文藝聯合出版社，一九五五年，七六頁（録）；*Descriptive Catalogue of the Chinese Manuscripts from Tunhuang in the British Museum*, London: The Trustees of the British Museum, 1957, p. 237；《敦煌寶藏》三五册，臺北：新文豐出版公司，一九八二年，三五六頁（圖）；《敦煌歌辭總編》，上海古籍出版社，一九八七年，三二四至三二八、四八九至四九〇頁（録）；《敦煌學輯刊》一九八八年一、二期，五四頁；《英藏敦煌文獻》六卷，成都：四川人民出版社，一九九二年，三八頁（圖）；《英藏敦煌文獻》一二卷，成都：四川人民出版社，一九九五年，五二頁（圖）；《全唐五代詞》，北京：中華書局，一九九九年，八六〇至八六一頁（録）；《饒宗頤二十世紀學術文集》卷八，臺北：新文豐出版公司，二〇〇三年，六八八至六九〇頁；《敦煌曲子詞地域文化研究》，上海古籍出版社，二〇〇四年，三六、一一二、一八六、二二四頁；《敦煌學國際研討會論文集》，北京圖書館出版社，二〇〇五年，二〇一頁。

斯四三三二背　一　壬午年（公元八〇二年）三月卅日兄代弟僧願學填還所便麥粟憑據稿

釋文

壬午年三月卅日，龍興寺僧願學，於乾元寺法師隨願倉，去己卯年十一月廿二日便麥肆碩、粟肆碩。其麥粟於大衆沙彌面上買絹。其願學，有往來人言道漢地死亡。其王法師徵索此物。其物他自不招，言道不取。

壬午年三月卅日，龍興寺僧願學去己卯年十一月廿二日[一]，於王法師倉便麥粟八石，到壬午年三月言道願學漢地身亡。其王法師於他兄邊徵索此物。其兄与立居（機）緤壹疋[二]，黄僧衣壹對，只（質）典此物[三]。後有人來，其願學不死，滴（的）實取物者[四]，年年借利，一任自取者[五]。

説明

此件兩通文字略同，倒書，前一篇工整，後一篇有塗抹修改，當係初稿，其内容爲僧願學被傳身亡後，其兄代爲償還所欠債務的憑據草稿。饒宗頤認爲此件筆跡與正面相似，考訂『壬午年』爲唐德宗貞元十八年（公元八〇二年）（參《敦煌曲》，《饒宗頤二十世紀學術文集》卷八，六九〇頁）。

校記

〔一〕「去己卯年十一月廿二日」，《敦煌遺書總目索引新編》漏録。

〔二〕「居」，當作「機」，《唐後期五代宋初敦煌僧尼的社會生活》據文義校改，「居」爲「機」之借字。

〔三〕「只」，當作「質」，《唐後期五代宋初敦煌僧尼的社會生活》據文義校改，「只」爲「質」之借字，《敦煌遺書總目索引新編》未能釋讀。

〔四〕「滴」，當作「的」，據文義改，「滴」爲「的」之借字。

〔五〕「任」，《唐後期五代宋初敦煌僧尼的社會生活》釋作「在」，誤。

參考文獻

《敦煌寶藏》三五册，臺北：新文豐出版公司，一九八二年，三五七頁（圖）；《敦煌遺書總目索引》，北京：中華書局，一九八三年，一九八頁（録）；《魏晉南北朝隋唐史資料》五輯，一九八三年，二三頁；《敦煌學園零拾》，臺灣商務印書館，一九八六年，二四一頁（録）；《隋唐五代經濟史料彙編校注》第一編下，北京：中華書局，一九八七年，九二一頁（録）；《英藏敦煌文獻》六卷，成都：四川人民出版社，一九九二年，三八頁（圖）；《敦煌研究》一九九八年三期，三五頁；《唐後期五代宋初敦煌僧尼的社會生活》，北京：中國社會科學出版社，一九九八年，三七二頁（録）；《敦煌遺書總目索引新編》，北京：中華書局，二〇〇〇年，一三三至一三四頁（録）；《饒宗頤二十世紀學術文集》卷八，臺北：新文豐出版公司，二〇〇三年，六九〇頁。

斯四三三二背　二　雜寫（握纖）

釋文

握纖

説明

以上文字係時人隨手書寫於兩通『便麥粟憑據稿』之間，倒書。饒宗頤認爲『握纖』係抄自正面曲子『别仙子』中『握纖手』一句（參《敦煌曲》，《饒宗頤二十世紀學術文集》卷八，六九〇頁）。按此件正面實作『執纖手』，斯七一一一背《别仙子》作『握纖手』。

參考文獻

《敦煌寶藏》三五册，臺北：新文豐出版公司，一九八二年，三五七頁（圖）；《英藏敦煌文獻》六卷，成都：四川人民出版社，一九九二年，三八頁（圖）；《英藏敦煌文獻》一二卷，成都：四川人民出版社，一九九五年，五二頁（圖）。

斯四三四一　某都講設難問疑致語

釋文

某乙聞：有仲（沖）天之翼者〔一〕，不栖息於桑榆；大聖弘慈者，必不徇於名利。厥今大供釋教者，誰也？則我河西節度大　將軍之威力也。伏惟大　將軍握夫（符）海内〔二〕，文武兼身，左黄（皇）王如（而）滯（制）閫外〔三〕，案長劍已（以）役邊人〔四〕。

伏惟都僧統和尚，雄望高門，靈枝茂族，三端傑出，四辯色聲。是時也，八水浴僧之日，四序初見之神（辰）〔五〕。大會緇徒，光陽法席。但某乙只欲印（隱）身迸跡〔六〕，豈當緣佳會有期〔七〕，法流難遇。今有法師，不志光陰〔八〕，行垂檢校，恩甚恩甚！

某乙聞：知人者智，自知者明。法師德宇淵深，詞峰電擊，向承徵問，雖以惜情，不次當人〔九〕，敢申管見，請垂聽覽。謹依《維摩經》中立六神通義，依《涅槃經》中立真如佛性義，然依所習，立義兩端，向者六神通、真如佛性等名目如何？幸請法師，希垂呵責。

謹依所習《本□》中立所緣緣義，依《維摩經》中立六神通義，一經一論立兩端。向者所緣緣、六神通等名目如何？幸願請法師，請垂開闕（闡）〔一〇〕。

向者所立義端，可不如是？答：如是已。若如是，分明假釋。

向蒙法師所答，非不一一分明，良由迷滯多時，更欲陳其短見。《百法論》所緣緣義且至一邊，未審乾連已證六通，爲是假説？爲是真言？是第一問〔一一〕。

法師須則所説，上不星星。目連證六通之過，上昇天堂。今乾連非但持戒不犯，兼證六通，具足在身，母樂（入）地獄〔一二〕，不能救濟，明之三衆，並涉虚無，所以再證。

仰惟法師辭如江海，義若雲雷。問答往來，無情不豁。意廣陽真教〔一三〕，未有闕並少多，分明收取。

難：六通大神力，自合福及親。親既墮惡道，神力非六通。

難：六通大圓滿，入定自合見。要假問於佛，定見並妄見。

難：聞母墮惡道，煞身亦合救。要假大此日，此日如何救？

難：通神能變現，變若合安樂。慈母救不得，神通無變現。

某乙聞：可爲法論再闡於閻浮，佛日重暉於此席，更願再談。

將軍坐久，事之而（？）來，幸不在懷，願衆慈悲，布施歡喜。

某乙聞：知人者智，自知者明。法師德宇宏深，詞風電擊，言如玄海，義發流星，不棄微愚，每承朝（招）引〔一四〕。但某乙晚輩小學，羽零（翎）初政（整）〔一五〕，輒然會下，蒙命故敷，自愧無能，敢乘（承）來旨〔一六〕。若懷崑（昆）友之情〔一七〕，願垂矜血

（恤）〔一八〕，即是恩幸恩幸。

仰惟法師幸（性）堅金石〔一九〕，機變如雲，詞若甘泉，何能有竭。但某乙小知小見，敢當大才？若不矜慈，那能還答。出言与（易）於反掌〔二〇〕，入氣難於拔山。今且日光西謝，亦須盡命如（而）作〔二一〕。法師提抴精神，任申所問。

仰惟法師英靈秀異，智量淵深。向者所説《涅槃經》中立真如佛性，《百法論》中立大乘義者，豈不如是？言真如佛性，粗以可知。言大乘者，大者遮小爲義，乘者運載爲名。奉答如是，有疑任徵。

説明

此卷由兩紙黏接而成，大小不一。正面爲『某都講設難問疑致語』，背面分别是『某人上河西都僧統書』『文樣（答大乘因果）』和雜寫，筆跡不一，係不同人不同時期所寫。

此件首尾完整，前紙墨色較淡，有塗抹圈畫，後紙墨色較深。前後筆跡相同，爲同一人所抄，其内容是僧團在進行辯義時設難問疑的『致語』。按照慣例，僧人講經時要由一名學問淵博、威望崇高的僧人擔任『法師』，作爲主講，另外還要有一名僧人擔任『都講』，辯難質疑，法師則據其詰問者通釋之（參看李正宇《敦煌俗講僧保宣及其〈講經通難致語〉》，《程千帆先生八十壽辰紀念文集》，二一〇至二一九頁）。此件抄録的内容即設難和問疑前的『致語』。

此件中提到『河西節度大將軍』，據榮新江考證，歸義軍時期被唐朝封爲『大將軍』者只有張議潮和張淮深（參《歸義軍史研究》，六四至六五、八二至八四頁），但張議潮並不以『大將軍』號令河西，張淮深於大中七年（公元八五三年）充沙州刺史、左驍衛大將軍，至咸通八年（公元八六七年）張議潮入朝後不久他兼任歸義軍兵馬留後，之後就自稱左散騎常侍兼御史中丞，不再用『大將軍』之號。故此件中之『河西節度大將軍』當爲張淮深，此件之年代在咸通八年前後。

校記

〔一〕『仲』，當作『沖』，據文義改，『仲』爲『沖』之借字。
〔二〕『夫』，當作『符』，據文義改，『夫』爲『符』之借字。
〔三〕『黄』，當作『皇』，據文義改，『黄』爲『皇』之借字；『如』，當作『而』，據文義改，『如』爲『而』之借字；『滯』，當作『制』，據文義改，『滯』爲『制』之借字。
〔四〕『已』，當作『以』，據文義改，『已』爲『以』之借字。
〔五〕『神』，當作『辰』，據文義改，『神』爲『辰』之借字。
〔六〕『印』，當作『隱』，據文義改，『印』爲『隱』之借字；『迸』，通『屏』。
〔七〕此句當有衍文，疑爲『當』或『緣』。
〔八〕『志』，通『識』。
〔九〕『人』，通『仁』。
〔一〇〕『闕』，當作『闈』，據文義改。
〔一一〕『第』，底本原寫作『弟』，按寫本中『第』『弟』形近易混，故可據文義逕釋作『第』。

〔一二〕「樂」，當作「入」，據文義改。
〔一三〕「陽」，通「揚」。
〔一四〕「朝」，當作「招」，據文義改，「朝」爲「招」之借字。
〔一五〕「零」，當作「翎」，據文義改，「零」爲「翎」之借字；「政」，當作「整」，據文義改，「政」爲「整」之借字。
〔一六〕「乘」，當作「承」，據文義改，「乘」爲「承」之借字。
〔一七〕「崑」，當作「昆」，據文義改，「崑」爲「昆」之借字。
〔一八〕「血」，當作「恤」，據文義改，「血」爲「恤」之借字。
〔一九〕「幸」，當作「性」，據文義改，「幸」爲「性」之借字。
〔二〇〕「与」，當作「易」，據文義改，「与」爲「易」之借字。
〔二一〕「如」，當作「而」，據文義改，「如」爲「而」之借字。

參考文獻

《敦煌寶藏》三五册，臺北：新文豐出版公司，一九八二年，三八〇至三八二頁（圖）；《敦煌遺書總目索引》，北京：中華書局，一九八三年，一九八頁；《俗語言研究》二期，一四八頁；《英藏敦煌文獻》六卷，成都：四川人民出版社，一九九二年，三九至四〇頁（圖）；《程千帆先生八十壽辰紀念文集》，南京：江蘇古籍出版社，一九九二年，二一〇至二一九頁；《歸義軍史研究——唐宋時代敦煌歷史考索》，上海古籍出版社，一九九六年，六四至六五、八二至八四頁；《敦煌遺書總目索引新編》，北京：中華書局，二〇〇〇年，一三四頁。

斯四三四一背　一　某人上河西都僧統書

釋文

謹依所習《維摩經》中不（立）立（不）思儀（議）解脱義〔一〕，又依下文立生死涅槃性平等義，又依《瑜伽論》中立五分十支義，又依本地分中立十七地增減義，又依尋伺地中立三性三無性義，又依菩薩地中立六波羅蜜義，又依《百法論》中立惟識五門義，一經二論立義七端。

關弊便依生死涅槃，六波羅蜜惟識五義，三性三無性中任取穩便。

右緣　大夫初受官位，不並往日，未可輕爾誦戒小事，此是大綱。伏望　都統切須備禦。若不盡情，更立義門，速請發遣名目，賓主亦取　都統穩便處。

十四日。

説明

此件首尾完整，其内容爲某人就誦戒事給河西僧都統的上書。其中提到『大夫初受官位』，據榮新江考證，歸義軍時期以『大夫』稱號行世的只有索勳，時間在景福二年（公元八九三年）（參《歸義軍史研究》，一八一頁），故此件的年代當在此年，此時在任的都僧統是悟真。

校記

〔一〕『不立』，當作『立不』，據文義改；『儀』，當作『議』，據文義改，『儀』爲『議』之借字。

參考文獻

《敦煌寶藏》三五册，臺北：新文豐出版公司，一九八二年，三八三頁（圖）；《敦煌遺書總目索引》，北京：中華書局，一九八三年，一九八頁；《英藏敦煌文獻》六卷，成都：四川人民出版社，一九九二年，四〇頁（圖）；《歸義軍史研究——唐宋時代敦煌歷史考索》，上海古籍出版社，一九九六年，一八一頁；《敦煌遺書總目索引新編》，北京：中華書局，二〇〇〇年，一三四頁。

斯四三四一背　二　文樣（答大乘因果）

釋文

答：超過二乘得名大，並能運，故稱爲乘。
答：大乘因果總名乘，運載通，因立此義。
答：因行能運載，運載名爲乘，佛果能運他，運他名爲乘。
答：因果兩運俱一乘，果位運他亦一乘，要具二利名大乘，小乘自利非大乘。
答：佛果約運非自運，據體功能名自運。若能會理二俱乘，究竟通果名乘義。

説明

此件首尾完整，書於『某人上河西都僧統書』之後，倒書。《英藏敦煌文獻》擬名『文樣（答大乘因果）』，兹從之。

參考文獻

《敦煌寶藏》三五册，臺北：新文豐出版公司，一九八二年，三八三頁（圖）；《敦煌遺書總目索引》，北京：中華書局，一九八三年，一九八頁；《英藏敦煌文獻》六卷，成都：四川人民出版社，一九九二年，四〇至四一頁（圖）；《敦煌遺書總目索引新編》，北京：中華書局，二〇〇〇年，一三四頁。

斯四三四一背　三　雜寫

釋文

大乘之

我

成

（中空數行）

佛本行集經卷行集經　而而而而而而從從從

于我我我我我我我我我于我

説明

以上文字係時人隨手所寫，前三行爲大字，筆跡相同，倒書。第四行與前三行相隔較遠，筆跡不同，爲另一人所書。

參考文獻

《敦煌寶藏》三五册，臺北：新文豐出版公司，一九八二年，三八二至三八三頁（圖）；《英藏敦煌文獻》六卷，成都：四川人民出版社，一九九二年，四一頁（圖）。

斯四三四六　大般若波羅蜜多經卷第二三三題記

張涓

釋文

懷惠勘〔一〕

説明

以上文字書寫於《大般若波羅蜜多經》卷第二三三末尾，《英藏敦煌文獻》未收，現予增收。

校記

〔一〕『懷惠』，《敦煌遺書總目索引新編》未能釋讀。

參考文獻

Descriptive Catalogue of the Chinese Manuscripts from Tunhuang in the British Museum, London: The Trustees of the British

Museum, 1957, p. 6（録）；《敦煌寶藏》三五册，臺北：新文豐出版公司，一九八二年，四一六頁（圖）；《中國古代寫本識語集録》，東京大學東洋文化研究所，一九九〇年，三六四頁（録）；《敦煌遺書總目索引新編》，北京：中華書局，二〇〇〇年，一三四頁（録）。

斯四三五三　妙法蓮花經卷第一題記

釋文

上元三年十一月廿三日〔一〕，弘文館楷書王智苑寫。

用紙十八張。

裝潢手解善集。

初校清禪寺僧疑成〔二〕。

再校弘福寺僧惠倫。

三校弘福寺僧惠倫。

詳閲太原寺大德神符。

詳閲太原寺大德嘉尚。

詳閲太原寺寺主慧立。

詳閲太原寺上座道成。

判官司農寺上林署令李德。

使朝散大夫守尚舍奉御閻玄道監。

説明

以上題記書寫於《妙法蓮花經》卷第一尾題之後，《英藏敦煌文獻》未收，現予增收。上元三年爲公元六七六年。

校記

〔一〕『廿』，《敦煌遺書總目索引新編》釋作『二十』。

〔二〕『疑』，《敦煌遺書總目索引新編》釋作『凝』，誤。

參考文獻

Descriptive Catalogue of the Chinese Manuscripts from Tunhuang in the British Museum, London：The Trustees of the British Museum, 1957, p. 64；《敦煌寶藏》三五册，臺北：新文豐出版公司，一九八二年，四六一頁（圖）；《敦煌學要籥》，臺北：新文豐出版公司，一九八二年，一四三至一四四頁（録）；《敦煌遺書總目索引》，北京：中華書局，一九八三年，一九八頁（録）；《中國古代寫本識語集録》，東京大學東洋文化研究所，一九九〇年，二二九至二三〇頁（録）；《敦煌遺書總目索引新編》，北京：中華書局，二〇〇〇年，一三四頁（録）；《首届長安佛教國際研討會論文集》三，西安：陝西師範大學出版社，二〇一〇年，三一九至三三七頁。

斯四三五八　李相公歎真身

釋文

李相公歎真身

三皇掩質皆歸土，五帝藏形化作塵。
夫子域中稱是聖[一]，充（老）君世上也言真[二]。
埋軀只見空墳塚，何處留形示後人。
唯有吾師金骨在，曾經百鍊色長新。

説明

此件首尾完整，爲七律詩，有首題『李相公歎真身』，其内容與《翻譯名義集》卷五『仁宗皇帝御製讚』及《佛祖統紀》卷四五所載宋仁宗撰《佛牙讚》基本相同。陳祚龍據《佛祖統紀》認爲此件係傳抄自《佛牙讚》，其抄寫時間在宋仁宗天聖九年（公元一〇三一年）（參《敦煌學園零拾》上册，六七至六八頁）。李正宇持同樣看法，進而推測『李相公』係北宋僧人託名（參《敦煌遺書宋人詩輯校》，《敦煌研究》一九九二年二期，四七頁）。徐俊亦認同此件之作者爲宋仁宗（參《敦煌詩集殘卷輯考》，八八四頁）。榮新江則認爲此件中之『真身』並非指佛牙舍利，而是法門寺佛骨舍利；『李相公』更可能是晚唐的鳳翔節度使李茂貞；此件是託李茂貞的名字由當地文人編造的，在民間流行，並傳到了敦煌；宋仁宗要撰《佛牙讚》時，捉筆代勞的臣下用此詩來充數，《李相公歎真身》纔變成了《佛牙讚》（參《敦煌藏經洞的性質及其封閉原因》，《敦煌吐魯番研究》二卷，三九頁；《98法門寺唐文化國際學術討論會論文集》，七一頁）。

校記

〔一〕『是』，《敦煌韻文集》校改作『至』。

〔二〕『充』，當作『老』，據《翻譯名義集》卷五『仁宗皇帝御製贊』改，《敦煌韻文集》《敦遺書總目索引》《敦煌簡策訂存》《敦煌詩集殘卷輯考》《敦煌遺書總目索引新編》《敦煌學新論》均逕釋作『老』。

參考文獻

《敦煌韻文集》，高雄：佛教文化服務處，一九六五年，一〇八頁（録）；《敦煌の文學》，東京：大藏出版株式會社，一九七一年，一六二頁；《敦煌寶藏》三五册，臺北：新文豐出版公司，一九八二年，四九四頁（圖）；《敦煌遺書總目索引》，北京：中華書局，一九八三年，一九八頁（録）；《敦煌簡策訂存》，臺灣商務印書館，一九八三年，一八九至一九〇頁（録）；《敦煌學園零拾》上册，臺灣商務印書館，一九八六年，六七至六八頁；《敦煌研究》一九九一年二期，二三至二四頁；《英藏敦煌文獻》六卷，成都：四川人民出版社，一九九二年，四二頁（圖）；《敦煌研究》一九九二年二期，四七頁（録）；《敦煌史地新論》，臺北：新文豐出版公司，一九九六年，三四九至三五〇頁；《敦煌吐魯番研究》二卷，北京大學出版社，一九九七年，三九頁；《敦煌研究》一九九七年三期，一〇九頁；《敦煌詩集殘卷輯考》，北京：中華書局，二〇〇〇年，八八四頁（録）；《敦煌遺書總目索引新編》，北京：中華書局，二〇〇〇年，一三四頁（録）；《98法門寺唐文化國際學術討論會論文集》，西安：陝西人民出版社，二〇〇〇年，七一頁；《敦煌吐魯番研究》五卷，北京大學出版社，二〇〇一年，三八八頁；《敦煌學新論》，蘭州：甘肅教育出版社，二〇〇二年，四二、四六至四七頁（録）；《文史知識》二〇一七年九期，五一頁。

斯四三五八背　雜寫（李相公歎真身）

釋文

李相公歎真身
四生佛向宫

説明

以上文字係時人隨手所寫，筆跡與正面不同。

參考文獻

《敦煌寶藏》三五册，臺北：新文豐出版公司，一九八二年，四九五頁（圖）；《英藏敦煌文獻》六卷，成都：四川人民出版社，一九九二年，四二頁（圖）。

斯四三五九背　一　曲子、詩四首（兩箇神、謁金門、奉送盈尚書盧潘等）

釋文

兩箇神，壹隻在，本是黄單天婁拜〔一〕，迎（敢）敢（迎）聖宫都入内〔二〕，卷卻向南拜。聖界安叔一在〔三〕，綱惱自身無政〔四〕。皆（街）頭言語似風竭〔五〕，望（往）問難德有心人〔六〕。但明共郎同公事〔七〕，益願□，莫歸番。

尚書座宫典（殿）〔一〇〕。開于闐。綿綾家家總滿〔八〕。奉戲（獻）生龍及玉椀〔九〕。將來百姓看。四塞休正（征）罷戰〔一一〕。但阿郎千秋歲〔一二〕，甘州他自離亂〔一三〕。

并有三杯萬事休，眼前花發死池之〔一四〕。

賀蘭山下果圓城〔一五〕，塞北江南别有名〔一六〕。

水北（木）萬家珠户暗〔一七〕，弓刀千隊鐵衣名（鳴）〔一八〕。

心願（源）落落能爲將[一九]，膽氣唐（堂）唐（堂）善用兵[二〇]。

卻血（使）河西之（諸）子等（弟）[二一]，馬前不信是儒生[二二]。

奉送盈　尚書盧潘　撰

維大梁貞明九年四月日[二三]，押衙某乙首（手）寫流念（？）[二四]

説明

此件首尾完整，有尾題『維大梁貞明九年四月日押衙某乙首（手）寫流念（？）』。先抄曲子『兩箇神』『謁金門・開于闐』，接着是無題殘詩二句，最後是『奉送盈尚書盧潘』詩，筆跡相同，尾題所涵蓋的是這四首曲子、詩，均爲押衙某乙所抄，故作一件釋録。

曲子『謁金門・開于闐』，張廣達、榮新江考證是某箇文人所作頌揚府主尚書德政的歌辭，其創作年代在公元九〇一年前後的張承奉時期（參《關於敦煌出土于闐文獻的年代及其相關問題》，《紀念陳寅恪先生誕辰百年學術論文集》，二九一頁）。無題殘詩二句，徐俊考訂又見於唐五代長沙窑瓷器題詩，文字小異（參《敦煌詩集殘卷輯考》，八八六至八八七頁）。『奉送盈尚書盧潘』詩，饒宗頤最先考訂出與傳世的唐代韋蟾《送盧潘尚書之靈武》詩相似，確定此詩作者即韋蟾（參《敦煌曲》，《饒宗頤二十世紀學術文集》卷八，七五六至七六七頁），徐俊又對盧潘和韋蟾的生平作了考證（參《敦煌詩集殘卷輯考》，八八七至八八八頁）。

『貞明』爲後梁末帝朱瑱年號，貞明七年改元龍德，此處繼續沿用至九年（公元九二三年），或是由於後梁滅亡在即，中原與西域信息交流阻隔所致。

校記

〔一〕「單」，《英國收藏敦煌漢藏文獻研究》釋作「巢」；「婁」，《英國收藏敦煌漢藏文獻研究》釋作「邊」。

〔二〕「迎敢」，當作「敢迎」，《英國收藏敦煌漢藏文獻研究》據文義校改；「宫」，《英國收藏敦煌漢藏文獻研究》校改作「躬」。

〔三〕「叔一」，《英國收藏敦煌漢藏文獻研究》以之爲合文，釋作「域」。

〔四〕「惱」，《英國收藏敦煌漢藏文獻研究》疑當校改作「維」；「政」，《英國收藏敦煌漢藏文獻研究》疑當校改作「改」。

〔五〕「皆」，當作「街」，《英國收藏敦煌漢藏文獻研究》據文義校改，「皆」爲「街」之借字；「竭」，《英國收藏敦煌漢藏文獻研究》疑作「幡」。

〔六〕「望」，當作「往」，據文義改，「望」爲「往」之借字；「德」，《英國收藏敦煌漢藏文獻研究》校改作「得」，按「德」通「得」，不煩校改。

〔七〕「但」，《英國收藏敦煌漢藏文獻研究》疑作「護」；「公」，《英國收藏敦煌漢藏文獻研究》釋作「衆」，誤。

〔八〕「綿」，《敦煌曲子詞斠證初編》校改作「錦」，《敦煌遺書總目索引新編》釋作「綾」，誤；「綾」，《敦煌遺書總目索引新編》釋作「錦」，誤。

〔九〕「戲」，當作「獻」，《敦煌曲子詞斠證初編》據文義校改，《敦煌曲》逕釋作「獻」；「生」，《敦煌曲子詞斠證初編》校改作「金」；「椀」，《英國收藏敦煌漢藏文獻研究》釋作「碗」，雖義可通而字誤。

〔一〇〕「座」，《英國收藏敦煌漢藏文獻研究》校改作「坐」，按「座」可用同「坐」，不煩校改；「座」下《敦煌歌辭總編》認爲脱一字；「典」，當作「殿」，《〈敦煌歌辭總編〉匡補（一）》據文義校改，「典」爲「殿」之借字。

〔一一〕「正」，當作「征」，《敦煌曲》據文義校改，「正」爲「征」之借字。

〔一二〕「但」，《英國收藏敦煌漢藏文獻研究》釋作「從」，誤；「但」下《敦煌歌辭總編》認爲脱一字。

〔一三〕「他」，《英國收藏敦煌漢藏文獻研究》疑當校改作「地」。

〔一四〕「池」，《英國收藏敦煌漢藏文獻研究》釋作「他」。

〔一五〕「圓」，《敦煌詩集殘卷輯考》據《全唐詩》校改作「園」。

〔一六〕「別」，《英國收藏敦煌漢藏文獻研究》據《全唐詩》校改作「舊」。

〔一七〕「北」，當作「木」，據《全唐詩》改；「珠」，《敦煌詩集殘卷輯考》據《全唐詩》校改作「朱」，按「珠」通「朱」，不煩校改。

〔一八〕「衣」，《英國收藏敦煌漢藏文獻研究》釋作「長」，校改作「衣」，誤；「名」，當作「鳴」，據《全唐詩》改，「名」爲「鳴」之借字。

〔一九〕「願」，當作「源」，據《全唐詩》改，「願」爲「源」之借字；「能」，《英國收藏敦煌漢藏文獻研究》據《全唐詩》校改作「堪」。

〔二〇〕「唐唐」，當作「堂堂」，據《全唐詩》改，「唐」爲「堂」之借字；「善」，《英國收藏敦煌漢藏文獻研究》據《全唐詩》校改作「合」。

〔二一〕「血」，當作「使」，據《全唐詩》改，《敦煌詩集殘卷輯考》逕釋作「使」，《敦煌曲》釋作「恐」，《英國收藏敦煌漢藏文獻研究》釋作「取」，校改作「使」；「河」，《英國收藏敦煌漢藏文獻研究》釋作「何」，校改作「六」；「西」，《英國收藏敦煌漢藏文獻研究》據《全唐詩》校改作「番」；「之」，當作「諸」，據《全唐詩》改，「之」爲「諸」之借字；「等」，當作「弟」，據《全唐詩》改，《英國收藏敦煌漢藏文獻研究》釋作「寄」，校改作『弟』。

〔二二〕『儒』，《英國收藏敦煌漢藏文獻研究》據《全唐詩》校改作『書』。

〔二三〕『九』，《敦煌遺書總目索引》《敦煌遺書總目索引新編》均釋作『伍』，誤。

〔二四〕『銜』，《敦煌遺書總目索引新編》釋作『牙』，誤；『首』，當作『手』，《敦煌詩集殘卷輯考》據文義校改，『首』爲『手』之借字；『流』，《英國收藏敦煌漢藏文獻研究》漏録；『念』，《英國收藏敦煌漢藏文獻研究》漏録，《敦煌遺書總目索引新編》釋作『通』。

參考文獻

Descriptive Catalogue of the Chinese Manuscripts from Tunhuang in the British Museum, London: The Trustees of the British Museum, 1957, p. 111（録）；《敦煌寶藏》三五册，臺北：新文豐出版公司，一九八二年，四九七頁（圖）；《敦煌遺書總目索引》，北京：中華書局，一九八三年，一九八至一九九頁（録）；《敦煌曲子詞斠證初編》，臺北：臺灣東大圖書公司，一九八六年，九七頁（録）；《敦煌歌辭總編》，上海古籍出版社，一九八七年，四六三至四六六頁（録）；《敦煌學輯刊》一九八九年一期，九一頁；《紀念陳寅恪先生誕辰百年學術論文集》，北京大學出版社，一九八九年，二九一頁；《敦煌研究》一九八九年四期，一〇〇頁；《敦煌研究》一九九二年一期，四一頁；《英藏敦煌文獻》六卷，成都：四川人民出版社，一九九二年，四三頁（圖）；《敦煌碑銘讚輯釋》，蘭州：甘肅教育出版社，一九九二年，三四七頁；《文史》三五輯，一九九二年，一九四頁；《敦煌研究》一九九四年二期，一一二頁；《敦煌吐魯番研究》一卷，北京大學出版社，一九九六年，一二三頁（録）；《全唐詩》（增訂本），北京：中華書局，一九九九年，六六一五頁；《全唐五代詞》，北京：中華書局，一九九九年，八六二頁（録）；《敦煌詩集殘卷輯考》，北京：中華書局，二〇〇〇

年，八八六至八八七頁（録）；《英國收藏敦煌漢藏文獻研究：紀念敦煌文獻發現一百周年》，北京：中國社會科學出版社，二〇〇〇年，一四七至一四八頁（録）；《敦煌遺書總目索引新編》，北京：中華書局，二〇〇〇年，一三四至一三五頁（録）；《饒宗頤二十世紀學術文集》卷八，臺北：新文豐出版公司，二〇〇三年，七五五至七五七頁（録）；《敦煌碑銘讚輯釋》（增訂本），上海古籍出版社，二〇一九年，八五五頁。

斯四三五九背　二　押座文

釋文

佛子！莫欺沙州是小處，若論佛法出彼所。不問（聞）僧俗有起（去）者〔一〕，汝若慈□〔二〕。

得美（？）今朝上高座，我對大人相拜賀。大意都由當位説，何□小人□□座。

自能來座准疑作，所成文義自礴斫。大意都由總説了，何駕二□亂草束。

若論彼蜜似門京，若有詞誦莫棊謙。得體而論總無我，當位法師且自兼。

今朝論義廿三，僧俗亡弊（？）滎田質（？）。法師大意義留住，復（？）越憂婆遂汝甘。

今朝疑欲廣論炎（言）〔三〕，恐衆交極（集）有異緣〔四〕。小人辭謝即避去，任後法將即向前。

若論辭弁（辯）全未桀〔五〕，未得上者漫努拳。（以下原缺文）

説明

此件首尾完整，失題，朱書，倒書，原未抄完。其内容爲押座文。

校記

〔一〕『問』，當作『聞』，據文義改，『問』爲『聞』之借字；『起』，當作『去』，據文義改，『起』爲『去』之借字。

〔二〕『汝若慈』至『復（？）越憂婆遂汝甘』，《敦煌詩集殘卷輯考》未能釋讀。

〔三〕『疑』，通『擬』；『炎』，當作『言』，《敦煌詩集殘卷輯考》據文義校改，『炎』爲『言』之借字。

〔四〕『極』，當作『集』，據文義改，『極』爲『集』之借字。

〔五〕『弁』，當作『辯』，據文義改，『弁』爲『辯』之借字。

參考文獻

《敦煌寶藏》三五册，臺北：新文豐出版公司，一九八二年，四九七頁（圖）；《敦煌遺書總目索引》，北京：中華書局，一九八三年，一九八至一九九頁（録）；《英藏敦煌文獻》六卷，成都：四川人民出版社，一九九二年，四三頁（圖）；《敦煌詩集殘卷輯考》，北京：中華書局，二〇〇〇年，八八六頁（録）；《敦煌遺書總目索引新編》，北京：中華書局，二〇〇〇年，一三四至一三五頁（録）。

斯四三六一　沙彌五德十數

釋文

沙彌五德十數〔一〕

大德僧聽〔二〕，我沙彌某乙稽首和南大德僧足〔三〕。沙彌某乙等〔四〕，自惟宿慶恩會〔五〕，此生遇大覺之餘輝〔六〕，預法流之將漸〔七〕，一心暮（慕）道〔八〕，割愛辭親，投佛出家〔九〕，供養三寶。但以年耻（齒）有缺〔一〇〕，未濯戒津〔一一〕，清淨僧倫〔一二〕，莫霑其位〔一三〕。今僧布薩〔一四〕，演大毗尼。勝妙持尊，故非我分。法有簡退〔一五〕，今欲辭尊。然佛制沙彌令誦五德十數〔一六〕。用光正道〔一七〕，已儼邪人〔一八〕。今欲對衆陳章〔一九〕，願垂聽許〔二〇〕。言五德者，《福田經》云：一者發心出家〔二一〕，懷佩道故〔二二〕；二者毁其形好，應法服〔故〕〔二三〕；三者永割親愛，無的（適）莫故〔二四〕；四者委棄身命〔二五〕，遵崇道故〔二六〕；五者正求大乘〔二七〕，爲度人故〔二八〕。爾時世尊而説偈言〔二九〕：毁形手（守）志節〔三〇〕，割愛無所親〔三一〕。出家弘聖道，願度一切人〔三二〕。五德超俗務，是爲良福田〔三三〕。供養獲永安〔三四〕，其福第一尊〔三五〕。然十數者〔三六〕，《僧祇律》云：一者一切衆生皆依飲食而存〔三七〕，二者名色，三者三受〔三八〕，四者四聖諦，五者五受蔭〔三九〕，六者六入〔四〇〕，七者七覺分〔四一〕，八者八聖道，九者救衆生苦〔四二〕，十者十一切入〔四三〕。已説五德十數竟，唯願三寶久住世間〔四四〕，弘濟有情，四心無盡。願衆弘慈〔四五〕，布施歡喜〔四六〕，用貲敬業〔四七〕，溥施群生〔四八〕，同發勝心，成無上道〔四九〕。清衆議（威）仲（重）〔五〇〕，得潤群沙〔五一〕。唯願慈悲〔五二〕，布施歡喜〔五三〕。

三寶者，佛寶，法寶，僧寶。三寶者有三衆（種）〔五四〕，一者一體三寶，別想（相）三寶〔五五〕，住持三寶。法身體有妙覺，名爲佛寶；法身體有妙軌，名爲法寶；法身體離無諍事〔五六〕，名爲僧寶。一（二）者別相三寶〔五七〕。丈六化身，名爲佛寶；所説言教，名爲法寶；大乘十信已上，小乘初過（果）已上〔五八〕，名爲僧寶。三者住持三寶，泥龕塑像，名爲佛寶；紙素竹帛，以爲法寶；凡夫比丘，以爲僧寶。四諦者，苦諦、集諦、滅諦、道諦，名爲四諦。一者小乘有作四諦，二者大乘無作四諦。生死遇苦諦，煩惱集集諦，寂滅離滅諦，戒定惠道諦。無作四諦。知苦無生是其苦諦，知集無和合是其集諦，知滅無滅是其滅諦，以無二法得道是其道諦。二無我，一者人無我，二者法無我。何者是四大？地水火風，名爲四大。地者，骨肉之形；水者，洫體潤也；火者，體之温也；風者，虚空分也。五蔭：色蔭、誠蔭、相蔭、受蔭、待蔭，是其五蔭。六根者，眼根、耳根、鼻根、舌根、身根、意根，是其六根也，四大也。

戊子年六月十日鄙僧書淨土寺付沙彌念記

説明

此件首尾完整，起首題『沙彌五德十數』，訖尾題『戊子年六月十日鄙僧書，淨土寺付沙彌念記』。『五德十數』是沙彌修習的内容，此件第一段爲『沙彌五德十數』正文，第二段則是對『五德十數』中出現的概念的解釋。此件中之『戊子年』，翟理斯疑爲公元九二八年（參 *Descriptive Catalogue of the Chinese Manuscripts from Tunhuang in the British Museum*, p. 198）。

現知敦煌文獻中保存的『沙彌五德十數』還有四件，但都不包含此件第二段的内容。其中伯三〇一五背首尾完整，起首題『沙彌五德十數』，訖『布施歡喜禮僧次而出』。伯二二八〇首尾完整，起『大德僧聽我沙彌』，訖『布施歡喜作禮已隨次第出』。上博四八首尾完整，起首題『沙彌五德十數文』，訖『布施歡喜』。杏雨書屋藏羽二二七首尾完整，起首題『沙彌五德十數』，訖『布施歡喜』。羽二二七的文本順序與此件有較大差異，故不列爲校本。

以上釋文以斯四三六一爲底本，其中第一段文字用伯三〇一五背（稱其爲甲本）、伯二二八〇（稱其爲乙本）、上博四八（稱其爲丙本）參校。

校記

〔一〕『德』，甲本同，丙本作『得』，『得』通『德』；『數』，甲本同，丙本作『數文』。此句乙本無。

〔二〕『大德僧聽』，甲、乙本同，丙本作『尊衆憶念』。

〔三〕『乙』，甲、乙本作『甲』，丙本作『乙等』；『和』，甲、乙本同，丙本脱；『僧』，甲、丙本同，乙本作『僧聽』，誤。

〔四〕『沙彌』，甲、丙本作『但』，乙本無；『某』，甲、丙本同，乙本無；『乙』，丙本同，甲本作『甲』，乙本無；『等』，丙本同，甲、乙本無。

〔五〕『惟』，乙、丙本同，甲本作『唯』。

〔六〕『輝』，甲、乙、丙本作『暉』。

〔七〕『之』，乙、丙本同，甲本無；『將』，甲、乙本同，丙本作『持』，誤。

〔八〕『暮』，當作『慕』，據甲、乙、丙本改，『暮』爲『慕』之借字。

〔九〕『投』，甲、乙、丙本作『隨』。

〔一〇〕『恥』，當作『齒』，據甲、乙、丙本改，『恥』爲『齒』之借字；『缺』，甲、乙、丙本作『闕』。

〔一一〕『濯』，甲、乙本同，丙本作『擢』。

〔一二〕『倫』，甲、乙、丙本作『輪』，『輪』爲『倫』之借字。

〔一三〕『霑』，甲、乙、丙本同，《唐後期五代宋初敦煌僧尼的社會生活》釋作『沾』，誤。

〔一四〕『僧』，甲、乙本同，丙本脱。

〔一五〕『簡』，甲、乙本同，丙本作『諫』，『諫』爲『簡』之借字。

〔一六〕『令』，甲本同，乙、丙本無。

〔一七〕『光』，甲、乙、丙本同，底本原寫作『先』，按寫本中『光』『先』形近易混，故可據文義逕釋作『光』；『正』，乙、丙本同，甲本作『政』，『政』通『正』。

〔一八〕『已』，甲、乙、丙本作『以』，《唐後期五代宋初敦煌僧尼的社會生活》釋作『以』，誤；『儼』，甲、乙本作『驗』，丙本作『檢』。

〔一九〕『章』，甲、乙本同，丙本作『彰』，《唐後期五代宋初敦煌僧尼的社會生活》釋作『意』，誤。

〔二〇〕『願』，甲、丙本同，乙本作『伏』。

〔二一〕『出家』，甲、乙本作『離俗』，丁本作『離欲』。

〔二二〕『懷』，甲、丙本同，《唐後期五代宋初敦煌僧尼的社會生活》釋作『壞』，校改作『懷』。

〔二三〕『故』，據甲、乙、丙本補。

〔二四〕『的』，甲、乙本同，丙本作『滴』，當作『適』，據文義改，『的』『滴』均爲『適』之借字；『莫』，丙本同，甲、乙本作『寞』。

〔二五〕『委』，甲、乙本同，丙本作『畏』，『畏』爲『委』之借字。

〔二六〕『遵』，甲、乙本同，丙本作『尊』，《唐後期五代宋初敦煌僧尼的社會生活》校改作『尊』，按『遵』可用同『尊』，不煩校改。

〔二七〕『正』，甲、乙、丙本作『志』。

〔二八〕『人』，甲、乙本同，丙本作『人天』。

〔二九〕『而』，甲、乙、丙本同，《唐後期五代宋初敦煌僧尼的社會生活》釋作『所』，誤。

〔三〇〕『手』，當作『守』，據甲、乙、丙本改，『手』爲『守』之借字。

〔三一〕『親』，甲、乙本同，丙本作『親親』，第二箇『親』係衍文，當刪。

〔三二〕『願』，甲、乙、丙本作『誓』。

〔三三〕『爲』，甲、乙、丙本作『名』。
〔三四〕『永安』，甲、丙本同，乙本作『安樂』。
〔三五〕『第』，甲、乙、丙本同，底本原寫作『弟』，按寫本中『第』『弟』形近易混，故可據文義逕釋作『第』。
〔三六〕『然』，甲、乙、丙本作『言』。
〔三七〕『依』，甲、乙本同，丙本作『因』。
〔三八〕『受』，甲、乙本同，丙本作『者受』。
〔三九〕『蔭』，丙本同，甲本作『陰』，乙本作『蘊』。
〔四〇〕『入』，甲本同，乙、丙本作『觸入』。
〔四一〕『分』，甲、乙、丙本同，《唐後期五代宋初敦煌僧尼的社會生活》漏録。
〔四二〕『救』，甲、乙、丙本作『九』，『九』爲『救』之借字；『衆生』，丙本同，甲、乙本作『有情』；『苦』，甲、乙、丙本作『居』。
〔四三〕第一箇『十』，甲、乙本同，丙本脱。
〔四四〕『唯』，甲、丙本同，乙本作『惟』。
〔四五〕『願衆弘慈』，甲、乙、丙本無。
〔四六〕『布施歡喜』，甲、乙、丙本無。
〔四七〕『貲』，甲、乙、丙本作『資』，『貲』通『資』；『敬』，甲、丙本同，乙本作『境』。
〔四八〕『溥』，甲、乙、丙本作『普』；『生』，甲、乙本同，丙本作『生有情』。
〔四九〕『上』，甲、乙本同，丙本脱。
〔五〇〕『議』，當作『威』，據甲、乙、丙本改；『仲』，當作『重』，據甲、乙、丙本改，『仲』爲『重』之借字。

〔五一〕『得』，甲本同，乙、丙本作『德』，《唐後期五代宋初敦煌僧尼的社會生活》校改作『德』，按『得』通『德』，不煩校改；『潤』，甲、丙本同，乙本作『閏』，『閏』通『潤』；『群』，甲、乙、丙本作『麈』。

〔五二〕『唯』，甲本作『幸』，乙、丙本作『伏』，《唐後期五代宋初敦煌僧尼的社會生活》釋作『惟』，誤。

〔五三〕此句後，甲本有小字『禮僧次而出』，乙本有小字『作禮已隨次第出』。

〔五四〕『衆』，當作『種』，據《法門名義集》改，『衆』爲『種』之借字。

〔五五〕『想』，當作『相』，據文義改，『想』爲『相』之借字，《唐後期五代宋初敦煌僧尼的社會生活》逕釋作『相』。

〔五六〕『事』，《唐後期五代宋初敦煌僧尼的社會生活》漏録。

〔五七〕『一』，當作『二』，據《法門名義集》改。

〔五八〕『過』，當作『果』，據《法門名義集》改，『過』爲『果』之借字。

參考文獻

Descriptive Catalogue of the Chinese Manuscripts from Tunhuang in the British Museum, London：The Trustees of the British Museum, 1957, p. 198；《敦煌寶藏》三五册，臺北：新文豐出版公司，一九八二年，四九九至五〇〇頁（圖）；《敦煌遺書總目索引》，北京：中華書局，一九八三年，一九九頁（録）；《中國古代寫本識語集録》，東京大學東洋文化研究所，一九九〇年，四七一頁（録）；《英藏敦煌文獻》六卷，成都：四川人民出版社，一九九二年，四四頁（圖）；《上海博物館藏敦煌吐魯番文獻》，上海古籍出版社，一九九三年，五〇頁（圖）；《唐後期五代宋初敦煌僧尼的社會生活》，北京：中國社會科學出版社，一九九八年，二一至二四頁（録）；《敦煌遺書總目索引新編》，北京：中華書局，二〇〇〇年，一三五頁（録）；《法藏敦煌西域文獻》二一册，上海古籍出版社，二〇〇二年，五九頁（圖）。

斯四三六二　肅州都頭宋富忪家書

釋文

仲春漸暄，伏惟
兄宋都頭、阿婆、陰家姨、阿師子、都頭、法律、八娘子、二娘子、五娘子、苟奴合家大小
尊體起居萬福〔一〕。即日都頭殘祜、承興蒙恩〔二〕，不審近日尊體何似？伏惟順時善加又繼受生絹壹
疋〔三〕，看印子，二娘子收領〔四〕，在
都頭。物色一壹並在李押牙手上〔五〕。
保重，遠誠所望。今右信〔六〕：白練壹疋〔七〕，在長會、李押牙二人手
上〔八〕，到日收領。又生絹兩疋，並在二人手上〔九〕，内壹疋阿師子收取〔一〇〕。前般次何闍梨
手上通身錦壹疋〔一一〕，黄祿（鹿）胎壹疋〔一二〕，透貝壹疋〔一三〕，白練壹疋，又壹疋。與
（以）前物色好與勾當〔一四〕，分名收取。切囑都頭：司徒、使君、都衙悉（咨）説〔一五〕，
發遣走馬使來者，便是好也；走馬人不來者，便是作賊；不馬莊日夜司（思）梁（量）
作賊〔一六〕，走馬使好言語來者，兩地漸好。因人往起居〔一七〕，空附單書起居。不宣，謹狀。
續得人一箇〔一八〕，名安阿朵子。

三月日都頭宋富忪處

説明

此件首尾完整，其内容爲家書。首行空白處鈐有三枚墨印，印文爲『宋氏』；四、五行間上方空白處鈐四枚墨印，印文亦爲『宋氏』；四、五行間下方空白處鈐三枚墨印，印文爲『富忪之印』。背有封題『肅州都頭宋富忪狀　附弟都頭富真』。翟理斯據此認爲正面是宋富忪寫給其弟宋富真的信（*Descriptive Catalogue of the Chinese Manuscripts from Tunhuang in the British Museum*, p. 251），《敦煌遺書總目索引》擬名『宋都頭與兄書』，《敦煌社會經濟文獻真蹟釋録》擬題爲『歸義軍時期肅州都頭宋富忪起居狀』，《英藏敦煌文獻》定名爲『肅州都頭宋富忪家書』，王使臻、杜海則認爲是宋富真寫給宋富忪的信，擬名『宋富真狀』或『宋富真家書』（參見《敦煌所出唐宋書牘整理與研究》，二三九頁；《敦煌學輯刊》二〇一八年二期，一九二頁）。按此件末尾落款爲『宋富忪處』，背面封題亦作『肅州宋富忪狀』，且其主要内容是身在肅州的宋都頭請身在沙州的宋都頭向『司徒、使君』報告肅州的情況，故應係宋富忪寫給家人的書信，兹從《英藏敦煌文獻》擬題。

此件之年代，翟理斯認爲在公元十世紀。此件中有『司徒、使君』稱號，歸義軍節度使中稱『司徒』者有張議潮、張淮深、曹元深和曹元忠四人（參見榮新江《歸義軍史研究——唐宋時代敦煌歷史考索》，一三二頁），和『司徒』同時稱『使君』者只有曹延恭，爲瓜州刺史，地位僅次於曹元忠。因曹元忠稱『司徒』只在開運三年（公元九四六年），故此件之年代當在此時。

校記

〔一〕「苟」，《敦煌所出唐宋書牘整理與研究》未能釋讀。

〔二〕「承」，《敦煌社會經濟文獻真蹟釋録》《英國收藏敦煌漢藏文獻研究》《敦煌所出唐宋書牘整理與研究》均釋作「永」；「興」，《英國收藏敦煌漢藏文獻研究》釋作「光」。

〔三〕「繼」，《英國收藏敦煌漢藏文獻研究》校改作「寄」；「壹」，《英國收藏敦煌漢藏文獻研究》《敦煌所出唐宋書牘整理與研究》釋作「一」；「疋」，《英國收藏敦煌漢藏文獻研究》《敦煌所出唐宋書牘整理與研究》釋作「匹」，以下同，不另出校。《敦煌所出唐宋書牘整理與研究》將此句釋録在「分名收取」之後。

〔四〕「收」，《敦煌所出唐宋書牘整理與研究》釋作「收取」，按底本實無「取」字。

〔五〕「壹」，《英國收藏敦煌漢藏文獻研究》校改作「匹」，不必，《敦煌社會經濟文獻真蹟釋録》釋作「處子」，《敦煌所出唐宋書牘整理與研究》釋作「一」。

〔六〕「右」，《敦煌所出唐宋書牘整理與研究》校改作「有」。

〔七〕「壹」，《英國收藏敦煌漢藏文獻研究》《敦煌所出唐宋書牘整理與研究》釋作「一」；「疋」，《英國收藏敦煌漢藏文獻研究》釋作「壹」，校改作「匹」，誤。

〔八〕「牙」，《敦煌社會經濟文獻真蹟釋録》《英國收藏敦煌漢藏文獻研究》均釋作「衙」，雖義可通而字誤；「二人」，《敦煌所出唐宋書牘整理與研究》漏録。

〔九〕「二人」，《敦煌所出唐宋書牘整理與研究》釋作「押牙」，誤。

〔一〇〕「壹」，《英國收藏敦煌漢藏文獻研究》《敦煌所出唐宋書牘整理與研究》釋作「一」；「阿」，《英國收藏敦煌漢藏文獻研究》《敦煌所出唐宋書牘整理與研究》釋作「交阿」，按底本實無「交」字。

〔一一〕「錦」，《敦煌所出唐宋書牘整理與研究》釋作「綿」，誤；「壹」，《敦煌所出唐宋書牘整理與研究》釋作「一」，以下同，不另出校。

〔一二〕「禄」，當作「鹿」，據文義改，「禄」爲「鹿」之借字，《敦煌所出唐宋書牘整理與研究》釋作「緑」，誤。

〔一三〕「貝」，《英國收藏敦煌漢藏文獻研究》釋作「質貝」，《敦煌所出唐宋書牘整理與研究》釋作「□貝」，按底本「貝」前字已被塗抹。

〔一四〕「與」，當作「以」，據文義改，「與」爲「以」之借字。

〔一五〕「恣」，當作「咨」，《英國收藏敦煌漢藏文獻研究》據文義校改，「恣」爲「咨」之借字。

〔一六〕「不」，《英國收藏敦煌漢藏文獻研究》《晚唐五代肅州相關史實考述》均釋作「大」，按「不」書於「大」字右側，係改字，《敦煌所出唐宋書牘整理與研究》釋作「不大」，誤；「司」，當作「思」，《英國收藏敦煌漢藏文獻研究》據文義校改，「司」爲「思」之借字；「梁」，當作「量」，據文義改，「梁」爲「量」之借字，《英國收藏敦煌漢藏文獻研究》釋作「尋」，《敦煌所出唐宋書牘整理與研究》未能釋讀。

〔一七〕「起居」，據文義係衍文，當删。

〔一八〕「續」，《敦煌所出唐宋書牘整理與研究》疑當校改作「贖」。

參考文獻

Descriptive Catalogue of the Chinese Manuscripts from Tunhuang in the British Museum, London：The Trustees of the British Museum, 1957, p. 251；《敦煌寶藏》三五册，臺北：新文豐出版公司，一九八二年，五〇〇頁（圖）；《敦煌遺書總目索引》，北京：中華書局，一九八三年，一九九頁；《甘肅民族研究》一九八八年三、四期，一二一頁；《敦煌社會經濟文

獻真蹟釋録》五輯，北京：全國圖書館文獻縮微複製中心，一九九〇年，二九至三〇頁（録）；《英藏敦煌文獻》六卷，成都：四川人民出版社，一九九二年，四五頁（圖）；《歸義軍史研究——唐宋時代敦煌歷史考索》，上海古籍出版社，一九九六年，一三二頁；《英國收藏敦煌漢藏文獻研究：紀念敦煌文獻發現一百周年》，北京：中國社會科學出版社，二〇〇〇年，一四八頁（録）；《敦煌遺書總目索引新編》，北京：中華書局，二〇〇〇年，一三五頁；《敦煌學輯刊》二〇〇五年三期，九二頁（録）；《敦煌所出唐宋書牘整理與研究》，成都：西南交通大學出版社，二〇一六年，二三九至二四〇頁（録）；《敦煌學輯刊》二〇一八年二期，一九二頁。

斯四三六二背　封題（肅州都頭宋富忪狀）

釋文

肅州都頭宋富忪狀
附弟都頭富真〔一〕

説明

以上文字書寫於『肅州都頭宋富忪家書』背面，筆跡與正面不同。

校記

〔一〕『弟』，底本原寫作『第』，按寫本中『弟』『第』形近易混，故可據文義逕釋作『弟』。

參考文獻

《敦煌寶藏》三五册，臺北：新文豐出版公司，一九八二年，五〇一頁（圖）；《敦煌社會經濟文獻真蹟釋録》五輯，北京：全國圖書館文獻縮微複製中心，一九九〇年，三〇頁（録）；《英藏敦煌文獻》六卷，成都：四川人民出版社，一九九二年，四五頁（圖）；《英國收藏敦煌漢藏文獻研究：紀念敦煌文獻發現一百周年》，北京：中國社會科學出版社，二〇〇〇年，一四八頁（録）；《敦煌遺書總目索引新編》，北京：中華書局，二〇〇〇年，一三五頁（録）；《敦煌所出唐宋書牘整理與研究》，成都：西南交通大學出版社，二〇一六年，二四〇頁（録）。

斯四三六三　天福柒年（公元九四二年）柒月貳拾壹日歸義軍節度使改補史再盈充節度押衙牒

釋文

勅歸義軍節度使牒

前正兵馬使銀青光禄大夫檢校太子賓客兼試殿中監史再盈

右改補充節度押衙〔一〕

牒奉處分：前件官龍沙勝族〔二〕，舉郡英門。家傳積善之風，代繼忠勤之美。況再盈幼齡入訓，尋詩萬部而精通；長事公衙，善曉三端而傑衆。遂使聰豪立性，習耆婆秘密之神方；博識天然，效榆附宏深之妙術。指下知六情損益，又能迴死作生；聲中了五藏安和〔三〕，兼乃移凶就吉。執恭守順，不失於儉讓温良；抱信懷忠，無乖於仁義禮智。念以久經驅策〔四〕，榮超非次之班；憲秩崇階〔五〕，陟進押衙之位。更宜納效，副我提攜；後若有能，別加獎擢。件補如前牒舉者，故牒。

天福柒年柒月貳拾壹日牒〔六〕

使檢校司徒兼御史大夫曹（花押）〔七〕。

説明

此件首尾完整，其内容爲歸義軍節度使任命僚佐的官文書。第二、三行的補授官上鈐朱文排印四枚，末尾日期上鈐朱文排印五枚，均爲『沙州觀察處置使之印』。《敦煌遺書總目索引》擬名『勑歸義軍節度使牒』，《敦煌社會經濟文獻真蹟釋録》擬名『後晉天福七年（公元九四二年）七月史再盈改補充節度押衙牒』，《英藏敦煌文獻》擬名『天福柒年柒月貳拾壹日歸義軍節度使改補周再盈充節度押衙牒』。兹從《英藏敦煌文獻》擬今題。中村裕一認爲此類文書屬於牒式補任文書（參見《唐代官文書研究》，二八三至三〇八頁），包曉悦則認爲更接近唐代的告身，只是因爲以節度使名義發佈，故而採用了與使牒類似的形式（參見《唐代使牒考》，《敦煌吐魯番研究》二〇卷，一七九頁）。

賀世哲、孫修身考出最後一行的『曹（花押）』指曹元深（參見《瓜沙曹氏年表補正》，《西北師大學報》一九八〇年一期，七六至七七頁）。黨新玲認爲文書中的『史再盈』是粟特醫家（參見《五代敦煌粟特人醫家史再盈》，《甘肅中醫學院學報》一九九四年三期，九至一〇頁）。天福柒年爲公元九四二年。

校記

〔一〕『改』，據殘筆劃及同類文書文例補，《敦煌社會經濟文獻真蹟釋録》逕釋作『改』，《敦煌所出唐宋書牘整理與研究》釋作『除』，誤。

〔二〕『勝』，《敦煌遺書總目索引新編》校改作『盛』，按『勝』用同『盛』，不煩校改。

〔三〕『藏』，《敦煌遺書總目索引新編》校改作『臟』，按『藏』有『臟』義，不煩校改，《敦煌所出唐宋書牘整理與研究》釋作『臟』，誤。

〔四〕『策』，《敦煌所出唐宋書牘整理與研究》未能釋讀。

〔五〕『秩』，《敦煌所出唐宋書牘整理與研究》釋作『袟』。

〔六〕『柒』，《敦煌所出唐宋書牘整理與研究》釋作『七』；『貳拾壹』，《敦煌所出唐宋書牘整理與研究》釋作『二十一』。

〔七〕此花押，《敦煌社會經濟文獻真蹟釋録》釋作『示』，《敦煌所出唐宋書牘整理與研究》未能釋讀。

參考文獻

Descriptive Catalogue of the Chinese Manuscripts from Tunhuang in the British Museum, London: The Trustees of the British Museum, 1957, p. 246；《西域文化研究（一）·敦煌佛教資料》，京都：法藏館，一九五八年，二七八頁；《杭州大學學報》一九七九年一、二期，九二頁；《西北師大學報》一九八〇年一期，七六至七七頁；《敦煌寶藏》三五册，臺北：新文豐出版公司，一九八二年，五〇一至五〇二頁（圖）；《敦煌遺書總目索引》，北京：中華書局，一九八三年，一九九頁（録）；《敦煌學論文集》，上海古籍出版社，一九八七年，九二八頁；《鄭州大學學報》一九八八年四期，一七

頁；《敦煌社會經濟文獻真蹟釋録》四輯，北京：全國圖書館文獻縮微複製中心，一九九〇年，二九八至二九九頁（圖）（録）；《敦煌吐魯番學研究論文集》，上海：漢語大詞典出版社，一九九〇年，七九八頁；《唐代官文書研究》，東京：中文出版社，一九九一年，二九四頁（圖）；《英藏敦煌文獻》六卷，成都：四川人民出版社，一九九二年，四六頁（圖）；《講座敦煌5敦煌漢文文獻》，東京：大東出版社，一九九二年，五七六頁；《甘肅中醫學院學報》一九九四年三期，九至一〇頁；《歸義軍史研究——唐宋時代敦煌歷史研究》，上海古籍出版社，一九九六年，一一一頁；《敦煌遺書總目索引新編》，北京：中華書局，二〇〇〇年，一三五頁（録）；《文津學志》一輯，北京圖書館出版社，二〇〇三年，一五四頁；《歐亞學刊》四輯，北京：中華書局，二〇〇四年，二三七頁；《敦煌學輯刊》二〇〇五年三期，八五頁（録）；《敦煌所出唐宋書牘整理與研究》，成都：西南交通大學出版社，二〇一六年，一七二至一七三頁（録）；《敦煌吐魯番研究》二〇卷，上海古籍出版社，二〇二一年，一七六至一七九頁。

斯四三六四　一　雜寫

釋文

天生鳳骨，蓮府高源

説明

以上文字係時人隨手寫於『祭文抄』前，内容是『祭文抄』之前兩句。

參考文獻

《敦煌寶藏》三五册，臺北：新文豐出版公司，一九八二年，五〇三頁（圖）；《英藏敦煌文獻》六卷，成都：四川人民出版社，一九九二年，四七頁（圖）。

斯四三六四　　二　祭文抄

釋文

天生鳳骨，蓮府高源。家承孝義，舉郡名傳。將謂遐壽，五岳齊年。天何降禍，喪我瓊顏。某乙忝爲微眷，血淚成泉。今晨永别，再會無緣。單酒空祭，降下靈前。

説明

此件首尾完整，有折疊欄，無題，其内容爲『祭文』。翟理斯認爲此件的抄寫年代在公元十世紀（*Descriptive Catalogue of the Chinese Manuscripts from Tunhuang in the British Museum*, p. 238）。

參考文獻

Descriptive Catalogue of the Chinese Manuscripts from Tunhuang in the British Museum, London: The Trustees of the British Museum, 1957, p. 238；《敦煌寶藏》三五册，臺北：新文豐出版公司，一九八二年，五〇三頁（圖）；《英藏敦煌文獻》六卷，成都：四川人民出版社，一九九二年，四七頁（圖）；《敦煌文獻字義通釋》，厦門大學出版社，二〇〇一年，八二頁。

斯四三六四背　轉經文抄

釋文

厥今宏敷寶地，廣闡真場，請緇徒於（以）雲臻〔一〕，開如來之勝教。焚寶香祈恩乞福，設香饌日請三尊。然銀燈晨昏不絶，唱佛名聲徹虛空。捨静財得覆本心，烈（列）鴻願禳災淨難者〔二〕，　天資鳳骨，地傑龍胎，廣含海岳之能，氣膺風雲之量。遂使秉安遐賽（塞）〔三〕，羌戎暮（慕）化於（而）降階〔四〕；托（拓）定邊疆〔五〕，鄰蕃奉款而來獻。加以信珠頂捧，惠鏡居懷，所以嚴凝之際，大闡福門，延請緇徒，五晨轉念。是以金經罷啓，玉軸還終，再收瑠璃匣中，卻復龍宮藏内。其經乃釋迦留教，貝葉傳芳，實理靈文，頓無澗（間）斷〔六〕。一句一偈，滅罪恆沙；一念一尋，除殃萬劫。是日也，銀爐發焰，金像輝容。捨無價之珍奇，施有爲之錦綵。以斯衆善功德，伏用廣（莊）嚴〔七〕（以下原缺文）

說明

此件首尾完整，但起首並非從頭抄起，亦未抄完，有折疊欄，起『厥今宏敷寶地』，訖『伏用廣

（莊）嚴』，無題，其内容爲轉經文，部分内容與伯三〇八五『禮佛文』重合。

校記

〔一〕『於』，當作『以』，據文義改，『於』爲『以』之借字。

〔二〕『烈』，當作『列』，據文義改，『烈』爲『列』之借字。此句後當有脱文。

〔三〕『賽』，當作『塞』，據伯三〇八五『禮佛文』改，『賽』爲『塞』之借字。

〔四〕『暮』，當作『慕』，據伯三〇八五『禮佛文』改，『暮』爲『慕』之借字；『於』，當作『而』，據伯三〇八五『禮佛文』改。

〔五〕『托』，當作『拓』，據文義改，『托』爲『拓』之借字。

〔六〕『澗』，當作『間』，據文義改，『澗』爲『間』之借字。

〔七〕『廣』，當作『莊』，據伯三〇八五『禮佛文』改；『嚴』字左下角另筆書寫一『用』字，似爲習字。

參考文獻

《唐代長安與西域文明》，北京：生活·讀書·新知三聯書店，一九五七年，二二四頁；《敦煌寶藏》三五册，臺北：新文豐出版公司，一九八二年，五〇三頁（圖）；《英藏敦煌文獻》六卷，成都：四川人民出版社，一九九二年，四七頁（圖）；《法藏敦煌西域文獻》二一册，上海古籍出版社，二〇〇二年，二六六頁（圖）。

斯四三六五　唐玄宗御製道德真經疏

釋文

（前缺）

道法自然。

□□□所以云人者〔一〕，謂人能法天地生成，法道清靜〔二〕，則天下歸往，是以爲王。若不然，則物無所歸往，故稱人以戒爾。爲王者，當法地安靜，因其安靜，又當法天生化，功被物矣。又當法道清靜無爲〔三〕，忘功於物，令物自化。人君能爾，即合道法自然。言道之爲法自然，非復倣（做）法自然也〔四〕。若如或者之難〔五〕，以道法效於自然，是則域中有五大，非四大也。又引《西昇經》〔六〕：虛無生自然，自然生道，則以道爲虛無之孫〔七〕，自然之子。妄生先後之義，以定尊卑之目〔八〕，塞源拔本，例（倒）置何深〔九〕？且嘗試論曰〔一〇〕：虛無者〔一一〕，妙本之體，體非有物，故曰虛無。自然者〔一二〕，妙本之性，性非造作，故曰自然。道〔者〕〔一三〕，妙本之功用〔一四〕，所謂强名，無非通生，故謂之道。約體用名〔一五〕，即謂之虚無。自然道爾，尋其所以，即一妙本〔一六〕，復何所相倣法乎？則知惑者之難，不詣夫去（玄）鍵矣〔一七〕。

重爲輕根章第廿六〔一八〕

前章舉域中稱大，終令法道自然。此章明重静，爲君以戒，身輕天下。首兩句標宗以示義，次兩句舉喻以郤明〔一九〕，又四句傷人君之失道，末兩句述輕躁以爲戒。

重爲輕根，静爲躁君。

根〔二〇〕，本也。草木根蒂重〔二一〕，花葉輕。花葉稟根蒂而生，則根蒂爲花葉之本〔二二〕，故曰重爲輕根。夫重則静，輕則躁。既重爲輕者根〔二三〕，則静爲躁者君矣。是知重有制輕之功，静有持躁之力〔二四〕。

（後缺）

説明

此件首尾均缺，首部右上角及中部地腳處有較大殘損，起經文『道法自然』，訖疏『静有持躁』，有章名章次，章名下先開解章題次第之義，經、疏均單行大字，分段抄寫，其内容爲《唐玄宗御製道德真經疏》第二十五章、二十六章。

《唐玄宗御製道德真經疏》原題唐玄宗御製，實爲道流臣僚共相參議而成，主要是疏解玄宗《道德經注》，兼採前人舊説，成書於開元二十三年（公元七三五年）。原本六卷，《正統道藏》改作十卷。現知敦煌文獻中保存的《唐玄宗御製道德真經疏》還有伯三五九二、伯二八二三和BD一一〇九六（二），但内容都與此件不重合。

以上釋文以斯四三六五爲底本，用《正統道藏》本《唐玄宗御製道德真經疏》（稱其爲甲本）參校。

校記

〔一〕「所」，據甲本補；「以」，據殘筆劃及甲本補。

〔二〕「法」，據甲本補；「道清」，據殘筆劃及甲本補；「靜」，甲本作「淨」。

〔三〕「靜」，甲本作「淨」。

〔四〕「傲」，當作「倣」，據甲本改；「法」，甲本無。

〔五〕「或」，甲本作「惑」，「或」有「惑」義。

〔六〕「經」，甲本作「經云」。

〔七〕「爲」，據殘筆劃及文義補。

〔八〕「以」，據殘筆劃及甲本補；「定尊」，據甲本補。

〔九〕「例」，當作「倒」，據甲本改。

〔一〇〕「甞」，甲本作「常」；「試」，據殘筆劃及甲本補；「論曰」，據甲本補。

〔一一〕『虚』，據甲本補。
〔一二〕『然』，據甲本補。
〔一三〕『者』，據甲本補。
〔一四〕『本』，據甲本補。
〔一五〕『約』，甲本作『幻』；『體』，據殘筆劃及甲本補；『用』，據甲本補。
〔一六〕『妙』，據甲本補。
〔一七〕『夫』，據殘筆劃及甲本補；『去』，當作『玄』，據甲本改。
〔一八〕『廿』，甲本作『二十』。
〔一九〕『卻』，甲本作『即』。
〔二〇〕『根』，甲本作『疏根』。
〔二一〕『根蒂重』，甲本作『花葉之』，誤。
〔二二〕『爲花葉之』，甲本作『躁既重爲』。
〔二三〕『既重爲』，甲本作『躁則静』。
〔二四〕『之力』，據甲本補。

參考文獻

《東洋學報》五四卷四號，東京：東洋學術協會，一九七二年，八三頁；《敦煌道經·目録編》，東京：福武書店，一九七八年，二四五至二四六頁（録）；《敦煌寶藏》三五册，臺北：新文豐出版公司，一九八二年，五〇四頁（圖）；《敦煌古籍叙録新編》一三册，臺北：新文豐出版公司，一九八六年，一〇六至一〇八頁（圖）；《世界宗教研究》一九八七年一期，五七頁；《道藏》一一册，文物出版社、上海書店、天津古籍出版社，一九八八年，七六八頁；《德島文理大學研究紀要》三九號，德島文理大學，一九九〇年，一一頁；《英藏敦煌文獻》六卷，成都：四川人民出版社，一九九二年，四八頁（圖）；《敦煌道教文獻研究：綜述·索引·目録》，北京：中國社會科學出版社，二〇〇四年，一七七頁。

斯四三六六　大般涅槃經卷第十二題記

釋文

比字一校竟。

夫福不虚應，求之必感；果無自來，崇因必剋〔一〕。是以佛弟子比丘尼道容〔二〕，往行不脩，生處女穢。自不遵崇妙旨〔三〕，何以應其將來之果？故減徹身口衣食之資〔四〕，敬寫《涅槃經》一部。願轉讀之者，興無上之心；流通之者，使衆或感悟〔五〕。又願現身住念，無他苦疾，七世父母，先死後亡，現在家眷，四大勝常，所求如意。又稟性有識之徒，率齊斯願。

大統十六年四月廿九日。

説明

以上題記抄寫於《大般涅槃經》卷第十二尾題之後，《英藏敦煌文獻》未收，現予增收。大統十六年即公元五五〇年。

校記

〔一〕『崇』，《敦煌遺書總目索引新編》釋作『祟』，誤。

〔二〕『弟』，底本原寫作『第』，按寫本時代『第』『弟』形近易混，故可據文義逕釋作『弟』。

〔三〕『遵』，《敦煌遺書總目索引新編》釋作『尊』，誤。

〔四〕『徹』，《敦煌願文集》校改作『撤』，按『徹』有『撤』義，不煩校改。

〔五〕『衆』，《敦煌遺書總目索引新編》釋作『人』，誤；『或』，《敦煌遺書總目索引》《中國古代寫本識語集録》《敦煌願文集》《敦煌遺書總目索引新編》均校改作『惑』，按『或』有『惑』義，不煩校改。

參考文獻

Descriptive Catalogue of the Chinese Manuscripts from Tunhuang in the British Museum, London：The Trustees of the British Museum, 1957, p. 46（録）；《敦煌寶藏》三五册，臺北：新文豐出版公司，一九八二年，五一五頁（圖）；《敦煌遺書總目索引》，北京：中華書局，一九八三年，一九九頁（録）；《中國古代寫本識語集録》，東京大學東洋文化研究所，一九九〇年，一二五頁（録）；《敦煌願文集》，長沙：岳麓書社，一九九五年，八三一頁（録）；《敦煌遺書總目索引新編》，北京：中華書局，二〇〇〇年，一三五頁（録）。

斯四三六七　道行般若經卷第九勘經題記

釋文

一校已〔一〕。

十七紙。

説明

以上文字書於《道行般若經》尾題之後，《英藏敦煌文獻》未收，現予增收。

校記

〔一〕『一』，《敦煌遺書總目索引》《敦煌遺書總目索引新編》釋作『第九一』，按『第九』係《道行般若經》的卷次。

參考文獻

Descriptive Catalogue of the Chinese Manuscripts from Tunhuang in the British Museum, London: The Trustees of the British

Museum, 1957, p. 36（録）；《敦煌寶藏》三五册，臺北：新文豐出版公司，一九八二年，五二二頁（圖）；《敦煌遺書總目索引》，北京：中華書局，一九八三年，一九九頁（録）；《敦煌遺書總目索引新編》，北京：中華書局，二〇〇〇年，一三五頁（録）。

斯四三七三　癸酉年六月至八月磑户董流達園磑諸色破歷

釋文

癸酉年六月一日磑户董流達園磑所用抄録如後：

請食（石）匠除磑五人〔一〕，逐日三時用麵三斗。十日中間條飯羊一口〔二〕。逐日料酒壹斗。初下手日賽神〔三〕，酒壹斗。至十日工作了，羊一口付石匠用。光（薑）壹兩半廣廚用〔四〕。麵肆斗，酒壹角，中（衆）僧修橋來食用〔五〕。檉十五束，枝廿束〔六〕，橛十七笙〔七〕，上頭修大渣（閘）用〔八〕。七月十日，麵五斗，酒四杓，衆僧磑後打略喫用。又餬（胡）併（餅）三十〔九〕，酒壹角，衆僧蓋橋來喫用。餬（胡）餅伍拾〔一〇〕，酒半瓮，衆僧修寫口來喫用〔一一〕。廿日，枝十五束，橛拾笙，上頭修渣（閘）用。下手打磑輪，酒壹斗。又入磑輪日酒半瓮，賽神及衆僧喫用。八月三日，檉壹車，又枝壹車，橛三十笙，木大少（小）十二條〔一二〕，官家處分於閻家磑後修大渣（閘）用〔一三〕。麥七斗，渣（閘）頭賽神羊買用。羊一口，酒兩瓮，細供四十分，去磑輪局席看木匠及衆僧喫用。枝三十束，橛廿笙，磑後用〔一四〕。石川買物三石，皮梨五扇。土由磑麵，三日中間破麵六斗，酒壹角。春了頭局席餬（胡）併（餅）三十〔一五〕，又酒壹斗，秋磑麵，四日破麵八斗，酒六杓。又了頭看餬（胡）餅□□錢〔一六〕，磑皮索，買麥三碩。

説明

此件首尾完整，尾部略有殘損，其内容是磑户董流達向寺院申報的園磑諸色破歷，供寺院結算之用。此件之『癸酉年』，翟理斯推測是公元九七三年（參見 *Descriptive Catalogue of the Chinese Manuscripts from Tunhuang in the British Museum*, p. 265），《敦煌社會經濟文獻真蹟釋録》認爲是公元九一三年或九七三年（參見《敦煌社會經濟文獻真蹟釋録》三輯，一八三頁）。

校記

〔一〕『食』，當作『石』，《唐五代敦煌寺户制度》據文義校改，『食』爲『石』之借字。

〔二〕『條』，《晚唐五代敦煌僧人飲食戒律初探——以『不食肉戒』爲中心》校改作『調』；『一口』，《唐五代敦煌寺户制度》（增訂版）釋作『面』，誤。

〔三〕『初下』，《唐五代敦煌寺户制度》（增訂版）漏録；『手』，《唐五代敦煌寺户制度》校改作『首』。

〔四〕『光』，當作『蕫』，據文義改，『光』爲『蕫』之借字。

〔五〕『中』，當作『衆』，《唐五代敦煌寺户制度》據文義校改，『中』爲『衆』之借字。『來食用』至下文『枝廿』，底本上遮蓋有一經帙簽條，揭開後其内容是『得無垢女經等帙』，『帙』下朱書『推』，係千字文編號。

〔六〕『廿』，《唐五代敦煌寺户制度》（增訂版）釋作『十』，誤；『束』，《敦煌社會經濟文獻真蹟釋録》未能釋讀，《唐五代敦煌寺户制度》（增訂版）釋作『支』，誤。

〔七〕『橛』，《敦煌社會經濟文獻真蹟釋録》《敦煌寺院會計文書研究》均釋作『掘』，誤，以下同，不另出校；『笙』，《敦煌文獻中並不存在量詞『笙』》認爲係『莖』之俗訛字。

〔八〕『渣』，當作『閘』，《唐五代敦煌寺户制度》據文義校改。以下同，不另出校。

〔九〕『鶘』，當作『胡』，《唐五代敦煌寺户制度》據文義校改，『鶘』爲『胡』之借字，《敦煌社會經濟文獻真蹟釋録》《敦煌寺院會計文書研究》均逕釋作『胡』；『併』，當作『餅』，《唐五代敦煌寺户制度》據文義校改，『併』爲『餅』之借字。

〔一〇〕『鶘』，當作『胡』，《唐五代敦煌寺户制度》據文義校改，『鶘』爲『胡』之借字；『伍拾』，《唐五代敦煌寺户研究》（增訂版）釋作『拾伍』，誤。

〔一一〕『粱』，《唐五代敦煌寺户制度》（增訂版）漏録；『寫』，《唐五代敦煌寺户制度》校改作『瀉』，按『寫』有『瀉』義，不煩校改。

〔一二〕『少』，當作『小』，《敦煌社會經濟文獻真蹟釋録》據文義校改。

〔一三〕『處』，《唐五代敦煌寺户研究》（增訂版）釋作『床』，誤。

〔一四〕『用』，《敦煌社會經濟文獻真蹟釋録》、《唐五代敦煌寺户制度》（增訂版）漏録。

〔一五〕『鶘』，當作『胡』，據文義改，『鶘』爲『胡』之借字，《敦煌社會經濟文獻真蹟釋録》逕釋作『胡』；『併』，當作『餅』，據文義改，『併』爲『餅』之借字。

〔一六〕『又了』，《敦煌社會經濟文獻真蹟釋録》未能釋讀；『看』，《敦煌社會經濟文獻真蹟釋録》釋作『章』，誤；『鶘』，當作『胡』，據文義改，『鶘』爲『胡』之借字；『餅』，據殘筆劃及文義補。

參考文獻

Descriptive Catalogue of the Chinese Manuscripts from Tunhuang in the British Museum, London：The Trustees of the British Museum, 1957, p. 265；《敦煌寶藏》三五册，臺北：新文豐出版公司，一九八二年，五四三頁（圖）；《唐五代敦煌寺户制度》，北京：中華書局，一九八七年，二四四至二四五頁（録）；《敦煌社會經濟文獻真蹟釋録》三輯，北京：全國圖書館文獻縮微複製中心，一九九〇年，一八三頁（圖）（録）；《英藏敦煌文獻》六卷，成都：四川人民出版社，一九九二年，四八頁（圖）；《敦煌寺院會計文書研究》，臺北：新文豐出版公司，一九九七年，二二頁（録）；《古漢語研究》二〇〇二年二期，一八頁；《普門學報》九期，二〇〇二年，六頁；《敦煌佛教藝術文化國際學術研討會論文集》，蘭州大學出版社，二〇〇二年，三九四至三九六頁；《敦煌學》二四輯，臺北：樂學書局有限公司，二〇〇三年，九二頁；《敦煌研究》二〇〇五年二期，七〇頁；《敦煌研究》二〇〇五年三期，六九頁；《唐五代敦煌寺户制度》（增訂版），北京：中國人民大學出版社，二〇一一年，二〇一至二〇二頁（録）；《語言科學》二〇一二年四期，四三八至四三九頁。

斯四三七四　一　文樣（社邑文書）

釋文

（前缺）

☐年月日社子〔一〕　　社☐〔二〕

社長　社官　録事☐〔三〕

説明

此卷首尾均缺，包括四種文樣：社邑文書、分家書、從良書、書儀（封題等）。此件首缺尾殘，失事由，未署年月日，社子、社長、社官下均未書姓名，又因其後是『分書』和『從良書』文樣，推測此件亦爲文樣（參見寧可、郝春文《敦煌社邑文書輯校》，七四八頁）。

校記

〔一〕『年』，據殘筆劃及文義補。

〔二〕『社』，《敦煌社邑文書輯校》未能釋讀。
〔三〕『事』，《敦煌社邑文書輯校》據文義校補。

參考文獻

《敦煌寶藏》，臺北：新文豐出版公司，一九八二年，五四四頁（圖）；《英藏敦煌文獻》六卷，成都：四川人民出版社，一九九二年，四九頁（圖）；《敦煌社邑文書輯校》，南京：江蘇古籍出版社，一九九七年，七四八至七四九頁（録）。

斯四三七四　二　文様（分書）

釋文

分書

兄某告弟某甲□，□□忠孝〔一〕，千代同居。今時淺狹，難立始終。□□[子]孫乖角〔二〕，不守父條。或有兄弟參商，不[識]大體〔三〕。既欲分荆截樹，難制頽波，駕領分原〔四〕，任從來意。家資産業，對面分張。地舍園林，人收半分。分枝各别〔五〕，具執文憑〔六〕，不許他年更相鬭訟。鄉原體例〔七〕，今亦同塵，反目憎嫌，仍須禁制。骨肉情分，汝勿違之，兄友悌（弟）恭〔八〕，尤須轉厚。今對六親，商量底定，始立分書，既無偏坡（陂）〔九〕，將爲後驗。人各一本，不許重論〔一〇〕。

某物　某物　某物　某物　某物

車　牛　羊　駝　馬　駝畜　奴　婢

莊園　舍宅　田地鄉管　渠道四至

右件家産，並以平量，更無偏黨絲髮差殊。如立分書之後，再有喧悖，請科重罪，名目入官，虚者伏法。年月日

親見

親見

親見

兄

弟〔一〕

姊〔二〕

妹

說明

此件首尾完整，前兩行略殘，有首題，其内容爲分家書文樣。

校記

〔一〕「□□」，《敦煌社會經濟文獻真蹟釋録》校補作「纍葉」。

〔二〕「□□」，《敦煌社會經濟文獻真蹟釋録》校補作「恐後」；「子」，《敦煌契約文書輯校》據殘筆劃及文義校補，《敦

煌社會經濟文獻真蹟釋録》《中國歷代契約會編考釋》《英國收藏敦煌漢藏文獻研究》《中國歷代契約粹編》均逕釋作『子』。

〔三〕『識』，《敦煌社會經濟文獻真蹟釋録》據殘筆劃及文義校補。

〔四〕『駕』，《中國歷代契約粹編》未能釋讀。

〔五〕『枝』，《敦煌契約文書輯校》校改作『支』，按不改亦可通。

〔六〕『具』，《英國收藏敦煌漢藏文獻研究》校改作『俱』。

〔七〕『原』，《英國收藏敦煌漢藏文獻研究》校改作『愿』，誤。

〔八〕『悌』，當作『弟』，《敦煌契約文書輯校》據文義校改，『悌』爲『弟』之借字，《敦煌社會經濟文獻真蹟釋録》《英國收藏敦煌漢藏文獻研究》均逕釋作『弟』。

〔九〕『坡』，當作『陂』，《敦煌契約文書輯校》據文義校改，『坡』爲『陂』之借字，《英國收藏敦煌漢藏文獻研究》校改作『頗』。

〔一〇〕『重』，《中國歷代契約粹編》認爲當校改作『諍』或『爭』。

〔一一〕『弟』，《敦煌契約文書輯校》據文義校補。

〔一二〕『姊』，《敦煌契約文書輯校》據殘筆劃及文義校補，《中國歷代契約會編考釋》《中國歷代契約粹編》均逕釋作『姊』。

參考文獻

《敦煌寶藏》，臺北：新文豐出版公司，一九八二年，五四四至五四五頁（圖）；*TunHuang and Turfan Documents Concerning Social and Economic History* Ⅲ *Contracts, Toyo Bunko, 1986, A149-150*（圖），*B117-118*（録）；《敦煌學輯刊》一九八

七年一期，九七頁；《敦煌學輯刊》一九八八年總一、二期，一一一頁；《敦煌社會經濟文獻真蹟釋録》二輯，北京：全國圖書館文獻縮微複製中心，一九九〇年，一八五至一八六頁（圖）（録）；《英藏敦煌文獻》六卷，成都：四川人民出版社，一九九二年，四九頁（圖）；《敦煌研究》一九九三年三期，七七頁（録）；《中國歷代契約會編考釋》，北京大學出版社，一九九五年，四六三至四六五頁（録）；《敦煌契約文書輯校》，南京：江蘇古籍出版社，一九九八年，四五五至四五六頁（録）；《敦煌吐魯番法制文書研究》，蘭州：甘肅人民出版社，二〇〇〇年，五〇頁（録）；《英國收藏敦煌漢藏文獻研究：紀念敦煌文獻發現一百周年》，北京：中國社會科學出版社，二〇〇〇年，一四八至一四九頁（録）；《敦煌學輯刊》二〇〇〇年二期，二六頁；《敦煌研究》二〇〇二年六期，三〇頁；《中國中古良賤身份制度研究》，南京師範大學出版社，二〇〇四年，二一四、二五七頁；《中國歷代契約粹編》上册，北京大學出版社，二〇一四年，三九五至三九六頁（録）。

斯四三七四　　三　文様（從良書）

釋文

從良書

奴某甲、婢某甲，男女幾人。吾聞從良放人，福山峭峻；壓良爲賤，地獄深怨〔一〕。奴某等身爲賤隸，久服勤勞，旦起肅恭，夜無安處。吾亦長興歎息〔二〕，克念在心，饗告先靈〔三〕，放從良族。枯鱗見海，必遂騰波；卧柳逢春，超然再起。任從所適，更不該論。後輩子孫，亦無闌恪。官有正法〔四〕，人從私斷。若違此書，任呈官府。年月日郎父　兄弟〔五〕　子孫

親保

親見

村鄰

長老

官人〔六〕

官人〔七〕

說明

此件首尾完整，有首題，爲從良書文樣。

校記

〔一〕『怨』，《中國歷代契約會編考釋》校改作『淵』，按不改亦可通。

〔二〕『長』，《敦煌遺書總目索引新編》釋作『常』，誤。

〔三〕『先』，《敦煌遺書總目索引新編》未能釋讀。

〔四〕『正』，《中國歷代契約會編考釋》校改作『政』，按『正』通『政』，不煩校改。

〔五〕『兄』，《中國歷代契約粹編》釋作『兒』，誤。

〔六〕『官人』，《敦煌遺書總目索引新編》漏録。

〔七〕『官人』，《敦煌遺書總目索引新編》漏録。

參考文獻

《敦煌寶藏》三五册，臺北：新文豐出版公司，一九八二年，五四五頁（圖）；《敦煌遺書總目索引》，北京：中華書局，一九八三年，一九九頁（録）；《敦煌學輯刊》一九八四年二期，一四三頁；*TunHuang and Turfan Documents Concerning Social and Economic History* Ⅲ *Contracts*, *Toyo Bunko*, *1986*, *A149*（圖）, *B117*（録）；《敦煌學輯刊》一九八七年一期，一四三頁；《敦煌學輯刊》一九九〇年一期，二、一四頁；《敦煌社會經濟文獻真蹟釋録》二輯，北京：全國圖書館文獻縮微複製中心，一九九〇年，一八七頁（圖）（録）；《補訂〈中國法制史研究〉：奴隸農奴法·家族村落法》，東京大學出版社，一九九一年，二六、三九、五六六頁；《英藏敦煌文獻》六卷，成都：四川人民出版社，一九九二年，四九至五〇頁（圖）；《敦煌社會文書導論》，臺北：新文豐出版公司，一九九二年，一五一至一五二頁；《敦煌學輯刊》一九九四年二期，四四頁；《中國歷代契約會編考釋》，北京大學出版社，一九九五年，四八〇至四八一頁（録）；《敦煌變文校注》，北京：中華書局，一九九七年，一一七頁；《敦煌契約文書輯校》，南京：江蘇古籍出版社，一九九八年，四九四至四九五頁（録）；《敦煌遺書總目索引新編》，北京：中華書局，二〇〇〇年，一三五頁（録）；《1994年敦煌學國際研討會文集·宗教文史卷（下）》，蘭州：甘肅教育出版社，二〇〇〇年，一六八頁；《中國歷代契約粹編》上册，北京大學出版社，二〇一四年，四〇五至四〇六頁（録）。

斯四三七四　四　書儀

釋文

封題樣

大人書啓封樣在前頭

謹謹上某大官〔一〕閣下　具官銜某甲，僧言沙門某乙狀封

□父

謹謹上某官麾下〔二〕　某乙狀封

与賤者書

敬通上某人執事〔三〕　某甲敬封

父母与子□〔四〕

父某甲委曲至涼州〔五〕，分付男某乙省〔六〕

賀冬至上大官別紙本

伏以運屬昌期，節當南至。伏惟
某官勳庸茂著，撫政勞宣。永奉
皇猷，與時清泰。限以司守，拜
賀未由，伏惟　洞察。謹狀。

具官銜　姓名狀

同前冬至

一陽膺候，百福惟新。天紀嘉祥，日當南至。伏惟
某官道膺安泰，禄以時休。油幢之重，功庸轉優。未猶趨〔拜〕〔七〕，伏惟
亮察。謹狀。

同前賀冬

伏以時推廣運，節及周正。周時以十一月爲歲朝。一陽肇分，冬至日，一陽生。百度惟允。
某官德茂勳庸，福履惟新，以（與）時增慶〔八〕。伏惟　信察。謹狀。

同前冬至

伏以玄律膺時，初陽紀候。伏惟
某官以（與）時增慶〔九〕，福履同休。伏惟
允察。謹狀。

賀正

伏以青陽戒節，律度環周，履端納慶於嘉辰，百辟奉觴於　聖壽。伏惟

某官膺兹開泰，以（與）國同休〔一〇〕。伏惟

朗察〔一一〕。謹狀。

同前賀正

伏以星霜易换，陽和發生，東風以扇於昌期〔一二〕，歸鴈遽聞於過嶺。伏惟

某官以（與）時增慶〔一三〕，福薦無疆〔一四〕。伏惟

德察。謹狀。

端午

伏以蕤賓嘉節，端午令辰，獻

壽早同〔於〕楚俗〔一五〕，彩絲亦無忝於昌期。伏惟

照察。謹狀。

同前

伏以中天令節，南午佳辰，俗皆獻

壽於明時，直亦奉觴於兹日。伏惟

昭察〔一六〕。謹狀。

同前

採蘭佳節，南午令辰，角黍既同楚俗〔一七〕，奉觴必倣時風。伏惟

福祐，以繼禎吉。伏惟　　明察。謹狀。

（後缺）

説明

此件首全尾缺，無題，存四項内容，一至九行是『封題樣』，十至三十行是四首文字有異的『賀冬至上大官别紙本』，三十一至四十行是兩首『賀正』，四十一至五十二行是三首『〔賀〕端午』。《英藏敦煌文獻》擬名『文樣（封題樣等）』，《敦煌表狀箋啓書儀輯校》擬名『書儀』，兹從之。趙和平推測此件抄寫時間爲歸義軍時期（參見《敦煌表狀箋啓書儀輯校》，三九六頁）。

校記

〔一〕『謹謹』，《敦煌表狀箋啓書儀輯校》據文義校補；『上』，據殘筆劃及文義補，《敦煌表狀箋啓書儀輯校》逕釋作『上』。

〔二〕『官』，《敦煌表狀箋啓書儀輯校》釋作『第』，誤；『麾』，《敦煌表狀箋啓書儀輯校》釋作『滕』，誤。

〔三〕『某人』，《敦煌表狀箋啓書儀輯校》釋作『第』，誤；『事』，《敦煌表狀箋啓書儀輯校》釋作『書』，誤。

〔四〕『与』，《敦煌表狀箋啓書儀輯校》釋作『几』，誤；『子』，《敦煌所出唐宋書牘整理與研究》據殘筆劃及文義校補，

《敦煌表狀箋啓書儀輯校》釋作「前」，誤；「子」後《敦煌所出唐宋書牘整理與研究》校補「女書」二字。

〔五〕「父」，《敦煌表狀箋啓書儀輯校》釋作「人」，誤；「委曲至涼州」，《敦煌表狀箋啓書儀輯校》漏録。

〔六〕「分付男某乙」，《敦煌表狀箋啓書儀輯校》釋作「謹狀」，誤；「省」，《敦煌表狀箋啓書儀輯校》釋作「書」，誤。

〔七〕「猶」，《敦煌表狀箋啓書儀輯校》校改作「由」，按「猶」通「由」，不煩校改；「拜」，《敦煌表狀箋啓書儀輯校》據文義校補。

〔八〕「以」，當作「與」，《敦煌表狀箋啓書儀輯校》據文義校改，「以」爲「與」之借字。

〔九〕「以」，當作「與」，《敦煌表狀箋啓書儀輯校》據文義校改，「以」爲「與」之借字。

〔一〇〕「以」，當作「與」，《敦煌表狀箋啓書儀輯校》據文義校改，「以」爲「與」之借字。

〔一一〕「朗」，《敦煌表狀箋啓書儀輯校》釋作「明」，誤。

〔一二〕「以」，《敦煌表狀箋啓書儀輯校》校改作「已」，按「以」通「已」，不煩校改。

〔一三〕「以」，當作「與」，《敦煌表狀箋啓書儀輯校》據文義校改，「以」爲「與」之借字。

〔一四〕「畺」，《敦煌表狀箋啓書儀輯校》校改作「疆」，按「畺」有「疆」義，不煩校改。

〔一五〕「於」，《敦煌表狀箋啓書儀輯校》據文義校補。

〔一六〕「昭」，《敦煌表狀箋啓書儀輯校》釋作「照」，誤。

〔一七〕「黍」，《敦煌表狀箋啓書儀輯校》釋作「忝」，誤。

參考文獻

《敦煌寶藏》三五册，臺北：新文豐出版公司，一九八二年，五四五至五四七頁（圖）；《敦煌歲時文化導論》，臺北：新文豐出版公司，一九八七年，一八九、三三五頁；《英藏敦煌文獻》六卷，成都：四川人民出版社，一九九二年，五〇至五一頁（圖）；《敦煌表狀箋啓書儀輯校》，南京：江蘇古籍出版社，一九九七年，三九二至三九七頁（録）；《敦煌文學源流》，北京：作家出版社，二〇〇〇年，一六五頁；《2000 年敦煌學國際學術討論會文集·歷史文化卷（下）》，蘭州：甘肅民族出版社，二〇〇三年，二二三頁；《敦煌所出唐宋書牘整理與研究》，成都：西南交通大學出版社，二〇一六年，二七九頁（録）。

斯四三七八背　陀羅尼抄（大悲心陀羅尼、尊勝陀羅尼）

釋文

大悲啓請准經凡欲受持，先志心念阿彌陀佛三遍。緣阿彌陀佛是觀音本師矣！《大悲心陀羅尼》《尊勝》同卷經一也。

仰啓月輪觀自在，　廣大圓滿紫金身。
千臂恆伸現世間，　千眼光明常遍照。
一千二百真言契，　能滿衆生所願心。
面安三目遍莊嚴，　頂戴彌陀持寶器。
宣讚真言微妙法，　受持當證佛菩提。
辯才無礙化人天，　菩薩衆中爲上首。
暫聞尚滅塵沙業，　諷念惟增成佛因。
大悲願力不思議，　是故我今恆讚念。
南無大悲觀世音，　願我速知一切法。
南無大悲觀世音，　願我早得智慧眼。

南無大悲觀世音，願我速度一切衆。
南無大悲觀世音，願我早得善方便。
南無大悲觀世音，願我速乘般若船。
南無大悲觀世音，願我早得越苦海。
南無大悲觀世音，願我速得戒足道。
南無大悲觀世音，願我早登涅盤山〔一〕。
南無大悲觀世音，願我速會無爲舍。
南無大悲觀世音，願我早同法性身。
我若向刀山，刀山自摧折。
我若向火湯，火湯自消滅。
我若向地獄，地獄自枯竭。
我若向餓鬼，餓鬼自飽滿。
我若向修羅，惡心自調伏。
我若向畜生，自得大智慧。

千手千眼觀世音菩薩廣大圓滿無障礙大悲心陀羅尼神妙章句

南無喝囉怛那哆囉夜一耶，南無阿唎耶二，婆盧羯帝爍鉢囉耶三，菩提薩埵婆耶四，摩訶薩埵婆耶五，摩訶迦盧尼迦耶六，唵七，薩皤囉罰曳八，數怛那怛寫九，南無悉吉嘌埵伊蒙阿唎耶十，婆盧羯帝室佛楞馱婆十一，南無那囉謹墀十二，醯唎摩訶皤哆沙咩羊聲吽，十三薩婆阿他豆輸朋十四，阿逝孕十五，薩婆薩哆那摩婆伽十六，摩罰特豆十七，怛姪他十八，唵十九，阿婆盧醯盧迦帝二十，迦囉帝廿一，夷醯唎摩訶菩提薩埵廿二，薩婆薩婆廿三，摩囉摩囉廿四，弟子某受持，摩醯摩醯唎馱孕廿五，俱盧俱盧羯懞廿六，度嚧度嚧罰闍耶帝摩訶罰闍耶帝廿七，陀囉陀囉廿八，地唎尼廿九，室佛囉耶卅，遮囉遮囉卅一，摩摩罰摩囉卅二，穆帝麗卅三，伊醯移醯卅四，室那室那卅五，阿囉嘇佛囉舍利卅六，罰沙罰嘇卅七，佛囉舍利卅八，呼盧呼盧摩囉卅九，呼盧呼盧醯唎四十，娑囉娑囉四十一，悉唎悉唎四十二，蘇盧蘇盧四十三，菩提夜菩提夜卌四，菩馱夜菩馱夜四十五，彌帝唎夜那囉謹墀四十六，他姪唎瑟尼那四十七，波夜摩那卌八，娑婆訶四十九，悉陀夜五十，娑婆訶五十一，摩訶悉陀夜五十二，娑婆訶五十三，悉陀喻藝五十四，室皤囉耶五十五，娑婆訶五十六，那囉謹墀五十七，娑婆訶五十八，摩囉那囉五十九，娑婆訶六十，悉囉僧阿穆佉耶六十一，娑婆訶六十二，婆波摩阿悉陀耶六十三，娑婆訶六十四，者吉囉阿悉陀耶六十五，娑婆訶六十六，波摩羯悉哆耶六十七，娑婆訶六十八，那羅謹墀皤伽羅耶六十九，娑婆訶七十，摩婆唎勝羯囉夜七十一，娑婆訶七十二，南無喝囉怛那哆囉夜耶七十三，南無阿唎耶七十四，婆盧吉帝爍皤囉耶七十五，娑婆訶七十六，悉殿都七十七，漫多羅佛陀耶七十八，娑婆訶七十九。

千手千眼觀世音菩薩廣大圓滿無障礙大悲心陀羅尼　迴向

願課誦功德，普及諸有情。我等与衆生，皆共成佛道。

佛頂尊勝加句靈驗陀羅尼啓請

稽首千葉蓮華座，摩尼殿上尊勝王。

廣長舌相遍三千，恆沙功德皆圓滿[二]。

灌頂聞持妙章句，九十九億世尊宣。

憍尸迦爲善住天，能滅七返傍生路。

希有總持秘法藏，能發圓明廣大心。

我今具足是凡夫，讚歎總持薩婆若。

願我心眼常開悟，所有功德施群生。

什方刹土諸如來，他方此界諸菩薩。

八部龍天諸眷屬，散脂大將藥叉王。

冥司地主焰摩羅，善惡簿官二童子。

已上聖賢諸衆等，願聞啓請悉降臨。

擁護佛法使長存，各各勤行世尊教。

所有聽徒來至此，或居地上或居空。

一聞佛頂尊勝言，蠢動含靈皆作佛。

佛頂尊勝加句靈驗陀羅尼　西天三藏沙門佛陀波利奉　詔譯。

曩謨引婆誐嚩引無可反，帝一，怛嚩二合嚩舌路引〔迦〕枳也二合〔三〕，二，鉢囉二合底丁以反尾始瑟吒二合拆佉反，野三余何反，，沒馱引野婆去誐嚩帝引四，怛儞野二合他去引五，唵引尾戍引馱野尾戍馱野六，娑麼娑麼三去滿多嚩文嚩反婆去引娑七，娑頗普跛囉拏鼻音引，誐底誐賀曩八，娑嚩婆嚩尾秫詩律反第九，阿鼻詵上謹反左一本或云者覩鉿莫敢反素誐多十，嚩囉嚩左曩十一，阿蜜㗚二合多去鼻曬所戒反闕居又十二，麼賀曼怛囉二合波㗚引阿去賀囉阿賀囉十三，阿庾羊主反散馱引囉梶尼整反十四，戍馱野戍馱野十五，誐誐曩尾秫第十六，鄔瑟梶二合灑尾惹自攞反野尾秫第十七，娑賀娑囉二合喝囉上轉舌濕茗二合散祖一本或云注儞尼以反帝十八，薩嚩怛他誐跢十九，嚩盧羯顊寧頂反二十，薩吒播囉蜜哆廿一，跛哩布囉梶廿二，薩嚩怛他誐哆纈哩馱野引廿三，地瑟姹曩廿四，地瑟耻哆廿五，摩賀母捺𡃤二合廿六，嚩曰囉二合迦野廿七，僧思孕反去，賀多曩尾秫第廿八，薩嚩嚩囉拏鼻音廿九，跛耶以遮反突㗚二合蘖底跛哩秫第三十，鉢囉二合底顊韈晚發反多野阿去欲秫第三十一，三麼去鼻，夜頞烏割地瑟耻帝三十二，摩顊摩顊摩賀摩顊卅三，怛闥多部跢卅四，俱胝跛哩秫第三十五，尾娑普吒二合沒地徒賣反秫第三十六，惹野惹野三十七，尾惹野尾惹野三十八，娑麼囉二合娑麼囉三十九，薩嚩沒馱地瑟耻二合多秫第四十，嚩曰𡃤二合嚩曰囉二合蘖囉陛四十一，嚩曰覽二合婆嚩覩麼麼稱名受持四十二，，舍唎藍二合薩嚩薩埵喃四十三，戁左迦耶以遮反跛哩秫第四十四，薩嚩誐底跛哩秫弟四十五，薩嚩怛他蘖多室左二合銘四十六，三麼濕嚩二合娑演覩四十七，薩嚩怛他孽跢四十八，三麼濕嚩娑地瑟耻帝四十九，没地亭夜反，下同野没地野五十，尾没地野尾没地野五十一，冒馱野冒馱野五十二，尾冒馱野尾冒馱野五十三，三滿多跛哩秫第五十四，薩嚩怛他蘖多纈哩馱野五十五，地瑟姹曩五十六，地瑟耻多五十七，麼賀母捺嚇二合娑婆賀五十八。

佛頂尊勝加句靈驗陀羅尼

持課諸功德，迴施諸有情。我等與衆生，皆共成佛道。

比丘惠鑾，今者

奉 命書出，多有拙惡，且副

來情（請）〔四〕。謹專奉

上，伏乞受持，同沾殊利。時己未歲十二月八日，在江陵府大悲寺經藏内，寫《大悲心陀羅尼》《尊勝陀羅尼》同一卷了。

説明

此件首尾完整，尾部有題記，内容爲『大悲心陀羅尼』和『尊勝陀羅尼』的彙抄，有分隔符號。己未歲，翟理斯推測是公元八九九年（參見 *Descriptive Catalogue of the Chinese Manuscripts from Tunhuang in the British Museum*, p. 130），池田温認爲是公元九五九年（參見《中國古代寫本識語集録》，四九六頁）。

現知敦煌文獻中保存的『陀羅尼抄』尚有斯二五六六、伯二一九七兩件寫本，相關寫本的概況請參看本書第十二卷斯二五六六號之『説明』。本書在對斯二五六六進行釋録時，曾以此件爲校本，故各本之異同均可見斯二五六六之校記。

以上釋文以斯四三七八背爲底本，僅用斯二五六六（稱其爲甲本）校改錯誤和校補脱文，如甲本亦有脱、誤，則據其他相關寫本補、改。

校記

〔一〕『盤』，甲本同，寫本時代『涅槃』並未成爲固定搭配，『涅槃』『涅盤』均可通。

〔二〕『恆』，甲本同，底本原寫作『洹』，係涉下文『沙』而成之類化俗字。

〔三〕『迦』，甲本亦脱，據伯二一九七《佛頂尊勝加句靈驗陀羅尼》補。

〔四〕『情』，當作『請』，據甲本改，『情』爲『請』之借字。

參考文獻

Descriptive Catalogue of the Chinese Manuscripts from Tunhuang in the British Museum, London: The Trustees of the British Museum, 1957, p. 130；《敦煌寶藏》三五册，臺北：新文豐出版公司，一九八二年，五六二至五六四頁（圖）；《敦煌遺書總目索引》，北京：中華書局，一九八三年，一九九頁（録）；《講座敦煌7敦煌と中國佛教》，東京：大東出版社，一九八四年，一三六至一三七頁；《中國古代寫本識語集録》，東京大學東洋文化研究所，一九九〇年，四九六至四九七

頁（録）；《英藏敦煌文獻》六卷，成都：四川人民出版社，一九九二年，五二至五四頁（圖）；《敦煌研究》一九九二年三期，九四頁；《敦煌學輯刊》一九九四年一期，六三頁；《法藏敦煌西域文獻》八册，上海古籍出版社，一九九八年，三二七頁（圖）；《敦煌遺書總目索引新編》，北京：中華書局，二〇〇〇年，一三五至一三六頁（録）；《敦煌密教文獻論稿》，北京：人民文學出版社，二〇〇三年，五六頁；《文史》六三輯，北京：中華書局，二〇〇三年，一五六頁；《英藏敦煌社會歷史文獻釋録》一二卷，北京：社會科學文獻出版社，二〇一五年，三三九至三三八頁。

斯四三八一　佛説無量壽宗要經題記

釋文

張良友寫

説明

以上題名書於《佛説無量壽宗要經》卷末，《英藏敦煌文獻》未收，現予增收。

參考文獻

Descriptive Catalogue of the Chinese Manuscripts from Tunhuang in the British Museum, London：The Trustees of the British Museum, 1957, p. 150（録）；《敦煌寶藏》三五册，臺北：新文豐出版公司，一九八二年，五八一頁（圖）；《中國古代寫本識語集録》，東京大學東洋文化研究所，一九九〇年，三八九頁（録）；《敦煌遺書總目索引新編》，北京：中華書局，二〇〇〇年，一三六頁（録）。

斯四三九七　觀世音經一卷題記

釋文

廣明元年肆月拾陸日，天平軍涼州第五般防戍都右廂廂兵馬使梁矩〔一〕，緣身戍深蕃〔二〕，發願寫此經。

説明

以上題記書寫於《觀世音經》卷末，《英藏敦煌文獻》未收，現予增收。廣明元年即公元八八〇年。

校記

〔一〕『第』，底本原寫作『弟』，按寫本中『第』『弟』形近易混，故可據文義逕釋作『第』；『防戍都右廂』，《敦煌遺書總目索引新編》漏録；第二箇『廂』，《敦煌學要籥》認爲據文義係衍文，當删，《敦煌遺書總目索引新編》漏録；『兵馬使梁矩』，《敦煌遺書總目索引新編》漏録。

〔二〕『緣身』，《敦煌遺書總目索引新編》漏録。

參考文獻

Descriptive Catalogue of the Chinese Manuscripts from Tunhuang in the British Museum, London：The Trustees of the British Museum, 1957, p. 87（録）；《敦煌寶藏》三五册，臺北：新文豐出版公司，一九八二年，六七九頁（圖）；《敦煌學要籥》，臺北：新文豐出版公司，一九八二年，一四五頁（録）；《敦煌遺書總目索引》，北京：中華書局，一九八三年，一九九頁（録）；《中國古代寫本識語集録》，東京大學東洋文化研究所，一九九〇年，四三二頁（録）；《歸義軍史研究——唐宋時代敦煌歷史考索》，上海古籍出版社，一九九六年，四六頁（録）；《敦煌遺書總目索引新編》，北京：中華書局，二〇〇〇年，一三六頁（録）。

斯四三九八　一　天福十四年（公元九四九年）五月節度觀察留後曹元忠獻硇砂牒

釋文

新授歸義軍節度觀察留後光禄大夫檢校司空兼御史大夫譙縣開國男食邑三百户曹元忠

硇砂壹拾斤。

右件砂，誠非異玩，實愧珍纖，冒瀆

台嚴，無任戰越之至。謹差步軍

教練使兼御史中丞梁再通等，謹

隨狀

獻到，望俯賜

容納。謹録狀上。

牒件狀如前，謹牒。

天福十四年五月　日新授歸義軍節度觀察留後光禄大夫檢校司空兼御史大夫譙縣開國男

食邑三百户曹元忠牒〔一〕。

説明

此件首尾完整，尾部時間落款處鈐有『歸義軍節度使之印』陽文朱印一枚，説明是曹元忠向中原王朝進貢時的正式公文。公文中曹元忠結銜爲歸義軍節度使留後、司空、開國男，較同年同月或稍後所見具銜低，反映出曹元忠在向中原王朝上書時的具銜與面向敦煌官民時的具銜是有差異的（參見《歸義軍史研究——唐宋時代敦煌歷史考索》，一一六頁）。天福十四年即公元九四九年，前一年後漢已改元乾祐，歸義軍仍在沿用天福年號，説明河西相較中原地區的信息傳遞存在滯後。

校記

〔一〕『牒』，《敦煌所出唐宋書牘整理與研究》漏録。

參考文獻

《敦煌寶藏》三五册，臺北：新文豐出版公司，一九八二年，六八〇頁（圖）；《敦煌學要籥》，臺北：新文豐出版公司，一九八二年，三四七頁；《敦煌論集》，臺北：學生書局，一九八三年，三七〇頁；《瓜沙史事叢考》，臺灣：商務印書館，一九八三年，五九頁；《敦煌遺書總目索引》，北京：中華書局，一九八三年，一九九至二〇〇頁（録）；《敦煌吐魯番文書研究》，蘭州：甘肅人民出版社，一九八四年，一六九頁；《西北史地》一九八七年二期；《敦煌社會經濟文獻真蹟釋録》四輯，北京：全國圖書館文獻縮微複製中心，一九九〇年，三九八頁（圖）（録）；《英藏敦煌文獻》六卷，成都：四川人民出版社，一九九二年，五五頁（圖）；《唐代公文書研究》，東京：汲古書院，一九九六年，一〇三頁（録）；《歸義軍史研究——唐宋時代敦煌歷史考索》，上海古籍出版社，一九九六年，一一六頁（録）；《敦煌學輯刊》二〇〇〇年二期，四三頁；《敦煌遺書總目索引新編》，北京：中華書局，二〇〇〇年，一三六頁（録）；《敦煌學新論》，蘭州：甘肅教育出版社，二〇〇二年，六〇頁；《姜亮夫全集》一四，昆明：雲南人民出版社，二〇〇二年，五四九頁；《敦煌學輯刊》二〇〇三年一期，一四一頁；《麥積山石窟藝術文化論文集》下，蘭州大學出版社，二〇〇四年，二三一頁；《敦煌所出唐宋書牘整理與研究》，成都：西南交通大學出版社，二〇一六年，一七三頁（録）。

斯四三九八　　二　雜寫

釋文

如録
　　金光明最勝
　　金光明最勝
　　　　　　　　　　　　　　　　　說
金光明最勝經卷第九　世尊尊　尊尊尊尊　尊世世說

説明

以上文字係時人隨手書寫，第一行書於『天福十四年（公元九四九年）五月歸義軍節度觀察留後曹元忠獻硇砂牒』八、九行間空白處，其餘書於狀尾之後，字跡不同，係不同人所寫。

參考文獻

《敦煌寶藏》三五册，臺北：新文豐出版公司，一九八二年，六八〇頁（圖）；《英藏敦煌文獻》六卷，成都：四川人民出版社，一九九二年，五五頁（圖）。

斯四三九八背　降魔變一卷

釋文

降魔變一卷〔一〕

蓋聞如來説法，萬萬恆沙；菩薩傳經，千千世界。爰初鹿苑，度五俱輪〔二〕，終至雙林，降十梵志。演微言，愛河息浪；談般若，煩惱山摧。會三點於真源〔三〕，淨六塵於八境。所以舍衛大城之内，起慈念而度群生；給孤長者園中，秉智燈而傳法印。如來以著衣持鉢，高步清晨，即以食時，還至本處。乞食長福德之業〔四〕，次第表平等之慈〔五〕，洗足彰持戒之功，敷坐乃安禪靜慮。然今人天瞻仰而圍繞〔六〕，龍神肅恭而樂聽，須菩提具威儀而出會，整法服而翹誠〔七〕，欲興無相之談，乃發有疑之問。故得子稱『希有』，佛讚『善哉』。遂乃廣擗玄關，大開義藏〔八〕，聞經者使四心不到〔九〕，五眼晶暉，四果咸遺〔一〇〕。我人三賢，得遊八正〔一一〕；我人四想（相）〔一二〕，了體性而皆空，六類有情，咸歸滅度。初中後之布施，不足爲多；盡十方之虛〔空〕〔一三〕，叵知其量。諸相非相，見如來之法身；生等無生，得真妄之平等。然則窮大千之七寶，比四句而全輕；後五濁之衆生，一聞而超勝境〔一四〕。然後法尚應捨，戀筏卻被沉淪，渾彼我於空空，泯是非於妙有。不染六塵之境，契會菩提。即於六識推求，萬像皆含於般若。三世之（諸）佛〔一五〕，從此經生；最妙菩提，從此經出。加以括囊群教，許爲衆經之要目。傳譯中夏，年餘四百〔一六〕。雖則諷誦流布，章疏芬然〔一七〕，上猶恐義未合於 聖心〔一八〕，理或乖於中道。伏惟 我大唐漢朝聖主開元天寶聖文神武應道 皇帝陛下，化越千古，聲超百王，〔文〕該五典之精微〔一九〕，武折九夷之肝膽。八方總無爲之化〔二〇〕，四海歌堯爵（舜）之風〔二一〕；加以化洽之餘，每弘揚於三教。或以探尋儒道〔二二〕，盡性窮原；注解釋宗，勾深相（致）遠〔二三〕。聖恩與海〔泉〕俱湧〔二四〕，天開（闕）与日月齊明〔二五〕。道教由是重興，佛法因兹重曜〔二六〕。寶林之上，喜見（貝）葉而爭開〔二七〕；總持園中，派（沛）法雲而廣潤〔二八〕。然今題首《金剛般若波羅蜜經》者，『金剛』以堅鋭爲喻，『般若』以智惠爲〔稱〕〔二九〕。『波羅』彼岸，『到』弘名『蜜多』〔三〇〕，『經』則貫穿爲義。善政之儀，故號『金剛般若波羅蜜經』。大覺世尊於舍衛國，祇樹給孤之園，宣説此經，開我蜜藏〔三一〕。四衆圍遶，群仙護持，天雨四花，雲廓八境。蓋如來之妙力，難可名言者哉！須達爲人慈善，好給濟於孤貧，是以因行立名『給孤』。布金買地，修建伽藍，請佛延僧，是以列名經内。祇陀覩其重法，施樹同營，緣以君重臣輕，標名有其先後。委被（備）事狀〔三二〕，述在下文。

昔南天竺有一大國，號舍衛城。其王威振九重，風揚八表，三邊息浪，四塞塵清。輔國賢相，厥號須達多，善秘策於胸衿〔三三〕，洞時機於即代〔三四〕。人稱住（柱）石〔三五〕，德重鹽媒〔三六〕。每以邪見居懷〔三七〕，未崇三寶，不貪榮位，志樂精修。王家有子息數人〔三八〕，小者未婚妻室〔三九〕。時〔因〕節會〔四〇〕，忽自思惟〔四一〕：吾今家無所乏〔四二〕，□

（後缺）

說明

此件首全尾缺，有烏絲欄，起首題『降魔變一卷』，訖『吾今家無』，是敷演《賢愚經》卷十『須達起精舍品』而成之變文。從第十行開始，字跡與前不同，知此件係兩人抄寫而成。序文中有『我大唐漢朝聖主開元天寶聖文神武應道皇帝』，《敦煌變文校注》據此考訂此件當創作於天寶七載（公元七四八年）三月至八載（公元七四九年）閏月之間（參看《敦煌變文校注》，五六九頁）。

敦煌文獻中保留的『降魔變文』還有多件，與此件有重合者只有斯五五一一+胡適舊藏，該件首尾完整，烏絲欄，起首題『降魔變文一卷』，訖尾題『降魔變文一卷』。

以上釋文以斯四三九八背爲底本，用斯五五一一+胡適舊藏（稱其爲甲本）參校。

校記

〔一〕『變』，甲本作『變文』。

〔二〕「俱」，甲本作「拘」。

〔三〕「源」，甲本作「原」。

〔四〕「業」，甲本作「義」。

〔五〕「第」，底本原寫作「弟」，按寫本中「第」「弟」形近易混，故可據文義逕釋作「第」。

〔六〕「今」，甲本作「後」；「瞻」，《敦煌變文校注》釋作「曉」，校改作「瞻」。

〔七〕「誠」，《敦煌變文校注》釋作「試」，誤。

〔八〕「義」，甲本作「我」，誤。

〔九〕「到」，甲本作「倒」，「到」通「倒」。

〔一〇〕「咸」後《敦煌變文校注》認爲脱一字，並將「遺」字斷入下句。

〔一一〕「正」，甲本作「政」，「政」通「正」。

〔一二〕「想」，甲本同，當作「相」，《敦煌變文選注》據文義校改，「想」爲「相」之借字。

〔一三〕「空」，據甲本補。

〔一四〕「一」，甲本同，《敦煌變文校注》釋作「等一」，認爲底本「等」寫於上句「生」前，蓋誤倒，按底本「等」右側有删除符號。

〔一五〕「之」，當作「諸」，據甲本改，「之」爲「諸」之借字。

〔一六〕「四」，甲本作「數」。

〔一七〕「芬」，甲本同，《敦煌變文集》校改作「紛」，按「芬」通「紛」，不煩校改。

〔一八〕「上」，甲本無。

〔一九〕「文」，據甲本補。

〔二〇〕「方」，甲本作「表」。
〔二一〕「海」，甲本作「方」；「爵」，當作「舜」，據甲本改。
〔二二〕「或」，甲本作「分」。
〔二三〕「相」，甲本同，當作「致」，《敦煌變文選注》據文義校改。
〔二四〕「泉」，據甲本補。
〔二五〕「開」，甲本同，當作「闕」，《敦煌變文選注》據文義校改；「与」，甲本作「礜」，「礜」爲「与」之借字；「月」，甲本脱。
〔二六〕「法」，甲本作「日」。
〔二七〕「見」，甲本同，當作「貝」，《「敦煌變文集」校記再補》據文義校改。
〔二八〕「派」，甲本同，當作「沛」，《「敦煌變文集」校記再補》據文義校改，「派」爲「沛」之借字。
〔二九〕「惠」，甲本作「慧」，「惠」通「慧」；「稱」，據甲本補。
〔三〇〕「弘」，甲本同，《敦煌變文校注》疑爲「則」之誤。
〔三一〕「蜜」，甲本同，《敦煌變文校注》校改作「密」，按「蜜」通「密」，不煩校改。
〔三二〕「被」，甲本同，當作「備」，《敦煌變文校注》據文義校改，「被」爲「備」之借字。
〔三三〕「秘」，甲本作「我」，誤。
〔三四〕「即」，甲本同，《敦煌變文校注》疑應讀作「積」。
〔三五〕「住」，當作「柱」，據甲本改，「住」爲「柱」之借字。
〔三六〕「重鹽」，據甲本補；「媒」，據殘筆劃及甲本補，《敦煌變文集》校改作「梅」。
〔三七〕「每以邪見」，據殘筆劃及甲本補。

〔三八〕『王』，甲本無；『家有子息數人』，據甲本補。
〔三九〕『小者未婚妻』，據甲本補。
〔四〇〕『因』，據甲本補。
〔四一〕『忽』，據殘筆劃及甲本補；『自』，據甲本補；『思惟』，據殘筆劃及甲本補。
〔四二〕『所乏』，據甲本補。

參考文獻

《敦煌變文彙録》，上海出版公司，一九五四年，二一三至二四〇頁；《敦煌變文集》，北京：人民文學出版社，一九五七年，三六一至三九〇頁；《華東師大學報》一九五八年二期，一一六頁；《敦煌の文學》，東京：大藏出版株式會社，一九七一年，一〇七、一八六頁；《敦煌古籍叙録》，北京：中華書局，一九七二年，三七二至三七五頁（圖）；《敦煌の民衆：その生活と思想》，東京：評論社，一九七二年，一三三頁；《敦煌寶藏》三六册，臺北：新文豐出版公司，一九八二年，一一七至一一八頁（圖）；《敦煌變文論文録》，上海古籍出版社，一九八二年，四一二頁；《敦煌變文集新書》，臺北：『中國文化大學』中文研究所，一九八四年，六〇九至六四五頁（録）；《敦煌古籍叙録新編》一八册，臺北：新文豐出版公司，一九八六年，一五九至一六一、一八九至二二二頁（圖）；《敦煌講唱文學作品選注》，北京：中華書局，一九八七年，二五三至二九三頁（録）；《敦煌變文選注》，成都：巴蜀書社，一九九〇年，四八六至五七九頁（録）；《英藏敦煌文獻》六卷，成都：四川人民出版社，一九九二年，五五頁（圖）；《英藏敦煌文獻》七卷，成都：四川人民出版社，一九九二年，二一一頁（圖）；《講座敦煌9敦煌の文學文獻》，東京：大東出版社，一九九二年，六五、九二頁；《社科縱横》一九九四年三期，一〇八頁；《敦煌變文校注》，北京：中華書局，一九九七年，五五二至五八九頁（録）；《敦煌變文講經文因緣輯校》，南京：江蘇古籍出版社，一九九八年，七九九頁；《敦煌學》二四輯，臺北：樂學書局，二〇〇三年，一二七至一五二頁（圖）；《南京師範大學文學院學報》二〇〇三年二期，一五四至一五九頁；《華林》三卷，北京：中華書局，二〇〇四年，二七四頁；《文史知識》二〇一九年一期，一二四至一二七頁。

斯四四〇〇　一　太平興國九年（公元九八四年）二月廿一日歸義軍節度使敦煌王曹延禄醮奠文

釋文

（前缺）

謹請中央黃帝，怪公怪母，怪子怪孫，謹啓請□城風伯雨師〔一〕，五道神君，七十九怪，一切諸　神，並願來降此座。主人再拜陳酒。

維大宋太平興國九年歲次甲申二月壬午朔廿一日壬寅〔二〕，　勑歸義軍節度使特進檢校太師兼中書令敦煌王曹　　，謹於百尺池畔，有地孔穴自生，時常水入無停，經旬亦不斷絕，遂使心中驚愕，意内惶忙〔三〕，不知是上　天降禍，不知是　土地變出。伏覩如斯災現，所事難曉於吉凶〔四〕，怪異多般。只恐暗來而攪擾，遣問陰陽師卜，檢看百怪書圖，或言宅中病患，或言家内死亡〔五〕，或言口舌相速，或言官府事起。無處避逃，解其殃祟。謹擇良月吉日，依法備廣書符〔六〕，清酒雜果，乾魚鹿肉，錢財米飰，是事皆新，敬祭於　五方五帝〔七〕、　土地陰公、山川百靈，一切諸神。已後伏願東方之怪，還其東方；南方之怪，還其南方；西方之怪，還其西方；北方之怪，還其北方；中央之怪，還其中央；天上之怪，還其天梁；地下之怪，入地深藏。怪隨符滅，入地無妨。更望　府主之遐受（壽）〔八〕，永無災祥。宫人安樂，勢力康强。社稷興晟，萬代吉昌。或有異心惡意，自受其殃，妖精邪魅，勿令害傷。兼及城人喜慶，内外恆康，病疾遠離〔九〕，福來本鄉。更有邪魔之惡寇，密投欽伏之當方〔一〇〕。今將單禮，獻奉　神王，轉災成福〔一一〕，特請降嘗，伏惟　尚饗〔一二〕。

説明

此件首缺尾全，起『謹請中央黄帝』，訖『伏惟　尚饗』，其内容是歸義軍節度使舉行禳災活動的祭奠文。此件中之『歸義軍節度使特進檢校太師兼中書令敦煌王曹』，翟理斯已指出係曹延禄（參見 *Descriptive Catalogue of the Chinese Manuscripts from Tunhuang in the British Museum*, p. 199）。

此件之定名，《敦煌遺書總目索引》擬題『敦煌王曹鎮宅疏』，《敦煌寶藏》擬名『歸義軍節度使特進檢校太師兼中書令敦煌王曹延恭祭神鎮宅文』，陳祚龍擬題『曹延禄醮奠文』（參見《敦煌學園零拾》，九八頁），《英藏敦煌文獻》擬名『太平興國九年（公元九八四年）二月廿一日歸義軍節度使敦煌王曹延恭鎮宅文』。此從陳祚龍定性改擬今題。太平興國九年即公元九八四年。

校記

〔一〕『謹啓請』，據殘筆劃及文義補；『城』，據殘筆劃及文義補；『風』，《敦煌遺書 S. 4400〈敦煌王曹鎮宅疏〉新校並跋》據殘筆劃及文義校補，《敦煌遺書總目索引》《敦煌學園零拾》《道釋相激：道教在敦煌》《敦煌遺書總目索引新編》《試論曹延祿的醮祭活動——道教與民間宗教相結合的典型》均逕釋作『風』。

〔二〕『廿』，《敦煌遺書總目索引》《敦煌遺書總目索引新編》《試論曹延祿的醮祭活動——道教與民間宗教相結合的典型》均釋作『十』，誤，《敦煌學園零拾》釋作『二十』。

〔三〕『惶』，《試論曹延祿的醮祭活動——道教與民間宗教相結合的典型》釋作『煌』，校改作『惶』，誤。

〔四〕『所』，《敦煌遺書總目索引》《敦煌學園零拾》《敦煌遺書 S. 4400〈敦煌王曹鎮宅疏〉新校並跋》《敦煌遺書總目索引新編》《試論曹延祿的醮祭活動——道教與民間宗教相結合的典型》均釋作『而』，誤。

〔五〕『死』，《敦煌遺書總目索引》《敦煌學園零拾》《敦煌遺書 S. 4400〈敦煌王曹鎮宅疏〉新校並跋》《敦煌遺書總目索引新編》《試論曹延祿的醮祭活動——道教與民間宗教相結合的典型》均釋作『先』，誤。

〔六〕『備廣』，《敦煌遺書總目索引》《敦煌學園零拾》《敦煌遺書 S. 4400〈敦煌王曹鎮宅疏〉新校並跋》《敦煌遺書總目索引新編》《試論曹延祿的醮祭活動——道教與民間宗教相結合的典型》《神道人心：唐宋之際敦煌民生宗教社會史研究》均釋作『廣備』，誤。

〔七〕『敬』，《敦煌遺書總目索引》《敦煌學園零拾》《敦煌遺書 S. 4400〈敦煌王曹鎮宅疏〉新校並跋》《敦煌遺書總目索引新編》《神道人心：唐宋之際敦煌民生宗教社會史研究》均釋作『致』，誤。

〔八〕『受』，當作『壽』，《敦煌遺書總目索引》據文義校改，『受』爲『壽』之借字。

〔九〕『病疾』，《敦煌遺書總目索引新編》《試論曹延祿的醮祭活動——道教與民間宗教相結合的典型》均釋作『疾病』，誤。

〔一〇〕『當』，《敦煌遺書總目索引》《敦煌學園零拾》《敦煌遺書 S. 4400〈敦煌王曹鎮宅疏〉新校並跋》釋作『尚』，誤。

〔一一〕『轉』，《敦煌遺書總目索引》《敦煌學園零拾》《敦煌遺書總目索引新編》《試論曹延祿的醮祭活動——道教與民間宗教相結合的典型》均未能釋讀，《敦煌遺書 S. 4400〈敦煌王曹鎮宅疏〉新校並跋》釋作『消』，誤。

〔一二〕『伏』，《試論曹延禄的醮祭活動——道教與民間宗教相結合的典型》漏録；『惟』，《敦煌遺書總目索引》《敦煌學園零拾》《敦煌遺書 S. 4400〈敦煌王曹鎮宅疏〉新校並跋》《敦煌遺書總目索引新編》均釋作『維』，誤。

參考文獻

Descriptive Catalogue of the Chinese Manuscripts from Tunhuang in the British Museum, London：The Trustees of the British Museum, 1957, p. 199；《杭州大學學報》一九七九年一、二期，一〇四頁；《敦煌寶藏》三五册，臺北：新文豐出版公司，一九八二年，六八八至六八九頁（圖）；《敦煌遺書總目索引》，北京：中華書局，一九八三年，二〇〇頁（録）；《敦煌學園零拾》，臺灣商務印書館，一九八六年，九八至九九頁（録）；《敦煌莫高窟供養人題記》，北京：文物出版社，一九八六年，二三〇頁；《敦煌吐魯番學研究論文集》，上海：漢語大詞典出版社，一九九〇年，八〇七頁；《敦煌研究》一九九一年二期，二〇頁；《中國邊疆史地研究》一九九二年三期，一〇五頁；《英藏敦煌文獻》六卷，成都：四川人民出版社，一九九二年，五六頁（圖）；《歸義軍史研究——唐宋時代敦煌歷史考索》，上海古籍出版社，一九九六年，三二一、一二六頁；《道教文化研究》一三輯，北京：生活·讀書·新知三聯書店，一九九八年，七〇頁；《甘肅社會科學》一九九八年五期，七七至七九頁（録）；《敦煌研究》一九九九年一期，一四一頁；《敦煌遺書總目索引新編》，北京：中華書局，二〇〇〇年，一三六頁（録）；《文史》五十二輯，北京：中華書局，二〇〇〇年，一二一頁；《1994年敦煌學國際研討會文集·宗教文史卷（上）》，蘭州：甘肅人民出版社，二〇〇〇年，四、一〇頁；《敦煌研究》二〇〇二年六期，一二、一八頁；《敦煌學輯刊》二〇〇二年一期，六五至六六頁（録）；《敦煌研究》二〇〇六年二期，六三頁；《神道人心：唐宋之際敦煌民生宗教社會史研究》，北京：中華書局，二〇〇六年，八九至九〇頁（録）。

斯四四〇〇　二　雜寫

釋文

太平興國九年二月廿一日紀。

説明

此句倒書於『太平興國九年（公元九八四年）二月廿一日歸義軍節度使敦煌王曹延禄醮奠文』文末，筆跡與前不同。

參考文獻

《敦煌寶藏》三五册，臺北：新文豐出版公司，一九八二年，六八九頁（圖）；《英藏敦煌文獻》六卷，成都：四川人民出版社，一九九二年，五六頁（圖）。

斯四四〇〇背　大降魔穢積金剛聖者啓請

釋文

大降魔穢積金剛聖者啓請

奉請釋迦牟尼大穢積，無邊忿怒恆沙力。足踏寶石鎮閻浮，努目雙牙如劍戟〔一〕。手執降魔大金杵，擊破須彌化泥土。舉手能遮日月輝，口中呼吸成雲霧。再請梵香因不昧，吾爾結此陀羅會。咄吒頻那夜迦魅〔二〕，汝今敢不心摧碎。聖者顧降諸穢惡〔三〕，悉皆化作蓮花會。

大降魔穢積金剛聖者大心陀羅尼曰：唵〔引〕〔四〕唃引〔五〕嚕　二合　馱曩　吽嗡

四天王讚佛功德：佛面猶如淨滿月，亦如千日放光明。目淨脩廣若青蓮，齒白齊密猶珂雪。佛德無邊如大海，無限妙寶積其中。智惠德水鎮恆盈，百千勝定咸充滿。足下輪相皆嚴飾，穀（轂）輞千輻悉齊平〔六〕。手足輓網遍莊嚴，猶如鵝王相具足。佛身光曜等金山，清淨殊特無倫匹。亦如妙高功德滿，故我稽首佛山王。相好如空不可測，逾於千月放光明，皆如焰幻不思議，故我稽首心無著。

爾時，四天王讚歎佛已，世尊亦以伽他而〔答〕之曰〔七〕（以下原缺文）

説明

此件首尾完整，原未抄完，起首題『大降魔穢積金剛聖者啓請』，訖『世尊亦以伽他而〔答〕之曰』，是在密教壇場法會上使用的供養大降魔穢積金剛聖者的啓請文，包含讚文、陀羅尼和經文三部分内容，其中經文部分節引《金光明最勝王經》卷六『四天王護國品』。

敦煌文獻中保存的『大降魔穢積金剛聖者啓請文』尚有伯二一九七和 BD 六八二三背。其中伯二一九七首尾完整，起首題『大降魔穢積金剛聖者啓請』，訖『洛京新樣』。BD 六八二三背首尾完整，起『大降魔穢積金剛聖者啓請』，訖『洛京新樣了也』。這兩件的經文部分相似，但與此件不同。

以上釋文以斯四四〇〇背爲底本，讚文和陀羅尼部分用伯二一九七（稱其爲甲本）、BD 六八二三背（稱其爲乙本）參校。

校記

〔一〕『努』，甲、乙本作『怒』，均可通。

〔二〕『魅』，乙本同，甲本作『精』。

〔三〕『顧』，甲、乙本作『願』；『諸』，甲、乙本作『訣』；『惡』，甲、乙本作『積』。

〔四〕『引』，據甲、乙本補。

〔五〕「引」，甲、乙本無。

〔六〕「穀」，當作「轂」，據《大正藏》本《金光明最勝王經》卷六改，「穀」爲「轂」之借字。

〔七〕「答」，據《大正藏》本《金光明最勝王經》卷六補。

參考文獻

《大正藏》一六册，東京：大正一切經刊行會，一九三四年，四三二頁；《敦煌寶藏》三五册，臺北：新文豐出版公司，一九八二年，六八九頁（圖）；《英藏敦煌文獻》六卷，成都：四川人民出版社，一九九二年，五七頁（圖）；《敦煌文學概論》，蘭州：甘肅人民出版社，一九九三年，五六一至五六二頁；《敦煌西域文獻》八册，上海古籍出版社，一九九八年，三二二頁（圖）；《敦煌密教文獻論稿》，北京：人民文學出版社，二〇〇三年，二四一頁；《國家圖書館藏敦煌遺書》九三册，北京圖書館出版社，二〇〇八年，二七七頁（圖）；《敦煌吐魯番研究》一四卷，上海古籍出版社，二〇一五年，四五三至四五六頁。

斯四四〇一背　太子成道變文

釋文

（前缺）

定時[一]，魔不能敗，作是念：菩薩大力，不能敗，當總（惱）其父[二]。遂便往淨飯王宮，唱如是言[三]：悉達太子昨死矣[四]！王聞已，從牀而墮，良久乃蘇[五]，傷歎念：太子若在家作輪王，何其出家，空無所獲。未久之間，菩提樹神以佛得持天花[六]，慶賀父王，往淨飯王宮，作如是言[七]：大王知太子昨夜明相出時，降魔兵衆得成道。王時生疑：向者有天言我子死[八]，今言得道，何者可信？菩提樹神曰[九]：我言可信[一〇]，向者是魔，故相惱耳[一一]！我是菩提樹神，以佛於我樹下成道，故相慶賀。王時作念：我子在家作輪王，今日出家爲法輪大王，大喜，復成道，兩重大喜[一二]。未久之間，又聞斛飯王夜生阿難[一三]，抱詣王所：弟昨夜生此一男[一四]。王對曰：我子得道，汝復生男，衆慶併集，與字『歡喜』。故知阿難得道夜生。佛初得道，在波羅捺仙人鹿苑，爲五比丘轉四諦法輪[一五]。

（中空數行）

梵王者，初禪梵王名尸棄，此云頂髻，蓋是其編髪，梵王下言螺髻〔一六〕。
（中空數行）
天帝釋者，帝猶主矣。刀（忉）利天主名爲帝釋〔一七〕。
（中空數行）
四天王

説明

此件首缺尾全，書於《雜阿毘曇心論》卷第五背，原未抄完，無題，起『定時魔不能敗』，訖『四天王』，所述爲釋迦牟尼成道故事。後半部解釋『梵王』『天帝釋者』『四天王』，間隔較多空白。《敦煌遺書總目索引》擬題『如來成道俗文』，金岡照光擬名『太子成道變文』（參見《敦煌出土文學文獻分類目録附解説（續）》，《社會科學》一九八四年一期，八八頁），兹從之。敦煌文獻中保留的『太子成道變文』還有九件（參見劉秋蘭《敦煌文獻中太子成道故事變文寫本叙録》，《國學》二〇一七年一期，二六九至二七八頁），但内容都與此件不同。

校記

〔一〕『定』，《敦煌文獻中太子成道故事變文寫本叙録》未能釋讀。
〔二〕『總』，當作『惱』，據文義改。

〔三〕『言』，《敦煌文獻中太子成道故事變文寫本叙録》釋作『云云』，誤。
〔四〕『昨』，《敦煌文獻中太子成道故事變文寫本叙録》釋作『昨夜』，按底本實無『夜』字；『矣』，《敦煌文獻中太子成道故事變文寫本叙録》漏録。
〔五〕『蘇』，《敦煌文獻中太子成道故事變文寫本叙録》釋作『更□□』，誤。
〔六〕『花』，《敦煌文獻中太子成道故事變文寫本叙録》未能釋讀。
〔七〕『言』，《敦煌文獻中太子成道故事變文寫本叙録》釋作『云云』，誤。
〔八〕『言』，《敦煌文獻中太子成道故事變文寫本叙録》釋作『云云』，誤。
〔九〕『曰』，《敦煌文獻中太子成道故事變文寫本叙録》未能釋讀。
〔一〇〕『我』，《敦煌文獻中太子成道故事變文寫本叙録》漏録；『言』，《敦煌文獻中太子成道故事變文寫本叙録》釋作『出』，誤。
〔一一〕『惱』，《敦煌文獻中太子成道故事變文寫本叙録》未能釋讀。
〔一二〕『兩』，《敦煌文獻中太子成道故事變文寫本叙録》釋作『而』，誤。
〔一三〕『斛』，《敦煌文獻中太子成道故事變文寫本叙録》釋作『酥』，誤。
〔一四〕『弟』，底本原寫作『第』，按寫本中『第』『弟』形近易混，故可據文義逕釋作『弟』。
〔一五〕『轉』，《敦煌文獻中太子成道故事變文寫本叙録》釋作『遣』，誤；『諦』，《敦煌文獻中太子成道故事變文寫本叙録》釋作『釋』，誤。
〔一六〕『言』，《敦煌文獻中太子成道故事變文寫本叙録》釋作『云云』，誤。
〔一七〕『刀』，當作『忉』，據文義改，『刀』爲『忉』之借字。

參考文獻

《敦煌の繪物語》，東京：東方書店，一九八一年，一一三頁；《敦煌寶藏》三六册，臺北：新文豐出版公司，一九八二年，一頁（圖）；《社會科學》一九八四年一期，八八頁；《英藏敦煌文獻》六卷，成都：四川人民出版社，一九九二年，五七頁（圖）；《敦煌文獻と中國文學》，東京：五曜書房，二〇〇〇年，四七四頁；《國學》二〇一七年一期，二七四至二七六頁（録）。

斯四四〇六　般若波羅蜜多心經題記

釋文

誦此經，破十惡五逆九十五種邪道〔一〕。若欲報十方諸佛恩，誦觀自在般若百遍千遍，滅罪不虛。晝夜常誦，無願不過〔二〕。

説明

以上題記書寫於《般若波羅蜜多心經》尾題之後，《英藏敦煌文獻》未收，現予增收。

校記

〔一〕第一箇『十』，《敦煌遺書總目索引新編》釋作『五』，誤；第一箇『五』，《敦煌遺書總目索引新編》釋作『十』，誤。

〔二〕『過』，《敦煌遺書總目索引新編》釋作『遇』，誤。

參考文獻

Descriptive Catalogue of the Chinese Manuscripts from Tunhuang in the British Museum, London：The Trustees of the British Museum, 1957, p. 34（録）；《敦煌寶藏》三六册，臺北：新文豐出版公司，一九八二年，一五頁（圖）；《敦煌遺書總目索引》，北京：中華書局，一九八三年，二〇〇頁（録）；《中國古代寫本識語集録》，東京大學東洋文化研究所，一九九〇年，四三九頁（録）；《敦煌願文集》，長沙：岳麓書社，一九九五年，八七六頁；《敦煌遺書總目索引新編》，北京：中華書局，二〇〇〇年，一三七頁（録）。

斯四四〇七　受八關齋戒文

釋文

（前缺）

□策身心令不散亂，專注□衆生所以輪迴六趣，婉轉三塗者，良□命如垂露，形若轉蓬，榮樂暫時，□度無梁，眇眇愛河，沉淪有日，刀山萬刃，□□□□定，火□奔驟，湯火燒然，灰河熱而□手執鐵叉、四大銅狗皆吐猛火，不□惡□□□衆生食啖血肉，外爲親族，内爲己身，□□罪深逾海。佛法之内，有二種健兒，一者惡本，不爲□衆等，既能怕怖惡道，説悔先罪，發殷重心，懺□罪障〔一〕，無不消滅，應當專心，至誠懺悔。

□□場，人從無始來，至於今日，造諸惡業，無□塵沙不可知數，身業不善，行煞盗婬，不間□生人命，下至畜生，若凡若聖，若親若疏，趣（？）起□□害心既起，已死爲期，網捕蟲魚，飛鷹走狗，□鷄豬，驅役他人，馳走鞍馬，不知他苦，自樂已□□山澤，辛害㙨（蟣）虱〔二〕，拂撲蚊虻，損害衆生，墮胎奪人財寶〔三〕，上至金銀，下至草葉，因官刑勢，□還寄受他物，卻生拒諱〔四〕，取常住田園，奪□用，資給妻兒，或作五逆同類之罪，鎔鑄佛像輪三乘正法〔五〕，伽藍精舍〔六〕，損壞毀坼；寺宇僧房，□雨暴風吹。或於衆僧打棒驅策，飲酒食肉，□□無慚無愧，不孝父母，不敬師僧，棠（唐）突聖賢〔七〕，陵蔑□梵行。上至親眷，及以僧尼；下至畜生，禽獸之類。人〔八〕，寺舍塔中，行不淨行，口業不善，訶罵三寶，毀果〔九〕，離間彼此，阻隔君臣，轉是爲非，翻長作短，□或説出家衆僧長短，説其過惡，談話他□語。道場布施，口許心違。上數極多，臨時拒諱〔一〇〕，怒〔一一〕，增嫉有情〔一二〕，貪求世間〔一三〕，色香味觸，或於怨對，□横加惱害，或時隨喜，或復教人，不覺不知，愚癡□帀顛倒，廣造如是無量罪愆，如經所説：若不懺悔，當來必墮三惡道中〔一四〕；縱得人身，盲聾瘖啞，或生邊地下賤身中五逆十惡。既有如是無量苦報，弟子今日深生覺悟，深生怕怖，深生憂懼，深生慚愧，深生剋責，深生改悔，不敢覆藏，盡皆發露。爰從今身，乃至成佛。一切諸惡，誓當總斷。一切諸善，誓當總脩。一切衆生，誓當總度。唯願如是十方三世，盡虛空界。諸佛世尊，大慈悲父，舍利形像，浮圖塔廟。諸大菩薩，羅漢聖僧，天龍八部，冥官業道，一切賢聖，他心道眼，悉知悉見，哀愍弟子，拔濟弟子，饒益弟子，證明弟子，加備弟子。令弟子等，所有罪障，若輕若重，若多若少。今日今時，一念之中，盡皆消滅。

夫受戒者，成佛之原，斷惡脩善之本，是人天之果，三乘之因。一切諸佛菩薩，聲聞緣覺，及至人天，所有勝福，莫不皆因持戒而得。故《梵網經》：戒如明日月等，當知戒者，是菩提之因。若不斷惡脩善，得生人天，出三界苦者，無有是處。所以然者，欲得度生死海，須以戒爲舟船；欲登涅槃山，須以戒爲脚足。故戒經云：譬如人毁足等。今者去聖時遠，魔軍熾盛，若不以戒爲師，夫此身已，卻得人身者，萬中無一。故佛臨般涅槃，尊者阿難白言：『世尊，我等一切衆生，皆依佛以爲師。佛既滅度，以何爲師？唯願世尊久住於世，莫般涅槃。』佛告阿難：『我今周流已畢，無復施〔爲〕〔一五〕。所應度者，皆已度訖；其未度者，已作得度因緣。汝等一切衆生，應以波羅提木叉爲汝之師，但能堅持，如我在世，等無有異。』所以然者，戒是菩提芽，亦是功德之竇〔瓶〕〔一六〕。一切善〔法〕〔一七〕，依戒增長；一切功德，依戒滿足。故知戒能開宿世善根，於生死險道之中，戒爲賢（資）良（糧）〔一八〕；大黑闇中，戒爲燈明；大怖畏中，戒爲伴侶；登涅槃山，戒爲梯橙。是故行者欲求出離生死，得生人天，必須以戒而爲根本。故《梵網經》：一失人身，萬劫不復等〔一九〕，人命衰滅，須臾之間。譬如牽羊，至於屠所；如因上市，去死漸近。當此之時，誨無所及。故戒經云：一切衆律中，戒經爲上最。若人能持戒，即得三種樂。故持戒人，獲福無量。今者善男子、善女人既懼□□〔二〇〕，怕懼惡道，棄捨家務，請受齋戒，懺悔罪障，無不消滅。亦如世人所有衣服，若不洗濯，不堪受色。善男子善女〔人〕等〔二一〕，身心清淨，堪受如來所有齋戒。夫欲受戒，三歸依是諸戒根本，發起戒品。若不受三歸依，諸戒盡不發。今与善男子、善女人受三歸依，應當至誠，歸依三寶。

弟子某甲等，歸依佛，兩足尊；歸依法，離欲尊；歸依僧，衆中尊。三說。如來至真等正覺，是我大師，我今歸依，唯願三寶慈悲攝受。

弟子某甲等，歸依佛竟，歸依法竟，歸依僧竟。三說。從今已往，稱佛爲師，更不歸依邪魔外道。今從三寶，受持清淨八關齋戒，一日一夜，隨佛出家。一不煞生；二不偷盜；三不婬欲；四不妄言、綺語、惡口、兩舌；五不飲酒食肉，五辛葱蒜；六不花鬘、脂粉塗身、歌舞作樂、故往觀聽；七不坐高廣大牀；八不過中喫諸飲食。是弟子等一日一夜，八關齋戒。今從三寶，如是受持，至明清曉。於其中間，不敢毀犯。唯願三寶，攝受弟子。令弟子等齋戒圓滿。慈愍故，佛子！汝等衆多善男子、善女人等，來於三寶所，受持清淨八關齋戒，我已受訖。汝今時至明清曉，不得犯，能持否？三說。次説戒相如《阿含經》。

第一不煞生者〔二二〕，上至人命，下至蠢動有情之類，不得故煞。若犯，當來墮三惡道，乃至世世常被人煞。若生人中，得二種惡報：一者短命，二者多病。

第二不偷盜者，無問父母妻子、親戚知友，及一切衆生，有主無[主]鬼神等物〔一三〕，乃至草葉縷綖已來，不得懷盜心取。若故犯者，當來墮三惡道中，世世常作象、馬、牛、羊、駝、騾、豬、狗，以賞他宿債。若生人中，得二種報：一者貧窮，二者共財不得自在。

第三不婬欲，不問自妻他妻，自夫他夫，乃至一切衆生不得犯。若犯，當來墮三惡道。若生人間，得二種報：一者短命，二者所感夫妻皆不貞良。

第四不妄語者，爲持戒故，不得欺誑一切衆生。若犯者，當來亦令墮三惡道。若生人中，得二種報：一者多被誹謗，二者所説教人不信受。

第五不飲酒，爲持戒故，乃至喚水作酒，亦不得飲。若犯，當來墮三惡道中。若生人間，得二種報：一者愚癡，二者諸根闇鈍。

第六不歌舞作樂，香花莊飾。爲持戒故，只得素淨以著。凡犯歌舞觀聽，爲供養故，無犯，除此故犯者，亦墮惡道。若生人中，得二種報：一者身器臭穢，二者人所惡見。

第七不坐高廣大牀，師僧父母一切尊人，乃至金銀、瑠璃、象牙等牀，皆不得輒坐卧。若犯，當來亦墮惡道，若生人中，得二種報：一者不得尊貴，二者常爲卑賤。

第八不非時食，持齋一日。若犯，當來還墮惡道。若生人中，得二種報：一者飲食難，二者脣齒疏缺。

若犯此戒，當來皆得如是罪報。若能堅持不犯，近得生天，遠承此功德，成阿褥（耨）菩提〔二四〕。由此《長爪梵志經》云：説其八戒，一一皆有當來善報。

第一煞生，於諸衆生，起大慈悲，當來世中，常生人天，受勝妙樂，命不中夭。

第二不偷盗，衆生財物，畢竟獲得，指爪纖長，網縵爲相，猶如鵝王，於其指端，常有光明，化生無量財寶，惠施衆生。

第三不婬欲，益淨梵行，故當來常得馬王藏相，色力具足，諸根圓滿。

第四不妄語，離諸口過，故當來獲得廣長舌相，自覆面輪，口業清淨，所説智惠，諸根明利，威儀庠序，如師子王。

第五不飲酒，現世清潔，來生之中，無卅六過失，亦無癡報。

第六不歌舞作唱觀聽、香花瓔珞莊飾其身，離諸飾好，故當來獲得微妙相好，莊嚴其身，身不臭穢，衆生喜。

第七不得坐高廣大牀，離憍慢故，當來常得坐金剛座，降魔成道。

第八不非時食，離放逸故，當來獲得飲食自然，卌牙齒鮮白齊密，常有光明於其喉中，有如意珠玉，所食麤澀變成甘露。

嗟夫！宿福不圓，生處邊外。云漂寄。屬中原有難，所在不寧，傾奪城池，劫掠黎庶，致使親眷父母生隔，骨肉永離，各在殊方，俱爲漂泊。或且勤王業，遁跡丘園，並能常身〔二五〕，生滅斯在，難捨能捨，精心至心。

唯願多生重業，並得銷除；歷劫深殃，悉皆蕩滌。戎夷送款，兩國通和。没落之流，咸遂歸路。使天神指道，地詆（祇）坦途〔二六〕。還家有期，雪山無擁。親屬相見，歡樂如初。財命常豐，福智圓足。亦願施主諸佛，冥護衆聖，潛扶福松等，財盈山岳。早遂精誠之願，常無離別之憂。世世恆遇於善緣，生生莫逢於濁劫。

唯願摽雲霧廓，沙漠塵清。道路開通，關山無擁。使遠行之客，不滯他鄉，剋竪功名，早還家第。永保山河之受（壽）〔二七〕，常無離別之憂。

說明

此件首缺尾全，前三十行上半部殘缺，起『策身心令不散亂』，訖『常無離別之憂』，失題。關於此件之定名，《敦煌遺書總目索引》擬題『歸依三寶文』，里道德雄最早考訂其與八關齋有關（參見《敦煌文獻にみられる八關齋關係文書につてい》，《東洋大學大學院紀要》第一九號，八〇頁），土橋秀高擬名『受八齋戒儀』（參見《講座敦煌7敦煌と中國佛教》，二六四頁），《英藏敦煌文獻》擬名『說八關齋戒文』，荒見泰史擬名『受八關齋戒文』（參見《敦煌本〈受八關齋戒文〉寫本の基礎的研究》，《敦煌寫本研究年報》第五號，一三二頁），兹從荒見泰史擬名。

敦煌文獻中的《受八關齋戒文》有二十餘件，可以分爲兩類。一類是署名信行禪師撰的《受八戒法》，以伯二八四九爲代表；另一類是包括此件在内的佚名《受八關齋戒文》。各件文字差别較大。

校記

〔一〕「罪」，據殘筆劃及文義補。
〔二〕「⿰土幾」，當作「蟣」，據文義改。
〔三〕「奪」，據殘筆劃及文義補。
〔四〕「拒」，底本原寫作「詎」，係涉下文「諱」而成之類化俗字。
〔五〕「輪」，據殘筆劃及文義補。
〔六〕「伽」，底本原寫作「茄」，係涉下文「藍」而成之類化俗字。
〔七〕「棠」，當作「唐」，據文義改，「棠」爲「唐」之借字。
〔八〕「人」，據殘筆劃及伯三二三五《八關齋戒文》補。
〔九〕「果」，據殘筆劃及伯三二三五《八關齋戒文》補。
〔一〇〕「拒」，底本原寫作「詎」，係涉下文「諱」而成之類化俗字。
〔一一〕「怒」，據殘筆劃及伯三二三五《八關齋戒文》補。
〔一二〕「增」，通「憎」。
〔一三〕「世」，據殘筆劃及伯三二三五《八關齋戒文》補。
〔一四〕「惡道」，據殘筆劃及文義補。
〔一五〕「爲」，據Φ一〇九《大乘八關齋戒文》補。
〔一六〕「瓶」，據Φ一〇九《大乘八關齋戒文》補。

〔一七〕『法』，據Φ一〇九《大乘八關齋戒文》補。

〔一八〕『賢』，當作『資』，據Φ一〇九《大乘八關齋戒文》改；『良』，當作『糧』，據Φ一〇九《大乘八關齋戒文》改，『良』爲『糧』之借字。

〔一九〕『等』，據文義係衍文，當刪。

〔二〇〕『女人』，據殘筆劃及文義補。

〔二一〕『人』，據文義補。

〔二二〕『第』，底本原寫作『弟』，按寫本中『第』『弟』形近易混，故可據文義逕釋作『第』。以下同，不另出校。

〔二三〕『主』，據殘筆劃及文義補。

〔二四〕『褥』，當作『耨』，據文義改。

〔二五〕『常』，底本原寫有兩箇，一在行末，一在次行行首，此爲當時的一種抄寫習慣，可以稱作『提行添字例』，第二箇『常』字應不讀，故未録。

〔二六〕『詆』，當作『祇』，據文義改。

〔二七〕『受』，當作『壽』，據文義改，『受』爲『壽』之借字。

參考文獻

《敦煌寶藏》三六册，臺北：新文豐出版公司，一九八二年，一五至一七頁（圖）；《東洋大學大學院紀要》一九號，一九八二年，八〇至八五頁；《敦煌遺書總目索引》，北京：中華書局，一九八三年，二〇〇頁；《講座敦煌7 敦煌と中國仏教》，東京：大東出版社，一九八四年，二六四頁；《英藏敦煌文獻》六卷，成都：四川人民出版社，一九九二年，五八至六〇頁（圖）；《俄藏敦煌文獻》三册，上海古籍出版社，一九九三年，一七四至一七五頁（圖）；《敦煌佛教律儀制度研究》，北京：中華書局，二〇〇一年，一三三至一四二頁；《法藏敦煌西域文獻》二二册，上海古籍出版社，二〇〇五年，二四九至二五一頁（圖）；《敦煌寫本研究年報》五號，京都大學人文科學研究所，二〇一一年，一二九至一四九頁；《中國佛教儀式研究——以齋供儀式爲中心》，上海古籍出版社，二〇一八年，一三〇至一三五頁。

斯四四一一　樊崇聖納筆歷

釋文

樊崇聖四月廿九日納筆肆拾管[一]。又五月卅日納筆肆拾肆管[二]。又六月十六日納筆叁拾管。六月廿日納筆玖管。又六月廿三日納筆陸管[三]。又廿五日納筆壹拾伍管。廿九日納筆柒管。七月七日納筆貳拾管。七月十五日納筆玖管。七月廿一日納筆肆拾管。又[廿]一日納筆五管[四]。又八月廿四日納筆叁拾伍管。九月廿六日納筆肆管。十一月三日納筆肆管。計納二百六十八管。

説明

此件首尾完整，其内容爲樊崇聖自某年四月廿九日至同年十一月三日間的納筆管數與總數。

校記

〔一〕『廿』，《敦煌工匠史料》釋作『二十』。

〔二〕第二箇『肆』，《敦煌工匠史料》漏録。

〔三〕『廿』，《敦煌工匠史料》釋作『二十』；『筆』，《敦煌工匠史料》漏録；『陸』，《敦煌工匠史料》釋作『陸拾』，誤。

〔四〕『廿』，據殘筆劃及文義補，《敦煌工匠史料》逕釋作『廿』；『五』，《敦煌工匠史料》釋作『伍』，誤。

參考文獻

Descriptive Catalogue of the Chinese Manuscripts from Tunhuang in the British Museum, London：The Trustees of the British Museum, 1957, p. 265；《敦煌寶藏》三六册，臺北：新文豐出版公司，一九八二年，三五頁（圖）；《敦煌遺書總目索引》，北京：中華書局，一九八三年，二〇〇頁；《絲路論壇》一九八七年二期，六四頁；《英藏敦煌文獻》六卷，成都：四川人民出版社，一九九二年，六一頁（圖）；《敦煌歷史地理導論》，臺北：新文豐出版公司，一九九七年，二二六頁；《敦煌工匠史料》，蘭州：甘肅人民出版社，一九九七年，六七、八九頁（録）；《敦煌遺書總目索引新編》，北京：中華書局，二〇〇〇年，一三七頁。

斯四四一二　沙彌十戒文

釋文

沙彌十戒文〔一〕沙彌者〔二〕，梵語〔三〕。唐言息惡行慈〔四〕，故曰沙彌〔五〕。

第一不煞生〔六〕，上至人命，下至議（蟻）子〔七〕，起大慈心〔八〕，不興〔煞〕害〔九〕。第二〔不〕偷盜者〔一〇〕，上至銀寶〔一一〕，下至草葉，有主無主，不得故趣伍（悮）趣〔一二〕。第三〔不〕婬欲者〔一三〕，於〔一〕切安（女）境〔一四〕，不得故起染心〔一五〕，生於邪念。第四不妄語者〔一六〕，爲〔妄〕言〔一七〕、綺語〔一八〕、惡口〔一九〕、兩舌。第五不飲酒者〔二〇〕，下至水味似酒〔二一〕，不得故飲。第六不著花鬘〔二二〕、香油指（脂）粉塗身〔二三〕，謂誰（誑）或一切衆生故〔二四〕。第七不得著歌舞唱妓及故往觀聽者〔二五〕，謂散亂放逸〔二六〕，縱舍心生（身）故〔二七〕。第八不得過中食者〔二八〕，下至一昧（瞬）一葉〔二九〕，即名非時〔三〇〕。第九不得上高廣大牀〔三一〕，於一切女境父母尊貴之牀〔三二〕，悉不得坐。第十不得捉生像金銀寶物者〔三三〕，下至名（色）似金銀〔三四〕，悉不得捉。

然此十戒，不依制護〔三五〕，輒有違犯，能令犯者招何等葉（業）〔三六〕，其事云何？答且（曰）〔三七〕：煞生者，能令衆生墮大地獄〔三八〕，無量千歲，受受（種）〔種〕苦〔三九〕，斯名正寶（報）〔四〇〕。後得爲人，短令（命）夭亡是餘報〔四一〕。偷盜者，必墮地獄是正報〔四二〕。餘報〔四三〕，墮駝〔四四〕、驢、象、馬償宿債〔四五〕，後得爲人〔四六〕，貧窮困弊報。婬欲者〔四七〕，得地獄同住（柱）鐵牀是正報〔四八〕，後生鳥〔四九〕、鴿、鴛鴦等形是餘報〔五〇〕。妄語者〔五一〕，墮耕梨（犁）拔舌地獄是正報〔五二〕。後得爲人〔五三〕，所發言辭〔五四〕，人不信受，反生誹謗是餘報〔五五〕。飲酒者〔五六〕，墮倒懸地獄是正報〔五七〕。後得爲人〔五八〕，婚（昏）迷無智是餘報〔五九〕。著花鬘者〔六〇〕、脂粉塗身〔六一〕，後得爲人，其形醜陋，隆（癃）殘跛屢（瘻）罪報〔六二〕。歌舞唱伎者〔六三〕，後得爲人，六根不完，閉塞罪報。非時食者〔六四〕，世世生生恆遭飢饉，不得餘糧罪報〔六五〕。上高廣大牀者〔六六〕，後之生〔人〕中〔六七〕，雖得爲爲（人）〔六八〕，常居卑賤，爲他所押罪報〔六九〕。捉生像〔七〇〕、金銀、寶物者〔七一〕，後生人中〔七二〕，十指短促拳縮罪報〔七三〕。

如來觀此，愍諸衆生，無施（始）已來〔七四〕，重業所纏，〔輪〕轉五道〔七五〕，受種種苦，所已設此十戒〔七六〕，倒（對）治十非〔七七〕，令諸衆生，遠離十惡〔七八〕，得十善〔七九〕。若能行護，福寶（報）無窮〔八〇〕，何者是也〔八一〕？答〔八二〕：　一不煞生者〔八三〕，得無病長命〔八四〕，及得金剛不壞之身報〔八五〕。 二不偷盜者〔八六〕，得十指纖長，手丙（內）外握於十指端〔八七〕，搊空出寶給施一切報〔八八〕。 三（不）婬欲者〔八九〕，得清淨肢（皎）潔連花化生〔九〇〕，不受女人胞胎報〔九一〕。 四不妄語者〔九二〕，得廣（長）舌相〔九三〕，發言人信，敬重成仰〔九四〕，遵之奉行報〔九五〕。 五不飲酒者〔九六〕，得聽（聰）明智惠〔九七〕，多聞强記宿命報。 六不（著）花鬘〔九八〕、脂粉塗身〔九九〕，得卅二相姝麗端嚴報〔一〇〇〕。 七不花歌舞唱伎〔一〇一〕，得諸（根）完具現世六道（通）報〔一〇二〕。 八不非時食〔一〇三〕，得五百世餘糧〔一〇四〕，脱三災飢饉〔一〇五〕，口卌齒鱗（鮮）白齊平報〔一〇六〕。 九不上高廣大牀〔一〇七〕，得梵王刹利族性（姓）高門衆人恆貴金剛座報〔一〇八〕。 十不捉（生）（像）〔一〇九〕、金銀、寶（物）者〔一一〇〕，得現世遠離三毒之過〔一一一〕，當來雅（獲）七聖之財報〔一一二〕。

說明

此件首尾完整，背面兩行接續正面抄寫，起首題『沙彌十戒文』，訖『當來雅（獲）七聖之財報』。『沙彌十戒文』乃從《沙彌十戒法并威儀》中化出，其内容叙述十戒之名目，及違犯十戒的後果與保持十戒所獲之福報。既可是受沙彌十戒的參考文獻，也可是沙彌、沙彌尼修習過程中閲讀的文獻（參見郝春文《唐後期五代宋初敦煌僧尼的社會生活》，一四頁）。

現知敦煌文獻中保存的『沙彌十戒文』尚有七件。其中伯二四七六背首全尾缺，起首題『沙彌十戒文』，訖『中四戒是行清淨戒』；BD 八四九一首尾完整，起首題『沙彌十戒文』，訖『後二是緣清淨戒』；BD 九四一五首尾完整，起首題『沙彌十戒文』，訖尾題『十戒文』；上博四八，冊頁裝，首尾完整，烏絲欄，起首題『沙彌十戒云』，訖『當未（來）獲得七聖財報』；Дх 六五三七首缺尾全，起『十指端，搊空出寶』，訖尾題『辛酉年正月十六日沙彌十戒本行不准失』；BD 七五六七首缺尾全，起『非時食』，訖尾題『沙彌十戒文』，但缺少持戒所獲福報的内容；BD 七二六一雖首題『沙彌十戒文』，但僅羅列十條戒律名目。後兩件與此件差異較大，故不列爲校本。

以上釋文以斯四四一二爲底本，用伯二四七六背（稱其爲甲本）、BD 八四九一（稱其爲乙本）、BD 九四一五（稱其爲丙本）、上博四八（稱其爲丁本）、Дх 六五三七（稱其爲戊本）參校。

校記

〔一〕『沙』，據甲、乙、丙、丁本補；『彌』，據殘筆劃及甲、乙、丙、丁本補；『文』，甲、乙、丙本同，丁本作『云』。

〔二〕此句至『故曰沙彌』，乙本無。

〔三〕『梵』，甲、丙本同，丁本作『是梵』。

〔四〕『息』，據殘筆劃及甲、丙、丁本補；『惡』，據甲、丙、丁本補；『行』，據殘筆劃及甲、丙、丁本補。

〔五〕此句甲、丙、丁本無。此句後甲本作『一不煞生，二不偷盜，三不婬欲，四不妄語，五不飲酒，六不得著花鬘、香油脂粉塗身，七不得歌舞唱伎及故往觀聽，八不得過中食，九不得上高廣大牀，十不得捉生像金銀寶物』；丙本作『一不煞生，二不偷盜，三不婬欲，四不妄語，五不飲酒，六不著花鬘、香油之（脂）粉，七不歌舞唱妓故往觀聽，八不非時食，九不上高廣大牀，十不捉生像金銀』；丁本作『一不煞生，二不偷道（盜），三不邪婬，四不妄語，五不飲酒，六不香油塗身，七不歌舞唱伎，八不過中食，九不上高廣大牀，十不足（捉）生（像）金銀』。

〔六〕『第』，據甲、丁本補；『一』，據殘筆劃及甲、丁本補；『生』，甲本作『者』，乙、丁本作『生者』。

〔七〕『議』，當作『蟻』，據甲、乙、丙、丁本改，『議』爲『蟻』之借字。

〔八〕『心』，乙、丁本同，甲、丙本作『悲』。

〔九〕『煞』，據甲、乙、丙、丁本補。

〔一〇〕『第』，甲本同，丙本無，乙、丁本原寫作『弟』，按寫本中『第』『弟』形近易混，故可視作『第』，乙本以下同，不另出校，丁本『第六』『第七』同此，不另出校；『二』，甲、乙、丁本同，丙本無；『不』，據甲、乙、丙、丁本補。

〔一一〕『至』，據殘筆劃及甲本補，乙、丙、丁本作『從』；『銀』，甲、乙、丙、丁本作『金』。

〔一二〕第一箇『趣』，甲、乙、丙、丁本作『取』，『趣』通『取』；『伍』，丙本作『捑』，當作『悞』，據甲、乙、丁本改，『伍』『捑』均爲『悞』之借字；第二箇『趣』，甲、乙、丙本作『取』，『趣』通『取』，丁本作『耶』，誤。

〔一三〕『第三』，甲、乙、丁本同，丙本無；『不』，據甲、乙、丙、丁本補。

〔一四〕『一』，據甲、乙、丙、丁本補；『安』，當作『女』，據甲、丙本改，乙、丁本作『界』；『境』，甲、乙、丁本同，丙本作『竟』，『竟』通『境』。

〔一五〕『心』，甲、乙、丙本同，丁本作『以』，誤。

〔一六〕『第』，甲、乙、丁本同，丙本無。

〔一七〕『爲』，甲、乙、丙、丁本作『謂』，『爲』通『謂』；『妄』，據甲、乙、丙、丁本補；『言』，甲、乙、丙本同，丁本作『語』。

〔一八〕『綺』，甲、丙本同，乙本作『起』，丁本作『倚』，『起』『倚』均爲『綺』之借字。

〔一九〕『惡』，甲、乙、丙本同，丁本作『不得惡』。

〔二〇〕『第』，甲、乙、丁本同，丙本無；『不』，甲、乙、丙本同，丁本作『不得』。

〔二一〕『味』，甲、乙、丙本同，丁本作『似』；『似』，甲、丙本同，丁本作『酒』；『酒』，甲、乙、丙本同，丁本作『味』。

〔二二〕『第』，甲、乙、丁本同，丙本無；『不』，甲、乙、丙本同，丁本作『不得』。

〔二三〕『指』，當作『脂』，據甲、乙、丙、丁本改，『指』爲『脂』之借字；『身』，乙本同，甲、丙、丁本作『身者』。

〔二四〕『謂』，乙、丙、丁本同，甲本無；『誰』，丙本同，當作『誑』，據甲、乙、丁本改；『或』，丙、丁本同，甲、乙本作『惑』，『或』有『惑』義。

〔二五〕『第』，甲、乙、丁本同，丙本無；『得』，甲、丁本同，乙、丙本無；『著』，據甲、乙、丙、丁本係衍文，當刪；『唱』，甲、丁本同，乙本作『嘔』，誤；『妓』，丙本同，甲、乙、丁本作『伎』；『及故往觀聽』，甲、丙、丁本同，乙本無。

〔二六〕『放』，甲、乙、丁本同，丙本作『故』，誤。

〔二七〕『心』，甲、丙本同，乙、丁本作『身』；『生』，甲、丙本同，當作『身』，據文義改，『生』爲『身』之借字，乙本作『心』，丁本作『以』，誤。

〔二八〕『第』，甲、丁本同，丙本無；『得』，甲、丁本同，丙本無；『過中』，甲、丁本同，乙、丙本作『非時』。

〔二九〕『下至』，甲、丙、丁本同，乙本作『若過』；『眛』，當作『瞬』，據甲、乙、丙、丁本改。

〔三〇〕『時』，甲、乙、丙本同，丁本作『時食』。

〔三一〕『第』，甲、乙、丁本同，丙本無；『得』，乙、丁本同，甲、丙本無；『牀』，甲、乙、丙、丁本作『牀者』。

〔三二〕『女境』，甲、乙、丙、丁本無；『尊』，甲、丙、丁本同，乙本作『師僧尊』。

〔三三〕『第』，甲、乙、丁本同，丙本無；『得』，甲、乙、丁本同，丙本無；『像』，甲、乙、丁本同，丙本作『象』，均可通。

〔三四〕『名』，當作『色』，據甲、乙、丙、丁本改。

〔三五〕『制』，甲、乙、丙本同，丁本作『相』。

〔三六〕『能令犯』，乙本同，甲、丙、丁本無；『招』，甲、乙、丁本同，丙本作『有』；『葉』，丁本同，當作『業』，據甲、乙、丙本改，『葉』爲『業』之借字。

〔三七〕『且』，乙本作『具』，當作『曰』，據甲、丙本改，丁本無。

〔三八〕『墮』，甲、乙、丁本同，丙本作『隨』，誤；『大』，甲、乙、丙本同，丁本作『於』。

〔三九〕第一箇『受』，甲、乙、丁本同，丙本作『壽』，『壽』爲『受』之借字；第二箇『受』，當作『種』，據甲、丙、丁本改；『種』，據甲、丙、丁本補。

〔四〇〕『正』，甲、乙、丁本同，丙本作『政』，『政』通『正』；『寶』，當作『報』，據甲、乙、丙、丁本改，『寶』爲『報』之借字。

〔四一〕『令』，當作『命』，據甲、乙、丙、丁本改；『是餘』，乙、丙、丁本同，甲本無。

〔四二〕『墮』，甲、乙、丁本同，丙本作『隨』，誤；『正』，甲、乙、丁本同，丙本脱。

〔四三〕『餘』，甲、丙、丁本同，乙本脱；『報』，乙、丙本脱，甲、丁本作『報者』。

〔四四〕『墮』，甲、乙、丁本同，丙本作『隨』，誤。

〔四五〕『償』，甲、丁本同，乙本作『常』，『常』爲『償』之借字，丙本作『債』，誤；『宿』，甲、乙、丙、丁本作『他宿』。

〔四六〕『爲』，甲、乙、丙本同，丁本作『生』。

〔四七〕『婬』，甲、丙、丁本同，乙本作『第三婬』；『者』，甲、乙、丙本同，丁本無。

〔四八〕『得』，甲本同，乙本作『皃』，丙本作『得隨』，丁本作『墮』，均誤；『地獄』，甲、丙本同，丁本無，乙本作『胞』，誤；『同』，甲、乙、丙、丁本作『銅』，『同』可用同『銅』；『住』，丙、丁本同，當作『柱』，據甲、乙本改，『住』爲『柱』之借字；『鐵』，甲、丙、丁本同，乙本作『女卧鐵』；『牀』，甲、乙、丙本同，丁本作『牀地獄』；『正』，甲、乙本同，丁本脱，丙本作『政』，『政』通『正』。

〔四九〕『後』，甲、乙本同，丙本作『後得』，丁本作『餘報者後』；『生』，甲、乙、丁本同，丙本作『生人』，誤。

〔五〇〕『形』，甲、乙、丁本同，丙本原寫作『刑』，按寫本中『形』『刑』形近易混，故可釋作『形』；『是餘報』，甲、乙、丙本同，丁本無。

〔五一〕『妄』，甲、丙、丁本同，乙本作『第四妄』。

〔五二〕『墮』，甲、乙、丁本同，丙本作『隨』，誤；『耕』，甲、乙、丙本同，丁本作『犁』；『梨』，甲、乙本作『黎』，當作『犁』，據丙、丁本改，『梨』『黎』均爲『犁』之借字。

〔五三〕『得』，甲、乙、丙本同，丁本作『生』。

〔五四〕『辭』，甲、乙、丁本同，丙本作『詞』。

〔五五〕『反』，甲、乙、丁本同，丙本原寫作『及』，按寫本中『反』『及』形近易混，故可釋爲『反』；『誹』，甲、乙、丙本同，丁本作『非』，『非』通『誹』。

〔五六〕此句至『婚（昏）迷無智是餘報』，乙本脱。

〔五七〕『墮』，甲、乙、丁本同，丙本作『隨』，誤；『倒』，甲、乙、丁本同，丙本作『捯』，『捯』爲『倒』之借字。

〔五八〕『爲人』，甲、乙、丁本同，丙本作『人身』。

〔五九〕『婚』，當作『昏』，據甲、丙本改，『婚』爲『昏』之借字，乙、丁本作『惛』，均可通。

〔六〇〕『著』，丙、丁本無，據殘筆劃及甲本補，乙本作『第六著』；『者』，甲、乙、丙、丁本無。

〔六一〕『脂』，甲、丁本同，乙、丙本作『香油脂』；『身』，甲、乙、丙、丁本作『身者』。

〔六二〕『隆』，乙、丙、丁本同，當作『癃』，據甲本改，『隆』爲『癃』之借字；『屢』，甲、乙、丙、丁本同，當作『瘻』，據文義改，『屢』爲『瘻』之借字。此句後丁本有『歌得爲人，常居卑賤，爲他所狎罪報』，蓋書寫者誤抄所致。

〔六三〕『歌』，甲、丙、丁本同，乙本作『第七歌』；『舞』，甲、丙、丁本同，乙本作『儛』；『唱』，甲、丁本同，乙本作『嘔』，誤，丙本作『妓』；『伎』，甲、乙、丁本同，丙本作『唱』；『者』，乙、丙、丁本同，甲本作『作樂者』。

〔六四〕『非』，甲、丙本同，乙本作『第八非』，丁本作『八不非』；『者』，甲、丙、丁本同，乙本作『者後得爲人』。

〔六五〕『得餘糧罪報』，甲、乙、丙本同，丁本脱。

〔六六〕『上』，甲、丙、丁本同，乙本作『第九上』。

〔六七〕『之』，丁本同，甲、乙、丙本無；『生』，甲、丙、丁本同，乙本無；『人』，據甲、丙、丁本補，乙本無；『中』，甲、丙、丁本同，乙本無。

〔六八〕『雖』，甲、丙、丁本同，乙本無；第一箇『爲』，乙、丁本同，甲、丙本作『人』；第二箇『爲』，當作『人』，據乙、丁本改，甲、丙本作『身』。

〔六九〕『押』，甲本作『使』，乙、丁本作『捭』，丙本作『卑』，按『押』通『壓』。

〔七〇〕『捉』，甲、丙、丁本同，乙本作『第十捉』；『像』，甲、乙本同，丙本作『象』，均可通；丁本作『工』，誤。

〔七一〕『寶』，甲、乙、丁本同，丙本作『報』，『報』爲『寶』之借字。

〔七二〕『生人』，甲、丙、丁本同，乙本作『得爲』；『中』，甲、丙、丁本同，乙本作『人』。

〔七三〕『報』，甲、乙、丁本同，丙本作『寶』，『寶』爲『報』之借字。
〔七四〕『施』，當作『始』，據甲、乙、丙、丁本改，『施』爲『始』之借字；『已』，乙本同，甲、丙、丁本作『時』。
〔七五〕『輪』，據甲、乙、丙、丁本補；『道』，甲、乙、丙本同，丁本作『色』。
〔七六〕『所』，甲、丙、丁本同，乙本寫有兩箇『所』，一在行末，一在次行行首，此爲當時的一種抄寫習慣，可稱之爲『提行添字例』，第二箇『所』應不録；『已』，甲、乙、丙、丁本作『以』，『已』同『以』；『設』，甲、丙、丁本同，乙本作『制』。
〔七七〕『倒』，當作『對』，據甲、乙、丙、丁本改；『非』，甲、丙、丁本同，乙本作『惡』。
〔七八〕此句乙本無。
〔七九〕『十』，甲、乙、丙、丁本作『十種』。
〔八〇〕『寶』，當作『報』，據甲、丙、丁本改，『寶』爲『報』之借字；『窮』，據甲、丙本補。此句乙本無。
〔八一〕『者是也』，甲、丙、丁本同，乙本作『等爲十』。
〔八二〕『答』，丙、丁本同，乙本無，甲本作『答曰』。
〔八三〕『一』，丁本同，甲、丙本無，乙本作『第一』；『者』，甲、乙本同，丙、丁本無。
〔八四〕『得』，甲、乙、丁本同，丙本無；『無病』，甲、乙、丙本同，丁本無；『命』，甲、乙、丁本同，丙本脱。
〔八五〕『得』，乙、丙本同，甲、丁本無。
〔八六〕『二』，甲、丙、丁本同，乙本作『第二』；『者』，乙、丁本同，甲、丙本無。
〔八七〕『丙』，當作『内』，據甲、丙、丁本改；『外』，甲、丁本同，丙本脱；『十』，甲、丙本同，丁本作『其』。此句及後句，乙本作『罔鬘爲相』。戊本始於此句。
〔八八〕『報』，甲本同，丙本作『衆生報』，丁本作『寶』，『寶』爲『報』之借字。

〔八九〕『三』，甲、丁本同，丙本無，乙本作『第三』；『不』，據甲、丙、丁本補，乙本作『不得』；『者』，乙、丙、丁本同，甲本無。

〔九〇〕『肢』，丙本作『脂』，當作『皎』，據甲、乙、丁、戊本改；『潔』，乙、丙、丁本同，甲本作『絜』，『絜』通『潔』，戊本作『結』，『結』爲『潔』之借字；『連』，甲、乙、丙、丁、戊本作『蓮』，『連』通『蓮』。

〔九一〕『人』，甲、乙、丁、戊本同，丙本作『身』；『報』，乙、丙、丁、戊本同，甲本作『之報』。

〔九二〕『四』，甲、丁、戊本同，丙本無，乙本作『第四』；『妄』，甲、乙、丙、戊本同，丁本作『亡』，『亡』通『妄』；『語』，甲、丙、丁、戊本同，乙本作『諸』，誤；『者』，乙、丙、丁本同，甲、戊本無。

〔九三〕『長』，據甲、丙、丁、戊本補；『相』，甲、丁、戊本同，丙本作『想』，『想』爲『相』之借字。此句乙本無。

〔九四〕『成』，乙本同，甲、丙、丁、戊本作『誠』。

〔九五〕『遵』，甲、乙、戊本同，丙本作『尊』，丁本作『道』，誤；『奉』，甲、乙、丙、戊本同，丁本脱；『報』，甲、乙、丙、丁本同，戊本脱。

〔九六〕『五』，甲、丁、戊本同，丙本無，乙本作『第五』。

〔九七〕『聽』，當作『聰』，據甲、乙、丙、丁、戊本改；『明』，乙、丙、丁、戊本同，甲本無；『智』，乙、丙、戊本同，甲、丁本無；『惠』，甲、乙、丙、戊本同，丁本無。

〔九八〕『六』，甲、丁、戊本同，丙本無，乙本作『第六』；『不』，甲、乙、丁、戊本同，丙本作『不得』；『著』，丁、戊本亦脱，據甲、乙、丙本補。

〔九九〕『脂』，甲、丙、丁、戊本同，乙本作『香油脂』；『身』，甲、乙、丙、丁、戊本作『身者』。

〔一〇〇〕『卅』，甲、丙、丁本同，戊本作『世』，誤；『姝』，丁本同，甲、丙本作『殊』；『端』，甲、丙本同，丁本作『相好莊』，戊本作『相端』。此句乙本作『諸根完具現世六通報』。

〔一〇一〕「七」，甲、丁、戊本同，丙本無，乙本作「第七」；「花」，甲、乙、丙、丁、戊本無，據文義係衍文，當删；「舞」，甲、丙、丁、戊本同，乙本作「儛」；「唱」，甲、丙、丁、戊本同，乙本作「嘔」，誤；「伎」，丁本同，甲本作「伎樂者」，乙本作「伎及故往觀聽者」，丙本作「妓者」，戊本作「妓」。

〔一〇二〕「得」，甲、乙、丙、戊本同，丁本脱；「諸」，甲、丙、丁、戊本同，乙本作「卅」；「根」，據甲、丙、丁、戊本補，乙本作「二」；「完具現」，甲、丙、丁、戊本同，乙本作「相形體」；「世六」，甲、丙、丁本同，乙本作「端嚴」；「道」，丙本同，當作「通」，據甲、丁、戊本改，乙本無；「報」，甲、乙、丁、戊本同，丙本脱。

〔一〇三〕「八」，甲、丁、戊本同，丙本無，乙本作「第八」；「非時」，乙、丙、丁、戊本同，甲本作「過中」；「食」，甲、丁本同，乙、丙、戊本作「食者」。

〔一〇四〕「世」，乙、丙、丁、戊本同，甲本作「日」。

〔一〇五〕「災」，甲、乙、丙、丁本同，戊本脱。

〔一〇六〕「齒」，甲、乙、丙、丁本同，戊本脱；「鱗」，甲本同，乙本作「先」，當作「鮮」，據丙、丁、戊本改，「先」爲「鮮」之借字。

〔一〇七〕「九」，甲、丁、戊本同，丙本無，乙本作「第九」；「牀」，丁、戊本同，甲、乙、丙本作「牀者」。

〔一〇八〕「得梵王」，甲、丙、丁、戊本同，乙本作「當來之」；「剎」，丙、丁、戊本同，甲本作「剎帝」，乙本作「世」；「利」，甲、丙、丁、戊本同，乙本作「自」；「族」，甲、丙、丁本同，乙本作「在」，戊本作「高」；「性」，當作「姓」，據甲、丙、丁本改，「性」爲「姓」之借字，乙本作「尊」，戊本作「門」；「高門」，甲、丙、丁本同，乙本作「貴」，戊本作「族姓」；「衆人」，甲、乙本同，丙、戊本作「位貴」，丁本作「立貴」；「恆貴」，甲本同，乙本作「愛敬」，丙、丁、戊本作「衆人」；「座」，甲、丁、戊本同，乙本作「王座」，丙本作『坐』，『坐』有『座』義。

〔一〇九〕『十』，甲、丁、戊本同，丙本無，乙本作『第十』；『生』，戊本亦脱，據甲、乙、丙、丁本補；『像』，戊本亦脱，據甲、乙、丁本補，丙本作『象』。

〔一一〇〕『寶』，甲、乙、丁、戊本同，丙本脱；『物』，甲、丙本亦脱，據乙、丁、戊本補。

〔一一一〕此句甲、丙、丁、戊本同，乙本無。

〔一一二〕『來』，甲、乙、丙、戊本同，丁本作『未』，誤；『雅』，當作『獲』，據甲、丁、戊本改，乙本作『之』，丙本作『護』；『七』，甲、丙、戊本同，乙本作『世』，丁本作『得七』；『聖』，甲、丙、丁、戊本同，乙本作『手』；『之』，甲、丙、戊本同，乙本作『内』，丁本無；『財』，甲、丙、丁、戊本同，乙本作『外握十指端搊空出』。此句後甲本有『此十戒之中，前四性重，性重者，内自起惡；後六遮重，遮重，外能生惡。又前四戒事（是）業清淨戒，中四戒是行清淨戒，後二戒』。乙本有『此十戒之中，前四性重，後六遮性重者，内自起惡，遮重者，外能生惡。又前四戒是業清淨戒，中四戒是行清淨戒，後二是緣清淨戒』。丙本有尾題『十戒文』；戊本有尾題『辛酉年正月十六日沙彌十戒本行不准失』。

參考文獻

《敦煌寶藏》三六册，臺北：新文豐出版公司，一九八二年，三六至三七頁（圖）；《英藏敦煌文獻》六卷，成都：四川人民出版社，一九九二年，六一至六二頁（圖）；《上海博物館藏敦煌吐魯番文獻》二，上海古籍出版社，一九九三年，五一頁（圖）；《敦煌研究》一九九四年一期，一一一頁；《唐後期五代宋初敦煌僧尼的社會生活》，北京：中國社會科學出版社，一九九八年，一四頁；《俄藏敦煌文獻》一三册，上海古籍出版社，二〇〇〇年，一二七頁（圖）；《敦煌文獻字義通釋》，廈門大學出版社，二〇〇一年，一三四頁；《法藏敦煌西域文獻》一四册，上海古籍出版社，二〇〇一年，二二九至二三〇頁（圖）；《國家圖書館藏敦煌遺書》九七册，北京圖書館出版社，二〇〇八年，三四九頁（圖）；《國家圖書館藏敦煌遺書》一〇三册，北京圖書館出版社，二〇〇八年，七六至七八頁（圖）；《國家圖書館藏敦煌遺書》一〇五册，北京圖書館出版社，二〇〇八年，三五七至三五八頁（圖）。

斯四四一三　二月八日文抄

釋文

二月八日

夫大雄御物，總上萬去德以爲身；正去覺臨民，蘊上百靈而作業。十力不共之法，以上灌去於身田；七弁（辯）無畏去之言〔一〕，用覆於心目〔二〕。故得唱去獨尊之説，吼無比之聲。化相難窮，名言莫測。

今此會者，春光稍上喧（暄）〔三〕，東風解上凍去〔四〕，菩薩逾城之日，天王捧馬（足）之辰〔五〕。棄榮華而入道之初，厭去恩愛去是出家之首上。所上以上秉上□以均志去〔六〕，居檀特山，十九離塵，卅成道〔七〕。於焉留教，傳芳□□〔八〕。是時也，月唯二，日唯八，年韶媚景上〔九〕，仲序芳春。於是金輪引行（？）〔一〇〕，如轉奈苑之法輪；設蓋浮空，似耶離之寶蓋〔一一〕。不移蓮花步，而匝迦毗城〔一二〕。故於遊四門，以設本因會。以□景福〔一三〕，莫限良緣。先用奉資龍天八部〔一四〕，聖神贊普。

（中空一行）

遠近歸靡〔一五〕。座前尊貴，禄位恆昌。預會群寮〔一六〕，福山永上鎮去。城隍士女〔一七〕，保上命千春。法界含靈，同霑善慶〔一八〕。

説明

此件首尾完整，中間部分頂部略殘，起首題『二月八日』，訖『同霑善慶』，部分文字右側注有誦讀標音。《敦煌遺書總目索引》擬題『二月八日佛誕頌辭』，《英藏敦煌文獻》擬題『二月八日文』。按佛誕日在四月八日，二月八日是悉達多太子逾城出家之日，今從《英藏敦煌文獻》擬名。譚蟬雪認爲此件乃吐蕃管轄敦煌時期的齋文，時間約在八世紀八十年代至大中元年（公元八四七年）（參見《唐宋敦煌歲時佛俗——二月至七月》，《敦煌研究》二〇〇一年一期，九四頁）。

校記

〔一〕『弁』，當作『辯』，據文義改，『弁』爲『辯』之借字。
〔二〕『覆』，《英國收藏敦煌漢藏文獻研究》釋作『護』，誤。
〔三〕『喧』，當作『暄』，據文義改，『喧』爲『暄』之借字，《英國收藏敦煌漢藏文獻研究》逕釋作『暄』。
〔四〕『東』，《唐宋敦煌歲時佛俗——二月至七月》釋作『惠』，誤。
〔五〕『馬』，當作『足』，據斯一四四一背《二月八日文》改；『辰』，《唐宋敦煌歲時佛俗——二月至七月》釋作

『晨』，誤。

〔六〕『□』，《敦煌漢文吐蕃史料輯校》校補作『持』；第二箇『以』，《敦煌漢文吐蕃史料輯校》《英國收藏敦煌漢藏文獻研究》《唐宋敦煌歲時佛俗——二月至七月》均漏録。

〔七〕『卅』，《唐宋敦煌歲時佛俗——二月至七月》釋作『三十』。

〔八〕『芳』，《敦煌漢文吐蕃史料輯校》《唐宋敦煌歲時佛俗——二月至七月》釋作『至』，《英國收藏敦煌漢藏文獻研究》釋作『業』，均誤；『□□』，《敦煌漢文吐蕃史料輯校》《英國收藏敦煌漢藏文獻研究》《唐宋敦煌歲時佛俗——二月至七月》均釋作『今』。

〔九〕『年韶』，《唐宋敦煌歲時佛俗——二月至七月》釋作『韶年』，誤。

〔一〇〕『金』，據殘筆劃及文義補，《英國收藏敦煌漢藏文獻研究》逕釋作『金』。

〔一一〕『蓋』，據殘筆劃及文義補，《敦煌漢文吐蕃史料輯校》釋作『血』，《英國收藏敦煌漢藏文獻研究》釋作『輂』。

〔一二〕『匝』，《英國收藏敦煌漢藏文獻研究》釋作『迎』，誤。

〔一三〕『□』，《敦煌漢文吐蕃史料輯校》釋作『玆』。

〔一四〕『龍天』，《英國收藏敦煌漢藏文獻研究》釋作『天龍』，誤。

〔一五〕『遠』，《英國收藏敦煌漢藏文獻研究》據殘筆劃及文義校補。

〔一六〕『寮』，《英國收藏敦煌漢藏文獻研究》釋作『僚』，誤。

〔一七〕『士』，《英國收藏敦煌漢藏文獻研究》釋作『仕』，誤。

〔一八〕『霑』，《英國收藏敦煌漢藏文獻研究》釋作『沾』，誤。

參考文獻

《敦煌寶藏》三六册，臺北：新文豐出版公司，一九八二年，三八頁（圖）；《敦煌遺書總目索引》，北京：中華書局，一九八三年，二〇〇頁；《英藏敦煌文獻》六卷，成都：四川人民出版社，一九九二年，六二頁（圖）；《漢唐佛寺文化史》，北京：中國社會科學出版社，一九九七年，九五二頁；《敦煌歲時文化導論》，臺北：新文豐出版公司，一九九八年，七七頁；《敦煌漢文吐蕃史料輯校》一輯，蘭州：甘肅人民出版社，一九九九年，二四五頁（録）；《英國收藏敦煌漢藏文獻研究：紀念敦煌文獻發現一百周年》，北京：中國社會科學出版社，二〇〇〇年，一四九至一五〇頁（録）；《敦煌研究》二〇〇一年一期，九四頁（録）。

斯四四一三背　設難問疑致語抄

釋文

某乙聞：夫大教之興，其來久矣。不有説者，厥理誰喧（宣）〔一〕？不有受者，斯聞何設？由是金言演秘，石室重敷。四依匡護於西方，三藏流傳[於]東國〔二〕。冀文精理妙，故歷代彌興。百王竭崇重之成，萬類獲超昇之路。教之興也，期在兹焉。仰惟當座法師，墨沼[英]靈〔三〕，龍堆秀氣；業該内外，學動古今；峻弁（辯）清辭〔四〕，遐邇推挹。但某乙久沉苦海，溢溺凡愚，填處昏衢，常於（？）穢境，素因有幸，得遇良緣，望受高明，光暉出□，未知法師容許已否？

説明

此件首尾完整，起『某乙聞』，訖『未知法師容許已否』，無題。《敦煌遺書總目索引》擬名『求受戒文』，《英藏敦煌文獻》擬名『文樣（求法文）』，侯沖認爲此件内容屬性爲論義文（參見《中國佛教儀式研究：以齋供儀式爲中心》，一二一頁）。從其内容看，此應是敦煌僧團在進行講經辯義時設難問疑的『致語』。此件以『某乙聞』起首，説明其具有文樣性質。關於『設難問疑致語』，本書第五卷曾收録斯一一七〇、十七卷曾收録斯三七〇二等多件，可以參看。

校記

〔一〕『喧』，當作『宣』，據文義改，『喧』爲『宣』之借字。

〔二〕『於』，據殘筆劃及文義補。

〔三〕『英』，據殘筆劃及斯三四三『社齋文』補。

〔四〕『弁』，當作『辯』，據文義改，『弁』爲『辯』之借字。

參考文獻

《敦煌寶藏》三六册，臺北：新文豐出版公司，一九八二年，三八頁（圖）；《英藏敦煌文獻》六卷，成都：四川人民出版社，一九九二年，六三頁（圖）；《中國佛教儀式研究：以齋供儀式爲中心》，上海古籍出版社，二〇一八年，一二一頁。

斯四四一五　大般涅槃經卷第卅一題記

釋文

大代大魏永熙二年七月十五日，清信士使持節散騎常侍開府儀同三司都督嶺西諸軍事驃騎大將軍瓜州刺史東陽王元太榮[一]，敬造《涅槃》《法華》《大雲》《賢愚》《觀佛三昧》《總持》《金光明》《推（維）摩》《藥師》各一部[二]，合一百卷。仰爲比（毗）沙門天王[三]，願弟子所患永除[四]，四體休寧，所願如是。

一交（校）竟[五]。

説明

以上題記書寫於《大般涅槃經》卷第卅一尾題之後，《英藏敦煌文獻》未收，現予增收。東陽王元太榮即元榮，北魏宗室，最遲於孝昌元年（公元五二五年）九月十六日前出任瓜州刺史。永安四年（公元五三一年）至永熙二年（公元五三三年）間，元太榮主持抄寫了大量佛經（參見宿白《東陽王與建平公》，《向達先生紀念論文集》，一五五至一六三頁）。

校記

〔一〕『驃』，《中國古代寫本識語集録》釋作『闘』，《敦煌遺書總目索引新編》釋作『車』，均誤，《敦煌願文集》疑當校改作『車』。

〔二〕『總』，*Descriptive Catalogue of the Chinese Manuscripts from Tunhuang in the British Museum*、《中國古代寫本識語集録》《敦煌願文集》均釋作『祖』，《敦煌遺書總目索引》未能釋讀；『推』，當作『維』，據文義改，*Descriptive Catalogue of the Chinese Manuscripts from Tunhuang in the British Museum*、《敦煌遺書總目索引》《中國古代寫本識語集録》《敦煌願文集》《敦煌遺書總目索引新編》均逕釋作『維』。

〔三〕『比』，當作『毗』，《敦煌遺書總目索引》據文義校改，『比』爲『毗』之借字。

〔四〕『所』，《敦煌遺書總目索引新編》釋作『前』，误。

〔五〕『交』，當作『校』，*Descriptive Catalogue of the Chinese Manuscripts from Tunhuang in the British Museum* 據文義校改，『交』爲『校』之借字，《敦煌遺書總目索引》《敦煌遺書總目索引新編》均逕釋作『校』。

參考文獻

Descriptive Catalogue of the Chinese Manuscripts from Tunhuang in the British Museum, London：The Trustees of the British Museum, 1957, p. 50（録）；《魏晉南北朝史論集》，北京：中華書局，一九六三年，三七〇頁；《敦煌寶藏》三六册，臺北：新文豐出版公司，一九八二年，五八頁（圖）；《敦煌遺書總目索引》，北京：中華書局，一九八三年，二〇〇頁（録）；《敦煌遺書論文集》，北京：中華書局，一九八四年，二九六頁；《中國古代寫本識語集録》，東京大學東洋文化

研究所，一九九〇年，一一九頁（録）；《敦煌願文集》，長沙：岳麓書社，一九九五年，八二三頁（録）；《敦煌遺書總目索引新編》，北京：中華書局，二〇〇〇年，一三七頁（録）；《敦煌碑銘讚輯釋》（增訂本）上册，上海古籍出版社，二〇一九年，三〇至三一頁。

斯四四一七　俗講程式

釋文

夫爲俗講，先作梵了；次念菩薩兩聲，説押坐了〔一〕；索唱《温室經》〔二〕；法師唱釋經題了；念佛一聲了，便説開經了；便説莊嚴了；念佛一聲，便一一説其經題字了；便説經本文了；便説十波羅蜜等了；便念佛讚了〔三〕；便發願了；便又念佛一會了；便迴向發願取散〔四〕云云。已後便開《維摩經》。

夫爲受齋，先啓告請諸佛了；便道一文表歎使主了；便説讚戒等七門事科了；便説八戒了；便發願施主了〔五〕；便結緣念佛了〔六〕；迴向發願取散。

（中空一行）

講《維摩》，先作梵；次念觀世音菩薩三兩聲，便説押坐了；便索唱經文了〔七〕，唱曰〔八〕：……法師自説經題了；便説開讚了；便莊嚴了；便念佛一兩聲了；法師科三分經文了；念佛一兩聲，便一一説其經題名字了；便入經，説緣喻了〔九〕；便説念佛讚〔一〇〕。（以下原缺文）

說明

此件首尾完整，原未抄完，起『夫爲俗講』，訖『便説念佛讚』，其内容是寺院俗講的程式。此件之年代，翟理斯認爲在十世紀（參見 *Descriptive Catalogue of the Chinese Manuscripts from Tunhuang in the British Museum*, p. 203），荒見泰史定在九世紀後半（參見《敦煌的講唱體文獻》，《敦煌學》二五輯，二七八頁）。現知敦煌文獻中保存的『俗講程式』尚有伯三八四九背，首尾完整，有烏絲欄，起『夫爲俗講』，訖『便迴向發願取散』。

以上釋文以斯四四一七爲底本，用伯三八四九背（稱其爲甲本）參校。

校記

〔一〕『坐』，甲本同，《敦煌的講唱體文獻》釋作『座』。

〔二〕『索』，甲本同，《中國佛教儀式研究：以齋供儀式爲中心》釋作『素』，誤；『唱』，甲本作『曰』，誤。

〔三〕『念』，甲本作『念念』。

〔四〕『向』，甲本脱。

〔五〕『施』，甲本同，《敦煌的講唱體文獻》未能釋讀。

〔六〕『結』，甲本同，《敦煌的講唱體文獻》釋作『諸』，誤。

〔七〕『索』，甲本同，《中國佛教儀式研究：以齋供儀式爲中心》釋作『素』，誤。

〔八〕『曰』，甲本同，《中國佛教儀式研究：以齋供儀式爲中心》釋作『日』，誤。
〔九〕『緣』，甲本同，《敦煌的講唱體文獻》釋作『像』，誤。
〔一〇〕『讚』，甲本作『讚了』。甲本此句後尚有『便施主各各發願了，便迴向發願取散』等數字。

參考文獻

Descriptive Catalogue of the Chinese Manuscripts from Tunhuang in the British Museum, London：The Trustees of the British Museum, 1957, p. 203；《敦煌寶藏》三六册，臺北：新文豐出版公司，一九八二年，五九頁（圖）；《敦煌變文論文録》，上海古籍出版社，一九八二年，二五六頁；《英藏敦煌文獻》六卷，成都：四川人民出版社，一九九二年，六三頁（圖）；《敦煌文學概論》，蘭州：甘肅人民出版社，一九九三年，二〇五頁；《敦煌學輯刊》二〇〇一年二期，三三頁；《法藏敦煌西域文獻》二八册，上海古籍出版社，二〇〇四年，三七二頁（圖）；《敦煌學》二五輯，臺北：樂學書局，二〇〇四年，二六七至二六八、二七八頁；《華林》三卷，北京：中華書局，二〇〇四年，三九一頁；《中國佛教儀式研究：以齋供儀式爲中心》，上海古籍出版社，二〇一八年，二一四頁（録）。

斯四四二七　逆修齋文抄

釋文

（前缺）

□佛。般若山巍巍無邊法，般若海淼淼可窮僧。般若舟遥遥無際，登之者越生死之囂塵，受之者逾涅盤之彼岸。三寶境界，不可思議。凡所皈投，皆蒙利益。厥今宏開寶殿，廣闢真場，會三世之如來，命祇園之碩德。爐焚百寶，厨饌七珍，供聖延僧，啓嘉願者，有誰施作？時則有我持爐闍梨奉爲己躬逆修追福之加（嘉）會也[一]。惟闍梨乃矯節貞潔，儀範肅清，寔法宇之大梁，抑桑門之重鎮。諫五篇之幽賾（賾）[二]，窮七祖之玄微。曇輒比其風猷，道俗芳其德望。故得真乘在意，秘印居懷。悟風燭以難期，知石光而易滅。遂使久行梵宇，坐卧金田。向三寶之資財，亦貪求而犯觸。今乃逆修勝福，早建良緣，備供珍羞，用申保（？）護。於是拂華宇，嚴道場，焚寶香，列清供。以斯設齋功德，無限勝因，盡用莊嚴施主闍梨即體（以下原缺文）

説明

此件首缺尾全，原未抄完，起『佛般若山巍巍無邊法』，訖『盡用莊嚴施主闍梨即體』。《敦煌遺書總目索引》擬名『願文』，《英藏敦煌文獻》擬名『齋文文様』。文中有『時則有我持爐闍梨奉爲己躬逆修追福』，故擬今名。

校記

〔一〕『加』，當作『嘉』，據齋文文例改，『加』爲『嘉』之借字。

〔二〕『頤』，當作『賾』，據文義改。

參考文獻

Descriptive Catalogue of the Chinese Manuscripts from Tunhuang in the British Museum, London : The Trustees of the British Museum, 1957, p. 200；《敦煌寶藏》三六册，臺北：新文豐出版公司，一九八二年，一〇五頁（圖）；《英藏敦煌文獻》六卷，成都：四川人民出版社，一九九二年，六四頁（圖）；《敦煌研究》一九九三年三期，七頁；《敦煌藝術宗教與禮樂文明》，北京：中國社會科學出版社，一九九六年，三三五頁。

斯四四二八　印沙佛文

釋文

印沙文〔一〕

夫曠賢大劫，有聖人焉〔二〕。出釋氏宮〔三〕，名薄伽梵。心凝大寂，身意無邊；慈氏（示）衆生〔四〕，號之爲佛。厥今則有座前施主〔五〕，故於三春上律，四序初分，脱塔印沙，啓加（嘉）願者〔六〕，奉爲己躬〔七〕，保願功德諸（之）福會也〔八〕。爲施主乃並是甲門君子，孝弟承家，知量超群〔九〕，行名絶代〔一〇〕。遂則妙因宿殖〔一一〕，善牙發〔於〕今生〔一二〕；葉（業）果先淳〔一三〕，道心堅於此日。知四（大）如（而）無主〔一四〕，曉五蘊如（而）皆空〔一五〕；脱千聖之真容，印恆沙之遍跡〔一六〕。更能焚香交（郊）外〔一七〕，請僧徒於福〔事〕之前〔一八〕；散食香餐，遍施於水六（陸）之分〔一九〕。以次（此）脱佛功德〔二〇〕，啓願福因〔二一〕，總用莊嚴施主即體：伏願身如玉數（樹）〔二二〕，恆淨恆名（明）〔二三〕；體若金光（剛）〔二四〕，常堅常故（固）〔二五〕。金（今）世後世〔二六〕，莫絶善緣；

此生來生〔二七〕，善牙增長〔二八〕。然後散霑法界，普及有情，賴此勝因〔二九〕，齊登佛果〔三〇〕。

摩訶般若，□

説明

此件首全尾缺，起首題『印沙文』，訖『摩訶般若』，是敦煌民衆在舉行印沙佛事活動時請僧人念誦的文字。印沙佛，就是在河岸沙灘上以印印沙，爲塔形象；或以七倶胝佛像塔印，用印香泥沙上紙上。佛教認爲舉行這樣的活動具有與念誦經文一樣的功德。現知敦煌文獻中保存的『印沙佛文』有多件，只有斯五五七三與此件内容相似，該件册頁裝，有烏絲欄，首尾完整，起首題『印沙佛文』，訖『一切普云』。

以上釋文以斯四四二八爲底本，用斯五五七三（稱其爲甲本）參校。

校記

〔一〕『文』，甲本作『佛文』。
〔二〕『聖』，甲本作『性』，『性』爲『聖』之借字。
〔三〕『氏』，甲本作『昏』，誤。
〔四〕『氏』，甲本同，當作『示』，據斯一四四一背『印沙佛文』改，『氏』爲『示』之借字。
〔五〕『座』，甲本作『坐』，均可通。

〔六〕『加』，甲本同，當作『嘉』，據伯二八五四『星流發願文』改，『加』爲『嘉』之借字。

〔七〕『躬』，甲本作『窮』，誤。

〔八〕『諸』，當作『之』，據甲本改，『諸』爲『之』之借字；『福』，據殘筆劃及甲本補。

〔九〕『知』，甲本作『智』，『知』通『智』；『超』，甲本作『緒』，誤；『群』，甲本作『郡』，『郡』爲『群』之借字。

〔一〇〕『名』，甲本作『明』，『明』爲『名』之借字；『代』，甲本作『大』，『大』爲『代』之借字。

〔一一〕『殖』，甲本作『顛』，誤。

〔一二〕『於』，據甲本補。

〔一三〕『葉』，甲本同，當作『業』，據羽六八七『印沙佛文』改，『葉』爲『業』之借字；『果』，甲本作『過』，『過』爲『果』之借字。

〔一四〕『大』，據甲本補；『如』，當作『而』，據甲本改，『如』爲『而』之借字。

〔一五〕『五』，甲本作『吾』，『吾』爲『五』之借字；『如』，當作『而』，據甲本改，『如』爲『而』之借字。

〔一六〕『遍』，甲本作『變』，『變』爲『遍』之借字。

〔一七〕『焚』，甲本作『樊』，誤；『交』，甲本同，當作『郊』，據伯四〇一二『印沙佛文』改，『交』爲『郊』之借字。

〔一八〕『僧徒』，甲本作『食得』，誤；『事』，據甲本補。

〔一九〕『遍』，甲本作『變』，『變』爲『遍』之借字；『六』，甲本同，當作『陸』，據羽六八七『印沙佛文』改，『六』爲『陸』之借字；『分』，甲本脱。

〔二〇〕『次』，甲本同，當作『此』，據羽六八七『印沙佛文』改，『次』爲『此』之借字。

〔二一〕『福』，甲本作『勝』。

〔二二〕『如』，甲本作『而』，『而』爲『如』之借字；『數』，甲本作『水』，當作『樹』，據羽六八七『印沙佛文』改，

「數」爲「樹」之借字。

〔二三〕「名」，甲本同，當作「明」，據羽六八七「印沙佛文」改，「名」爲「明」之借字。

〔二四〕「光」，當作「剛」，據甲本改，「光」爲「剛」之借字。

〔二五〕「故」，甲本同，當作「固」，據羽六八七「印沙佛文」改，「故」爲「固」之借字。

〔二六〕「金」，當作「今」，據甲本改，「金」爲「今」之借字。

〔二七〕「來生」，甲本作「世他」。

〔二八〕「牙」，甲本作「芽」，「牙」通「芽」。

〔二九〕「賴」，甲本作「來」，「來」爲「賴」之借字。

〔三〇〕「登」，甲本作「燈」，「燈」爲「登」之借字。

參考文獻

Descriptive Catalogue of the Chinese Manuscripts from Tunhuang in the British Museum, London: The Trustees of the British Museum, 1957, p. 199；《敦煌寶藏》三六册，臺北：新文豐出版公司，一九八二年，一〇五頁（圖）；《敦煌研究》一九八九年一期，一九頁；《英藏敦煌文獻》三卷，成都：四川人民出版社，一九九〇年，四三頁（圖）；《英藏敦煌文獻》六卷，成都：四川人民出版社，一九九二年，六四頁（圖）；《英藏敦煌文獻》八卷，成都：四川人民出版社，一九九二年，五六頁（圖）；《敦煌願文集》，長沙：岳麓書社，一九九五年，五四五至五四八頁（録）；《法藏敦煌西域文獻》一九册，上海古籍出版社，二〇〇一年，二二四頁（圖）；《法藏敦煌西域文獻》三〇册，上海古籍出版社，二〇〇三年，三四二頁（圖）；《敦煌秘笈》影印册九，大阪：武田科學振興財團杏雨書屋，二〇一三年，六六至六七頁（圖）。

斯四四二九　五臺山讚

釋文

道場屈請暫時間，至心聽讚五臺山。毒龍雨降如大海〔一〕，文殊鎮壓不能翻。佛子。大聖文〔殊〕師利菩薩〔二〕。佛子。

大〔代〕州東北有五臺山〔三〕，其〔山〕高廣共天連〔四〕。東臺望見琉離國，西臺還見給孤園。佛子。大聖文殊師利菩薩。佛子。

大聖文殊鎮五臺，盡是龍種上如來。師子一吼三千界，五百毒龍心膽摧。佛子。大聖文殊師利菩薩。佛子。

東臺艷艷最清高，四方巡禮莫辭勞。東望海水如涫漲，風波泛浪水滔滔。佛子。大聖文殊師利菩薩。佛〔子〕〔五〕。

滔滔海水無邊畔，新羅王〔子〕泛舟來〔六〕。不辭白骨離鄉遠，萬理〔里〕將身禮五臺〔七〕。佛子。大聖文殊師利菩薩。佛子。

南臺窟裏甚可〔增〕〔八〕，邐迤多少羅漢僧。吉祥聖鳥時時現，夜〔夜〕飛來點聖燈〔九〕。佛子。大聖文殊師利菩薩。佛子。

聖燈焰焰向前行，照耀靈山遍地明。四（此）山多少饒吉祥鳥〔一〇〕，五臺十寺樂轟轟。佛子。大聖文殊師利菩薩。佛子。

南臺南級（腳）靈應寺〔一一〕，靈應寺裏聖金剛，一萬菩薩聲讚歎，聖種（鍾）不擊自然明（鳴）〔一二〕。佛子。大聖文殊師利菩薩。佛〔子〕〔一三〕。

清涼寺裏（住）〔半〕山摧（崖）〔一四〕，千種（重）樓各（閣）萬重開〔一五〕。文殊菩薩聲讚歎，恰似雲中化〔出〕來〔一六〕。佛子。大聖文殊師〔利〕菩薩〔一七〕。佛子。

西臺嶮峻甚嵯巇（峨）〔一八〕，一萬菩薩遍山肢（坡）〔一九〕。文殊長与（説）維摩詰〔二〇〕，教化衆生出奈河。佛子。大聖文殊師〔利〕菩薩〔二一〕。佛子。

佛光寺裏不思議，馬惱珍珠青（砌）殿基〔二二〕。解脱和尚滅度後，結跏趺坐笑疑（微）〔微〕〔二三〕。佛子。大聖文殊師利菩薩。佛子。

大（代）州都頻（督）不信有文殊〔二四〕，飛鷹走狗競來追〔二五〕。走到南臺北宅（澤）裏〔二六〕，化出地獄草皆無。佛子。大聖文殊師利菩薩〔二七〕。

中臺頂上玉花池，寶殿〔行〕廊匝匝爲（圍）〔二八〕。四面香化（花）如金色〔二九〕，巡禮諸（之）人皆願成〔三〇〕。佛子。大聖文殊師〔利〕菩薩〔三一〕。

北臺頂上有龍宮，雷聲曲震〔烈〕山林〔三二〕。娑竭羅王宮裏坐〔三三〕，小龍獲（護）法使雷風〔三四〕。佛子。大聖文殊師利菩薩。
北臺東峽那羅延〔三五〕，美覆盤迴衝曲聯〔三六〕。有〔一〕天女名三昧〔三七〕，精（積）米如山供聖賢〔三八〕。佛子。大聖文殊師利菩薩〔三九〕。
金光（剛）窟裏彌（密）流泉〔四〇〕，佛陀波利〔裹〕中禪〔四一〕。一自來〔來〕經數年〔四二〕，如今一（即）至見他那羅延〔四三〕。佛子。大聖文殊師利菩薩〔四四〕。佛子〔四五〕。
不可論中不可論〔四六〕，大聖遍（化）作老人身〔四七〕。日夜山間受供養〔四八〕，起聲一涕五色雲〔四九〕。五色雲中化金橋（橋）〔五〇〕，大悲和尚把番（幡）朝（招）〔五一〕。有緣佛子憍（橋）上過，無緣〔佛〕〔子〕逆風慓（飄）〔五二〕。佛子〔五三〕。大聖文殊師利菩薩。
大聖文殊師利菩薩。大般若波羅蜜經卷第一、卷第一三，不分月，第四長勝利〔五四〕。戊辰年六月四日，蓮寺僧應祥〔五五〕、智得〔五六〕、智滿〔五七〕、智住住持〔五八〕。

説明

此件首尾完整，無題，起『道場屈請暫時間』，訖尾題『戊辰年六月四日，蓮寺僧應祥、智得、智滿、智住住持』。據同類文獻首題可知，此件係『五臺山讚』。關於『五臺山讚』的情況，請參看本書第十八卷斯四〇三九之『説明』。戊辰年，池田温疑爲公元八四八年（參見《中國古代寫本識語集録》，三五二頁）。

以上釋文以斯四四二九爲底本，因本書第十八卷在對斯四〇三九進行釋録時，曾以此件爲校本，此件與斯四〇三九重合部分各校本之異同已見於斯四〇三九之校記，故重合部分僅用斯五五七三（稱其爲甲本）校補脱文、校改錯誤，如甲本亦有脱、誤，則據其他相關寫本補、改。『代州都督不信有文殊』一首、『北臺東峽那羅延』至尾題，以對此件最具校勘價值的伯三五六三（稱其爲乙本）、伯四六〇八背（稱其爲丙本）參校。

校記

〔一〕『如』，甲本作『爲』。

〔二〕『殊』，甲本無，據伯四六二五『五臺山讃』補。

〔三〕『大』，當作『代』，據甲本改，『大』爲『代』之借字。

〔四〕『山』，據甲本補。

〔五〕『子』，甲本無，據伯四六二五『五臺山讃』補。

〔六〕『子』，據甲本補。

〔七〕『理』，當作『里』，據甲本改，『理』爲『里』之借字。

〔八〕『增』，據甲本補，『增』通『憎』。

〔九〕『夜』，據甲本補。

〔一〇〕『四』，甲本同，當作『此』，據伯四六二五『五臺山讃』改；『少』，甲本無，據文義係衍文，當删。

〔一一〕『級』，甲本同，當作『脚』，據伯四六二五『五臺山讃』改。

〔一二〕『種』，當作『鍾』，據甲本改，『種』爲『鍾』之借字；『明』，當作『鳴』，據甲本改，『明』爲『鳴』之借字。

〔一三〕『子』，甲本無，據伯四六二五『五臺山讚』補。

〔一四〕『裹』，甲本同，當作『住』，據伯四六二五『五臺山讚』改；『半』，據BD六三一八『五臺山讚』補，甲本作『遍』；『摧』，當作『崖』，據甲本改。

〔一五〕『種』，當作『重』，據甲本改，『種』爲『重』之借字；『各』，當作『閣』，據甲本改，『各』爲『閣』之借字。

〔一六〕『出』，據甲本補。

〔一七〕『利』，甲本無，據伯四六二五『五臺山讚』補。

〔一八〕『巇』，當作『峨』，據甲本改。

〔十九〕『胈』，當作『坡』，據甲本改。

〔二〇〕『与』，當作『説』，據甲本改。

〔二一〕『利』，甲本無，據伯四六二五『五臺山讚』補。

〔二二〕『青』，甲本同，當作『砌』，據伯四五六〇『五臺山讚』改。

〔二三〕『疑』，甲本同，當作『微』，據伯四五六〇『五臺山讚』改；『微』，據伯四五六〇『五臺山讚』補，甲本作『疑』，誤。

〔二四〕『大』，當作『代』，據甲本改，『大』爲『代』之借字；『頻』，當作『督』，據甲本改；『文殊』，甲本無。

〔二五〕『來追』，甲、乙本同，丙本作『追來』。

〔二六〕『宅』，當作『澤』，據甲、乙、丙本改，『宅』爲『澤』之借字。

〔二七〕此句丙本同，甲、乙本無。

〔二八〕『行』，據甲本補；『爲』，甲本作『違』，當作『圍』，據伯四六四七『五臺山讚』改，『爲』『違』均爲『圍』

之借字。

〔二九〕『化』，當作『花』，據甲本改，『化』爲『花』之借字。

〔三〇〕『諸』，當作『之』，據甲本改。

〔三一〕『利』，據伯四六二五『五臺山讚』補。

〔三二〕『烈』，據甲本補。

〔三三〕『羅』，甲本作『羅龍』。

〔三四〕『獲』，當作『護』，據BD六三一八『五臺山讚』改，『獲』爲『護』之借字。

〔三五〕『峽』，甲本作『級』，乙、丙本作『腳』；『那羅延』，甲、乙、丙本作『駱駝焉』。

〔三六〕『衝』，甲、乙、丙本作『徹』。

〔三七〕『一』，據甲、乙、丙本補；『昧』，甲、乙本同，丙本作『妹』，『妹』爲『昧』之借字。

〔三八〕『精』，當作『積』，據甲、乙、丙本改，『精』爲『積』之借字。

〔三九〕此句丙本同，甲、乙本無。

〔四〇〕『光』，當作『剛』，據甲、乙、丙本改，『光』爲『剛』之借字；『彌』，當作『密』，據伯四六四七『五臺山讚』改，『彌』爲『密』之借字，甲、乙、丙本作『美』。

〔四一〕『裏』，據甲、乙、丙本補。

〔四二〕第一箇『來』，甲、乙本同，丙本作『未』；第二箇『來』，據甲、乙本補；『數』，乙、丙本同，甲本作『水』，誤；『年』，甲、乙、丙本作『載』。

〔四三〕『一』，當作『即』，據甲、乙、丙本改；『至』，甲本同，乙本脱，丙本作『是』；『見他』，甲、乙、丙本無。

〔四四〕此句丙本同，甲、乙本無。

〔四五〕此句甲、乙、丙本無。

〔四六〕兩箇『論』，甲、乙本同，丙本作『輪』，『輪』爲『論』之借字；第二箇『可』，甲、乙本同，丙本脱。

〔四七〕『遍』，當作『化』，據甲、乙、丙本改；『人』，甲、丙本同，乙本脱。

〔四八〕『日夜』，甲、乙本作『每日』；『間』，甲本同，乙本作『下』。

〔四九〕『起聲一涕』，甲、乙本作『去時化作』。此句後甲、乙本有『佛子』，丙本有『佛子。大聖文殊師利菩薩』。

〔五〇〕『金』，甲本同，乙本作『今』，『今』爲『金』之借字；『憍』，當作『橋』，據甲、乙本改，『憍』爲『橋』之借字，以下同，不另出校。丙本止於此句。

〔五一〕『悲』，乙本同，甲本作『慈』；『番』，當作『幡』，據甲、乙本改，『番』爲『幡』之借字；『朝』，當作『招』，據甲、乙本改，『朝』爲『招』之借字。

〔五二〕『佛子』，據甲、乙本補；『僄』，當作『飄』，據甲、乙本改，『僄』爲『飄』之借字。

〔五三〕甲、乙本止於此句。

〔五四〕『第』，底本原寫作『弟』，按寫本中『第』『弟』形近易混，故可據文義逕釋作『第』。

〔五五〕『蓮』，《敦煌遺書總目索引新編》釋作『蓮臺』，誤。

〔五六〕『智』，《中國古代寫本識語集録》釋作『啓』，《敦煌遺書總目索引新編》未能釋讀。

〔五七〕『滿』，《中國古代寫本識語集録》釋作『常』，《敦煌遺書總目索引新編》未能釋讀。

〔五八〕第一箇『住』，《中國古代寫本識語集録》《敦煌遺書總目索引新編》均釋作『悟』，誤。

參考文獻

《敦煌韻文集》，高雄：佛教文化服務處，一九六五年，一一六至一一八頁；《敦煌寶藏》三六册，臺北：新文豐出版公司，一九八二年，一〇六頁（圖）；《講座敦煌7敦煌と中國仏教》，東京：大東出版社，一九八四年，四七〇頁；《敦煌學輯刊》一九八七年一期，五一、五三頁；《敦煌歌辭總編》中册，上海古籍出版社，一九八七年，八二九至八六九頁（録）；《中國古代寫本識語集録》，東京大學東洋文化研究所，一九九〇年，三五二頁；《敦煌五臺山文獻校録研究》，太原：山西人民出版社，一九九一年，一七至二〇頁（録）；《英藏敦煌文獻》五卷，成都：四川人民出版社，一九九二年，二三四頁（圖）；《英藏敦煌文獻》六卷，成都：四川人民出版社，一九九二年，六五頁（圖）；《英藏敦煌文獻》八卷，成都：四川人民出版社，一九九二年，五四至五五頁（圖）；《敦煌研究》一九九四年二期，一七三頁；《漢唐佛教文化史》，北京：中國社會科學出版社，一九九七年，八三一頁；《敦煌遺書總目索引新編》，北京：中華書局，二〇〇〇年，一三七頁；《敦煌文獻論集：紀念藏經洞發現一百周年國際學術研討會論文集》，瀋陽：遼寧人民出版社，二〇〇一年，五三四頁；《法藏敦煌西域文獻》二五册，上海古籍出版社，二〇〇二年，三三一頁（圖）；《敦煌研究》二〇〇二年二期，八九頁；《敦煌學輯刊》二〇〇四年一期，八八頁；《法藏敦煌西域文獻》三二册，上海古籍出版社，二〇〇五年，六八至七〇、一七一頁（圖）；《法藏敦煌西域文獻》三三册，上海古籍出版社，二〇〇五年，一頁（圖）；《全敦煌詩》一四册，北京：作家出版社，二〇〇六年，六五八〇至六五九七頁；《國家圖書館藏敦煌遺書》八四册，北京圖書館出版社，二〇〇八年，一六二至一六三頁（圖）；《英藏敦煌社會歷史文獻釋録》一八卷，北京：社會科學文獻出版社，二〇二二年，二八六至三〇四頁（録）。

釋文

（前缺）

吾言甚易知[一]，道無異歸，故其言易知也。**甚易行**。德無二極，故其言易行也。**天下莫能知**，玄風既注，則知道者希也。**莫能行**。淳真既澆，則全德者鮮也。**言有宗**，言雖殊塗[二]，同宗虛一也。**事有君**。事雖異趣，同君靜樸也。**夫唯無知，是以不我知**。世乏真賞，故我不見知也。**知我者希，則我（者）貴矣**[三]。夫瓦礫挺形[四]，衆人共識；瓊瑤蘊璞，和氏獨賞。知希則貴，其義同也。**是以聖人披褐懷玉**。褐者，麤賤之服；玉者，精貴之寶也。聖人和光同塵，顯麤於外，微妙玄通，藏精於内也。

知不知，上也；内懷真知，外若無識，披褐懷玉，是謂上士也[五]。**不知知**[六]，**病也**。〔凡〕〔庸〕〔之〕〔人〕[七]，心實不知，貌假明哲[八]，羊質虎文（皮）[九]，是謂病人也。**夫唯病病，是以不病**。病，猶惡也。惡彼人之惡，所以不惡；病彼人之病，是以不病。**聖**

人不病。〔以〕其病病〔一〇〕，夫病彼矯假，守此真樸，雖復聖人之行，亦無以加之。**是以不病。**夫人無僞賢，則去道不遠。雖曰凡庸，与聖同〔一一〕。故復著此句，以明聖非獨絶也。

民不畏威，大威至矣〔一二〕。威者，災罰之名也。天有災眚，所以譴告下民；人有刑罰〔一三〕，所以戒懼愆忒。是以信順之士，寅威天命。見戒而懼，則天罰不至。慠忽之民〔一四〕，昧慢天道，小災不懲，則大禍必集也。**無狹其所居，**狹其所居，謂惡其狹陋也。夫樂道則易周，窮欲則難滿。難滿則九有爲隘，易周則圜堵爲泰。若狹其所居，則希榮願廣，希榮願廣者，天災必至也。**無厭其所生。**人之生也，天理自備。雖復貴爲帝王，生非有餘；賤爲臺僕，道無不足。若厭其所生，則棄此殉彼。棄此殉彼者，大威必集也。**夫唯不厭，是以不厭。**人不厭生，則生不厭人；人不棄道，則道不棄人。故生与人相保，人与道相得也。**是以聖人自知，**知吾生有崖，不希求分外也。**不自見；**不自顯其美，以悦耀衆人也。**自愛，**自愛其神（身）〔一五〕，不棄我逐物也。**不自貴。**不自貴其身，以尊高當世也。**故去彼取此。**去彼顯貴，則威罰外消；取此知愛〔一六〕，則生道内足也。

勇於敢則殺，不懼曰勇，必果曰敢。謂見威不懼，必果無迴，强梁使氣，殺身之術也。**勇於不敢則活。**謂獨立不懼，不敢有爲，守柔盡順，活身之道也。**此兩者，**謂敢与不敢也。**或利或害**〔一七〕。活則爲利，殺則爲害也。**天之所惡，**果敢殺害，是自然所忌也。**孰知其故**〔一八〕？故，猶意也。天忌果敢，誰知其意。謂世俗之人〔一九〕，無知天意者也。**是以聖人**

猶難之。雖有聖人之明，猶以果敢爲難，謂臨事而懼，好謀而成也〔二〇〕。《詩》云：不敢暴虎，不敢馮河。夫暴虎馮河，是果敢之極也。**天〔之〕道**〔二一〕，**不爭而善勝，**天道不爭，而善者自勝。明勝物在善，不在敢爭也。**不言而善應，**天道不言，而善者自應。明應天在善〔二二〕，不在多言也。**不召而自來，**天不召物，而萬物自來。明來之有道，不在制召也。**繟然而善謀。**注曰：繟，寬也。天道繟然，唯善是圖。圖之雖緩，而報不失實也。繟，音吐丹反。字或作繟〔二三〕，音尺善反。**天網恢恢，疏而不失。**恢恢，希簡貌也。非唯善者是圖，惡亦不失，其網目雖疏，而賞罰無漏也。

民不畏死，道德淩夷〔二四〕，刑法慘酷，則生不足懷，死不足畏。民不畏死，由刑政之苛（苛）也〔二五〕。然則治身奢淫則精窮氣竭，萬神奔落，動之死地。民不畏死，神亦如之。**奈何以死懼之？**上失其道，下民咸叛。不知寬政去欲，而以殺戮威民。民不畏死，故愈殺愈亂也。**若使民常畏死，**若導以寡欲，靜以無爲，民懷其生，咸畏其死也。**而爲奇者，**民既畏死，而猶爲奇詐，則是長惡不悛〔二六〕，違戾天常也。**吾得執而殺之，夫孰敢矣**〔二七〕？吾謂天也，聖人与天合德，故謂天爲吾也。違戾天常，天得其罪，執而殺之，誰敢爲奇？謂殺得其罪，則無敢不懲者也。**常有司殺者〔殺〕**〔二八〕。常，謂天之常也。天網恢恢，疏而不失，機衡建破〔二九〕，典司殺罰，人爲奇詐，違戾天常，天自誅之，不假人殺也。**夫代司殺者殺**〔三〇〕，**是〔謂〕代大匠斲**〔三一〕。人代天殺，刊截造化，猶拙者代匠，毀壞成器也。**夫代**

〔大〕匠斲〔三二〕，**希有不傷其手**〔三三〕？以拙代巧，必傷其手，以人代天，必受其殃也。

人之飢，以其上取食税之多，君待民而食〔三四〕，上資下而立。君取其多，則上下同飢。剥下盈上，則君仁俱弊〔三五〕，故此不言民而總曰人也。問曰：重賦厚税，損下益上，則君獨有餘而百姓不足，百姓不足，豈非民飢耶？答曰：寬賦薄取，下民自富。急徵厚税，百姓必貧。厚取其貧，不如薄税其富〔三六〕。薄税其富，則上下皆周；厚取其貧，則君民同乏也。**是以飢**。凡更著此句者，皆結成上義也。**民之難治，以其上之有爲**，有爲則政煩，無爲則事簡。簡則易給，煩則難供也。**是以難治**。在上難供，爲下必困，困則爲奇，奇則難宰也。**民之輕死，以其求生生之厚**〔三七〕，**是以輕死**。貪求無足以生（求）其生生過厚〔三八〕，則輕蹈死地也。**夫無以生爲者**，謂忘身任化，無營無擇，既不悦生，亦不欣死也〔三九〕。**是賢於遺（貴）生**〔四〇〕。遺（貴）生之士〔四一〕，不營生而生，令貴生之民〔四二〕，欲厚生而反死。則是賤生爲賢達，貴生爲愚鄙也。問曰：若賤生爲賢達，貴生爲愚鄙，然則民不畏死，同乎賢達。不厭其生者，豈愚鄙耶？答曰：夫窮上極下，由來相類，是以猰犬似虎，老魅亂真。彼既有之，此亦宜然。故曰：吾与回言，不違如愚。豈可以下愚之無疑，齊顔生之特達〔四三〕；以飛蛾之赴火，等至人之齊物耶？

人之生柔弱〔四四〕，**其死堅强**〔四五〕。精存則柔弱，氣盡則堅强也。**萬物草木之生柔脆，其死枯槁**。生則澤流，死則潤竭也。**故堅强者死之徒，柔弱者生之徒**。剛柔殊歸，生死異趣，弱爲生徒，强爲死屬。觀其志氣，則生死可知也。**是以兵强則不勝**，專任强兵，則爲天下所叛。始用其壯，終必殄滅，蚩尤、秦項是其實也。**木强則共**〔四六〕。木體强大，則爲群林所共架；人性强梁，則爲衆人所共伐也。**强大處下**，下，謂柱梁也。**柔弱處上**。上謂椽桷也。强者居下，爲衆所乘；弱者居上，爲下所載。明貴不在强，居上宜弱也。

天之道，其猶張弓乎？天道微昧，刑器顯著〔四七〕。故舉顯以通微，假器以明道也。張制弓體，取其調均可用也。**高者抑之**，謂緩其張也。**下者舉之**，謂急其弦也。**有餘者損之**，謂薄其肉也。**不足者補之**。謂厚其角也。**天之道，損有餘而補不足**；自然之道，以中庸爲主也。**人之道則不然**，人，謂俗人也。**損不足而奉有餘**。流俗之道，每与天反，損少以益多，減賤以奉貴也。**孰能有餘以奉天下？唯有道者**。有餘謂居人者也〔四八〕。誰能損此有餘，以周天下不足？唯有道之君乃能然也。此不云『周』而云『奉』者，明雖居物上，心不貴下，如卑者奉尊，不以高貴加人也。**是以聖人爲而不恃，功成而不處**〔四九〕，**其不欲見賢**。見，猶示也，賢，猶能也。若恃爲居功，則是示物以能。示物以能者，必爲天之所損也。

天下柔弱〔五〇〕，**莫過於水**，方圓無違，行止任物也。**而攻堅强者，莫之能勝**，攻堅伐强，無能出水之前也。謂夷丘移壑，轉石頹山，灌敵滅火，皆非水不勝也。**其無以易之**〔五一〕。以柔制剛，以弱滅彊，天下之物無能代水者也。**弱勝强**〔五二〕，**柔勝剛**〔五三〕，水弱火强〔五四〕，舌柔齒剛，陽剛而屈，陰柔而伸也。**天下莫不知，莫能行**。俗士皆知此義，無能行其所知也。**故聖人云**〔五五〕：舉聖人之言以證成上義也。**受國之垢，是謂社稷之主**。此即行其所知，以柔勝剛也。垢，謂穢辱也。人能虛柔忍耻，受一國之辱，則德堪人君，爲社稷之主也。**受國之不祥，是謂天下之王**。不祥，謂罪惡也。人能居謙用弱，受一國之惡，則德被四表，爲天下之王也。**正言若反**。正，猶直也。此乃真實直言，而聞之似反也。

和大怨，和，猶報也。大怨謂仇讎大惡，更相報復也。**必有餘怨**。以怨報怨，怨必有餘，謂世世相報，流延無已也。**安可以爲善**？善者滅怨，柔之以德。柔之以德，則其怨自消。若夫殺人者死，傷人者刑，此蓋末世之法，非至善之教也。問曰：蓋聞父母之讎，弗与共天，怨之大者，莫過於此。請問復讎之禮，在道云何？若其是也，則於善有違；若其非也，安得爲孝乎？答曰：善哉問也。夫玄流既涸，則眗沫情章；道風既消，則親譽義結。是以至人無已，生死可齊；賢愚有畔，哀樂必顯。齊其生死，則怨親兩冥；顯其哀樂，則無施不報。然則復讎之禮，本乎有情，報怨以德，歸乎無我。在我既忘，於彼何讎。哀樂有主，豈得無報。是以大孝忘親，小孝致感〔五六〕。故登木而歌，非軌世所聞；報怨以德，非來教所取〔五七〕。若乃大道之行，則哀樂玄廢〔五八〕；復讎之禮，於焉自息矣。**是以聖人執左契**，契者，符信之物也。契而分之，以符其信。主執其左，民執其右，左右符合，其信乃明。執左契者，存立信之本也。**而不責於人**。守其本契〔五九〕，不以他事責人也。**故有德司契**，有德之君，主契而已。契明則訟息，故無爲而治也。**無德司徹**〔六〇〕。徹，跡也。無德之君，不明約本，唯主跡過失，以無方責人。責人無方，是怨訟所由也。**天道無親，常与善人。**自然無情，以与善爲常，司契之人，是道之所与也。然則此經所明，是自然之道，可以与善，不可示惡也。問曰：蓋聞常善救人，則善惡無棄，天道普慈，無物不育。善者已善，何須此与？惡者宜化，何爲不示耶？答曰：道教真實，言無華綺。上士聞道，勤而行之，下士聞道，大而笑之。聞而勤行，以成其德；聞而大笑，祇增其罪〔六一〕。故以道与善，成人之美也；不以示惡，不成人之惡也。

小國寡民。謂泰平之君也，百姓雖長，撫之如幼，四海雖富，君之如貧，其國雖大，治之若小，其民雖衆，用之若寡也。**使民有什百，**什百，部曲之名也。十家爲什，百人爲百，使各部曲，以相總率也。**人之器而不用。**人，謂農人也。使各有農人之器，而不相爲用，謂在上無爲，在□

（後缺）

說明

此件首尾均缺，失題，起『知道無異歸』，訖『謂在上無爲，在』，其内容爲《道德經》第七〇至八〇章的經注，《正統道藏》未收。此件有烏絲欄，經注文連書，字號相同，不分章，上句經注與下句經注間以空格區隔。藤原高男最早確定此件爲南朝顧歡注本（參見《顧歡老子注考》，《漢魏文化》三號，一九六二年，一九至三〇頁），大淵忍爾、嚴靈峰、王卡及《英藏敦煌文獻》均從之。張弓認爲此件只有九條注文可與傳世的顧歡注對應，其他注文中有不少與河上公注、唐玄宗注、李榮注相合或相似，因此，此件可能屬於已佚的某部《道德經》唐代集注本（參見《英國收藏敦煌漢藏文獻研究：紀念敦煌文獻發現一百周年》，一五〇頁）。劉玲娣全面核查了傳世《道德經》注文，贊同張弓的看法，她進一步提出此件有四條注文以問答形式出現，這與傳世顧歡注的體例不符（參見《顧歡注老佚文略考》，《湖北師範學院學報》二〇一一年五期，八二至八三頁）。樊波成則認爲此問答形式實是義疏體，説明此件是顧歡《老子義疏治綱》（參見《『講義』與『講疏』——中古『義疏』的名實與源流》，《『中央』研究院歷史語言研究所集刊》九一本四分，七二二至七二三頁）。按此件確有一些注文不屬於顧歡注，如『民之難治，以其上之有爲』的注文，據《道德真經取善集》卷一二可確知屬隋初劉進喜注，故從張弓擬今名。

以上釋文以斯四四三〇爲底本，爲區分經、注，經文均用黑體字表示，每章均另起行。

校記

〔一〕『吾言甚易』，據斯一八九《老子道德經》補。此行前之殘行殘存『減萬流入』四字，似與此件無關。

〔二〕『塗』，《英國收藏敦煌漢藏文獻研究》《中華道藏》釋作『途』。

〔三〕『者』，據斯一八九《老子道德經》補；『矣』，《中華道藏》漏録。

〔四〕『瓦』，《英國收藏敦煌漢藏文獻研究》《中華道藏》釋作『元』，誤。

〔五〕『謂』，《英國收藏敦煌漢藏文獻研究》釋作『爲』，誤。

〔六〕第二箇『知』，《英國收藏敦煌漢藏文獻研究》釋作『之』，誤。

〔七〕『凡庸之人』，據《道德真經注疏》卷七引顧歡注補。

〔八〕『貌』，《英國收藏敦煌漢藏文獻研究》《中華道藏》釋作『外』，誤。

〔九〕『文』，當作『皮』，據《道德真經注疏》卷七引顧歡注改。

〔一〇〕『以』，據斯一八九《老子道德經》補。

〔一一〕『与』，《中華道藏》釋作『而与』，按底本實無『而』字。

〔一二〕『大』，《英國收藏敦煌漢藏文獻研究》釋作『則大』，誤。

〔一三〕『刑』，底本原作『形』，按寫本中『刑』『形』形近易混，故可據文義逕釋作『刑』，《英國收藏敦煌漢藏文獻研究》《中華道藏》均釋作『形』，校改作『刑』。

〔一四〕『慠』，《英國收藏敦煌漢藏文獻研究》《中華道藏》釋作『傲』，誤。

〔一五〕『神』，當作『身』，據文義改，『神』爲『身』之借字。

〔一六〕『取』，《英國收藏敦煌漢藏文獻研究》《中華道藏》釋作『去』，誤。

〔一七〕此句《英國收藏敦煌漢藏文獻研究》認爲係注文，誤。

〔一八〕『熟』，《英國收藏敦煌漢藏文獻研究》《中華道藏》釋作『孰』，誤，按『熟』同『孰』。

〔一九〕『世』，《英國收藏敦煌漢藏文獻研究》釋作『世世』，誤。

〔二〇〕『好』，《中華道藏》釋作『如』，誤。

〔二一〕『之』，據斯一八九《老子道德經》補，《英國收藏敦煌漢藏文獻研究》《中華道藏》逕釋作『之』。

〔二二〕『天』，《英國收藏敦煌漢藏文獻研究》《中華道藏》釋作『聲』，誤。

〔二三〕『繟』，《中华道藏》釋作『蝉』，誤。

〔二四〕『淩』，《英國收藏敦煌漢藏文獻研究》《中華道藏》釋作『陵』。

〔二五〕『荷』，當作『苛』，據《道德真經取善集》卷一一引顧歡注改，『荷』爲『苛』之借字，《中華道藏》逕釋作『苛』。

〔二六〕『長』，《英國收藏敦煌漢藏文獻研究》《中華道藏》釋作『常』，誤。

〔二七〕『夫』，《中華道藏》漏録。

〔二八〕第一箇『殺』，據伯二三四七《老子德經下》補。

〔二九〕『衡建』，《英國收藏敦煌漢藏文獻研究》《中華道藏》釋作『建衡』，按底本有倒乙符號。

〔三〇〕第二箇『殺』，《中華道藏》漏録。

〔三一〕『謂』，據斯一八九《老子道德經》補。

〔三二〕『大』，據斯一八九《老子道德經》補；『斲』，《英國收藏敦煌漢藏文獻研究》校補作『斲者』，《中華道藏》釋作『拙』，誤。

〔三三〕『手』，《英國收藏敦煌漢藏文獻研究》校補作『手乎』。

〔三四〕『待』，《英國收藏敦煌漢藏文獻研究》《中華道藏》釋作『恃』，誤。

〔三五〕『仁』，《英國收藏敦煌汉藏文獻研究》《中華道藏》校改作『人』，按『仁』通『人』，不煩校改。

〔三六〕『其富』，《英國收藏敦煌漢藏文獻研究》《中華道藏》漏録。

〔三七〕第二箇『生』，《英國收藏敦煌漢藏文獻研究》《中華道藏》漏録。

〔三八〕第一箇『生』，當作『求』，據文義改；第二箇『生』，《英國收藏敦煌漢藏文獻研究》校補作『求生』。

〔三九〕『也』，《中華道藏》釋作『了也』，按底本實無『了』字。

〔四〇〕『遺』，當作『貴』，據伯二三四七《老子德經下》改，《中華道藏》逕釋作『貴』。

〔四一〕『遺』，當作『貴』，據文義改，《中華道藏》逕釋作『貴』。

〔四二〕『令』，《英國收藏敦煌漢藏文獻研究》《中華道藏》釋作『今』，誤。

〔四三〕『齊』，底本原寫作古文，《英國收藏敦煌漢藏文獻研究》《中華道藏》釋作『參』，誤。

〔四四〕『生』，《英國收藏敦煌漢藏文獻研究》校補作『生也』。

〔四五〕『死』，《英國收藏敦煌漢藏文獻研究》校補作『死也』。

〔四六〕『共』，《英國收藏敦煌漢藏文獻研究》《中華道藏》釋作『兵』，誤。

〔四七〕『刑』，《中華道藏》校改作『形』。

〔四八〕『居』，《中華道藏》釋作『君』，誤。

〔四九〕『而』，《英國收藏敦煌漢藏文獻研究》據《道藏》校補，按底本實有此字，《中華道藏》漏録。

〔五〇〕『柔』，《英國收藏敦煌漢藏文獻研究》校補作『莫柔』。

〔五一〕『其』，《英國收藏敦煌漢藏文獻研究》校補作『以其』。

〔五二〕『弱』，《英國收藏敦煌漢藏文獻研究》校補作『故弱之』。

〔五三〕『柔』，《英國收藏敦煌漢藏文獻研究》校補作『柔之』。

〔五四〕『火』，《中華道藏》釋作『水』，誤。

〔五五〕『故』，《英國收藏敦煌漢藏文獻研究》校補作『故是以』。

〔五六〕『慼』，《英國收藏敦煌漢藏文獻研究》《中華道藏》釋作『戚』。

〔五七〕『來』，《中華道藏》釋作『柔』，誤。

〔五八〕『玄』，《英國收藏敦煌漢藏文獻研究》《中華道藏》釋作『云』。

〔五九〕『本』，《中華道藏》釋作『左』，誤。

〔六〇〕『徹』，《英國收藏敦煌漢藏文獻研究》《中華道藏》釋作『轍』，誤。按『徹』即古『轍』字。以下同，不另出校。

〔六一〕『衹』，《中華道藏》釋作『秖』。

參考文獻

《敦煌道經目録》，東京：法藏館，一九六〇年，五二頁；《漢魏文化》三號，一九六二年，一九至三〇頁；《スタイン將來大英博物館藏敦煌文獻分類目録・道教之部》，東京：東洋文庫，一九六九年，二五至二六頁；《敦煌道經・目録編》，東京：福武書店，一九七八年，四五六至四五九頁；《敦煌寶藏》三六册，臺北：新文豐出版公司，一九八二年，一〇八至一一一頁（圖）；《講座敦煌4敦煌と中國道教》，東京：大東出版社，一九八三年，一六〇頁；《倫敦所藏敦煌老子寫本殘卷研究》，臺北：文津出版社，一九八五年，一〇頁；《道藏》一一册，北京：文物出版社、上海書店、天津古籍出版社，一九八八年，四七七至四八一頁；《英藏敦煌文獻》一卷，成都：四川人民出版社，一九九〇年，七〇至七三頁（圖）；《英藏敦煌文獻》六卷，成都：四川人民出版社，一九九二年，六六至七一頁（圖）；《英國收藏敦煌漢藏文獻研究：紀念敦煌文獻發現一百周年》，北京：中國社會科學出版社，二〇〇〇年，一五〇至一五五頁（録）；《法藏敦煌西域文獻》一三册，上海古籍出版社，二〇〇〇年，六五至六七頁（圖）；《敦煌道教文獻研究：綜述・目録・索引》，北京：中國社會科學出版社，二〇〇四年，一一、二八、一七二頁；《中華道藏》一〇册，北京：華夏出版社，二〇〇四年，二八一至二八六頁（録）；《敦煌本〈老子〉研究》，北京：中華書局，二〇〇七年，八五至八六頁；《湖北師範學院學報》二〇一一年五期，八二至八三頁；《『中央研究院』歷史語言研究所集刊》九一本四分，二〇二〇年，七二二至七二三頁。

斯四四三三　太玄真一本際經卷第四

釋文

（前缺）

唯願大師[一]，以善言說[二]，決無明翳，使智慧瞳清淨明了[三]，照見實相，無著花果。

我等今者，雖復覩見奇特瑞相，聞希有法，轉生疑網滯礙之心。唯願大師，爲我開演，令得曉悟，知實相味，見真道色，及爲來世，習學真道，未入位者，作法舟航，以法燈炬，照邪惑暗，令識正路，遊趣玉城。如蒙哀許，輒當陳請，緣茲上啓，懼觸尊顏。於是仙人豆子明、紀法成等，同聲合唱而作頌曰：

我等志小亦鈍根，聞值深法不能解。
今此大會奇特事，無量世來未曾覩。
見已發起求道心，譬如飛蛾思赴火。
迷或天真所言說，不能前進行退墮。

唯願哀許述所疑，得離不信愚癡禍。
令衆決定了大乘，究竟道場真淨果。

爾時道陵斂容正色，答言：子等當一心聽。我以宿慶，積行累功，勇猛精進，脩學上道，億曾流潤，致得轉輪，簉品聖真，超出三界，雖悟真空，斷諸結漏，而無知未盡，正解未圓，於諸法門，未悉洞了。何況卿等，始發道心，學相似空，未稱真境，於深法相，而不疑或？太上命我，爲子度師，雖授經文，未究其理，教導有虧，愧所宗匠。然今請問，正得其時，機運感通，豈得爲隱？然我所解，庸淺未窮，何能使卿，一時頓了。太上道君，亦卿師也，道爲最尊，智慧成滿，獨步無畏，不共世間，學地小乘，莫能圖度，具大慈悲，善解方便，常施法財，攝引衆生，言説柔和，爲衆所愛。若聞法者，無不歸依，有所爲行，皆能利益，隨順世事，和光同塵。以此四行攝取衆生，善誘殷勤，令住正道。四辯無礙，巧逗機宜，通達諸法，究了義趣，言辭宛奥，樂説無厭〔四〕。

（後缺）

説明

此件首尾均缺，有烏絲欄，起『言説，決無明翳』，訖『言辭宛奥，樂説無』，失題，其内容爲《太玄真一本際經》卷四。

現知敦煌文獻中保存的《太玄真一本際經》卷四還有十多件，有關這些寫本的概況請參看本書同卷伯二四六三+斯四三三〇+BD一四八四一G+BD一四八四一J+伯二五六一+伯二三六九號之『説明』。

以上釋文以斯四四三三爲底本，因本書在對伯二四六三+斯四三三〇+BD一四八四一G+BD一四八四一J+伯二五六一+伯二三六九進行釋録時，曾以此件爲校本，所以此件與其他相關各寫本之異同已見於伯二四六三+斯四三三〇+BD一四八四一G+BD一四八四一J+伯二五六一+伯二三六九校記，故此件僅用伯二四六三+斯四三三〇+BD一四八四一G+BD一四八四一J+伯二五六一+伯二三六九（稱其爲甲本）校改錯誤和校補脱文。

校記

〔一〕『唯願』，據殘筆劃及甲本補；『大師』，據甲本補。
〔二〕『以』，據甲本補；『善』，據殘筆劃及甲本補。
〔三〕『慧瞳清淨』，據甲本補；『明』，據殘筆劃及甲本補。
〔四〕『厭』，據甲本補。

參考文獻

《敦煌道經·目録編》，東京：福武書店，一九七八年，一四九至一五六頁；《敦煌寶藏》三六册，臺北：新文豐出版公司，一九八二年，一一七至一一八頁（圖）；《講座敦煌4敦煌と中國道教》，東京：大東出版社，一九八三年，一六〇頁；《英藏敦煌文獻》六卷，成都：四川人民出版社，一九九二年，三六至三七、七二頁（圖）；《法藏敦煌西域文獻》一四册，上海古籍出版社，二〇〇一年，一六二至一六三頁（圖）；《法藏敦煌西域文獻》一八册，上海古籍出版社，二〇〇一年，三二三至三二四頁（圖）；《敦煌吐魯番研究》七卷，北京：中華書局，二〇〇四年，三六九至三七〇頁；《敦煌道教文獻研究：綜述・目録・索引》，北京：中國社會科學出版社，二〇〇四年，二〇一、二一七頁；《中華道藏》五册，北京：華夏出版社，二〇〇四年，二三二至二三三頁；《國家圖書館藏敦煌遺書》一三四册，北京圖書館出版社，二〇一〇年，二六七頁（圖）；《敦煌本〈太玄真一本際經〉輯校》，成都：巴蜀書社，二〇一〇年，一二八至一三一頁。

斯四四三三背　醫方

釋文

（前缺）

凡服藥不言先食後食者，皆在食前。凡服散藥不言酒水飲者，本方如此，而別説用酒水飲，此即是可通得以水飲之。凡不云父（㕮）咀者[一]，皆應細切，不用（言）之[二]。凡言牡鼠，是雄鼠，云之父鼠。凡方（云）錢五上（匕）[三]，以大錢五上（匕）[四]，以大錢抄取一邊。若云半錢，即是兩上（匕）[五]，乃全以抐（杓）抄之[六]，並用五銖也。凡藥用半夏，皆湯洗十餘遍[七]。附子、烏頭皆炮去皮，若生用，直言生用。凡巴豆等脂潤物[八]，皆別擣如膏和之。凡麻黄中去節[九]，先煮沸，去上蛛（沫）[一〇]，乃同餘物。

　治丈夫風虚目暗、精氣衰少、無子并補諸不足方：五味子八分，鹿茸八〔分〕[一一]，牡荆子八分，菟絲子八分，酒漬一宿，附子六分，炮之，蛇牀子六分，車前子八分，蓂（菥）析（蓂）子八分[一二]，署預八分[一三]，芎藭六分，山茱萸六分，天雄五分，炮，人參五分，伏苓五分[一四]，圭（桂）心十分[一五]，巴天（戟）戟（天）三兩[一六]，去心，乾地黄八分，石斛八分，牛膝五分，杜仲八分，黄耆五分，志（遠）遠（志）八分〔一七〕，鍾乳二兩，縱（蓯）蓉七分〔一八〕，廿四味合搗，下篩蜜爲散〔一九〕，温酒服方寸三匕〔二〇〕，日再服。不知，增至兩三匕，以知爲度。禁食如藥法，不能飲酒。蜜和爲丸服亦得。

治陰冷熱方〔二一〕：内食茱萸牛膽中〔二二〕，令滿，陰乾百日。每取二七枚〔二三〕，綿裹齒嚼令碎，内陰中〔二四〕，熱。

治陰令（冷）急熱方〔二五〕：吴茱萸〔二六〕、五味子、石榴（硫）黄等分〔二七〕，右搗篩，蜜和爲丸如梧子，内玉門〔二八〕，立差〔二九〕。

治人玉門寬方〔三〇〕：取石榴（硫）黄末兩指撮〔三一〕，内酒中〔三二〕，以洗玉門，便小。

治陰冷大方：白斂（蘞）〔三三〕、圭（桂）心、甘草、苦參、附子分（等）等（分）〔三四〕，以水一升煮〔三五〕，取洗陰中，香熱急〔三六〕，有子。

治女人交接輒血出方：桂心二分、伏龍二分〔三七〕，爲散，酒服方寸匕。

治男令大方：縱（蓯）蓉〔三八〕、牡厲（蠣）〔三九〕、石斛各兩〔四〇〕，和香脂塗陰莖，即大，驗。

又方：柏子人五分〔四一〕，馬陰筋（莖）四分〔四二〕，朮七分〔四三〕，桂心二分，附子二分，右散〔四四〕，酒服方寸匕〔四五〕，日再服，廿日倍。療長〔方〕〔四六〕：山茱萸二兩，食茱萸二兩，天雄二兩，右搗篩，蜜和爲丸如悟（梧）子〔四七〕，一服二丸，日三服，日覺倍。

無子〔方〕〔四八〕：　山茱萸、桂心、酸棗、五味子，右等分，丸如麻子，一服一丸，廿日有子女。

女人快樂，男子强好〔方〕〔四九〕：　五味子、遠志、蛇牀子，三物等分，末，著陰頭，内子道中〔五〇〕，令深，良久乃摇動。

又方：　五味子、圭（桂）心、白斂（蘞）三分〔五一〕，篩末，唾和丸如米，著陰深入，須臾出，大熱快。

治婦人[陰]寬大令小〔方〕〔五二〕：　菟矢二分〔五三〕，乾漆一分〔五四〕，鼠頭骨二枚，雌鷄肝三枚，陰乾百日，四味搗篩，和丸如小豆。初月七日〔五五〕。

療無兒子方：　以右手把赤小豆二七枚，訖事，過與婦人右手，因使吞之一方二枚。

又方：　壬子日含赤小豆二七枚，臨事吐与婦人，即有子。

又方：　常以壬子日午時，向西合陰陽，有〔子〕〔五六〕。

又方：　婦人欲得多子法：　取夫頭髮并指胛（甲）〔五七〕，著婦人席下，卧，勿令知之。

又方：　以月運（暈）夜令婦人北首卧〔五八〕，　令夫禦之，即生男。

又治無子法：　吞馬子立有子。吞雄者兒，雌者女。吞以厭日吞之者多女〔五九〕。

不男法〔六〇〕：　懷月三日，以雄鷄左翅毛二七枚，著婦人席下，卧，勿令知之，即生男。

欲得男法：任身時〔六一〕，以角弓弦作中衣帶，滿百日吉。

妊娠欲得男法：妊娠未滿月，以弓弦至産，炊變爲男〔六二〕。

婦人任娠，取鯉魚二頭食之，必生貴子不疑。一云：牛心令智，牛肝必生貴子〔六三〕。

婦人娠，不得食祭肉，令胎不時，慎吉。任娠三月，不得面向南澆沐〔六四〕，令□胎不安，向東亦然。不得兩鏡相照，令兒到（倒）産〔六五〕。向南小〔六六〕，令兒瘖啞。

六畜心肉，令而（兒）不聰明〔六七〕。星辰下行交，令兒無目、耳聾。□月食乾薑令聖〔六八〕。

五味子〔六九〕、遠志、蛇牀子，陰頭。五味子、桂心、白斂（蘞）三▭陰頭刺女深入〔七〇〕，須臾出，大熱快。芎藭、吴〔茱〕〔萸〕〔七一〕、蛇牀子、桂心▭□內玉門中〔七二〕，須臾遥（摇）動〔七三〕，極佳。

▭鼠骨頭、雌鷄肝三枚，陰乾▭菟絲子〔七四〕、巴戟天、地膚□▭

（後缺）

說明

此件首尾均缺，失題，起『凡服藥不言先食後食者』，訖『巴戟天、地膚』，存服藥及藥材處理說明和『治丈夫風虛目暗、精氣衰少、無子并補諸不足方』等二十多箇醫方。

校記

〔一〕『父』，當作『㕮』，《敦煌古醫籍考釋》據文義校改，《敦煌佛儒道相關醫書釋要》逕釋作『㕮』。

〔二〕『言』，《敦煌中醫藥全書》據文義校補。此句《英藏敦煌醫學文獻圖影與注疏》疑係衍文。

〔三〕『方』，當作『云』，《敦煌古醫籍考釋》據文義校改；『上』，當作『匕』，《敦煌中醫藥全書》據文義校改，《敦煌古醫籍考釋》《敦煌佛儒道相關醫書釋要》《敦煌醫藥文獻真跡釋録》《中國出土古醫書考釋與研究》均逕釋作『匕』。

〔四〕『上』，當作『匕』，《敦煌中醫藥全書》據文義校改，《敦煌醫藥文獻真跡釋録》逕釋作『匕』。《敦煌古醫籍考釋》認爲此句係衍文。

〔五〕『上』，當作『匕』，《敦煌中醫藥全書》據文義校改，《敦煌古醫籍考釋》《敦煌佛儒道相關醫書釋要》《敦煌醫藥文獻真跡釋録》《中國出土古醫書考釋與研究》均逕釋作『匕』。

〔六〕『抐』，當作『杓』，《敦煌中醫藥全書》據文義校改，《敦煌古醫籍考釋》《敦煌佛儒道相關醫書釋要》《敦煌醫藥文獻真跡釋録》《中國出土古醫書考釋與研究》《敦煌吐魯番醫藥文獻新輯校》均逕釋作『杓』。

〔七〕『湯』，《敦煌吐魯番醫藥文獻新輯校》校改作『燙』。

〔八〕『凡』，《敦煌古醫籍考釋》認爲此字後省略『藥用』二字。

〔九〕『凡』，《敦煌古醫籍考釋》認爲此字後省略『藥用』二字；『中』，《敦煌古醫籍考釋》疑係衍文，《敦煌中醫藥全書》疑當校改作『皆』。

〔一〇〕『蚨』，當作『沫』，《敦煌佛儒道相關醫書釋要》據文義校改，《敦煌古醫籍考釋》《敦煌中醫藥全書》《敦煌醫藥文獻真跡釋録》《中國出土古醫書考釋與研究》均逕釋作『沬』。
〔一一〕『分』，《敦煌古醫籍考釋》據下文文例校補。
〔一二〕『蕒』，當作『菥』，據《備急千金要方》卷二改，《敦煌佛儒道相關醫書釋要》逕釋作『菥』；『析』，當作『蕒』，據《備急千金要方》卷二改，《敦煌佛儒道相關醫書釋要》逕釋作『蕒』，《中國出土古醫書考釋與研究》釋作『杵』，誤。
〔一三〕『署預』，底本原寫作『買署』，旁有倒乙符號，『買』係涉下文『署』而成之類化俗字，《敦煌中醫藥全書》校改作『薯蕷』，按不改亦可通，《中國出土古醫書考釋與研究》釋作『薯蕷』，誤。
〔一四〕『伏』，《敦煌佛儒道相關醫書釋要》校改作『茯』，按不改亦可通。
〔一五〕『圭』，當作『桂』，《敦煌古醫籍考釋》據文義校改，『圭』爲『桂』之借字，《敦煌佛儒道相關醫書釋要》《敦煌醫藥文獻真跡釋録》逕釋作『桂』。以下同，不另出校。
〔一六〕『天戟』，當作『戟天』，《敦煌古醫籍考釋》據文義校改，《敦煌佛儒道相關醫書釋要》逕釋作『戟天』。
〔一七〕『志遠』，當作『遠志』，《敦煌古醫籍考釋》據文義校改，《敦煌佛儒道相關醫書釋要》逕釋作『遠志』。
〔一八〕『縱』，當作『蓯』，《敦煌古醫籍考釋》據文義校改，『縱』爲『蓯』之借字。
〔一九〕『蜜』，《敦煌古醫籍考釋》認爲係衍文；『爲散』，《英藏敦煌醫學文獻圖影與注疏》疑係衍文。
〔二〇〕『三』，《敦煌中醫藥全書》認爲當校改作『一』。
〔二一〕『熱』，《敦煌中醫藥全書》認爲當校補作『令熱』。
〔二二〕『内』，《敦煌吐魯番醫藥文獻新輯校》校改作『納』，按『内』爲『納』之古字，不煩校改。
〔二三〕『枚』，《敦煌吐魯番醫藥文獻新輯校》釋作『牧』，校改作『枚』。以下同，不另出校。
〔二四〕『内』，《敦煌醫藥文獻真跡釋録》《敦煌吐魯番醫藥文獻新輯校》校改作『納』，按『内』爲『納』之古字，不煩校改。

〔二五〕『令』，當作『冷』，《敦煌古醫籍考釋》據文義校改，《敦煌醫藥文獻真跡釋録》逕釋作『冷』。

〔二六〕『茱』，《敦煌吐魯番醫藥文獻新輯校》釋作『芙』，校改作『茱』。

〔二七〕『榴』，當作『硫』，《英藏敦煌醫學文獻圖影與注疏》據文義校改，『榴』爲『硫』之借字，《敦煌醫藥文獻真跡釋録》逕釋作『硫』，以下同，不另出校；『榴黄』，《中國出土古醫書考釋與研究》釋作『黄榴』，校改作『硫黄』，按底本有倒乙符號。

〔二八〕『内』，《敦煌醫藥文獻真跡釋録》《敦煌吐魯番醫藥文獻新輯校》校改作『納』，按『内』爲『納』之古字，不煩校改。

〔二九〕『差』，《敦煌吐魯番醫藥文獻新輯校》校改作『瘥』，按『差』有『瘥』義，《敦煌醫藥文獻輯校》《敦煌醫藥文獻真跡釋録》均逕釋作『瘥』。

〔三〇〕『人』，《敦煌醫藥文獻輯校》校補作『女人』。

〔三一〕『末』，《敦煌吐魯番醫藥文獻新輯校》釋作『未』，校改作『末』。

〔三二〕『内』，《敦煌醫藥文獻真跡釋録》《敦煌吐魯番醫藥文獻新輯校》校改作『納』，按『内』爲『納』之古字，不煩校改。

〔三三〕『斂』，當作『蘞』，《敦煌佛儒道相關醫書釋要》據文義校改，『斂』爲『蘞』之借字，《敦煌古醫籍考釋》《敦煌中醫藥全書》《敦煌醫藥文獻真跡釋録》《中國出土古醫書考釋與研究》逕釋作『蘞』。以下同，不另出校。

〔三四〕『分等』，當作『等分』，《敦煌古醫籍考釋》據文義校改，《敦煌佛儒道相關醫書釋要》逕釋作『等分』。

〔三五〕『升』，《中國出土古醫書考釋與研究》《敦煌醫藥文獻真跡釋録》《敦煌吐魯番醫藥文獻新輯校》釋作『斗』。

〔三六〕『急』，《敦煌醫藥文獻真跡釋録》校改作『即』。

〔三七〕「龍」，《敦煌古醫籍考釋》疑此字後脱「肝」字。
〔三八〕「縱」，當作「蓯」，《敦煌中醫藥全書》據文義校改，「縱」爲「蓯」之借字，《敦煌古醫籍考釋》逕釋作「蓯」。
〔三九〕「厲」，當作「蠣」，《敦煌中醫藥全書》據文義校改，「厲」爲「蠣」之借字，《敦煌古醫籍考釋》《敦煌佛儒道相關醫書釋要》《中國出土古醫書考釋與研究》均逕釋作「蠣」。
〔四〇〕「各」，《敦煌佛儒道相關醫書釋要》校補作「各一」。
〔四一〕「人」，《敦煌中醫藥全書》校改作「仁」，按「人」有「仁」義，不煩校改。
〔四二〕「筋」，當作「莖」，《敦煌古醫籍考釋》據文義校改，「筋」爲「莖」之借字，《敦煌醫藥文獻真跡釋録》逕釋作「莖」。
〔四三〕「术」，《敦煌佛儒道相關醫書釋要》校補作「白术」。
〔四四〕「右」，《敦煌吐魯番醫藥文獻新輯校》疑此字後脱「一」字。
〔四五〕「服」，《敦煌吐魯番醫藥文獻新輯校》釋作「眼」，校改作「服」。
〔四六〕「方」，《英國收藏敦煌漢藏文獻研究》據文義校補。
〔四七〕「悟」，當作「梧」，據文義改，「悟」爲「梧」之借字，《敦煌古醫籍考釋》《敦煌中醫藥全書》《敦煌醫藥文獻輯校》《敦煌佛儒道相關醫書釋要》《英藏敦煌醫學文獻圖影與注疏》《敦煌醫藥文獻真跡釋録》《中國出土古醫書考釋與研究》均逕釋作「梧」。
〔四八〕「方」，《英國收藏敦煌漢藏文獻研究》據文義校補。
〔四九〕「方」，《敦煌醫藥文獻輯校》據文義校補。
〔五〇〕「内」，《敦煌吐魯番醫藥文獻新輯校》校改作「納」，按「内」爲「納」之古字，不煩校改。
〔五一〕「三」，《敦煌中醫藥全書》疑前脱「各」字。

〔五二〕『陰』，《敦煌中醫藥全書》據殘筆劃及《千金要方》卷三校補，《敦煌古醫籍考釋》《敦煌佛儒道相關醫書釋要》《英藏敦煌醫學文獻圖影與注疏》《敦煌醫藥文獻真跡釋録》《中國出土古醫書考釋與研究》均逕釋作『陰』；『方』，《英國收藏敦煌漢藏文獻研究》據文義校補。

〔五三〕『菟矢』，《敦煌古醫籍考釋》校改作『兔屎』，按『菟』通『兔』，『矢』通『屎』，不煩校改。

〔五四〕『漆』，《敦煌吐魯番醫藥文獻新輯校》釋作『柒』，校改作『漆』，誤。

〔五五〕此句後當有脱文，《備急千金要方》卷三作『合時著一丸陰頭，令徐徐内之。三日知，十日小，五十日如十五歲童女』。

〔五六〕『子』，《敦煌醫藥文獻輯校》據文義校補。

〔五七〕『胛』，當作『甲』，《敦煌古醫籍考釋》據文義校改，『胛』爲『甲』之借字，《敦煌醫藥文獻真跡釋録》逕釋作『甲』。

〔五八〕『運』，當作『暈』，《敦煌中醫藥全書》據文義校改，『運』爲『暈』之借字，《敦煌古醫籍考釋》《中國出土古醫書考釋與研究》均逕釋作『暈』。

〔五九〕第一箇『吞』，疑係衍文。

〔六〇〕『不男』，《敦煌中醫藥全書》斷入上句，並疑此處脱『又』字。

〔六一〕『任』，《敦煌吐魯番醫藥文獻新輯校》校改作『妊』，按『任』通『妊』，不煩校改，以下同，不另出校；『身』，《敦煌吐魯番醫藥文獻新輯校》校改作『娠』，按不改亦可通。

〔六二〕『炊』，《敦煌古醫籍考釋》校改作『欲』。此句《敦煌古醫籍考釋》《敦煌中醫藥全書》《敦煌醫藥文獻輯校》《敦煌佛儒道相關醫書釋要》《英藏敦煌醫學文獻圖影與注疏》均認爲係另一醫方。

〔六三〕『牛肝』，《敦煌吐魯番醫藥文獻新輯校》釋作『肝牛』，校改作『牛肝』，按底本有倒乙符號；『子』，《敦煌古醫籍考釋》據殘筆劃及文義校補，《敦煌中醫藥全書》逕釋作「子」。

〔六四〕「澆」，《敦煌吐魯番醫藥文獻新輯校》校改作「洗」。

〔六五〕「到」，當作「倒」，《英藏敦煌醫學文獻圖影與注疏》據文義校改，「到」爲「倒」之借字，《敦煌古醫籍考釋》《敦煌中醫藥全書》《敦煌醫藥文獻真跡釋録》《中國出土古醫書考釋與研究》均逕釋作「倒」。

〔六六〕「小」，《敦煌吐魯番醫藥文獻新輯校》校補作「小便」。

〔六七〕「而」，當作「兒」，《敦煌古醫籍考釋》據文義校改，「而」爲「兒」之借字，《敦煌醫藥文獻真跡釋録》逕釋作「兒」。

〔六八〕「月」，據殘筆劃及文義補；「聖」，《敦煌吐魯番醫藥文獻新輯校》釋作「堅」，誤。

〔六九〕此方已見於前文，此處重出。

〔七〇〕「陰頭」，《敦煌中醫藥全書》據殘筆劃及文義校補。

〔七一〕「茱萸」，《敦煌中醫藥全書》據文義校補。

〔七二〕「内」，《敦煌醫藥文獻真跡釋録》《敦煌吐魯番醫藥文獻新輯校》校改作「納」，按「内」爲「納」之古字，不煩校改。

〔七三〕「遥」，當作「揺」，《敦煌古醫籍考釋》據文義校改，「遥」爲「揺」之借字，《敦煌佛儒道相關醫書釋要》《敦煌醫藥文獻真跡釋録》逕釋作「揺」。

〔七四〕「菟」，《敦煌吐魯番醫藥文獻新輯校》據殘筆劃及文義校補，《敦煌古醫籍考釋》《敦煌佛儒道相關醫書釋要》《英藏敦煌醫學文獻圖影與注疏》《敦煌醫藥文獻真跡釋録》《中國出土古醫書考釋與研究》均逕釋作「菟」。

參考文獻

《東洋學報》四七卷一號，東京：東洋學術協會，一九六四年，四頁；《敦煌寶藏》三六册，臺北：新文豐出版公司，一九八二年，一一七至一一八頁（圖）；《敦煌古醫籍考釋》，南昌：江西科學技術出版社，一九八八年，三二八至三三四頁（録）；《英藏敦煌文獻》六卷，成都：四川人民出版社，一九九二年，七三頁（圖）；《敦煌中醫藥全書》，北京：中醫古籍出版社，一九九四年，六四五至六五二頁（録）；《敦煌石窟秘方與灸經圖》，蘭州：甘肅文化出版社，一九九五年，八五頁；《敦煌醫藥文獻輯校》，南京：江蘇古籍出版社，一九九八年，四四四至四五一頁（録）；《英國收藏敦煌漢藏文獻研究：紀念敦煌文獻發現一百周年》，北京：中國社會科學出版社，二〇〇〇年，一五五至一五六頁（録）；《敦煌中醫藥精萃發微》，北京：中醫古籍出版社，二〇〇〇年，二八〇至二八二頁（録）；《敦煌吐魯番研究》六卷，北京大學出版社，二〇〇二年，一三五頁；《中國俗文化研究》二輯，成都：巴蜀書社，二〇〇四年，一七二頁；《敦煌佛儒道相關醫書釋要》，北京：民族出版社，二〇〇六年，二一七至三三五頁（録）；《英藏敦煌醫學文獻圖影與注疏》，北京：人民衛生出版社，二〇一二年，一三二至一三四頁（圖）、二四六至二四九頁（録）；《敦煌醫藥文獻真跡釋録》，北京：中醫古籍出版社，二〇一五年，三九六至三九八頁（圖）（録）；《中國出土古醫書考釋與研究》中卷，上海科學技術出版社，二〇一五年，五九八至六〇八頁（圖）（録）；《敦煌吐魯番醫藥文獻新輯校》，北京：高等教育出版社，二〇一六年，三一六至三二〇頁（圖）（録）。

圖書在版編目(CIP)數據

英藏敦煌社會歷史文獻釋録. 第十九卷 / 郝春文等編著. --北京：社會科學文獻出版社，2022.12
（敦煌社會歷史文獻釋録．第一編）
ISBN 978－7－5228－1353－0

Ⅰ.①英… Ⅱ.①郝… Ⅲ.①敦煌學－文獻－注釋 Ⅳ.①K870.6

中國版本圖書館 CIP 數據核字（2022）第 256487 號

敦煌社會歷史文獻釋録 第一編
英藏敦煌社會歷史文獻釋録 第十九卷

編　　著／郝春文　游自勇　王義康　武紹衛　宋雪春
助　　編／聶志軍　劉夏欣　李　博　管俊瑋

出 版 人／王利民
責任編輯／李建廷
責任印製／王京美

出　　版／社會科學文獻出版社
地址：北京市北三環中路甲 29 號院華龍大厦　郵編：100029
網址：www.ssap.com.cn
發　　行／社會科學文獻出版社（010）59367028
印　　裝／三河市東方印刷有限公司

規　　格／開 本：889mm × 1194mm　1/32
印 張：16.625　字 數：400 千字
版　　次／2022 年 12 月第 1 版　2022 年 12 月第 1 次印刷
書　　號／ISBN 978－7－5228－1353－0
定　　價／69.00 圓

讀者服務電話：4008918866